U0591801

省级研究生优质课程"教育研究方法"建设项目成果

EDUCATIONAL
RESEARCH AND DESIGN
Empirical Research Methods in Practice

教育研究与设计
实证研究方法实务

刘六生⊙主　编

李　鹏　师　萌⊙副主编

科学出版社

北　京

内 容 简 介

本书主要包括教育研究导论、教育量化研究与教育质性研究三个模块。其中，第一个模块包括认识教育科研、把握教育问题、申报教育课题、学做教育科研、教育研究基本方法、产出教育科研成果六个部分；第二个模块包括主要的量化研究设计、量化研究的内容和程序、测量与操作化、量化研究中的抽样、量化研究数据分析、教育研究数据库来源介绍六个部分；第三个模块包括质性研究概述、质性研究方法的介绍、质性研究的数据收集、质性研究的数据分析、质性研究的伦理道德问题、质性研究的可信度和准确性、质性研究报告的撰写七个部分。

本书适用于教育类专业及相关专业本科生、硕士生和博士生学习，同时也适用于中青年社会科学研究者参考。

图书在版编目（CIP）数据

教育研究与设计：实证研究方法实务 / 刘六生主编. —北京：科学出版社，2023.9

ISBN 978-7-03-074543-9

Ⅰ.①教… Ⅱ.①刘… Ⅲ.①教育研究 Ⅳ.①G40-03

中国版本图书馆 CIP 数据核字（2022）第 253620 号

责任编辑：朱丽娜 / 责任校对：张小霞
责任印制：徐晓晨 / 封面设计：润一文化

科 学 出 版 社 出版
北京东黄城根北街 16 号
邮政编码：100717
http://www.sciencep.com
北京建宏印刷有限公司印刷
科学出版社发行 各地新华书店经销
*
2023 年 9 月第 一 版 开本：720×1000 1/16
2024 年 1 月第二次印刷 印张：24 3/4
字数：436 000
定价：128.00 元
（如有印装质量问题，我社负责调换）

编委会名单

主　编：刘六生

副主编：李　鹏　师　萌

编　委：刘六生　李　鹏　师　萌　刘胜兰

　　　　陈为峰　许伊娜　姚　辉　王平平

　　　　陈　蔚　赵佳丽　张佳华　曹中汗

目　　录

第一模块　教育研究导论

第三模块　教育质性研究

第一模块

教育研究导论

【内容概要】本模块系统地讲解了教育研究的基础性知识与一般性过程。首先，基于教育科研的内涵与外延，介绍了教育科研的相关概念和方法论及其多样性；其次，从课题研究要素与问题分析范畴两方面讲解了如何把握教育问题，并基于一般知识与申报书样例阐述了教育研究方案的设计与论证；再次，从如何做好文献综述、研究设计与分析论证等方面讲解了教育实证研究的关键步骤，并重点分享了文献研究法（简称文献法，亦称文献综述法）、教育调查法与教育比较法三种教育研究常用的方法；最后，以如何撰写与发表研究论文为例，探讨了教育研究成果的产出。

【学习目标】

通过本模块内容的学习，学习者能够做到以下几点：

1. 理解教育科研的内涵与外延、方法论及其多样性。
2. 把握教育课题研究的基本要素、过程及分析范畴。
3. 初步建立教育科研意识，树立科学研究的态度。
4. 了解研究生学位论文开题报告撰写步骤及要求。
5. 掌握教育课题申报的一般知识和活页论证技能。
6. 初步学习教育科研的三种基本研究方法。
7. 掌握利用文献法撰写文献综述的基本要领。
8. 掌握教育研究论文写作与发表的基本知识和要求。

【学习重点】

1. 把握教育课题研究的基本要素、过程及分析范畴，掌握教育课题申报的一般知识和活页论证。
2. 学会利用文献法撰写文献综述，掌握教育研究论文写作与发表的基本知识和要求。

【学习难点】

1. 把握教育问题的三组范畴。
2. 撰写教育类课题研究方案。

第一章

认识教育科研
——教育科研的内涵与外延

学习导航
◆ 教育科研的相关概念
◆ 教育科研的方法论
◆ 教育科研的多样性

第一节 教育科研的相关概念

1997 年，联合国教科文组织发布《国际教育标准分类》，指出教育是能够导致学习的、有组织的、持续的交流。[①]根据这一标准，只有符合"交流""学习""有组织的""持续的"四个特征的行为才是教育。然而，从教育现象学视角出发，教育是意识的交流，是关系中的存在，发生于体验。

教育既包括目的、内容、制度、方法等因素，又可分为学前教育、初等教

---

① United Nations Educational, Scientific and Cultural Organization. 1997. International Standard Classification of Education (ISCED). Advances in Cross-National Comparison, 195-220.

育、中等教育、高等教育等不同层次，是一个包含多因素、多层次的整体系统。从教育的基本概念来说，有教育本质、教育目的、教育内容、普通教育、成人教育等。目前，学界普遍认为教育的本质就是培养人的社会活动，是人类特有的社会现象。教育的质的规定性离不开对人的社会属性的考察，教育不是抽象地传递生活经验，培养抽象的人，而是结合具体的个人在社会中所处的地位进行的，这意味着教育具有阶级属性的规定性，同时具有社会属性的规定性，并以此实现其社会功能。此外，顾明远先生还从生命视角出发论述了教育的本质，认为教育的本质在于提高生命的质量和生命的价值。[①]这是教育具有个人属性的规定性的表现，目的是实现教育的个体功能。人是社会关系的总和，教育的个体属性应回归社会属性。总的来说，教育的本质是一种培养人的社会实践活动，同时具有社会属性与个体属性的质的规定性。

我国学者对教育的界定多从集体主义视角出发，以社会实践为落脚点对其定义进行阐释，有的从探索教育本质属性的角度进行概念界定，有的从广义与狭义之分的角度进行概念界定。学界对"教育"一词的理解具有代表性的观点较多，比如，袁振国教授指出，教育是培养人的一种社会活动，是人类社会特有的现象，是传承社会文化、生产经验和社会生活经验的基本途径。从广义上讲，凡是增进人们的知识技能、影响人们的思想观念的活动，都具有教育作用；从狭义上讲，主要指学校教育，是教育者根据一定的社会要求，有目的、有计划、有组织地对受教育者的身心施加影响，期望他们发生某种变化的活动。[②]在西方拉丁语系中，教育指通过适当的方式、方法、途径、媒介，把受教育者内在的天资、禀赋、能力、知识、智慧、美德等引导出来的一种人类社会实践活动。

一、何为"教育科学"？

（一）教育科学及其发展

教育科学属于科学中的社会科学范畴，是研究教育规律的各门学科的总称。它系统反映教育活动中的各种客观事物之间的关系和规律，是人类对长期教育实践的经验总结和概括，并随着教育实践的发展而不断发展。

教育科学的研究对象是教育系统，关注教育的自身规律。教育科学提供了一套关于教育系统的运行机制和整体特征的知识体系，其最大用途在于解释和预

---

① 顾明远. 2018. 再论教育本质和教育价值观——纪念改革开放 40 周年. 教育研究，（5）：4-8.
② 袁振国. 2004. 当代教学. 北京：教育科学出版社.

测，对教育实践的指导集中于深层次的思想和意识。①

教育科学具有开放性。作为人文社会科学领域的教育科学，其概念体系在与社会生活的关联性上是开放的。科学与常识联系在一起，因此教育科学是由常识概念构成的话语系统。外部世界发生的任何变化，都可在教育系统内部找到其缩影，即社会上发生的任何变化均可引起教育系统内部的一些相应变化。此外，相比其他学科，教育科学更容易接受其他学科的理论和方法以为自身的研究活动服务。

（二）教育科学的概念

教育科学是指研究教育现象和问题，探索教育规律的各门学科。比如，教育学是研究人类教育现象及其一般规律的学科，是从总结教育实践经验的过程中逐渐形成理论，即经过长期实践而发展起来的理论体系。纵观历史，17世纪初到19世纪中叶出现了专门研究教育一般规律的教育学，并逐步发展成为教育科学的基础学科。赫尔巴特的《普通教育学》标志着教育学作为一门规范学科的建立，使现代教育学真正成为一门独立学科。马克思主义哲学、科学社会主义体系的创立为教育科学的发展奠定了科学的理论基础。20世纪初，实验教育学进一步推动了教育学的科学化，随后逐渐向完备的方向发展。一方面，教育学不断与其他相关学科结合，产生了一系列新的交叉学科，如教育哲学、教育社会学、比较教育学等；另一方面，教育学又逐步分化为许多相互联系的分支学科，如课程论、教学论、各科教学法等，以及根据不同教育对象分化发展的普通教育学、高等教育学、特殊教育学等。

二、何为"教育科学研究"？

（一）科学研究

何为科学研究？可谓智者见智。有学者认为，科学研究是人们探索自然现象和社会现象及其规律的一种认知过程，是人们有目的、有计划、系统而有意识地在前人已有认识的基础上，运用科学的研究方法，对客观事实加以掌握、分析和概括，进而揭示其本质，探索其发展规律的认知过程。潘懋元教授分析指出，从广义上理解，科学研究指一切在理性原则指导下并遵循严格规范的研究活动；从

---

① 杨开城，许易. 2016. 论教育科学. 电化教育研究，37（5）：5-10.

狭义上理解，科学研究是遵循自然科学规范的研究。[①]我们通常所说的科学研究是广义上的，即先认真且严格地提出一个问题，然后采用科学的方法有计划、有目的地搜集与分析相关信息，力图达到解释或解决问题的目的。刘献君教授认为，科学研究的基本环节包括确定问题、查阅文献、收集资料、分析资料、得出结论等环节。[②]科学研究根据研究工作的目的可分为应用研究和基础研究，还可以依据方法论的不同分为质性研究和量化研究。

科学研究具有不同于一般认识过程的形式和特点，是一种人的创造性活动。它要求研究人员具备一定的特殊能力和良好的个性心理品质，并受到个人主观因素的影响。它具有以下几个特征：社会性，即科学研究是一种带有社会性质的活动，需要多人配合；创新性，即科学研究是指向未知的探索活动；客观性，即科学研究要求客观地反映事物的本质；继承性，即科学研究需要在前人或他人研究的基础上进行资料加工；控制性，即科学研究过程必须有严格的设计方案；系统性，即科学研究应依据一定的程序进行研究活动。

（二）教育科学研究

教育科学研究，简称教育科研，是按照某种途径，有组织、有计划、系统地认识教育现象和教育问题，探索教育规律及构建教育理论的过程，即是以教育现象和问题为对象，运用科学研究方法，遵循一定的研究程序，收集、整理和分析有关资料，以获得教育规律为目标的过程。

教育科研具有以下属性：从研究目的来看，它以解释教育现象、解决教育问题、揭示教育规律为目的；从研究过程来看，它是遵循教育科学规律，有目的、有计划、系统地开展研究的过程；从性质来看，它是一种发现问题、分析问题和解决问题的认识活动；从本质来看，它是一种创造性的认识活动。具体特点表现为：研究目的具有针对性；研究内容具有微观性；研究场所具有自然性；研究范式具有平民性；研究成果具有实效性。

教育科研按照性质和实用性划分，可分为基础研究与应用研究；按照研究层次划分，可分为微观层次和宏观层次；按照一般方法论划分，可分为定性研究和定量研究；按照研究目的与任务划分，可分为描述研究、分析研究、规范研究。

教育科研是一种特殊的科学研究，有其自身的规律。不同于对自然物质的研究，教育科学研究的对象关涉到人，必然涉及人的观念、意识形态和其他社会影响因素。因此，在进行教育科学研究时，既要强调严肃的科学性和严密的科学方

---

① 潘懋元.2008.高等教育研究方法.北京：高等教育出版社.
② 刘献君.2010.教育研究方法高级讲座.武汉：华中科技大学出版社.

法，又要遵循人的身心发展规律。因此，教育科学研究既具有一般科学研究的特征，也具有自身的独特性与规律性，主要表现为具有很强的综合性和整体性、较长的周期性和迟效性、广泛的群众性与应用性。

三、教育科研方法

教育科研方法是指从事教育科学研究时所采用的方法，即研究教育问题、探索教育现象及其规律所采用的方法，是人们在进行教育科学研究时所采取的步骤、手段和方式的总称，是按某种途径，有组织、有计划、系统地进行教育研究和构建教育理论的过程，是以教育现象为对象，以科学方法为手段，结合教育特点，遵循一定研究程序，以获得教育科学规律性知识为目标的一整套系统研究过程。它既是一种知识体系（思维方式），又是一种行为规律（行为方式）；既是一种理论上的方法体系，又是一种具体实践的行为策略。

我国的教育科研方法是以马克思主义哲学观为指导，采用多种具体的方式与手段研究教育问题或解释教育现象的方法，常用的有文献法、观察法、调查法、统计法、实验法、历史法、比较法、个案研究方法、行动研究法、叙事研究法等。

教育科研方法之所以具有特殊性，原因有以下几点：第一，教育现象或问题的复杂性导致了教育研究论证的复杂性；第二，在教育研究中，对有关教育现象进行精确测量即定量分析有一定的难度，教育现象的不确定性与模糊性需要教育科学研究测量变量的处理做到精简化、可操作化；第三，在教育科研中，借鉴或移植其他学科的一些研究方法时常需要进行适当的改造；第四，教育科研的主体与对象是人，具有特殊性。

第二节 教育科研的方法论

一、有关"方法论"的理解

学习教育科研方法，就绕不开对"方法论"的理解。教育研究"方法论"其实是一个系统，基于不同视角可有不同解读。比如，王坤庆认为，从哲学的角度看，方法论是人们认识世界、改造世界的一般方式、方法的学说或理论体系。从世界观和方法论的联系上看，方法论与世界观是同一的，一种哲学世界观就是一种方法论体系，或者说有什么样的世界观，就有什么样的方法论，既没有离开世界观的单独方法论，也没有不是方法论性质的单纯的世界观，从方法论所包含的内容看，它不仅指哲学层次的方法论原理，还应包括具体科学研究中所使用的一系列方式、手段，也就是说，即使是哲学方法论指导下的科学研究，它也必须包含在该方法论影响下相应的具体方法，没有具体方法的支撑，哲学方法论就架空了。二者共同构成了完整的方法论体系。[①]关于"方法论"与"理论"及"方法"的关系，刘燕楠指出，方法论作为与方法密切相关的理论，处于方法系统的核心位置，为方法提供极其重要的思维框架和行为指导。在研究范围上，方法论同时包含着对"理论和方法"的研究，但绝非简单的所谓的方法与理论的问题。在二者的区分上，方法论不同于"方法的理论"，方法论关注的"理论"是构成方法体系和结构的理论基础；方法论也不同于"方法"，方法论研究的"方法"是方法体系中的核心部分——思维方式、研究范式等，在此基础上，"理论"是方法论的前提性理论，"方法"是方法论中的认识成品。方法论探讨的是认识的变革对方法核心的影响，是以理论形态存在的认识世界、改造世界的方法观念和技术的驱动性理论，是不断反思与建构新思维的过程性理论。[②]方法论与理论、方法之间的区别如表 1-1 所示。

表 1-1　方法论与理论、方法之间的区别

类别	理论	方法论	方法
指向性质 问题	方法的理论 认识基础（前提） 是什么	方法的核心 认识变革（元研究） 应该是什么 可能是什么 应该怎么办	方法的运用 认识效果（成品） 怎么办
内容	系统化的方法体系	突破性的整体变革	程序化的行为方式
任务	理论基础的建立 方法结构的组成	理论基础的反思 方法对象的适切性反思 新方法结构的构建	工具或手段的选择和运用 方式和技巧的程序或过程
形式	基本概念、原理、结构	思维方式、范式更新、结构调整	活动方式、程序、法则及 技术改进

[①]　王坤庆. 2013. 教育研究方法论纵横谈. 中国教育科学, 4：92-115，231.
[②]　刘燕楠. 2018. 教育研究方法论变革：历史突破与理论创新. 教育研究, 39（5）：16-26.

刘燕楠认为，从总体上看，方法论可分为一般的方法论、特殊的方法论和个别的方法论三个层次。其中，一般的方法论具有最高的普适性，对特殊和个别层次的方法论起到指导性作用，这三个层次又分别对应着哲学方法论、科学方法论和具体学科方法论三种方法论形态，它们共同组成了一个复合、多维和完整的方法论体系。①

二、"教育研究方法论"的解读

（一）教育研究方法论概述

关于教育研究方法论的界定，我国学术界是存在争论的。大致说来，主要有三种看法。②第一种看法是将"教育研究方法论"拆分为"教育研究""方法""论"，这种解读的重点在"教育研究"，含义是对专门的研究（教育研究）所使用的方法进行探讨，从这个意义上讲，教育研究方法论区别于其他研究方法论，是对"教育研究"方法的论述。第二种看法是将"教育研究方法论"拆分为"教育""研究方法""论"，这种解读的重点在"研究方法"，含义是对教育研究中的各种研究方法进行论述，目的是帮助人们在教育研究中正确理解和使用各种研究方法，是对研究方法的论述。第三种看法是将"教育研究方法论"拆分为"教育研究""方法论"，这种解读的重点在"方法论"，含义是探讨教育研究的方法论问题，目的是帮助人们解决教育研究方法选择的指导思想，是探讨各种研究方法的哲学基础，是运用方法的原理，更多侧重研究方法选择及其运用中的基本理论问题。从这个意义上讲，"教育研究方法论"是一个独立的概念，没有必要拆分，对教育研究方法论的探讨，不是研究具体的研究方法，而是探讨教育研究方法论构成的体系及其选择与运用的指导思想，特别要关注不同的哲学世界观指导下教育研究产生的新知识与新理论。③

（二）教育研究方法论的体系

刘燕楠认为，在方法论的整体结构中，教育研究方法论属于方法论体系的第三层次，即个别层次（具体学科）的方法论。这就意味着处于第一层次的哲学方

① 刘燕楠. 2018. 教育研究方法论变革：历史突破与理论创新. 教育研究，39（5）：16-26.
② 李克建. 2011. 追寻教育研究之道——结构主义、后结构主义与教育研究方法论. 北京：光明日报出版社.
③ 王坤庆. 2013. 教育研究方法论纵横谈. 中国教育科学，4：92-115，231.

法论是教育研究方法论建立的理论基础，教育研究方法论必须依照某种世界观的基本原理来规定自身；处于第二层次的科学方法论（包含系统科学、数学、交叉科学和三大领域科学体系）是教育研究方法论系统化、理论化的基础，教育研究方法论必须依托科学方法论的逻辑体系和因果关系构建自身；在第三层次，教育研究方法论既需要显示自身的独特性，又需要明确与同层次不同学科间的逻辑关系，借鉴不同学科的研究方法以改进自身。根据教育研究方法论在方法论整体结构中与哲学方法论、科学方法论和一般学科方法论的相互作用，按照从一般到特殊的认识逻辑，可构建出在学科内部独立运行的、完整的教育研究方法论的体系结构，即纵向由教育哲学、教育科学和教育技术组成，横向由哲学方法、科学方法和历史方法三种基本的研究方法构成。[①]教育研究方法论的体系结构如图 1-1 所示。

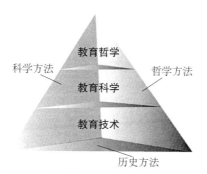

图 1-1　教育研究方法论的体系结构

（三）教育研究方法论的纵向层次

刘燕楠认为，教育研究方法论在纵向上由三个部分构成，即教育哲学、教育科学和教育技术。教育哲学层次方法论的特征以思辨的、假定的、归纳的和演绎的为主，教育科学层次方法论的特征以描述的、实证的和实验的为主，教育技术层次方法论的特征以操作的、规则的和规范的为主。[②]

1）教育研究方法论纵向的第一层次是教育哲学，它在方法论体系结构中是最具统领性和抽象性的思维系统。从学科意义上讲，教育哲学也是所有教育学科中最具方法论性质的学科。教育哲学的方法论意义，在理论上，反映为根据一定的世界观或哲学思想（理论模式）为研究对象提供某种认识基础；在行动上，反映为运用哲学的思维方式对事物进行抽象的认识、反思和批判。教育哲学作为教

① 刘燕楠. 2018. 教育研究方法论变革：历史突破与理论创新. 教育研究，39（5）：16-26.
② 刘燕楠. 2018. 教育研究方法论变革：历史突破与理论创新. 教育研究，39（5）：16-26.

育研究方法论结构的最高层，主要是作为思想工具和思维方式存在，功能在于对以往对教育对象的认识进行反思、批判和改造，为教育研究起到思维定向的作用。[①]王坤庆同样指出，教育哲学作为教育研究方法论的最高层次，在理论上，它是马克思主义哲学的应用哲学；在实践上，它是各门具体教育科学的理论指导，这正是教育哲学作为具有方法论性质学科的基本体现，因而它是教育研究领域的世界观和方法论。[②]

马克思主义哲学是科学的世界观和方法论。它在教育研究过程中作为最一般的理论工具发挥着方法论的指导作用。马克思主义哲学对教育研究的科学指导，体现在两个方面：一是为教育研究提供科学的思维方法。马克思主义哲学作为科学世界观，从总体上揭示事物发展的最一般规律，不仅为我们在教育科学领域中判别各种理论观点、建立科学的教育理论提供最一般的准则，而且帮助我们从复杂而混乱的科学探索中看准方向，抓住前沿本质课题，进行有成效的科学研究。二是通过马克思主义教育思想、教育理论实现指导。[③]

2）教育研究方法论纵向的第二层次是教育科学，刘燕楠认为，教育科学的研究对象为各种教育现象，它是在教育哲学的观照下，基于对教育事实的认识建立起的一个系统化和理论化的逻辑体系，是有效认识对象的理性工具。教育科学与教育哲学的关系类似于科学与科学哲学的关系，教育哲学为教育科学提供方法论指导，为建立一个科学的教育理论体系提供逻辑基础，而教育科学作为教育哲学在方法论层面的具体运用，向研究者提供搜集、分析教育事实和判断信息真假的系列方法，提供从假设的提出到实验设计和结论检验等一系列分析事实与因素间因果关系的方法，提供从经验到概念和原理再到结论等形成理论体系的逻辑方法，是具体研究方式的总体概括，是系统科学理论体系建立的方法论基础。从学科意义上讲，教育科学的任务是揭示教育现象（教育问题）背后的因果性规律，对教育这一特殊领域的现象进行描述与说明，对教育的对象、特征、关系、手段、过程和结果进行假设与分析，从而搭建一个科学的理论体系和逻辑基础。在实践维度，科学的教育知识需要依托科学的方法加以说明和验证，需要借助各种科学的先进手段对教育现象展开研究，提出假设，进行科学验证，最终推导出科学结论与理论假设间的逻辑关系。因此，在方法论功能上，教育科学一方面要揭示教育现象、教育活动的一般规律，从而科学地解释教育问题；另一方面要从科学的视角预测教育未来的发展方向，这是教育科学对于

---

① 刘燕楠. 2018. 教育研究方法论变革：历史突破与理论创新. 教育研究，39（5）：16-26.
② 王坤庆. 2013. 教育研究方法论纵横谈. 中国教育科学，4：92-115，231.
③ 裴娣娜. 1988. 谈谈教育科学研究方法论问题. 北京师范大学学报，3：30-35.

整个教育研究的方法论价值。[①]

3）教育研究方法论纵向的第三层次是教育技术，它进一步规定了教育研究方法论的应用规范与实践法则。刘燕楠指出，技术是具体方法、程序、规则的总称，是教育研究得以有效运行的工具系统。在方法论层面，方法的选择不是随意的，而是依据哲学和科学的方法论目的与要求，为达到一定的价值目标而采取的适宜性的手段或程序。教育技术不是指单独的某种研究方法，而是不同类型研究方法的综合，教育技术是关于这些研究方法、程序组合的规范性法则。例如，系统方法在方法论系统中的变革路径是：随着现代科学技术的进步，系统方法逐渐由定性转为定量，在经验的基础上形成一门科学（系统科学），成为一种科学的理论形态（系统论）。系统科学认识论一经形成，便统领了整个科学意识领域，从而取得了崇高的方法论地位。尤其当它与信息论、控制论及新兴的耗散结构理论、协同论、突变论结合，成为横跨自然科学和社会科学的一门综合性学科——系统科学后，其方法论的意义便得以凸显。[②]依据系统论，我们能更加全面和系统地认识教育问题，把研究对象视为一个整体的、开放的和具有层次的关系系统来看待，充分考虑系统内部各组成要素间的相互作用，促使教育研究方法论在思维方式上产生重大突破。[③]

（四）教育研究方法论的横向类别

从横向的角度分析，教育研究方法论可分为三种不同类别：哲学方法、科学方法和历史方法。王坤庆认为，这三种方法在教育研究方法论的整体结构中犹如三角体的三个侧面，构成相对稳定的教育研究方法论的静态模式。[④]

1）哲学方法是在经验思维之上进行的价值判断的活动，它主要表现为一种思辨研究，包含演绎法（先验演绎、先验推理、先验论证）、归纳法（经验推理、经验论证）、类比法等形式。此外，还包含元研究，即对思维方式和教育理论的反思。哲学方法是教育研究最基本和最普遍的研究方法，它关注的核心是教育价值的问题，回答的是在价值层面教育的应然状况。哲学方法很多时候并不指向某种具体的方法，而是与人的世界观一同作用于思维整体，为教育研究提供认识基础和进行价值判断、选择的标准。[⑤]

---

① 刘燕楠. 2018. 教育研究方法论变革：历史突破与理论创新. 教育研究，39（5）：16-26；叶澜. 1999. 教育研究方法论初探. 上海：上海教育出版社.
② 王有英. 2004. 系统科学方法论与教育研究. 雁北师范学院学报，3：1-5.
③ 刘燕楠. 2018. 教育研究方法论变革：历史突破与理论创新. 教育研究，39（5）：16-26.
④ 王坤庆. 1996. 教育研究方法论论纲. 华中师范大学学报（哲学社会科学版），（3）：85-90.
⑤ 刘燕楠. 2018. 教育研究方法论变革：历史突破与理论创新. 教育研究，39（5）：16-26.

2）科学方法是一种理性的认识工具，用以建构教育研究的理论体系和逻辑结构、经验范畴及分类标准，它主要解答教育理论或知识"是什么"的问题。科学方法既可以作为技术工具使用，也可以作为思想工具使用。当作为技术工具使用时，科学方法是一种技术的手段，表现为一系列客观的操作程序和步骤方法；当作为思想工具使用时，科学方法更多指向的是一种科学的精神和信仰。因此，在技术的层面，科学方法的运用具有条件性和选择性，必须依据人的价值目标和工具理性，选择适宜的科学方法和手段，而不是将研究过程作为一种价值无涉的操作程序，纯粹客观地开展教育研究；在精神的层面，科学方法（科学精神）具有普适性，是人类认识世界、改造世界的真理性的认识标准。[①]

3）历史方法是运用历史资料、按照历史发展的顺序对过去事件进行研究的方法，亦称纵向研究方法，是比较研究法的一种形式，又称历史比较研究方法。历史方法作为事实还原的分析工具，是从历史演进的角度考察教育研究的历史因素，在历史结构中观察和重构教育研究对象与方法的关系。历史研究的目的是提供事实，对已经发生的历史事实进行现实反思，有助于我们将现实的知识进行历史结构的还原，从而认识它在各个阶段的方法论意义及重要作用，因此，它主要回答的是教育曾经"何以如此"的问题。历史方法对于教育研究的特殊使命就在于追寻教育研究方法论发展的历史轨迹，从而归纳出不同发展阶段的主要矛盾及特征规律，寻找促进教育研究方法论发展的内部动力和核心要素，形成有效促进教育研究方法论机制创新和结构变革的重要认识。[②]

王坤庆指出，从教育研究方法论的分层与分类探讨中我们可以得出的结论是：其一，教育研究方法论是一个庞大、复杂且完整的体系，它绝对不能简单地等同于方法问题；其二，教育研究方法论是在博采众长的基础上，通过不断吸收和融合别的学科研究方法来不断壮大自身阵容，是一个包含众多从其他学科研究中借鉴过来的方法的动态、开放的体系；其三，教育研究方法论中的任何方法都不是万能的，关键是研究主体对方法和方法论的选择，只有在研究主体选择恰当的方法论组合条件下，才有可能完成研究任务，才有可能推进教育理论和教育实践的发展；其四，对教育研究方法论的探讨，最根本的目的是要求方法论的更新与变革，这是教育学理论得以发展的根本动力，无论从历史还是现实来看，没有教育研究方法论的更新与变革，就不可能有教育理论的新突破。[③]

① 刘燕楠. 2018. 教育研究方法论变革：历史突破与理论创新. 教育研究，39（5）：16-26.
② 刘燕楠. 2018. 教育研究方法论变革：历史突破与理论创新. 教育研究，39（5）：16-26.
③ 王坤庆. 1996. 教育研究方法论论纲. 华中师范大学学报（哲学社会科学版），（3）：85-90.

第三节　教育科研的多样性

一、教育研究范式的理解

20 世纪中叶，著名科学哲学家托马斯·库恩提出科学研究的范式理论。所谓"范式"，是指科学共同体的共有信念，这种共有信念建立在某种公认的并成为传统的重大科学的基础上，能为共同体成员提供一种把握研究对象的概念框架、一套理论和方法信条、一个可供仿效的解题范例，它规定并表征了一定时期内某一科学的发展方向和研究途径。范式的核心是一系列基本假说、基本概念和基本方法。在不同的范式中，研究对象、研究问题、解决方法以及最后结论有所不同。按照上述理解，"教育研究范式"是指教育研究学术共同体对教育研究活动所持有的共同信念，共同的前提假设，以及共同的基本理论、观点、研究规范和方法。

不同的研究范式将体现为不同的研究模式，研究模式比研究范式更为具体和直观。学术界公认的三种教育研究模式是实证研究、分析研究（又称阐释研究）、批判研究。余东升教授把上述三种教育研究模式进一步归纳为两种范式：自然科学范式和人文学科范式。实证研究属于前者，阐释研究和批判研究属于后者。[①]有学者把教育研究范式分为实证研究范式和思辨研究范式；还有专家认为应分为思辨研究范式、实证研究范式、实地研究方式；潘懋元教授和王洪才教授认为应分为思辨研究范式、实证研究范式、行动研究范式和批判研究范式。[②]马勇军等基于对上述研究范式分类的分析，认为教育研究范式至少包括三方面内涵：一是研究者的研究视角、研究目标和研究信念，这决定了其对研究问题和基本路径的选择；二是研究者在解决问题时的思维方式、习惯和规范，这决定了其对研究方法的选择与应用；三是研究者对研究结论的解释和使用倾向，这在一定意义上显现了研究者对"研究"的理解。因此，教育研究的三种典型研究范式是思辨研究范式、行动研究范式和实证研究范式，它们构成了教育研究的三维空间，而定量研究、质性研究以及混合研究则属于实证研究范式下的亚范式。[③]

① 余东升. 2010. 质性研究：教育研究的人文学范式. 高等教育研究，31（7）：63-70.

② 潘懋元. 2008. 高等教育研究方法. 北京：高等教育出版社.

③ 马勇军，姜雪青，杨进中. 2019. 思辨、实证与行动：教育研究的三维空间. 中国教育科学（中英文），2（5）：111-122.

下面，以潘懋元教授和王洪才教授关于教育研究范式的划分方式为例进行深入分析。

（一）思辨研究范式

思辨研究是研究者在个体理性认识能力及经验的基础上，通过对概念、命题进行逻辑演绎推理以认识事物本质特征的研究方法。思辨研究注重理论、概念和观点总结，强调研究者主要运用辩证法等哲学方法，通过对事物或现象进行逻辑分析，阐述自己的思想或理论，主要包括理论思辨、历史研究、经验总结等方法。思辨研究方法有着独特的本体论价值和突出的认识论价值，这决定了它在人文社会科学领域甚至自然科学领域始终居于重要地位。思辨研究主要表现为"应然"研究，在研究中追求"解放"与"理性"，把人类的美好理想和愿望融入研究，在研究中体现思想深邃之美、思维逻辑之美和形式简明之美，即把求善与求美融为一体，其最高境界是追求美。所以，教育的思辨研究更像哲学研究，更多体现了人文学科特征。思辨研究并不关注具体的研究方法，但有着丰富的逻辑演绎思维。其研究一般是从概念、命题出发，经过逻辑推理演绎出理论成果，遵循的是自上而下、从一般到个别的演绎模式。正如潘懋元所说，思辨研究方法说到底是一种运用逻辑思维进行分析、判断的研究方式。①

在思辨研究（哲学研究）范式下，有不同类型的教育研究方法。刘良华认为，从论证的方式来看，哲学研究常用的方法有演绎法、归纳法和类比法。从研究的主题来看，哲学研究常用的方法有本质研究、价值研究和对策研究。也就是说，完整的哲学研究包括三个部分：一是"是什么"，它显示为"本质研究"；二是"为什么"，它显示为"价值研究"；三是"怎么办"，它显示为"对策研究"。②

（二）实证研究范式

实证研究是通过对研究对象进行观察、实验或调查，对收集的数据或信息进行分析和解释，以事实为证据探讨事物本质属性或发展规律的研究方法。如果说思辨研究属于"应然"研究，那么实证研究则属于"实然"研究，其追求的是"严谨"和"可信"，更多借鉴自然科学和其他社会科学研究方法，求真是其核心追求。所以，实证研究反映的是科学研究（包括自然科学和社会科学）的特点。

实证研究主要包括量化研究、质性研究以及混合研究等方法。其中，量化研

---

① 潘懋元. 2008. 高等教育研究方法. 北京：高等教育出版社.
② 刘良华. 2015. 教育研究的类型与走向. 当代教育与文化，7（3）：98-107.

究强调研究者对事物可观测的部分及其相互关系进行测量、计算和分析，以达到对事物本质的把握。质性研究强调研究者通过与研究对象之间的互动对事物进行深入、细致、长期的体验，对事物的现象进行整体性探究分析，得到比较全面的解释性理解或形成理论。陈向明认为，质性研究是以研究者本人作为研究工具，在自然情境下采用多种资料收集方法对社会现象进行整体性探究，使用归纳法分析资料形成结论和理论，通过与研究对象互动，对其行为和意义建构获得解释性理解的一种活动。[①]混合研究兼具量化研究与质性研究的特点，既是一种方法又是一种方法论，强调量化研究与质性研究都具有重要价值而且具有互补性，可以在一个研究中混合使用并发挥两者的优势。混合研究已被视为一种有别于量化研究与质性研究的独立方法论，被称为第三种研究范式。

（三）行动研究范式

行动研究范式是一种以取得行动效果为指向的研究方式，它与传统的以理论寻求为指向的研究目的具有本质的不同，即其研究目的不是获得理论知识，而是对实践行动效果进行改进。如果说实证研究专注于求真，思辨研究在求善基础上求美的话，那么行动研究的本质则是求善。实证研究和思辨研究无论是注重方法精细化、设计规范化，还是注重思想深刻性、逻辑严密性，都关注理论成果（一般表现为论著或研究报告）的发表，而行动研究却追求"应然"与"实然"的结合，更关注实际效果的改善，追求"统整"与"实效"，其理论基础是实用主义。如果说思辨研究更多体现人文研究特征和哲学学科特征，实证研究更多体现科学研究本质，那么行动研究则更多借鉴工程领域方法，注重考虑复杂现实和互动演变的系统设计，表现出工程技术领域的特点。

在行动研究过程中，可能会用到一些具体的研究方法，如自然观察、问卷调查、访谈等，但往往因其目的是改变实践而不是发现规律，所以并不太关注方法的精致和规范，这也成为区分实证研究和行动研究的标志之一。如果倾向于验证假说或发现规律而精心设计实施（准确定义自变量，测量因变量，严格控制无关变量）的真实验和准实验（事实上，教育实验无法达到自然科学实验的精确与控制，都属于准实验），应属于实证研究范式；而如果倾向于探索和完善某种教育行为，并没有严格按照信效度要求设计实施的前实验，则可以划归行动研究范畴。

---

① 陈向明. 2000. 质的研究方法与社会科学研究. 北京：教育科学出版社.

（四）批判研究范式

批判研究范式是在批评实证主义的过程中发展起来的，认为实证主义的研究方法在被运用于社会研究时是有负面作用的，妨碍了人们追求真理。批判研究学派反思社会生活中既定的概念，认为社会中没有什么是既定或自然的，因为它们都是社会造成的，即是由人们决定的或注释的。他们对一些正统的科学假设感到怀疑，认为没有任何社会事实是价值中立的，凡是社会事实都有利益关涉，潜藏着社会冲突。

教育批判包含着教育知识批判和教育实践批判。二者既存在联系又相互区别。教育知识批判与教育实践批判既存在联系又相互区别。虽然教育实践批判以教育知识批判为前提，即没有纯粹的不涉及教育知识批判的教育实践批判，但是教育知识批判毕竟不同于教育实践批判，它并非只能蕴含于教育实践批判之中，也是一种独立存在的教育批判活动，教育知识生产中常见的"商榷""讨论"文章便是其显例。在认识到教育知识批判不等同于教育实践批判之后，有必要进一步探讨两者的区别。区分两种教育批判可从其否定对象入手。具体来说，教育实践批判最终指向某种教育活动，旨在否定和变革不合理的教育行为；教育知识批判则指向某种错误的思想、言论与概念体系，力图在教育思想观念领域纠偏查错。

二、教育研究的基本类型

实际生活中的教育问题与教育现象是错综复杂的，研究者可以从不同角度应用不同的方法进行研究，从而获得答案。由于探求新知的角度、层次、方法以及所涉及的问题不同，随之形成了各具特点的研究类型。

（一）依据研究性质和实用性划分

依据研究性质和实用性，教育研究可分为基础研究与应用研究两种类型。

基础研究：其指向具有普遍性，试图通过对教育现象的概括和抽象，确定或建立教育学科的基本事实和规律性的关系，并对它们做出理论解释，证实或证伪现有理论并提出新的理论。这类研究不强调研究成果近期的实际应用，更注重研究成果的长远效益。

应用研究：其目的是解决教育实践中具体的、现实的问题，具有很强的针对性。行动研究是应用研究的一种。

（二）依据一般方法论划分

依据一般方法论，教育研究可分为定性研究与定量研究两种，它们各有特征，不仅研究目的不同，研究背后的范式也不相同。但在方法论上，应该把它们视为一个连续体的两极。因为从实践角度看，二者的程序是经常交错在一起的，其特点如表 1-2 所示。

表 1-2　定性研究和定量研究不同特点的比较

类别	定性研究	定量研究
本质过程	归纳探究	演绎探究
研究范式	思辨研究	实证研究
研究目的	说明、解释、理解现象	揭示关系、原因，预测趋势
研究情境	自然情境	控制情境
研究分析	叙述性描述	统计性分析
研究程序	较为灵活	强调预先设计
推广程度	适应于特定情境与条件	普遍适用
研究者介入	观察-参与	不介入

资料来源：威廉·威尔斯马、斯蒂芬·G. 于尔斯. 2008. 教育研究方法导论. 袁振国译. 北京：教育科学出版社

（三）依据研究的层次划分

依据研究的层次，教育研究可分为微观层次研究和宏观层次研究两种类型。

微观层次研究：主要针对学校或班级等微观组织进行。例如，对这些组织内部各部分功能、关系的研究，以及对这些组织内部个体与群体行为、人际关系及其与外界环境相互作用等的研究。

宏观层次研究：把教育系统放在整个社会经济发展环境中进行研究，从教育与政治、经济、文化、科技发展等关系的角度研究教育问题。

（四）依据研究的目的或任务划分

研究目的是指研究者完成该研究之后有关研究对象或研究主题的客观结果，而且研究目的往往是基于研究任务制定的。根据研究任务的性质，研究目的一般可分为三类：一是对事实进行描述；二是对事实背后隐藏的关系、规律进行分析；三是指出进一步行动的方向。依据研究的目的或任务，教育研究可分为描述研究、分析研究、规范研究。

描述研究：把自己的研究任务定位在回答谁（who）、做什么（what）、在哪里（where）和怎样做（how）之类的问题上，旨在对现实和事件进行清楚的描述。

分析研究：其目的是回答为什么和如何的问题，在清楚地描述现象、事件之后，深入探索现象、事件之间的关系。分析研究的目的常常是综合，而不是将信息拆分开来以考察信息为什么产生以及如何产生。

规范研究：回答"应该怎样"等"应然"的问题。描述研究、分析研究是了解情况并做出"诊断"，规范研究则是要做出决定、采取行动，旨在对所描述、诊断的问题给出解决方案。

思考与练习

请结合教育研究实例，解释教育研究方法论与教育理论、教育研究方法的区别和联系。

拓 展 阅 读

1. 叶澜. 1999. 教育研究方法论初探. 上海：上海教育出版社.
2. 潘懋元. 2008. 高等教育研究方法. 北京：高等教育出版社.
3. 刘良华. 2021. 教育研究方法（第 3 版）. 上海：华东师范大学出版社.

第二章

把握教育问题——研究要素与分析范畴

学习导航

◆ 课题研究的四维要素

◆ 分析问题的三组范畴

第一节　课题研究的四维要素

作为一种学术工作，课题研究一般源于问题，然后选择特定的学科视角，在选择及应用适切理论的基础上，运用科学的方法进行系统论证，探索教育规律，以达到解释或解决研究问题的目的。

一、问题聚焦

所谓"问题聚焦"，是指课题负责人在科研活动初期，把教育话题深化为研究课题的理性思维及学术表达能力。对于生活中的教育话题，人人都可谈，但由此深化出的研究课题，则是规范的学术性命题。

"问题聚焦"的过程具体有三个环节:一是提炼要素,就是从教育话题的内外系统中分析并提取核心要素(又可称为研究变量或主题词),此处试以刘六生主持的国家社会科学基金教育学课题"省域高等教育结构合理性判别标准构建研究"(编号:BIA120078)为例,该课题研究的核心要素就是高等教育功能、高等教育结构、合理性判别标准。二是理清关系,就是在明确了课题研究的核心要素之后,继续追问核心要素之间存在哪些相互作用,这些作用又形成了什么样的相互关系,其中哪些关系是主要关系,哪些关系是次要关系,课题研究将主要探讨哪个或哪些关系?案例课题主要探讨的是"省域高等教育应然功能发挥与其合理结构选择"这对关系。三是明确矛盾,就是在界定了课题研究需要探讨的主要关系之后,应该进一步追问:在这对主要关系中存在哪些不协调或不明确的问题?这些不协调或不明确的问题就是该课题研究需要解释或解决的主要矛盾,也是开展研究力求去解决或解释的研究问题。案例课题专注于解决的主要矛盾是"基于省域经济社会发展适应性的高等教育结构合理性评价指标体系的缺失"与"该评价指标体系对省域高等教育结构合理性评价的不可或缺性"之间的矛盾。可见,虽然问题聚焦能力很基础,但很重要。在此研究者所"把握"的正是研究的对象及课题努力的方向。

二、视角选择

任何一项课题研究,都需要有一个特定的研究视角。因为同一个研究问题,可能由于研究视角的不同,而出现大相径庭的研究结论。所以,任何一项课题研究都是立足于特定的研究视角的,而不是泛泛而谈的。在此,研究视角不仅指剖析研究问题的具体学科或理论视角,还包括对同一研究问题可选择的不同研究主体视角,以及不同的研究层次视角,即应明确当下研究将基于哪个学科或理论视角,从宏观、中观还是微观层面,以及从哪些具体主体角度进行分析和解释特定的研究问题。研究视角的选择及审视主要是基于研究目的与研究者的需要而定。比如,案例课题的研究目的是评价省域高等教育结构的合理性,该研究基于高等教育学的教育外部关系规律,在此项研究中具体表现为"省域高等教育结构与省域经济社会发展适应性"这一研究视角,并从省域这一中观层面,以及从政府、高校及社会(市场)三个主体角度审视省域高等教育结构的合理性,力求构建省域高等教育结构合理性评价指标体系并结合具体省域加以应用分析。

三、理论构建

理论构建就是理论的选择与应用，是指研究者为了科学地剖析研究问题，通常需要借助特定的理论工具，即依据特定的理论（观点）及其分析维度和解析程序对研究问题进行解构，再构建有利于问题解决或解释的分析框架，即理论重构。可见，"科学研究"与"泛泛而谈"的本质区别就是科学研究需要有理论构建，即对特定问题进行学科化论证。

在进行理论选择与应用时，需要特别注意两点：一是理论选择要适切，即理论工具与研究问题要吻合，即所选择的理论要有助于分析待研究的问题，前提是两者具备逻辑上的一致性；二是理论应用要具体化，即运用该理论可为问题的解决或解释建立分析框架，这就是说在研究中要使理论与问题真正关联起来，要明确该理论在本研究中的具体应用视角，否则理论与问题将是"两张皮"。正如案例课题选用"马克思主义实践合理性"作为理论工具，是因为该理论观点的三个分析维度（合目的性、合规律性与合规范性）适合于该问题的解释及解决。可见，研究中的理论应用其实包括"解构"与"重构"两个过程，其本质就是借鉴特定理论的观点、分析维度及解析程序，为问题的解决或解释形成研究思路并构建分析框架，最终形成问题分析的立场和策略。总之，理论选择与应用具体表现为能够为课题研究选择一个适切的理论工具，并能将该理论的立场观点、分析维度及解析程序具体应用于问题分析中，而且也只有选择一个适切的理论，才能将研究诸要素衔接起来，逻辑一致地进行分析和解释，从而保证研究整体达到较高质量。

四、方法运用

方法运用就是立足正确的立场，运用科学的方法和手段解释或解决待研究的教育问题，即运用科学策略而非权威的或迷信的手段去解释或解决待研究的问题。其实，科学方法的运用体现在三个层面。

一是方法论的定位，即研究首先得立足于科学的方法论，就是针对一个特定的研究问题，我们应站在马克思辩证唯物主义与历史唯物主义的立场，并根据研究问题本身的特性，要么立足于人文主义（解释主义）方法论，要么立足于科学主义（实证主义）方法论，当然更多时候我们应以系统科学的方法论为指导。

二是研究取向（类型）的考量，根据所立足的方法论立场，明确研究的基本取向及类型，即明确所开展的研究属于实证研究（包括实验研究、调查研究和历史研究）还是非实证研究（实践研究和思辨研究），以及具体又属于不同取向中的哪一种研究类型？即使是实证研究也可属于量化研究或质性研究，比如典型的量化研究主要是调查研究、实验研究等，典型的质性研究主要有民族志、个案研究、扎根理论等。另外，混合研究又分平行混合研究、序列混合研究等，研究类型的明确有助于后续具体研究手段或技术的选择。

三是具体研究手段（技术）的选择与运用，就是根据方法论与研究取向（类型）选择相应的研究手段和技术，除了常用的文献法、教育调查法、比较研究法等，如今还有更多借助于现代信息技术的研究手段，详见本书的第二与第三模块，在此不再赘述。

总之，"问题""视角""理论""方法"是课题研究的四个基本要素，它们之间既相互关联又相互影响。它们之间的关系类似于图 2-1 中的场景，其中的"地球"好比研究中的"问题"或叫研究主题，问题解决好比"撬起地球"，当然问题聚焦正是问题解决的前提；图中的杠杆好比"理论"工具，撬起地球要用到杠杆（本质上是应用杠杆原理的作用），这好比问题解决要选择与应用"理论"工具；支点好比问题解决的"视角"，任何问题的解决都是基于特定视角的，而非泛指；最后"地球"能否被撬起还取决于研究主体如何拨动杠杆，是使用传统的还是现代的方法手段呢？这就是研究中的科学方法运用。

图 2-1 阿基米德说"给我一个支点，我可以撬起地球"

第二节　分析问题的三组范畴

前文从四个维度对课题研究是什么进行了要素分析。把握教育问题，不但需要把握课题研究的基本要素，更需要对其进行深入剖析，以提出具体研究内容的分析框架。本节内容正是探讨如何运用哲学上的三组范畴①，对教育问题进行具体分析，以全面而深入地把握研究课题。

一、范畴 I：要素⇄系统⇄层次

（一）范畴的含义与特性

处在一定相互联系中，与环境产生关系的各个部分的整体，即系统；组成系统的各个单元、因子、部分，即要素。系统与要素这对范畴具有普遍性，无论在自然、社会还是思维中，系统与要素这对范畴都是普遍存在的。

系统与要素是对立统一的。第一，系统包含要素，要素是系统的组成部分，两者是有区别的。系统总是由要素组成的系统，要素总是组成系统的要素。可见，没有要素就没有系统，没有系统就没有要素。第二，系统与要素又是相互依存的。把系统与要素割裂开来是不可能的，毫无联系的孤立的系统以及毫无联系的孤立的要素，在自然、社会、思维中都是不存在的。系统与要素是相互联系的，它们又是相互制约的。改变要素会影响系统的功能，改变系统会影响要素的作用。系统使要素具有新的特性，要素使系统具有新的功能。第三，系统与要素在一定条件下可以相互转化。比如，对人体的器官而言，人体是系统，但对社会而言，人只是一个要素。可见，在系统与要素的辩证关系中，层次这个范畴十分重要。下一个层次的系统转化为上一层次时，变成了要素，等等。系统、要素、层次的关系如图 2-2 所示。

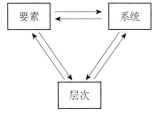

图 2-2　系统、要素、层次的关系

---

①　本节涉及的三组范畴的内容及其观点主要引自查有梁. 1986. 控制论、信息论、系统论与教育科学. 成都：四川省社会科学院出版社。

（二）范畴的方法论意义

系统与要素这对范畴的方法论意义在于：提供一种强有力的系统方法，对分析与综合相统一的科学方法进行深入阐述。分析各要素及要素之间的联系方式，综合诸要素成为有机的整体，并重视系统与环境的相互影响，这便是系统方法给我们的重要启示。具体来讲，分析法，即认识系统的要素及要素之间的联系，是从整体到部分的方法；综合法，即把诸要素结合起来成为有机整体，并注意系统与环境的相互影响，是从部分到整体的方法。系统与要素这对范畴，为分析与综合相统一的系统分析法提供了根据。系统分析要求把从整体到部分与从部分到整体结合起来。

（三）范畴应用

例1：

应用"要素⇄系统⇄层次"这组相关范畴，剖析"我国高校技术转移政策研究"课题[①]，该课题研究的"要素"主要包括政策制定者（主要是政府及相关管理部门）、政策目标群体（包括企业、高校、科研机构、金融机构等，该课题主要针对高校）、政策内容、政策工具结构、协调机制（政策制定与执行过程中横向与纵向的沟通机制）等，这些要素构成了"我国高校技术转移政策体系"这一系统。同时，我国高校技术转移政策可分为国家层面的政策与地方层面（主要是省级政府）的政策，该课题立足于国家政策层面这一分析层次，应用政策工具理论来研究我国高校技术转移政策体系问题。

例2：

应用"要素⇄系统⇄层次"这组相关范畴，剖析"新时代云南高等教育内涵式发展困境与路径研究"课题[②]，根据当前学界对高等教育内涵式发展要素的相关研究，该课题研究主要采纳张德祥教授的学术定义，即高等教育内涵发展的要素主要包括高等教育发展的"质量"（包括高等教育满足社会需要与个体需要两个层面）、"结构"（主要剖析高等教育宏观结构，即高等教育层次结构、布局结构、学科结构和类型结构）、"公平"（主要分析宏观层面上接受高等教育的机会在各地区和各层次之间的均衡）、"制度"（主要指政府宏观层面的高等教育

[①] 该案例系刘六生指导的 2017 级云南师范大学高等教育学专业硕士研究生李晶晶的硕士学位论文《我国高校技术转移政策文本研究——基于英格拉姆与施耐德的政策工具分类理论视角》相关内容的分析。

[②] 该案例系刘六生主持的云南省社会科学研究基地 2018 年重点课题"新时代云南高等教育内涵式发展困境与路径研究"相关内容的分析。

管理体制及其运行机制）。因此，质量、结构、公平、制度这四个要素构成了"高等教育内涵式发展"这一系统，同时，高等教育内涵式发展可分为国家整体层面的发展与特定省域层面的发展，而该课题研究主要立足于云南省这一省域分析层次，应用高等教育内涵式发展的相关理论来研究新时代云南高等教育内涵式发展的困境与路径问题。

二、范畴Ⅱ：功能⇄结构⇄涨落

（一）范畴的含义与特性

系统内部各个要素的组织形式，即结构。系统在一定环境中所能发挥的作用，即功能。结构与功能这对范畴具有普遍性。从原子到星系，从人体到思维，从生物到社会等，结构与功能这对范畴都是普遍存在的。例如，原子结构决定了各种化学元素的性质。DNA 双螺旋结构，决定了它的遗传功能。牛顿力学的结构，决定了它解决宏观低速力学问题的功能。结构与功能这对范畴在自然、社会、思维中是普遍存在的。

结构与功能是对立统一的。第一，结构与功能是相互区别的，二者有其一定的相对独立性。相同的结构可以表现为不同的功能，而相同的功能可以通过不同的结构来实现。结构是系统内部各要素之间的联系形式，是要素的组织形式，是从系统内部反映系统整体性的；而功能主要是系统与环境的相互联系、相互作用反映出的能力，是从系统外部反映系统整体性的。第二，结构与功能是相互联系的，不可能有孤立的功能，也不可能有孤立的结构。结构与功能相互依存，没有结构就没有功能，没有功能就没有结构。功能总是一定结构的功能，结构总是一定功能的结构。结构与功能是相互制约的，结构决定功能，功能作用于结构。系统的结构变化达到一定程度，会导致系统出现新的功能，即结构转化为功能；系统的功能发挥到一定程度，也会导致系统出现新的结构，即功能转化成结构。第三，结构与功能在一定条件下相互转化。耗散结构理论指出，通过涨落能达到有序，即通过涨落能形成新的结构。功能⇄结构⇄涨落之间的相互作用是理解社会结构及其进化的基础。[①]普利高津概括的"功能⇄结构⇄涨落"这对范畴的关系，如图 2-3 所示。

---

① 湛垦华，沈小峰等.1982.普利高津与耗散结构理论.西安：陕西科学技术出版社.

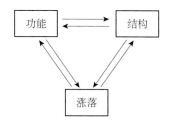

图 2-3 功能、结构、涨落的关系

（二）范畴的方法论意义

结构与功能这对范畴的方法论意义在于，在科学方法中增加了一种普遍的方法——结构-功能法，即利用功能去认识结构，掌握结构去利用功能。结构的分析综合法、功能的模拟法等，大大增强了科学方法论的力量。

结构与功能这对范畴告诉我们，学习任何一门学科都必须掌握该学科的结构，即掌握该学科的基本概念、基本原理、基本方法等的组织形式，掌握它们是怎样相互联系的。不掌握学科的结构，就难以发挥该学科的功能。学习社会科学，不仅要掌握各种不同社会的结构与功能，还要理解社会科学理论的逻辑结构与功能。布鲁纳在《教育过程》中把"结构的重要性"提到首要的地位，强调无论我们选教什么学科，务必使学生理解该学科的基本结构。[①]强调结构，在教学中就是要强调掌握概念、学习规律，强调学习原理、应用原理，这样的教学才能显示出强大的功能。理想的教学应当更重视技巧。

（三）范畴应用

例 1：

应用"功能 ⇄ 结构 ⇄ 涨落"这组范畴，剖析"我国高校技术转移政策研究"课题，在该课题中，高校技术转移政策体系的应然功能，即其政策效能要想得到最大程度的发挥，应做到以下几点：①明确一定时期内高校技术转移的计划与目标；②规范高校技术转移过程中各主体的行为；③解决高校技术转移过程中存在的问题；④有效推动高校技术转移的进程；等等。其结构是包括政策制定者、政策执行者、政策目标群体、政策内容、政策工具结构、政策制定与执行协调机制等政策体系要素的组织形式及其关联状态。从涨落范畴来看，它主要体现在当政策体系能实现以上目标时，政策效能能够有效提高：①政策制定与执行过程能建立有效的横向及纵向沟通协调机制，尽量减少政策冲突；②政策内容能够

① 杰罗姆·S. 布鲁纳. 1973. 教育过程. 上海师范大学外国教育研究室译. 上海：上海人民出版社.

有效兼顾各方利益，引导各方转变价值观，激发各方的积极性；③政策工具结构合理，能够通过各类政策的组合发挥最大的政策效能。当政策工具结构本身缺乏合理性、内容缺乏可操作性、存在政策冲突等时，则无法发挥政策应有的效能。可见，涨落不仅是系统维系合理结构的基础，也是系统结构发挥应然功能的关键，它一般体现为系统结构在实现系统功能时所必需的观念基础、制度保障及运行机制等。

例 2：

应用"功能⇌结构⇌涨落"这组范畴，剖析"新时代云南高等教育内涵式发展的困境与路径研究"课题，高等教育内涵式发展这一系统结构由质量、结构、公平及制度四种要素组成。同时，高等教育内涵式发展的功能发挥受到多重因素的影响与制约，新时代高等教育系统的应然功能正是高等教育内涵式发展功能的表现，主要体现为更优质、更高水平的高等教育系统功能，即高等教育在人才培养、科学研究、社会服务与文化传承创新等方面内涵式发展功能的表现。从涨落范畴来看，云南高等教育基础较为薄弱，要使其实现以上应然的系统功能，必须要有根本性的改革，包括观念、制度与机制等方面，换句话说，云南高等教育必须要有一个大的涨落，其内涵式发展的系统功能才能得以发挥出来。具体来说，就是新时代云南高等教育应当达到以下目标状态：①从教育理念、目标体系、课程体系、教学改革等方面构建更加优质的人才培养体系；②推进科研组织模式革新，提高高校科研产出与服务水平，提升科研创新能力；③促进高等教育与外部经济社会环境供需交换，以多种方式及更高水准为社会提供直接服务；④以社会主义核心价值观为引导，担当起对传统优秀文化的传承与创新等社会职能。如果云南高等教育内涵式发展这一系统结构不能达到上述目标状态，则意味着其系统功能难以得到有效发挥。可见，涨落不仅是系统维系合理结构的基础，也是系统应然功能发挥的关键，它是事物从量变到质变的分界点。

三、范畴 III：状态⇌过程⇌变换

（一）范畴的含义与特性

系统特性的量度，即状态；系统状态的变化，即过程。自然系统的状态变化，即自然过程；社会系统的状态变化，即社会过程；思维系统的状态变化，即思维过程。比如，在力学系统中，可以用位置、速度、能量等量度表征力学状态。在一定相互作用下，这些状态的变化，就是力学过程。对于人的思维、计算机的思维，可以用短时记忆、长时记忆、检索速度、运算速度等量度表征思维状态。当人或计算机在解决问题时，处在不同的状态下，可以选择不同的思维过程，如分析-综合过程、归纳-演绎过程、具体-抽象过程、猜测-验证过程等。可见，过程与状态这对范畴在自然、社会、思维中是普遍存在的。

过程与状态是对立的统一。第一，状态是表征系统稳定性的一面，而过程则是表征系统变化性的一面，过程与状态是相互区别的。第二，过程与状态是相互联系的。系统的状态有一定的稳定性，但这种稳定性是相对的，系统总是处在变化中，这种变化是绝对的。系统状态的变化，即过程。因此，把系统的状态与过程割裂开来是不可能的。没有过程的状态是不存在的，没有状态的过程也是不存在的。过程与状态还是相互依存的。系统的状态影响甚至决定着过程，系统的过程又影响甚至决定着新的状态。如此反复，两者总是相互制约的。第三，随着观测系统的变化，过程与状态可以相互转化。在数学上，可用 N 维空间的点表示状态，用线表示过程。非标准分析告诉我们，点是有结构的、可分的，点内也是一个世界，因此点内也有过程。正如过程里也有状态一样，状态里也有过程。过程是状态的结合，状态又是过程的集合。在过程与状态的辩证关系中，变换这一范畴十分重要。变换既可以是观测系统的变换，也可以是系统之外环境的变化。在不同的变换下，系统的过程与状态的描述是不同的。比如在数学领域，同一条曲线在不同的坐标系里由不同的方程表征。同理，同一物理事件，在不同的参照系内有不同的表述。例如，在低速世界，遵从伽利略变换；而在高速世界，则遵从洛伦兹变换。状态、变换、过程这组范畴的关系如图 2-4 所示。

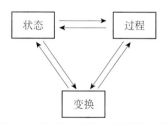

图 2-4　状态、变换、过程的关系

（二）范畴的方法论意义

过程与状态这对范畴在方法论上意义重大。这对范畴启示我们，研究系统的状态应当同研究系统的过程结合起来，正如根据状态研究生物的分类应当同根据过程研究生物的进化结合起来一样。可以通过状态研究过程，也可以通过过程研究状态。状态不同了，过程就应当不同。只有认清状态，才能正确地决定过程。

把过程与状态作为一对哲学范畴，有利于科学方法朝着精确化、定量化方向发展。

理解"过程、状态、变换"三者的关系，对教育科学研究有一定的意义。一种教学过程对中学生是成功的，但对大学生或在职干部就不一定成功。因为当教育对象、内容、环境等发生变化时，教学过程与状态将随之发生变化。这里的关键是要深入了解教育对象的认知心理状态，从而选择一个与其相适应的教学过程。

（三）范畴应用

例 1：

应用"状态 ⇌ 过程 ⇌ 变换"这组范畴，剖析"我国高校技术转移政策研究"课题，从状态、过程来看，该课题中高校技术转移政策的"状态"主要指的是其经过发展而呈现出的政策工具结构、政策内容以及政策制定与执行过程中协调机制等的现状，高校技术转移政策的"过程"指的是高校技术转移政策为实现政策效能最大化而朝着政策体系最优状态变革的进程。从变换来看，要实现高校技术转移政策效能的最大化，需要改进和优化政策工具结构的科学评价体系（观测维度），并改善政策制定与执行过程中的外部环境。

例 2：

应用"状态 ⇌ 过程 ⇌ 变换"这组范畴，剖析"云南高等教育内涵式发展的困境与路径研究"课题，发现云南高等教育内涵式发展的"状态"主要表现为由云南高等教育优质资源不足、规模不经济、科研贡献率低、社会服务成效不高导致的质量水平不高、结构不够优化、高校内部治理结构及相关制度体系不健全以及公平的实现不充分不均衡等问题。云南高等教育内涵式发展的"过程"则指云南高等教育现有状态通过内涵式发展朝着高等教育最优状态转变的发展进程，即通过提高高等教育质量、优化高等教育结构、完善高等教育制度，促进高等教育公平，最终促进云南高等教育人才培养、科学研究、社会服务以及文化传承创新等主要功能的发挥与实现。当然，高等教育系统的状态、过程与外界环境的"变换"关系十分密切。以往高等教育追求外延式发展，现在立足于内涵式发展，因此无论是发展理念、发展方式还是评价标准均发生了实质性变换。从"变换"要素来看，要实现云南高等教育内涵式发展功能的最大化，需要从内涵式发展所要求的变换条件（发展理念、发展方式与评价标准等），以及云南高等教育的质量、结构、制度、公平方面提出相应的解决路径，并提供保证路径实施的发展条件。

思考与练习

请结合当前教育现实，选择一个你感兴趣的教育问题，运用本章所学内容对其进行研究要素分析，并在充分熟悉相关文献的基础上，运用三组范畴构建其分析框架。

拓 展 阅 读

1. 查有梁. 1986. 控制论、信息论、系统论与教育科学. 成都：四川省社会科学院出版社.

2. 叶澜. 1999. 教育研究方法初探. 上海：上海教育出版社.

第三章

申报教育课题
——研究方案的设计与论证

第一节　课题申报的一般知识

　　教育类课题申报是进行教育研究的必要过程，因此，有必要了解教育类课题的类别划分，厘清教育类课题的选题原则并把握教育类课题申报书撰写的一般规范。

一、教育类课题的类别

　　教育类课题是指在一定的资助导向下，按照相应的研究规范，针对教育科学领域中明确的科学问题开展研究的课题类型。教育类课题有国家级（如全国教育科学规划课题）、省部级（如教育部人文社科研究项目）和校厅级（各省区市的教育科学规划项目）等资助层次。按照不同的分类标准，教育类课题有不同的类型划分。

（一）教育类课题的领域分类

按研究领域，教育类课题可分为基础研究和应用研究。基础研究是指为了获得关于教育现象和可观察的教育事实的基本原理的新知识，揭示教育现象或教育问题的本质以及运动规律等，获得新发现、新学说而进行的实验性或理论性研究，它不以任何专门或特定的应用或使用为目的。其成果以学术论文和著作为主要形式，以此反映教育知识的创新。应用研究是指为获得新的教育学知识而进行的创造性研究，主要针对某一特定的教育目的或目标，目的是确定基础研究成果的可能用途，或是为达到预定的目标探索应采取的新方法（原理性）或新途径。其成果形式以科学论文、专著、原理性模型或发明专利为主。

（二）教育类课题的尺度分类

教育类课题的研究有尺度划分，一般来说，大致有宏观研究、中观研究和微观研究三个具体尺度。就研究内容的尺度而言：①宏观研究是对教育系统较大范围内的整体性、综合性、系统性研究。它包括两个方面：一是教育与外部的关系，如教育与政治经济、教育与社会发展、教育与人口的关系等研究；二是教育内部带有全面性问题的研究。②中观研究介于宏观研究和微观研究之间，是对一定范围、一个领域、一条战线、一个部门内的教育的科学研究。③微观研究是对教育问题某个单独因素进行具体细致的研究，这种研究立足教育教学实际，往往是针对某一个具体问题的研究。就研究区域的尺度而言，宏观研究的区域一般为国家、地区或省区，中观研究的区域一般为州市、县区，微观研究的区域一般为学校或范围更小的地方。

（三）教育类课题的内容分类

按照内容特征，可将教育类课题划分为阐释性研究、综述性研究和创造性研究。阐释性研究是一种验证性研究，通过自己的理解和验证，对教育现象和已有的教育规律和理论进行叙述与解释。综述性研究是把分散、不全面的观点综合在一起，形成整体的、系统的观点的研究。它的研究对象不是单一的事件，不是某一种情况，而是某些现象或某一事物的诸多方面。创造性研究是用已知的教育信息，探索未知的新知识、成果和教育产品，具有改革教育教学的实际价值或理论意义的研究。其成果可以是一种新观念、新设想、新理论，也可以是一种新方法、新技能或一项新成就，还可以是其他表现形式的成果。

二、教育类课题的选题

参照国家自然科学基金委员会对科学问题划分的四种属性（鼓励探索、突出原创，聚焦前沿、独辟蹊径，需求牵引、突破瓶颈，共性导向、交叉融通），我们也可以对教育类课题的选题做类似的划分。

（一）鼓励探索、突出原创

"鼓励探索、突出原创"是指科学问题源于科研人员的灵感和新思想，且具有鲜明的首创性特征，旨在通过自由探索产出从无到有的原创性成果。教育研究中的科学问题，并非都有一定的历史渊源和发展脉络，新的区域发展态势以及新的教育形势，都会导致产生很多之前并不存在的新问题，虽然这些问题少有或者没有研究的历史沿革，但具备研究的必要性。

（二）聚焦前沿、独辟蹊径

"聚焦前沿、独辟蹊径"是指科学问题源于世界科技前沿的热点、难点和新兴领域，且具有鲜明的引领性或开创性特征，旨在通过独辟蹊径取得开拓性成果，引领或拓展科学前沿。关注教育研究的前沿问题和前沿动态，容易形成有较高研究价值的选题。

（三）需求牵引、突破瓶颈

"需求牵引、突破瓶颈"是指科学问题源于国家重大需求和经济主战场，且具有鲜明的需求导向、问题导向和目标导向特征，旨在通过解决技术瓶颈背后的核心科学问题，促使基础研究成果得到应用。教育研究的成果需求包括区域经济社会发展对教育成果的需求，以及教育教学对教育成果的需求。前者要求教育研究选题定位于实现教育功能、服务区域发展，后者要求教育研究选题解决教育过程中的具体问题，或者解释教育教学某种现象的成因，从而具有教育实践价值。

（四）共性导向、交叉融通

"共性导向、交叉融通"是指科学问题源于多学科领域交叉的共性难题，具有鲜明的学科交叉特征，旨在通过交叉研究实现重大科学突破，促进分科知识融通发展为知识体系。在教育研究中，教育问题往往不是孤立存在的，而是区域经济、社会以及教育发展的综合反映。针对该类问题的选题和研究，多学科的理论、方法的交叉应用也成为必然。

三、课题申报书撰写

撰写申报书是一个细化所要研究问题的过程，需要详细地论述立项依据、研究方案、可行性及创新点等。课题申报时，评审专家只能通过申报书来了解课题的内容，所以必须认真对待。总体的撰写目标是：态度严谨，描述到位，语言舒适，前后通畅，字字针对主题。以全国教育科学规划项目申报为例，课题申报书撰写过程中须注意以下问题。

（一）基础信息

1. 选题题目
在选题与指南的关系上，二者应保持一致的方向。指南只是一个范围，大而泛，申请者须根据指南中的选题条目确定具体的研究范围、研究方向和研究重点，自行设计题目。

2. 学科分类
申请书封面要求填写学科分类，因为学科分类直接关系到进入哪个学科组评审，所以应当准确、恰当地填写。全国教育科学规划项目的学科分类包括教育基本理论、教育心理、教育信息技术、比较教育、德育、教育经济与管理、教育发展战略、基础教育、高等教育、职业技术教育、成人教育、体育卫生美育、民族教育、国防军事教育和教育史 15 个类别。

3. 研究类型
研究类型包括基础研究、应用研究、综合研究和其他研究。教育类课题的不同研究类型有不同的适用性，其难度也存在差异。对于大多数青年教师而言，相对于基础研究，更适合选择应用研究和综合研究。

（二）主要内容

1. 选题依据
关于本研究主题的国内外学术史梳理，即梳理和评述国内外学者关于本选题所取得的主要成果及代表人物、研究和解决的主要问题、提出的新观点以及存在哪些缺失和不足，为撰写选题的研究价值做铺垫。研究价值一般有理论价值和实践价值之分，须按照选题内容进行分项提炼。

2. 研究内容

研究内容主要包括研究对象、研究框架、重点难点和主要目标等内容。研究对象即研究需要解释或解决的特定问题，这个特定问题即在选题过程中把"泛泛而谈的一般话题"深化为"研究课题"时所聚焦的主要矛盾，这个主要矛盾可能是理论性问题，也可能是实践性问题，其本质是研究主题核心要素之间的一对关系。研究对象区别于调查对象，后者是有待调查分析的客体。研究对象往往内含于特定的调查对象之中，而调查对象是指被研究的个人、群体或组织，以及研究所指的有关现象。可见，研究对象与调查对象紧密相关，但并不是完全相同的。总体框架是指研究的内容设计，可按研究内容分章进行提纲式撰写，也可按研究内容的逻辑关系进行问题分列式撰写。重点与难点需要进行明确，即研究需要解决的核心问题和研究中难以解决的点，难点一般是研究重点中需要突破的关键要点，而不是一般意义上的研究困难。内容、重点与难点三者的关系一般是，重点属于内容的部分，难点又属于重点的部分。主要目标是指通过研究所要取得的结果，既可以是理论的构建、观点的提出、关系的判断等，也可以是具体的应用对策、实施方案。

3. 思路方法

思路方法主要包括研究的基本思路、具体研究方法、研究计划及其可行性等。研究思路的撰写一般是列出一个路径模型图，阐述具体研究问题与各研究阶段之间的承接关系。研究方法则是具体采用什么样的研究手段，撰写中需要区分方法论和具体方法，以及方法所需要的平台、软件等内容。

4. 创新之处

创新之处既可以归结为基本观点的创新、研究视角的创新和研究方法的创新，也可以归结为理论创新，包括内涵创新、存量再开发模式创新、存量再开发管控策略创新。其中，关于方法的创新，一般包括研究技术融合创新、研究对象数学模型创新等。

（三）研究基础和条件保障

1. 学术简历

这一部分主要填写学历、学位、职称、毕业院校、职务、社会任职、主要研究方向等。重点填写所发表的相关主要学术论文、出版的主要著作及主持或参与完成的科研项目，还要填写这些科研成果的社会反响，包括获奖情况、转载情况、点击率、下载量等。

2. 研究基础

这一部分主要列举申请人前期的相关研究成果、核心观点及社会评价等。对于成果，可按照与选题的相关性，阐述其对选题的支撑方式，或研究内容相关，或研究方法相关，或为选题提供必要的资料、数据等。核心观点反映申请人对该问题的基本判断。社会评价为申请人在该问题或领域已取得的成就或影响力。

3. 条件保障

完成课题的条件保障一般按照时间人员条件、资料设备条件和科研平台条件进行撰写。时间人员条件包括项目申请人及其成员保证每年用于此项目研究的时间，以及课题组成员所在工作部门均将为本项目研究提供充足的时间保证。资料设备条件中需列举项目申请人所在工作单位已具备的资料和数据分析工具，以及技术、软件等前期积累。科研平台条件包括项目申请人及其成员所在单位拥有的基础系统和研究平台，可以为课题研究提供平台支撑。此外，还可以根据实际情况，填写团队成员独有的其他条件和资源。

第二节　教育课题申报书样例

为了让读者更直观地了解教育类课题申报书的撰写，本节以本书主编刘六生2021 年申请并立项的全国教育科学规划课题的课题申报书活页为样例，进行案例分析。

全国教育科学规划课题评审意见表

评价指标	权重	指标说明	专家评分							
选题	3	主要考察选题的学术价值或应用价值，对国内外研究状况的总体把握程度	10分	9分	8分	7分	6分	5分	4分	3分
论证	5	主要考察研究内容、基本观点、研究思路、研究方法、创新之处	10分	9分	8分	7分	6分	5分	4分	3分

续表

评价 指标	权重	指标说明	专家评分							
研究 基础	2	主要考察课题负责人的研究积累 和成果	10 分	9 分	8 分	7 分	6 分	5 分	4 分	3 分
综合 评价		是否建议入围	A. 建议入围　　B. 不建议入围							
备注										

评审专家（签章）：

说明：1. 本表由评审专家填写，申请人不得填写。项目登记号不填。

　　2. 请在评价指标对应的专家评分栏选择一个分值画圈，不能漏画、也不能多画，权重仅供参考；如建议该课题入围，请在综合评价栏 A 上画圈，不建议入围的圈选 B。备注栏可简要填写需要说明的其他事项或不填写。本表须评审专家本人签字或盖章有效。

全国教育科学规划课题论证活页

课题名称：新时期中国与湄公河国家跨境高等教育合作框架与实施路径研究

> 课题名称要体现三个主要特征：
> 一是"新"，即立意要新。
> 二是"准"，即内容表达要准确。
> 三是"精"，即语句表达要精练。

本表参照以下提纲撰写，要求逻辑清晰、主题突出、层次分明、内容翔实、排版清晰。除"研究基础"外，本表与申请书的表四内容一致，总字数不超过 7000 字。

1. ［选题依据］国内外相关研究的学术史梳理及研究动态（略写）；本课题相对于已有研究的独到学术价值和应用价值等，特别是相对于全国教育科学规划已立同类项目的新进展。

2. ［研究内容］本课题的研究对象、框架思路、重点难点、主要目标、研究计划及其可行性等。（框架思路要列出研究提纲或目录）

3. ［创新之处］在学术思想、学术观点、研究方法等方面的特色和创新。

4. ［预期成果］成果形式、使用去向及预期社会效益等。（略写）

5. ［研究基础］课题负责人前期相关代表性研究成果、核心观点等。（略写）

6. ［参考文献］开展本课题研究的主要中外参考文献。（略写）

1. ［**选题依据**］**国内外相关研究的学术史梳理及研究动态（略写）；本课题相对于已有研究的独到学术价值和应用价值等，特别是相对于全国教育科学规划已立同类项目的新进展。**

2020 年 10 月 29 日中共十九届五中全会公报明确提出"推动共建'一带一路'高质量发展"，"面向国家重大需求、面向人民生命健康，深入实施科教兴国战略、人才强国战略、创新驱动发展战略"，这为新时期区域高等教育服务国家战略发展提出了新要求。2020 年 11 月，习近平总书记重申了"建设更为紧密的中国-东盟命运共同体"。在东盟，湄公河国家（缅甸、老挝、越南、泰国、柬埔寨）正是"一带一路"的重要节点。可见，在澜湄区域先行构建"人类命运共同体"理念尤为重要，而在澜湄区域开展"人类命运共同体"理念下的跨境高等教育合作研究更是迫切！因为"一带一路"倡议的关键之一是实现区域内民心相通，澜湄区域跨境高等教育合作有助于这一关键的突破，有助于澜湄区域"人类命运共同体"理念的培养与推广，有助于"一带一路"倡议在澜湄区域的平稳致远发展！

"建设更为紧密的中国-东盟命运共同体"为"中国与湄公河国家跨境高等教育合作研究"指明了方向，点明了高度，课题研究也切实回应了《中华人民共和国国民经济和社会发展第十四个五年规划和 2035 年远景目标纲要》中提出的"中华文化影响力进一步提升"的发展目标，这些正是本选题的主要依据。下面梳理国内外相关研究。

> 通常，申报者都会在活页开头撰写一小段文字，高度概括本选题的时代价值，以及开展本课题研究的重要性与迫切性。

1.1 国内外相关研究的学术史梳理及研究动态（略写）

现有国内外相关研究：一是有关澜湄区域高等教育合作的必要性和战略意义。学者研究指出，东盟各国教育特色鲜明、资源丰富、互补性强、合作空间巨大，中国将对接各国意愿，互鉴先进教育经验，共享优质教育资源，全面推动各国教育提速发展（刘琪，2017）；有学者认为，湄公河流域国家作为中国的近邻，国家间的经贸往来、教育合作和文化交流不断深化；跨境高等教育是当前高等教育国际化的重要表现形式（贾佳，2017）。国外也有学者研究得出，高等教育合作能使东盟国家变得更和谐（Jamshed, et al., 2019）。二是有关澜湄区域高等教育的合作成果。随着中国-东盟自由贸易区的建成，中国与东盟国家合作办学的趋势不断加强，2018 年，东盟来华留学生总人次为 99 317 人，占全球来华留学生总数的 20.18%，双边国家在教育领域合作的规模明显扩大（李小红，2021）。近年来，中国在东南亚国家设立的孔子学院增强了国家间的人文交流、政治互信，推进了务实合作（温智宏，2019）。三是有关澜湄区域高等教育合作面临的主要问题。研究表明，存在的主要问题有：教育体制不顺、文化环境障碍、经济发展水平制约、合作面窄、跨国评估与资格认证机制尚未建立（杨玉行，2017）。比如，云南省与澜湄区域高等教育的合作存在着规模小、专业分布不合理等问题，对外合作中存在不少法律法规和政策上的障碍，如合作项目中的学历互认问题。特别是在与老挝、越南两国的合作中，主要是高校与周边国家的高校进行合作，缺乏政府和教育部门之间的对话与交流（郑淑英，2016）。我国与缅甸的高等教育合作也存在合作机制不健全，合作内容和形式过于单调，"请进来"与"走出去"仍然不协调，对缅甸高等教育研究不足等突出问题（朱耀顺，2017）。

现有研究的主要特点与动态：一是从起初的以理论研究为主转向以实证分析为重；二是从关注澜湄区域的整体（宏观）研究转向对特定国家间合作的个案（微观）研究；三是从关注区域合作的标志性会议或文件转向关注澜湄区域高校之间具体的合作事务及其影响。

现有研究的不足：已有研究多以在境外建立的孔子学院所开展的中文教育为主要内容，即使是关于高等教育合作的探讨，也多是关注一般意义上的澜湄区域留学生互换，但澜湄区域跨境高等教育合作内容很丰富，然而，协同开展学术研究、人才培养、成果共享及智库建设等议题在已有研究中尚未得到充分体现。因此，澜湄区域跨境高等教育合作要从单一的孔子学院模式发展为互动合作模式才能实现共赢。可见，探索与构建中国与湄公河国家跨境高等教育的合作框架与实施路径是当前急需开展的重大研究课题！

1.2 相对于全国教育科学规划已立同类项目的新进展，本课题研究的独到学术价值和应用价值

全国教育科学规划已立同类项目主要有以下几项。

①探寻中俄、欧亚跨境高等教育合作的路径、模式和治理机制（如课题 BDA180033、BDA190073）；

②分析中国与东盟国家人文交流与教育交流合作的现状与前景（如课题 BDA180030、BCA170080）；

③基于人才培养模式的视角探讨跨学科和国际人才的培养机制（如课题 BIA160108、CIA200268）。

当然，以上课题可为本课题研究提供一定成果与方法的借鉴，但现有课题也存在局限，表现在以下几点：第一，从研究区域来看，探讨了中俄、欧亚的跨境高等教育合作问题，但尚未涉及澜湄区域；第二，从研究内容来看，研究了我国与东盟国家的教育合作现状及前景，但尚未深入到中国与湄公河国家跨境高等教育合作的理论框架，更没有提出跨境合作的创新路径；第三，从研究视角来看，现有研究尚未从"澜湄区域跨境高等教育合作"助推"共建'一带一路'高质量发展"视角开展研究，其研究视域与研究价值有限。

> "学术史梳理"类似于学位论文开题报告的文献综述，但要求更精练，不过还是得体现出"综得系统，述得到位"的程度。

> 梳理近年来同类项目研究新进展，这是国家社会科学基金课题近年来的申报要求，做好这项基础工作，一是为了通过比较分析进一步得出该项课题研究的特殊价值和意义，二是有助于评审专家把握该项研究课题立项的必要性。

可见，现急需解决的主要问题有：一是澜湄区域跨境高等教育合作中"人类命运共同体意识"的培养与推广问题；二是澜湄区域跨境高等教育合作由低阶向高阶发展的体制机制问题；三是澜湄区域"一带一路"倡议急需的国际人才培养问题；四是澜湄区域跨境高等教育合作和发展的长效机制问题。由此得出本课题的价值，具体如下。

（1）学术价值

推进跨境高等教育合作的理论创新，丰富跨文化交流的内涵，以及促进学科的发展。本课题将通过对中国与湄公河国家跨境高等教育合作与发展问题的研究，探寻人类命运共同体构建的理论和方法，为构建中国-东盟命运共同体总结经验，创新理论。

（2）应用价值

一是为中国与湄公河国家高等教育深度合作和发展服务；二是为在澜湄区域"推动共建'一带一路'高质量发展"服务；三是为澜湄区域"打造政治互信、经济融合、文化包容的利益共同体、责任共同体和命运共同体"服务。

2.［研究内容］本课题的研究对象、框架思路、重点难点、主要目标、研究计划及其可行性等。（框架思路要列出研究提纲或目录）

2.1 研究对象

本课题将以澜沧江-湄公河流域的"五国一方"，即中国云南与缅甸、老挝、越南、泰国、柬埔寨的跨境高等教育为研究对象，具体包括三方面：一是跨境高等教育合作的理论框架；二是澜湄区域高等教育合作的实证经验；三是中国云南与湄公河国家跨境高等教育合作与发展的创新路径。

2.2 框架思路

（1）研究思路

首先，本课题将在系统收集、整理分析跨境高等教育有关文献资料与相关政策法规文本的基础上，形成文献研究报告和政策评估报告，并对澜湄区域高等教育发展进行比较研究，形成课题科研报告；其次，我们将对中国与湄公河五国跨境高等教育合作的权威性机构、负责人、典型案例及相关利益主体进行田野调查与质性分析，在深入剖析主要问题与结构互补性的基础上，综合集成中国与湄公河国家跨境高等教育合作的实证经验；最后，基于"关系"的视角与马克思主义实践合理性理论系统，构建新时期中国与湄公河国家跨境高等教育的合作框架与实施路径，以彰显研究价值。

（2）研究框架

第一部分 中国与湄公河国家跨境高等教育合作的理论阐释

本部分将在深刻把握"一带一路"及"中国-东盟命运共同体"建设的新时代背景下，通过系统梳理有关文献资料和政策法规，界定相关核心概念，如湄公河国家（澜湄区域）、跨境教育、跨境高等教育、教育国际合作等，明确研究对象；并通过应用跨境教育理论、区域教育发展理论、人类命运共同体理论等相关基础理论，形成本研究的理论视角，奠定本研究的理论基础。

第二部分 中国与湄公河国家跨境高等教育合作的实证分析

本部分首先对澜湄区域跨境高等教育的合作机制进行梳理，拟定中国与湄公河五国跨境高等教育合作的调研提纲，并对相关权威性机构、负责人及相关利益主体进行田野调查，以期通过案例分析与扎根理论等质性分析手段，系统把握中国与湄公河国家跨境高等教育在学科专业合作、留学生互换及成果共享等方面的现状。

第三部分 中国与湄公河国家跨境高等教育合作的问题剖析

本部分将基于中国-湄公河国家跨境高等教育合作与中国-东盟人类命运共同体建设的关系视角，理清澜湄区域高等教育"中心"与"边缘"的结构性矛盾，以及澜湄区域人类命运共同体建设战略目标视角下，中国与湄公河国家跨境高等教育合作在供需及运行保障方面面临的主要困境。

明确该课题研究的学术价值和应用价值，是课题论证的必要环节，重要的是应理清两者的区别与联系，前者一般指本研究在核心概念层面的内涵突破或者相关规律（理论）的探索及创新，后者一般指研究成果在实践层面的推广及应用，比如相应发展对策的提出或解决方案的拟定等。

这里应该明确研究对象的意涵，具体指该课题研究工作的作用对象，而不是一般意义上的调查对象。

研究思路即开展该项课题研究的思想（思维）路径，这部分内容需要申报者整体思考清楚如何把该课题研究的问题、理论（视角）、方法等要素按照研究的逻辑，以研究进程的时序表达出来。

研究框架即研究的主要内容，可分章进行提纲式撰写，也可按研究内容的逻辑关系进行问题分列式撰写。

第四部分　中国与湄公河国家跨境高等教育合作的理论框架

本部分将在马克思主义实践合理性的指导下，通过因素分析和机理探究，在分析澜湄区域高等教育结构互补性以及中国与湄公河五国跨境高等教育合作的特征和类型的基础上，提出中国与湄公河国家跨境高等教育合作的理论框架。

第五部分　中国与湄公河国家跨境高等教育合作的实施路径

本部分将根据中国-东盟人类命运共同体建设的战略目标及中国与湄公河国家跨境高等教育合作的理论框架，从跨境高等教育合作的体制机制、学术研究、学科专业共建、国际人才培养（留学生教育）、咨询服务以及高等教育成果共享等方面构建中国与湄公河国家跨境高等教育合作的实施路径。

第六部分　中国与湄公河国家跨境高等教育合作的协同与保障

本部分将在系统、深入地剖析中国与湄公河国家跨境高等教育合作的主体性因素、发展性因素和条件性因素的基础上，从教育领导力创新、体制机制创新、合作平台创新等方面构建中国与湄公河国家跨境高等教育合作的协同与保障机制。

> 重点与难点，即研究需要解决的核心问题和研究中难以解决的关键问题，难点一般是研究重点中需要突破的关键要点，而不是一般意义上的研究困难。

2.3　重点难点

跨境高等教育合作不是单一的学科问题，其合作与发展必须解决好跨国家（政府）、跨高校及跨文化的多方协商问题。因此，研究重点有二：一是对澜湄区域"推动共建'一带一路'高质量发展"中跨境高等教育合作现状与主要问题的整体把握；二是中国与湄公河国家跨境高等教育合作与发展的创新举措。同时，湄公河五国的高等教育发展差异显著，且中国与不同国家间的跨境高等教育合作类型不一，因此对澜湄区域高等教育合作发展共性与差异的精准把握将是本课题的研究难点。

> 主要目标，是指通过研究所要达成的结果，既可以是理论的构建、观点的提出、关系的判断等，也可以是具体的应用对策、实施方案。

2.4　主要目标

在系统分析澜湄区域跨境高等教育合作的需求导向、基本现状和多重趋势及其决定性因素的基础上，构建中国与湄公河国家跨境高等教育合作与发展的区域性理论与创新路径，具体包括中国与湄公河国家跨境高等教育合作的体制机制、学术研究、学科专业共建、国际人才培养（留学生教育）、咨询服务以及高等教育成果共享平台等。

2.5　研究计划

> 研究计划的制定，一是要符合课题管理要求；二是要具有现实可操作性。

前期准备阶段（2021.07—2021.12），制订总体研究方案并修订研究框架；收集、整理国内外关于澜湄区域命运共同体建设、跨境高等教育合作等方面的文献资料；确定田野调查方案并进行调研。调查分析阶段（2022.01—2023.05），组织课题组成员对拟选定的调查路线进行田野调查，全面掌握澜湄区域跨境高等教育合作现状，并总结成功经验和做法，剖析存在的主要问题；完善研究框架，撰写调查报告等。撰写研究报告阶段（2023.06—2024.06），在充分获得文献并进行田野调查的基础上，撰写研究报告和决策咨询报告，构建中国与湄公河国家跨境高等教育合作框架与实施路径，修改完善并申请结题。

2.6　可行性分析

> 可行性分析，要体现课题研究的基础条件与现实合理性。

首先，研究选题既有理论性也有时代性，课题设计科学合理，研究团队结构合理，保障有力。

其次，申请人所在高校与泰国的多所高校有长期良好的合作关系，并在泰国建有泰国云华职业学院；与缅甸多所高校建立了良好合作关系，并在缅甸建有中国语言文化中心、缅甸云华职业学院；与老挝高校合作建设了老挝云华职业学院；也与越南、柬埔寨的多所高校开展了合作。同时，申请人所在高校及所在学科招收了湄公河五国的博士、硕士研究生和本科生，部分毕业生回到湄公河国家后进入该国教育部门、高校工作，依托这些校友资源开展了预研究，同时课题正式启动后还可以更好地进行问卷调查与访谈。

最后，课题负责人前期研究成果扎实，专业功底较为深厚，曾主持完成全国教育科学规划一般课题、省级哲学社会科学基金重点课题多项，取得著作、论文和咨询报告系列成果。以此为基础，遵循比较教育、高等教育、教育发展战略等相关学科的理论与方法，依托省部级科研机构与本单位教育学、地理学博士点等学科平台开展系统研究，研究成果既可为教育部、外交部等部门提供政策建议，也体现了西部学者的时代担当。

3. ［创新之处］在学术思想、学术观点、研究方法等方面的特色和创新。

3.1 学术思想与学术观点的特色和创新

本研究将习近平总书记重申的"建设更加紧密的中国-东盟命运共同体"的时代要求聚焦于如何通过中国与湄公河国家高等教育合作助推澜湄区域人类命运共同体建设。学术思想与学术观点的创新主要体现在：在系统把握澜湄区域跨境高等教育合作的时代价值、实证经验及主要问题的基础上，剖析澜湄区域跨境高等教育合作与"推动共建'一带一路'高质量发展"的辩证关系，立足马克思主义实践合理性，构建中国与湄公河国家跨境高等教育合作的区域性理论与创新路径。

3.2 研究方法的特色和创新

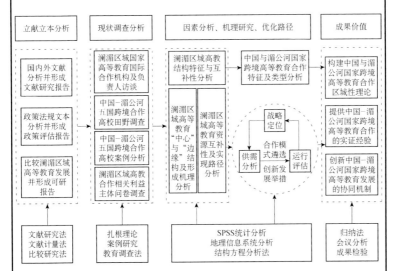

遵循以上学术思想与学术观点，在系统科学方法论的指导下，遵循从定性到定量综合集成的思想方法及社会问题解决的复杂性思维，进行跨学科研究。本课题研究方法紧密结合研究内容，详见下图。

4. ［预期成果］成果形式、使用去向及预期社会效益等。（略写）

4.1 成果形式及使用去向

应用成果：

1. 向教育部等相关部门提供中国与湄公河国家跨境高等教育合作框架与实施路径的政策咨询建议，尤其是为中国西部地区高校面向东南亚跨境高等教育的合作发展提供实证经验。

2. 向外交部等相关部门提供关于中国与"一带一路"沿线国家跨境高等教育合作与发展的政策咨询建议，尤其是中国国际传播的教育话语权。

理论成果：

课题通过验收后，出版以"新时期中国与湄公河国家跨境高等教育合作框架与实施路径研究"为主题的专著1本，在权威期刊发表代表性学术论文3—5篇。

4.2 预期社会效益

本课题的预期成效有三：一是向国家及省部级政府部门提供咨询报告1—2份，以促进我国与湄公河国家跨境高等教育的合作与发展；二是产出学术成果，形成"澜湄

［右侧批注］

创新之处，可以归结为基本观点的创新、研究视角的创新和研究方法的创新。

预期成果，主要反映本课题的研究价值，这部分的描述一是要贴近国家相关部门的实际需求，二是要实事求是，即完成该项研究之后有可能实现的指标。

区域高等教育研究"学术团队，培养一批优秀的博士、硕士研究生；三是通过跨学科及多重方法的应用，创新教育学与社会学、政治学、地理学、管理学和信息科学等有关学科研究方法的综合运用。

5.〔研究基础〕课题负责人前期相关代表性研究成果、核心观点等。（略写）

16年来，课题负责人通过主持完成全国教育科学规划一般课题（1项）和多项省部级项目（其中2项重点）的科研实操，奠定了扎实的研究基础并取得了较为丰硕的学术成果，出版专著1部，署名第一的合著2部，发表排名第一的CSSCI来源期刊或中文核心期刊论文21篇，获省社会科学优秀成果奖4项及省厅级人才称号。

5.1 课题负责人前期相关研究成果（限5项）

（1）咨询报告《××省高校面向南亚东南亚协同培养国际化人才对策与保障》，排名第一。

（2）专著《省域高等教育结构调整的理论与实证——以××省为例》，独撰。

（3）合著《高等教育研究中的数学方法》，排名第一。

（4）学术论文《基于GIS分析××省高等教育空间布局结构变化研究》，EI，排名第一。

（5）学术论文《扩招背景下××高等教育规模与经济发展的关系研究》，CSSCI，排名第一。

5.2 核心观点

基于上述代表成果并结合本课题研究，我们的核心观点是：①区域间高等教育合作的前提是结构状态分析与互补性评价。在本课题的研究中，应明确澜湄区域高等教育"中心"与"边缘"的结构关系，依据阿特巴赫的依附理论，设计由"中心"延伸到"边缘"的合作发展路径，形成澜湄区域高等教育共同体。②各地区经济社会发展总方向决定其高等教育发展，区域高等教育要适应并适度超前于其经济社会发展。澜湄区域跨境高等教育合作与发展要以"推动共建'一带一路'高质量发展"及澜湄区域人类命运共同体建设战略为导向，遵循马克思主义实践合理性，运用从社会需求倒推高校供给侧结构性改革。本课题将研究如何通过创新中国与湄公河国家跨境高等教育合作的新形式新机制，提升中华文化区域影响力。

6.〔参考文献〕开展本课题研究的主要中外参考文献。（略写）

〔1〕澜沧江-湄公河合作五年行动计划（2018—2022）[EB/OL]. http://www.scio.gov.cn/31773/35507/htws35512/Document/1615852/1615852.htm. 2018-01-11.

〔2〕李克强在澜沧江-湄公河合作第三次领导人会议上的讲话[EB/OL]. http://www.gov.cn/xinwen/2020-08/24/content_5537041.htm. 2020-08-24.

〔3〕外交部. 落实中国-东盟迈向和平与繁荣的战略伙伴关系联合宣言的行动计划（2021—2025）[EB/OL]. http://new.fmprc.gov.cn/web/zyxw/t1831837.shtml. 2020-11-12.

〔4〕卢光盛，段涛，金珍. 澜湄合作的方向、路径与云南的参与[M]. 北京：社会科学文献出版社，2018.

〔5〕李小红，彭文秋，刘馨元. 新中国成立以来中国-东盟高等教育合作的回顾与展望[J]. 教育史研究，2021（1）：116-124.

〔6〕周谷平，罗弦. 推进中国-东盟高等教育合作的意义与策略——基于"一带一路"的视角[J]. 高等教育研究，2016（10）：37-41.

〔7〕李化树，叶冲. 论东盟高等教育共同空间构建及启示[J]. 比较教育研究，2015（3）：10-15.

〔8〕刘琪. 中国-东盟中等竞争力水平国家高等教育合作路径探析——基于马来西亚、泰国高等教育发展状况的分析[J]. 中国高教研究，2017（7）：62-67.

〔9〕贾佳，方宗祥. "一带一路"倡议下中国与东盟跨境高等教育刍议[J]. 高校教育管理，2018（4）：51-57.

〔10〕刘强，荆晓丽. 东盟学分转换系统的发展历程、运行现状与前景展望[J]. 比较教育研究，2017（9）：72-78.

研究基础，反映申报者是否具备开展本课题研究的能力，一是要列举相关的前期成果，二是要提炼核心观点，以展示其研究的实力和能力。

参考文献，一是要列举相关文献，二是文献要有代表性并含有最新成果。

　　[11]郑淑英. 中国云南省与 GMS 五国高等教育合作与交流研究述评[J]. 东南纵横，2012（12）：25-29.

　　[12]张成霞. 中国与老挝高等教育交流合作回顾与展望[J]. 东南纵横，2017（3）：29-34.

　　[13]Khalid J，Ali A J，Nordin N M，Shah S F H. Regional cooperation in higher education：Can it lead ASEAN toward harmonization？[J]. Southeast Asian Studies，2019，8（1）：81-98.

　　[14]Zare M N，Pourkarimi J，Rezaeian S. Barriers and challenges to international interactions of the faculty members in Iran[J]. International Journal of Educational Management，2018，32（4）：652-668.

　　说明：1. 活页文字表述中不得直接或间接透露个人信息或相关背景资料，否则取消参评资格。

　　2. 课题名称要与申请书一致，一般不加副标题。前期相关代表性研究成果限报 5 项，只填成果名称、成果形式（如论文、专著、研究报告等）、作者排序、是否核心期刊等，不得填写作者姓名、单位、刊物或出版社名称、发表时间或刊期等。申请人承担的已结项或在研项目、与本课题无关的成果等不能作为前期成果填写。申请人的前期成果不列入参考文献。

　　3. 本表须用 A3 纸双面印制中缝装订，一般为 8 个 A4 版面，通讯评审意见表作为第一页。正文请用合适字号行距排版，各级标题可用黑体字。可加页。

第三节　学位论文的开题论证

　　学位论文是高等院校和科研院所的本科生、研究生为获得学位资格撰写的学术性研究论文，是在学习和参考大量文献、独立进行科学研究的基础上完成的学术成果。学位论文的特点是：学术性、系统性、研究主题与所授予学科具有相关性，研究成果具有一定的独创性。

一、学位论文开题的重要意义

　　学位论文是学生获得不同等级学位的一个必要条件，学位论文的撰写通常设有开题环节。开题是在学生学位论文撰写之前，培养单位或导师组织的对其选题及研究设计和条件的价值性、合理性与可行性等方面进行的一种学术论证活动。如果开题不被通过，一般就不允许学生撰写该选题的学位论文，可见开题对学位论文的撰写至关重要。具体来说，学位论文的开题具有以下几方面的论证作用。

　　一是对学生选题的论证，即论证学生学位论文的研究课题是否有研究价值。

这是从价值层面来衡量学生学位论文选题的研究必要性，因为一项缺乏理论意义与实践价值的研究课题是根本没有必要开展的。当然，这里所谓的"价值"是一个广义的范畴，而非仅从功利性角度而言。具体来讲，一项研究课题的价值可能体现在学术理论方面，也可能反映在实践工作层面或者对有关主体具有某种意义方面。导师组一般通过开题报告中的选题缘由、文献综述、研究目的和研究特色与创新等部分来考察学生学位论文的选题是否具有研究价值。

二是对研究设计的论证，即论证学生学位论文的研究内容与结构是否合理。这是从研究本身的角度来评价学生学位论文选题的合理性，只有设计合理的研究选题才有可能取得预计的研究结果。学位论文研究设计的合理性主要体现在两个方面：一是学科性，即研究内容应该属于本学科专业或学科领域及相关交叉学科范畴。这是因为在我国，学位是按学科类别授予的，只有达到本学科领域相应研究水平者，才有资格获得相应学科专业的学位。二是研究性，学位论文撰写本身就是一个研究的过程。作为一项研究，就应该具备作为研究的一些基本要素和规范，如要有明确的研究问题，界定核心概念，选择并应用适切的理论，使用适当的研究方法，等等。导师组一般通过开题报告中的主要研究内容（有时也称为拟解决的主要问题）、研究思路与方法和核心概念与理论依据部分来论证学生学位论文的设计是否合理。

三是对研究条件的论证，即论证学生学位论文的研究是否现实可行。这是从基础与条件方面来论证学生学位论文撰写的现实可行性，因为一项本来很有价值且设计也合理的研究课题，如果缺乏必要的基础和条件，则无法开展，更不可能达到预期效果。学位论文撰写的条件包括研究基础与研究条件，具体来讲就是研究者本人前期的相关研究成果以及他所可能获得的学术资源和其他研究支持，这里也包括对可预计困难的解决方案的考量等。导师组一般通过开题报告中的研究基础、研究计划和参考文献与研究工具部分来论证学生学位论文的撰写是否现实可行。

二、开题报告的基本要素与规范

既然学位论文的开题如此重要，那么学位论文的开题报告该如何撰写？具体来说，就是开题报告应包括哪些基本要素？各要素的撰写又有什么具体的要求？它们之间又存在什么样的关系？所有这些问题都需要在撰写开题报告之前弄明白。下面，我们以硕士学位论文的开题报告为例来回答这些问题。

（一）选题缘由

选题缘由旨在说明为什么选择该研究课题，包括研究方向与具体题目。研究课题的来源要么是本学科专业相关理论研究及其发展前沿所关注的重点、热点或难点问题，要么是本学科专业或交叉学科领域中人们长期关注或急需解决的问题，当然也可能是研究者个人或研究团队为了满足工作需要或某种特殊任务需要必须破解的问题。研究课题的选择往往是一个非常复杂的过程，从最初的大众话题到确定最后的研究课题，蕴含了对研究问题的科学考察，其中包括三个具体过程，即提炼要素、理清关系和明确矛盾。而且，学位论文题目的确定一般是指导教师与研究生本人之间不断交流互动的结果，因为无论是导师指定的题目还是学生自选的题目，最后都应该转化为导师便于指导，同时学生本人也能够胜任的题目。学位论文的选题一般要遵循价值性（必要性）、科学性（合理性）、可行性（现实性）和创新性等原则。

（二）文献综述

文献综述既是学位论开题报告中一个非常重要的部分，也是进行学术研究的一种基本方法，即文献研究法。作为开题报告内容层面的文献综述，应全面阐述既定选题领域的主要研究群体及其代表性成果，既定选题的研究进展、存在的问题和发展趋势，既定选题领域的空白点或发展空间。撰写学位论文的文献综述要特别注意两个层面的问题：其一，在内容组织层面一般有两种写法，一种是按照国外相关研究、国内相关研究及现有研究述评三部分来综述；另一种是根据后续将要开展研究的主要内容维度进行阐述，如可以从相关核心概念的内涵与外延，相关研究主题的现状、问题及影响因素，相关研究主题的发展策略与保障条件等方面的现有相关研究文献进行系统梳理及评述。其二，在研究方法层面，文献综述就是对现有相关研究成果的历史考察，以获得既定选题的研究基础并阐释清楚需要进一步开展研究的必要性与条件性。一般包括两个步骤：一是"综"，即综合现有研究成果的整体情况，系统地梳理现有相关研究。这里需要特别说明的是切忌把现有的研究成果机械地按照著作、论文或其他文献形式简单地罗列一通，貌似很全面，事实上这些成果与即将开展的研究没有建立实质性关联，也无法为后续研究提供切实帮助。真正的"综"应该是根据将要开展研究的目的，对现有研究的内容、方法或观点等方面的材料进行重新分类与整合。这是撰写文献综述的重要一步，目的是获得选题的研究基点。二是"述"，即对现有研究成果进行评述。一般分两个层次来撰写：一是概括现有研究成果的特点和价值，其中特点的概括要客观，价值的提炼要体现现有研究成果对后续研究的可借鉴之处；二是指出现有研究的不足之处，这也是后续将要开展的研究的新的生长点。当然，评述既要客观，又要有所侧重，目的是论证研究选题的价值性、可行性、必要性及迫切性。

（三）目的与意义

目的与意义旨在说明研究课题的预计成果与效用，包含两个层次。其一，研究目的，是指研究者希望通过该研究力求解决什么问题，即预期达到的研究结果。然而，任何一项研究都是有边界的或者说都是在一定的前设条件下探讨的，这就意味着我们这里说的研究目的是在特定的概念或观点的前提下可能达到的预期结果，因此在阐述研究目的之前，一般要界定核心概念或提出研究假设，以明确研究者对该研究主题的核心观点。研究者正是基于这样的核心观点开展后续的研究，并力求实现其研究目的。其二，研究意义，是指该研究的预期结果可能在理论层面、实践层面（包括方法层面）或其他层面具有什么效用。学位论文的研究意义应该是其研究内容和方法及其结论对相关方面可能产生的某种或多种具体效用，而绝不是研究者个人的主观臆想，所以研究意义的阐述既要有一定的高度和亮点，更应遵循客观性。

（四）重点与难点

重点与难点就是在开题报告中要明确阐述该研究选题拟解决的主要问题或研究内容的关键要点，这是研究的核心内容。重点与难点作为研究的主要内容及拟解决的主要问题，其内涵既有别于选题缘由部分的研究问题，也不是对论文框架的简单罗列。当然，重点与难点所要反映的内容肯定始于选题缘由中的研究问题，最终也应在论文框架中得以体现及系统解决，但它所体现的应是研究选题中的核心部分或关键要点。我们可以这样理解，研究重点来源于研究的主要内容，而研究难点又来源于研究重点。在此，还得明确一下研究难点与研究困难是有区别的，前者是基于破解研究问题的角度而言，而后者更多是侧重于研究过程中可能遇到的实际工作困难。

（五）思路与方法

思路与方法是指如何对既定选题开展研究，即打算怎么做，一般分为两个层面。一是研究思路，即课题研究的思想路径，在理科研究中通常称为技术路线，是指打算怎样展开整个研究。二是研究方法，所谓研究方法，一般分为三个层次：一是方法论层次，任何一项研究都必须坚持科学的方法论，即明确表达研究者所坚持的唯物辩证法和历史辩证法的方法论立场与观点在本研究中的具体运用；二是研究类型，一般可分为思辨研究、实证研究和行动研究等，不同的研究类型往往会选择不同的研究方法；三是具体的研究手段和技术，即人们通常用到的文献法、调查法、比较法、实验法等。在此需要特别说明的是，研究方法一定要根据研究目的和研究内容的要求与特点来选择，而且方法要与具体研究内容结合起来阐述，即研究方法的选择一要贴切，二要具体。

（六）研究特色

研究特色是指本研究跟其他相关研究相比具有哪些方面的亮点，一般可从两方面来阐述：一是在研究内容方面，本研究在哪些方面做了前人没做过的事情，或者是前人做了但相比较而言本研究做得更好的地方；二是在研究视角或研究方法方面，本研究有哪些新的尝试，并取得了哪些新的效果。关于研究特色，有时人们称之为拟创新点，但客观来讲，大多数硕士学位论文一般很难达到真正意义上的原始创新，实际上相关部门也不要求每篇硕士学位论文一定要有原始创新，所以此处创新的意义是一种广义上的创新。不过，从研究价值的角度而言，每项研究均应该具备与其他相关研究不一样的地方，即应该在现有相关研究的基础上有所前进，所以突出研究特色既是应该的，也是必需的。当然，研究特色的阐述应该遵循客观性原则。

（七）研究基础

研究基础是指对即将开展的研究选题，研究者已经具备及可能获得的相关研究条件，包括其近年来完成的重要研究项目和前期相关研究成果、主要参考文献以及完成本课题的研究能力和时间保证。对于学位论文的撰写，学生不但要系统分析已具备的现有条件，同时也应客观预测在研究过程中可能遇到的困难和瓶颈，并深入思考解决办法，因为对未来困难的认识与对现有条件的把握对于顺利开展研究具有同等重要的作用。系统分析研究基础，就是为了更好地发挥优势，克服劣势，抓住机遇，规避威胁，这本身就是一种态势分析方法（SWOT 分析）。

（八）研究计划

研究计划又称进度安排，学位论文的进度安排一般按照选题、资料收集、调研、撰写初稿、预答辩、修改、定稿、答辩几个环节来具体说明，在做时间安排时既要考虑研究课题的具体情况，也要符合学校规定的时间要求。

（九）参考文献

学位论文文后列出参考文献的目的，一是尊重他人的学术成果；二是反映真实的科学依据，文责自负；三是指明引用资料的出处，便于检索利用。国家标准 GB 7714—87《文后参考文献著录规则》对参考文献的标注方法和参考文献的著录项目与著录格式做出了详细规定。各种类型的参考文献著录格式如下：①专著：［序号］主要责任者，其他责任者.文献题名［文献类型标识］.出版地：出版者，出版年，起止页码（任选）；②论文集：［序号］主要责任者，其他责任者.文献题名[C].出版地：出版者，出版年，起止页码（任选）；③报纸文章：［序号］主要责任者，其他责任者.文献题名[N].报纸名，出版日期（版次）；④期刊文章：［序号］主要责任者，其他责任者.文献题名[J].刊名，年卷（期）：起止页码；⑤学位论文：［序号］主要责任者.论文题名[D].学位授予单位所在地：授予单位，授予时间，所在页码；⑥研究报告：［序号］主要责任者，其他责任者.报告题名[R].机构所在地：机构名称，日期，所在页码；⑦国际标准、国家标准：［序号］标准编号，标准名称[S]；⑧电子文献：［序号］主要责任者.电子文献题名.电子文献的出处或可获得地址，发表或更新日期/引用日期（任选）.

（十）论文框架

论文框架在开题报告中往往作为附件放在最后，它是研究者在前期的大量工作的基础上对研究内容的初步安排，一般分导论、主体内容和附录三大部分来组织，其中导论又可细分为问题提出、文献综述、研究目的与意义、主要内容及重点难点、研究思路与方法、研究特色及拟创新点六个部分；主体内容就是具体各章节内容，其中文科类与理科类在使用章节序号时有一定的区别，我们应遵循一些约定俗成的规范；附录部分主要包括参考文献（含相关图表及说明）和致谢等相关内容。

三、学位论文开题论证的基本要求

学位论文的开题论证是在初步完成论文选题并通过导师前期指导后撰写完成开题报告的基础上，向导师组系统汇报自己学位论文的选题与研究设计及研究可行性，不同学校对开题论证的形式和规范有不同的要求，但通常都分为答和辩两个具体环节，所谓"答"，就是学生在规定时间内系统陈述其选题缘由、文献综述、目的意义、重点与难点、思路方法、研究基础及预计成果等相关内容。这里需要特别说明的是，在"答"的环节，因为时间所限，一般不可能全面完整地阐述整个文本内容，而应该按照先阐明选题缘由与文献综述，再由此导出该研究的目的与意义及特色和可能的创新点，导师组由此了解及判断该研究的科学性与价值性，然后再重点阐述研究的思路与方法，以及开展本研究的已有基础及可能遇到的困难，导师组可由此了解及判断开展本研究的可行性。当然，开题报告的答辩更多是向导师组请教，而不是争辩。"术业有专攻"，作为经过多年研究训练的导师，对有关问题是否值得研究及该如何开展研究一般具有相对独到的看法，作为在读学生应该虚心地向导师组的专家学者求教，同时，对待任何学术问题，都需要有一种"批判的"与"辩证的"学术情怀。

总之，开题论证不仅是一个纯粹的陈述过程，更是一个学术论证的过程，陈述的是论文研究者在前期研究阶段的学习和研究所得，展现的是他们的风范与素养。不仅提交的开题报告必须在学术上符合规范，在内容和行文上相对完满、无纰漏，而且在开题论证环节中也应表述准确，思维清晰，逻辑严密，举证有力，答要不卑不亢，辩要有理有节，以体现一名当代大学生应有的风范。

思考与练习

请结合当前教育热点，选择一个你感兴趣的研究主题，运用本章所学内容，并在充分熟悉相关文献的基础上，参照全国教育科学规划课题论证活页，围绕该研究主题写一份活页。

拓 展 阅 读

1. 傅维利. 2020-09-01. 教育研究需围绕教育现实. 光明日报.
2. 潘懋元. 2008. 高等教育研究方法. 北京：高等教育出版社.
3. 刘良华. 2021. 教育研究方法（第3版）. 上海：华东师范大学出版社.

第四章

学做教育科研
——教育实证研究关键三步骤

学习导航

◆ 文献综述：提出问题及新的假说

◆ 研究设计：构建分析框架与策略

◆ 分析论证：得到研究结果与结论

实证研究的开展，关键就三步，即文献综述、研究设计与分析论证。其中，文献综述是通过对已有相关研究的综和述，形成新的研究生长点，这既为新的课题研究奠定了研究基础，更是提出了研究问题与新的假说，从而明确了即将开展研究的方向与目标。研究设计在实证研究中具有重要作用，为研究提供了基本框架和实施路径，其任务就是为文献综述提出的假说提供研究框架与具体策略。分析论证就是按照研究设计的框架与思路进行具体的实证分析和推理论证，其显性表现是通过实证分析得到相应的研究结果，隐性表现就是内含于实证分析过程中的推理论证，即依据相应理论依据对数据分析结果展开论证，得到研究结论。

第一节　文献综述：提出问题及新的假说

在第三章第三节有关内容的阐述中，我们把文献综述作为学位论文开题报告的基本要素做了相应的介绍，在那里，文献综述是服务于研究课题的"开题论证"的，更确切地说，是为支撑研究课题的"选题"，是向开题的导师组说明该选题有研究基础更有研究必要，从而向导师组证明该选题值得做（合乎价值性）、可以做（合乎科学性），并且做得了（合乎可行性）。然而，本节要讲的文献综述是课题开题通过之后，正式进入实证研究阶段后的第一个关键步骤。它既是实证研究过程的首要一步，也是研究报告的重要内容之一。当然，该阶段的文献综述应该以开题报告中的文献综述为基础，不过其作用是服务于课题研究论证的，更确切地说，是为支撑研究报告的第一部分问题提出，是向课题结题评审专家或学位论文毕业答辩的导师组说明自己的研究是基于什么特定而具体的矛盾或冲突而开展的，这里所说的"矛盾"或"冲突"是指现有相关文献中的主要理论认识与现实状况或实践需求的不一致或者叫差距，或者是关于该研究主题的现有若干理论认识或解决方案的不协调或者差异，由此来向专家或导师组证明本研究有必要，而且还很迫切。相比开题报告的选题缘由，课题结题（或论文答辩）时的问题提出更侧重于研究问题的客观需要。可见，开题报告中的选题缘由与课题结题（或论文答辩）时的问题提出既有联系，也有区别，其中，联系表现在均支撑各自的文献综述，区别表现在有不同的使命。概括来说，作为实证研究第一步的文献综述，其根本使命就是提出并论证研究问题，并基于相关理论依据或理论视角提出新的假说。下面，我们来重点探讨一下实证研究中好的文献综述是如何撰写的。

正如前文所述，撰写文献综述的目的是聚焦问题，形成新的研究生长点，具体来讲就是提出并论证研究问题，并基于特定的理论视角提出新的研究假说。那么怎样才能提出好的研究问题及假说呢？这就取决于文献综述的水平了。一般来说，要撰写好实证研究文献综述需注意以下几方面。

一、"综"得系统，"述"得到位

文献综述，顾名思义有"综"有"述"，好的文献综述，就应该是"综"得系统，"述"得到位。首先，"综"得系统，从内容的角度来讲，就是要求文献整理要接近饱和，我们可以从纵、横、变三个维度来衡量。所谓"纵"，是指文献的时间跨度，即检索到了该研究领域不同研究阶段的文献，而且不同阶段之间具有明显的超越性，当然这些差异不一定体现为线性特征；所谓"横"，是指文献的规模跨度，即检索到了本研究领域中频繁为其他研究者引用的关键文献及重要作者，当然这些关键文献或重要作者应当是来源于中外文的文献资源；所谓"变"，即检索到了持有不同意见和立场的研究者的文献，并可以从这些文献中发现多种不同的典型性的理论认识或研究结论。"综"得系统，从形式的角度来讲，就是要求有一套适切的分析框架，而不是简单地罗列相关的文献资料。这个分析框架用于说明作者的分析角度、分析方法和基本概念，通常也是后续实证分析将使用的，研究者根据这一框架对现有研究进行分析，说明相关研究的源流和演变、已有成就和现存问题。

其次，"述"得到位，是指在之前"综"的基础上，对文献进行评述，评述的目标就是要发现已有文献中相关理论认识的分歧点，并提出弥补现有认识不足的可能方向，即提出新的假说与研究生长点。"述"的具体方法包括归纳、分类比较、评价、验证和猜想。在文献综述的写作中，分析同一领域的研究文献时，需要先对结论进行分类，然后对影响结论的研究设计元素进行分类，通常比较分析结论及其影响因素的不同，验证导致认识分歧的原因，在此基础上提出改善认识分歧的新假说。概括来说，文献综述中的"述"，从形式上来看，应该包括三个层次：一是对现有研究成果特征的总结概括，这是基于现有文献的归纳，当然，这里的总结务必要客观；二是通过对研究文献的分类比较与评价，指出现有研究的不足，主要是反映现有研究结论的矛盾与冲突，"矛盾"是指现有理论认识与发展现状或实践需求的差距或不协调性，"冲突"是指现有不同理论认识之间的差异性，当然，对矛盾与冲突的评述要辩证；三是研究者基于某种新的理论视角，运用猜测的方式对研究问题提出新的研究假说，从研究者的角度来看，这一假说应该要比现有理论认识更具有解释力或可行性，这就是所谓的"生成新的研究生长点"，后续研究正是对该研究假说进行分析论证。

总之，文献综述正是通过"综"来聚焦问题，通过"述"来分析问题并提出新的假说，从而形成新的研究生长点。可见，文献综述其实是一个论证的过程，它本身就是一篇议论文，而非说明文，更不该写成类似于记账式的记叙文。作为

"议论文"，其论点就是通过"述"得出的新的研究假说，其论据就是"综"的内容，其论证就是"述"的分析过程。

二、既具有国际视野，又要关注现实情景

首先，好的实证研究文献综述一般是需要体现国际研究视野的，而不受限于国内的文献资源。正如赵炬明教授指出的，文献研究有五重学术境界，即地方境界、全国境界、国际境界、全球境界和古今境界，不同境界的人做不同的研究。[①]其中，地方境界是指研究者仅满足于对本地（省内）学术文献的考察，很少涉足省外的情况。全国境界是指研究者主要关心全国的学术发展情况，对本省的情况考虑不多，当然也仅限于国内的事。国际境界是指研究者的参考系是国际学术界，他们并不在意在国内是否能争得第一，当然，这一层次的研究者的科研水平多数已是国内一流了。全球境界是指如果研究者本身就来源于全世界顶尖的学科专家群体，当他们谈起学术时，不是把国际学术界当作参考系，而是把本领域中最为优秀的一小群领军人物作为主要的参考点。他们和这些人保持着密切的联系，对他们研究工作的背景和思路非常熟悉。古今境界是指像牛顿、爱因斯坦等这种跨世纪型的杰出学者，由于其同代人已无人能出其右了，这种学者往往把历史上的伟大前辈作为自己的研究基础和参照系。

当我们了解了文献研究的不同学术境界时，作为当代研究者，虽然我们多数人很难达到全球境界，更不用说古今境界了，但达到国际境界，无论从水平要求还是从现实可及性来说，都是应该可以的。

其次，好的实证研究文献综述是要能够真正落地的。也就是说，文献综述最后提出的研究问题应该能反映现实情景，即需要体现现实需求。这就需要实证研究者在做文献研究的同时，花足够多的时间和精力深入研究场景，了解实践中的问题及其形成原因，并努力寻求解决或合理解释实践问题的途径和方法，这才有助于提出具有可验证性的研究假说。

三、撰写实证研究文献综述的注意事项

在前人的基础上努力将研究往前推进，正是撰写文献综述的价值与意义。具

---

① 转引自刘献君. 2010. 教育研究方法高级讲座. 武汉：华中科技大学出版社.

体来说，撰写文献综述可以发现已有研究存在的问题，并基于某种理论视角提出新的假说进行后续论证，从而对特定研究对象产生新的认识，这就是撰写文献综述的目的。为了达到这一目的，在撰写文献综述时，尤其是对于初学者而言，特别需要注意避免出现以下几方面问题。

一是文献综述的结构不完整，尤其是缺乏引言与结论。一般来说，一篇完整的文献综述包括三部分：第一部分是引言，有时也写作文献调查，该部分要交代研究目标、分析策略与文献结构图；第二部分是主体，包括"综"和"述"的主要内容；第三部分是结论，包括回顾目标是否实现，以及综述的结论是什么。

二是文献综述的"综"不到位，尤其是缺乏结构感。"综"得到位，首先是梳理文献要系统，不遗漏关键文献与关键作者，并在呈现关键文献与主要观点时，为每一个观点提供完整而规范的出处。其次是对文献进行"综"时，一定要有秩序，这主要体现在对文献的分类要有一定的标准，使文献呈现一定的顺序和层次。其中，在顺序方面最好按照时间顺序安排，在层次方面既呈现代表正面的、主流的观点，也呈现代表反面的、批判性的观点，尽量使不同的文献及其观点呈现为某种对立统一或否定之否定的关系。当然，如果出现正反两种不同意见的关键文献，可打破时间顺序，先综述所有正方的观点，然后综述所有反方的观点，但不要遗漏可能还有的第三方（中间、中立或综合）的观点。

三是文献综述的"述"不到位，尤其是缺乏辩证性。文献综述的"述"是在"综"的基础上对现有研究的评述，前文讲过，"述"一般分为三个层次，这里不再赘述。但是，在"述"这一部分，最可能出现问题的是它的可信度，其可信度又主要取决于其分析的辩证性。"述"的部分缺乏辩证性，主要表现在要么对现有研究完全肯定，从而发现不了矛盾与冲突，要么过于贬低现有研究的价值，从而对自我研究目标定位过高，甚至还提出填补空白之类的结论。这都难以确保提出一个合理的研究假说，其根源就在于这样缺乏辩证性的"述"是无法有效提出研究问题的。

总之，写文献综述有三个阶段：第一阶段为梳理阶段，工作的重点是归纳，难点是找准问题、理清线索，分门别类地整理好研究文献，也就是说，"综"不但要全，还要有合理的结构；第二阶段为比较阶段，工作的重点是围绕问题，比较现有研究的异同并评价其优劣，即明确现有理论成果与现实状况或实践需求之间的差距，以及现有理论成果之间的差异，并分析导致这些差距和差异的原因，难点是找到合理的可比较的标准或者参照，一般是通过相关理论的逻辑推演或相应政策文件的指导与定位得到的；第三阶段为创新阶段，工作的重点是猜想，即提出新的假说或者新的研究生长点，这里注重演绎以及猜想和论证，其输出结果要么是提出一个新问题，要么是提出对解决老问题的新思路。

第二节 研究设计：构建分析框架与策略

本章第一节系统地分析了作为正式开展实证研究的第一步，即文献综述，其目的就是提出问题或新的假说，而本节要探讨的研究设计就是为文献综述提出的问题或新的假说提供分析框架和策略，后续的分析论证则要按照研究设计的思路进行具体的实证分析和推理论证，从而得到研究问题的合理解释。可见，研究设计是实证研究过程中承前启后的关键一环，具体又可以细分为三个步骤：一是明确研究类型，选择合理的方法论作为指导；二是理清研究思路，明晰理论依据及应用视角；三是构建内容分析框架，明确研究重点与难点。

一、明确研究类型，选择合理的方法论作为指导

我们知道，不同的教育研究类型，应选用不同的理论及不同的方法去开展研究。根据不同的标准，教育研究可分为不同的类型，如有的学者提出教育科研的类型可从七个不同的分类标准进行划分：一是按研究的性质、目的和阶段构成，分为基础研究、应用研究和开发研究；二是按研究范围构成，分为微观研究、中观研究和宏观研究；三是按收集事实材料的方法途径构成，分为理论研究、实验研究、调查研究和追因研究；四是按研究对象发展构成，分为历史研究、现实研究和超前研究；五是按价值目标构成，分为政策研究和学术研究；六是按研究方式构成，分为个体研究、群体研究和综合研究；七是按研究的质和量的构成，分为质性研究和量化研究。[①]

然而，本书探讨的重点是教育的实证研究，我们把教育研究按照是否具备以下五个条件，分为实证研究与非实证研究。这五个条件分别是：第一，是否具有明确的研究对象；第二，是否基于研究对象的发展数据或经验材料进行分析，研究方法可包含量化、质性及混合研究方法；第三，是否基于特定的理论视角分析并提出相应的研究假设；第四，研究过程是否在显性层面体现为实证分析，在隐

---

① 孙亚玲. 2009. 教育科学研究方法. 北京：科学出版社.

性层面内含着推理论证；第五，研究结果是否可以在一定范围得以验证。一般来说，满足以上五个条件的研究即实证研究，否则视为非实证研究。下面，我们将重点讨论实证研究的具体类型及其方法论选择。

实证研究可以依据不同的标准分为不同的具体类型，比如按研究者所采用的研究工具，可分为实验研究、调查研究和历史研究；按研究者对数据的敏感和倚重程度，可分为质性研究和量化研究，但现实中多数研究属于混合研究，即研究中既包含量化研究部分，也包含质性研究部分；按研究对象的多寡，可分为个案研究与群体研究，不过后者一般以抽样的方式开展，所以又称为抽样研究。

教育实证研究中质的研究与量的研究在方法论选择上是有不同侧重的，通常来说，量的研究（又称为量化研究）一般以科学主义/实证主义方法论为指导，而质的研究（又称为质性研究）一般以人文主义/解释主义方法论为指导，从而表现为两种不一样的研究范式，详见表4-1。

表4-1 两种研究范式在方法、观念及道德规范和精神准则方面的比较[1]

比较的维度	科学主义/实证主义	人文主义/解释主义
方法	排我，不考虑研究者对研究对象的影响，而十分重视操作工具的科学性和规范性	容我，强调研究者深入研究现场，尽可能地和被研究者一起工作和生活，了解他们所关心的问题，倾听他们的心声，同时对自己所使用的方法进行深刻反思，注重自己和被研究者的关系对研究的影响等
	情感中立	不可能做到情感中立，认为不带同情心的观察就是曲解
	有理论假说，有控制	研究过程不受操作变量的影响，而是根据实际需要，不是为了验证假设，而是为了了解现状、改变现状
	用概念反映事物的本质	用形象反映事物的本质
	强调数据的客观化处理，研究过程可重复	把自然情景作为获得资料的实际来源，认为个人行为是有条件的，环境影响人
	定量研究	定性研究
观念	研究对象实在	研究对象不定，可以是上帝、人
	世界是可知的，重理性知识	世界不一定可知，人心莫测，重人文理解
	崇尚效益观念	推崇浪漫情怀
	抱有全球观念	抱有民族、文化意识
	探求事物的因果关系、普遍性	普遍性不一定具有最终的决定作用；现实不是被发现，而是被创造的

① 孙亚玲. 2009. 教育科学研究方法. 北京：科学出版社.

续表

比较的维度	科学主义/实证主义	人文主义/解释主义
道德规范和精神准则方面	以物为尺度	以人为尺度
	追求真实	追求美好，有用就是真理
	理性之上	理性之外
	科学无禁区（如可以克隆人）	科学有禁区（如不能克隆人）

　　我们通过以上比较发现，以科学主义/实证主义方法论为指导的量化研究和以人文主义/解释主义方法论为指导的质性研究，无论在方法、观念还是道德规范和精神准则方面都是截然不同的，甚至是相互对立的。不过，我们不能由此就判定谁优谁劣。其实，我们只能根据研究目的及研究对象的特点选择适切的方法论作为指导，而且在研究实践中，更多的时候我们不能拘泥于单一的方法论，而是应该考虑是否需要从系统科学方法论的层面进行更高层面的思考。

　　系统科学方法论中的"系统"，是指社会系统内各个组成部分、成员之间的相互关系和交流模式等，也包括由这些关系和交流所引发的社会实践和心理过程，如思维、情感或教学。系统方法有时也叫"系统分析"，指的是一种观察方法或方法论。它试图从某成员与其他成员的关系出发，或从一件事情与另一件事情的关系出发，而非由内因来解释其行为。照此理解，并无实在的系统，所谓系统，无非是观察者对现实领域的描述方式。系统式的观察方法总要把个体行为与一种具体情境和整个观察框架联系在一起。要运用好系统科学分析，首先我们要明白，理解系统有几个要点：一是"循环"，即系统中某成员的行为既是其他成员行为的原因，也是其结果；二是"交流"，即应注意交流的方式，即信息在系统内的发出者和接收者之间如何传递，在此应把内容与关系区别开来；三是"系统-环境界限"，即用来界定什么属于系统和什么不属于系统的标准，但在社会和教育系统中，并无天然界限而言，需要通过意会来确定。另外，我们还要把握系统科学分析的几个特征：一是整体性，即注重整体把握，先森林后树木，或始终不忘"森林"，以克服人们对客观事物认识的局限性和片面性；二是整合性，即在研究的整个过程中，采取各种科学方法打破学科界限，以科际整合的观点分析解决问题；三是注重理论探讨与实际应用的关系。我们还应该注意，系统观念不是一种技术，而是一种哲学思考方法。[①]

---

① 孙亚玲. 2009. 教育科学研究方法. 北京：科学出版社.

二、理清研究思路，明晰理论依据及应用视角

教育实证研究的开展，首先是通过文献综述提出研究问题和假说，并根据研究目的和研究对象的特点确定具体的研究类型，从而选择合理的方法论指导下一步的具体研究步骤。我们知道，在不同的方法论指导下，研究者将选用不同的研究路径及策略，体现为遵循不同的研究思路，选用不同的理论依据和研究方法，并将形成不同的研究结果与结论。可见，研究思路正是连接方法论与具体研究内容的思维桥梁，是对研究中所选用理论依据及其应用视角的具体反映，是研究设计中承前启后的关键一环。

研究思路，即研究过程的思维路径，在不同的研究类型中，研究思路有不同的表现形式。比如，在思辨研究中，研究思路可能就是一段逻辑严密的文本材料，用于说明整个研究的论证路径，即论证的起因、经过与结论，并结合相应理论依据作为支撑。在实证研究中，研究思路具体表现为如何围绕特定的研究主题聚焦于具体的研究问题，遵循怎样的研究逻辑主线，如何开展实证分析，从而实现研究目的。下面以本书主编刘六生主持的2021年全国教育科学规划一般课题"新时期中国与湄公河国家跨境高等教育合作框架与实施路径研究"（课题批准号：BDA210079）为例，展示研究思路的写法与样例。

样例：课题"新时期中国与湄公河国家跨境高等教育合作框架与实施路径研究"（课题批准号：BDA210079）的研究思路

本课题针对"新时期中国与湄公河国家跨境高等教育合作"这一研究主题，聚焦于为什么合作、合作什么及怎么合作三个具体问题，遵循是什么——怎么样——为什么——怎么办的研究逻辑主线，理清跨境教育、跨境高等教育、澜湄国家命运共同体等核心概念，应用动因理论、定位理论、区域间治理理论和全面质量管理理论，对新时期中国与湄公河国家跨境高等教育合作的现状、特征、问题和成因开展系统的实证分析，构建符合国家战略和区域发展需求的跨境高等教育合作框架和实施路径。研究思路可概括为：围绕一个研究主题，聚焦三个具体问题，遵循一条逻辑主线，开展实证分析，实现研究目的（图4-1）。

我们认为，画好研究思路图的基本条件有两个：一个是理论准备；另一个是研究方法准备。可见，在教育实证研究中，理清研究思路的前提是明晰理论的作用及其应用视角。这就是说，在明确了教育研究的类型、选择了合理的方法论作为指导、有了较为明确的研究理念之后，我们就需要选择适切的理论，并立足于该理论的立场观点、分析维度和解析程序来解析研究对象，形成实证分析的基本

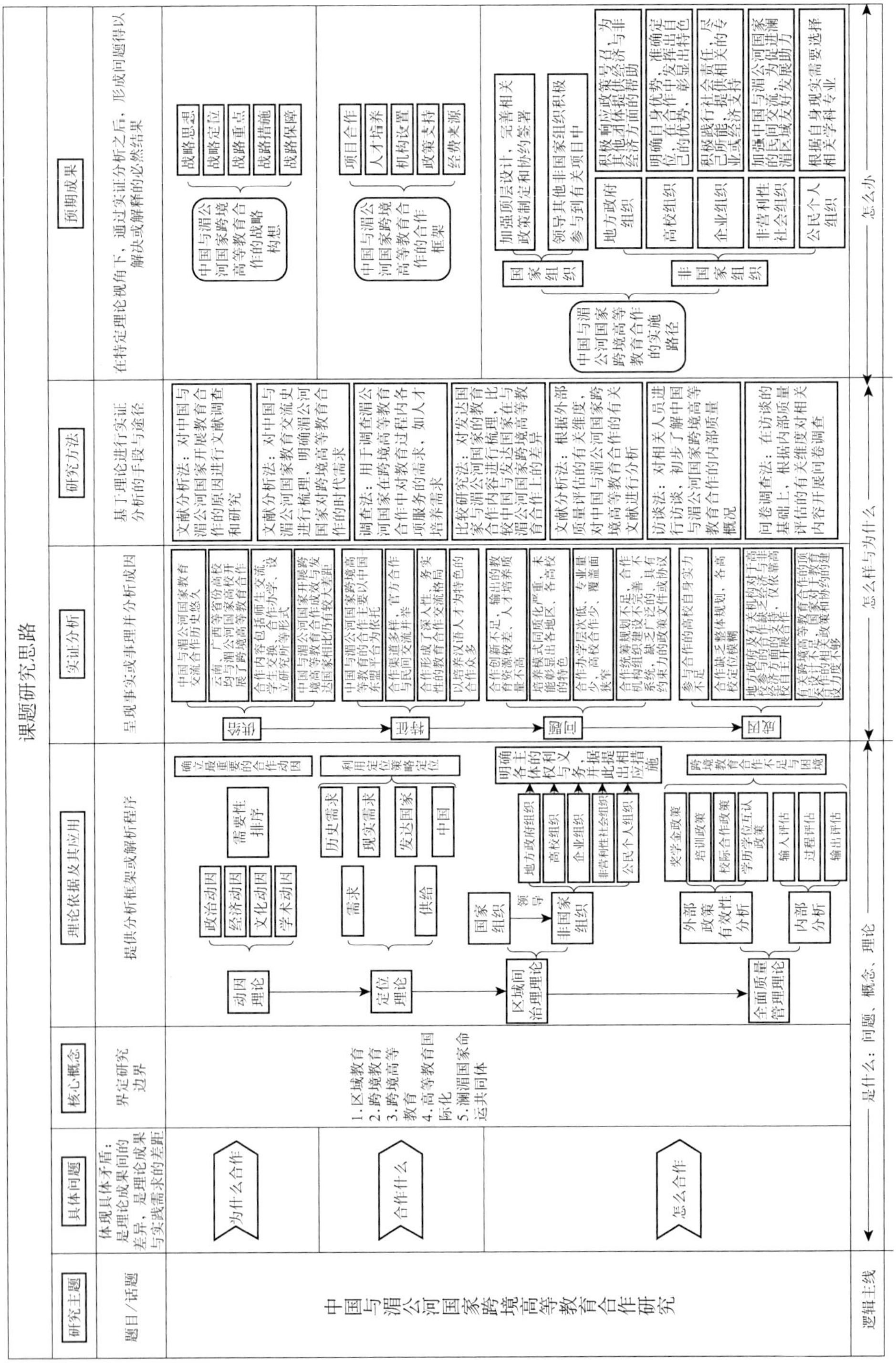
课题研究思路
研究主题
具体问题
核心概念
理论依据及其应用
实证分析
研究方法
预期成果
题目/话题
体现具体矛盾：是理论成果间的差异，是理论成果与实践需求的差距
界定研究边界
提供分析框架或解析程序
呈现事实或事理并分析成因
基于理论进行实证分析的手段与途径
在特定理论视角下，通过实证分析之后，形成问题得以解决或解释的必然结果
中国与湄公河国家跨境高等教育合作研究
为什么合作
合作什么
怎么合作
1.区域教育
2.跨境教育
3.跨境高等教育
4.高等教育国际化
5.澜湄国家命运共同体
动因理论
定位理论
区域间治理理论
全面质量管理理论
逻辑主线
是什么：问题、概念、理论
怎么样与为什么
怎么办

图 4-1　课题研究思路图

路径，开展有理论视角的实证研究。

三、构建内容分析框架，明确研究重点与难点

内容分析框架的构建既是研究问题及理论应用的具体反映，也是研究方法运用的具体体现。可见，研究设计的落脚点就是内容分析框架的构建。内容分析框架的构建要基于研究问题，它是针对研究主题提出的具体研究问题，更是理论和方法两者之间的纽带。研究方法内化于内容分析框架中，即内容分析框架需要将研究方法具体化、情景化。

我们如何才能合理有效地构建研究的内容分析框架呢？第二章第二节阐述了运用三组范畴来把握教育问题，其实这三组范畴不但有助于我们深入把握研究问题，对我们构建研究内容分析框架也不无启发。下面运用三组范畴的思想提出构建研究内容分析框架的三种范例。

范例Ⅰ：

基于教育问题的多因素关系分析，运用要素⇄系统⇄层次范畴构建内容分析框架。运用该范畴构建内容分析框架，就是运用系统论思想，系统分析教育问题的各种要素，并理清各要素之间的相互关系，明确主要关系即本研究要剖析的主要矛盾，并进一步明确这一关系发生的层次。运用该范畴构建的内容分析框架体现为整体把握—要素分析—系统重建的形式特征。

范例Ⅱ：

基于教育研究对象的性质分析，运用功能⇄结构⇄涨落范畴构建内容分析框架。运用该范畴构建内容分析框架，就是运用结构功能主义理论，通过系统分析研究对象的应然功能与实然功能、实然结构与合理结构及其功能与结构之间的相互关系，探求应然功能所需要的合理结构，或者由合理结构导出的应然功能，并进一步研究明确这一关系得以产生的涨落系统。在教育问题分析中，涨落系统往往表现为相应的理念、观点、制度及其机制等条件性因素。运用该范畴构建的内容分析框架一般体现为功能把握—结构分析—涨落构建的形式特征。

范例Ⅲ：

基于教育现象或教育对象的发展分析，运用状态⇄过程⇄变换范畴构建内容分析框架。运用该范畴构建内容分析框架，就是运用相关的教育发展理论，通过系统分析相应教育现象或教育对象的发展状态及发展规律，探求所研究的教育现象或教育对象从实然状态发展到应然状态所需要的变换条件，或者从实然状态发展到应然状态理应选取的合理发展路径及条件。这类研究内容分析框架的构

建，通常还会运用比较研究的手段，分析相关教育现象或教育对象的情况。运用该范畴构建的内容分析框架一般体现为状态把握—比较分析（不是所有研究都需要这一步）—过程推演—变换考量的形式特征。

以上列举的三种内容分析框架范例，是分别基于教育问题的多因素关系分析、教育研究对象的性质分析及教育现象或教育对象的发展分析进行的，这些内容分析框架的构建主要是在实证分析过程中开展研究内容设计时所需借鉴的。不过，在完成实证分析之后、撰写研究主体报告之时，其文本结构可能又不是研究阶段那样的形式了，其研究报告文本整体结构往往呈现为四个相关联的部分，即是什么、怎么样、为什么及怎么办。其中，"是什么"部分主要包括研究问题或主要矛盾是什么、研究对象或研究要素是什么、核心概念的内涵与外延是什么、理论依据及应用视角是什么、研究假设是什么等内容；"怎么样"部分主要包括研究对象的过去与现在怎么样———一般通过教育调研获得，研究对象的未来或者应该怎么样———一般通过所应用于问题分析的理论依据推演得到，这也是对研究问题得以解决或解释的一种假设或理想状态，以及相关研究对象的状况怎么样———一般通过比较研究获得。"为什么"部分至少包括两个层面的分析：一是不同相关主体的影响分析，如国家（政府）、社会（企业）、家庭及个人等；二是不同涨落因素的影响分析，如观念、制度、条件及运行保障等。"怎么办"部分主要包括三个层面的内容：一是"办什么"，即针对研究问题的积极解决或合理解释，提出具体的对策建议或行动方案；二是"谁来办"，即为了落实研究所提出的对策或方案，明确相应的实施主体；三是"如何才能办得到或者办得好"，即为了使提出的对策或方案见效，必须提出其得以实施的保障条件。总之，研究内容分析框架的构建既包括实证研究过程中的构建，又包括实证研究完成后撰写研究报告时的重建。由此可见，研究与写作是两个不相同但又紧密相连的工作过程。

第三节　分析论证：得到研究结果与结论

实证研究的第三步就是分析论证，即在完成文献综述与研究设计的基础上，按照研究设计的思路与框架进行具体的假说检验或者观点论证，其本身也是一个推理论证的过程。可见，实证研究的分析论证其实体现为显性与隐性两个层面，显性层面就是实证分析过程，即瞄准检验假说，通过系列统计分析动作，最后根据数据分析结果对检验的假说展开分析。隐性层面就是整个实证分析过程不仅是一个纯粹的数理统计分析过程，更是一个针对文献综述中提出的研究问题与假说，根据研究设计的策略和方法进行推理论证的过程。这个论证的大前提就是研究所应用的相关理论依据及其视角，小前提就是由实证分析所得出的结果，其结论就是对假说或观点的证伪或证实。

一、实证分析：三个元素与四项准备

我们知道，实证研究类型多样，不同类型的实证研究将采用不同的实证分析方法，关于这些具体的实证分析方法，将在本书第二模块与第三模块进行具体讲解，本节主要从宏观层面探讨实证分析的相关元素及其结构，以及如何做好实证分析的前期准备。这有助于我们从整体上把握实证分析的内涵和实质，也可以促进我们对后续具体实证分析方法的学习。

（一）实证分析的三个元素①

实证分析由三个元素组成：第一个是功能，即实证分析的目标是检验假说；第二个是动作，实证分析的动作一般包括调查、比较、分析，其中分析又可分为定性分析与定量分析，定量分析具体又可分解为描述性统计、推断性统计、回归分析及其他相关计量方法分析，定性分析一般分为归纳与演绎、对比与类比等，这些动作组合起来就能完成对假说或因果关系的识别与推断；第三个是对象，上述动作针对的主要是数据的统计与计量分析结果。实证分析三元素的相互关系如图 4-2 所示。

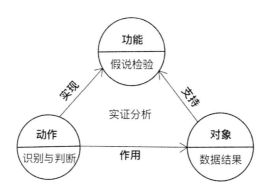

图 4-2 实证分析的功能、动作及对象三元素的关系

---

① 刘西川. 2020. 实证研究论文写作八讲. 北京：北京大学出版社.

通过图 4-2，我们可以看出，在实证分析过程中，功能起统领作用，动作是为功能服务的，动作的作用对象是数据处理结果，通过分析数据处理结果及其解释与讨论，检验假说的功能得以实现。

（二）实证分析的四项准备[①]

实证分析是实证研究的关键步骤，可以毫不夸张地讲，实证分析的水平决定了实证研究的水平。那么怎么才能做好实证分析呢？需要提前做好以下四个方面的准备，这也是影响后续学习成效的关键。一是理论的准备，实证分析需要理论指导，因此要打好与实证分析相关的理论基础。理论指导主要体现在统计方法与统计变量的选取以及结果解释等方面。二是方法与技术的准备，研究者需要了解所使用的统计软件与量化分析方法及其背后相应的学科原理，做到知其然，更知其所以然。三是软件操作技能的准备，为了进行实证分析，还必须掌握一定的统计软件操作技能，常用的教育统计软件有 Excel、SPSS、Stata 等。四是研究数据的准备，研究者需要了解基本的教育数据来源，本书单独列了一章内容——教育研究数据库来源介绍，对此做了具体阐述，同时在实证分析前需要对初始数据进行相应处理以满足相关统计方法使用的要求。

二、推理论证：实证研究过程的"三段论"

正如前文所述，分析论证作为实证研究的第三步，其体现为显性与隐性两个层面，实证分析是显性层面，而在整个实证分析过程中又体现为推理论证这一隐性层面，目的就是验证研究假说。可见，实证分析不仅是一个数据统计分析过程，还是一个针对文献综述中提出的研究假说进行推理论证的过程。其实，我们还应该跳出实证分析这一具体环节，纵观整个实证研究过程，其本身就是一个周密的论证过程。典型的实证研究三步骤通常体现为逻辑论证的"三段论"，其大前提就是由相应理论及政策依据所推演出来的关于研究对象的应然状态或关于研究问题得以合理解释的假说，小前提就是由实证分析所得出的数据分析结果，其结论就是对研究假说的证伪或证实，或对研究对象应然状态的论证或者说是对应然状态的接受或修正。当然，在实证研究过程中，我们必须确保前提的真实性与相关性以及论证结构的合理性。所谓"前提的真实性"，是

---

① 刘西川. 2020. 实证研究论文写作八讲. 北京：北京大学出版社.

指作为论证前提的命题内容要正确；所谓"相关性"，是指它能有效支持结论，同时，合理的论证结构也是必需的，即论证结构也应该是有效的，论证的理想结构就是根据真实的前提可以保证得出正确的结论，特别是要避免论证中"中项不周延"的现象。

思考与练习

请选择一个你主持或者参与的研究课题，运用本章所学内容，撰写一份相对完整的文献综述；同时，就你本人所承担的研究内容，构建研究思路图。

拓 展 阅 读

1. 叶澜. 1999. 教育研究方法论初探. 上海：上海教育出版社.
2. 潘懋元. 2008. 高等教育研究方法. 北京：高等教育出版社.
3. 刘良华. 2021. 教育研究方法（第 3 版）. 上海：华东师范大学出版社.

第五章

教育研究基本方法
——文献法、调查法与比较法

学习导航

◆ 如何撰写文献综述

◆ 教育调查研究法

◆ 教育比较研究法

第一节 如何撰写文献综述

　　文献综述既是课题研究过程的一个重要部分，也是报告内容的重要构成；既是任何一项课题研究的基础，也是开展研究的起点。可见，文献综述具有非常重要的作用，而且作为一种文本，也应该具备一定的格式。当然，格式是为功能服务的，而且也不是僵化的。下面阐述撰写课题研究文献综述的基本问题。

　　首先，我们应该明确为什么要做文献综述？任何研究都需要做文献综述，简要来说，做文献综述起码有两方面的意义：一是为了使研究建立在前人的研究基础之上，这就犹如建房子要打好地基一样，地基打得牢不牢决定了房子盖得稳不稳；二是为了生成新的研究生长点，而这一点是最重要的，这就要求做完文献综述之后，研究者就应该清楚现有研究成果的缺陷或不足之处在哪里，且这些缺陷或不足之处又是怎么影响该研究问题的进一步解决的，即对该研究问题进一步深入研究的必要性、重要性及迫切性，这也正是开展新的研究的起点。可见，撰写文献综述的主要目的就是所谓的"破题"。

其次，怎么做文献综述？这里介绍一种文献综述的基本格式。文献综述一般分为"综"和"述"两部分，一是"综"，即现有相关研究，可以从国外与国内两个视角分别梳理现有相关研究成果，也可以不分国别而是根据现有研究成果涉及的主要分析维度来分类整理，应该说没有绝对标准必须按照哪一种方式来组织"综"的内容。但应该明确的一点是，撰写文献综述的首要意义就是为后续的研究打好基础。为此，尽量根据接下来将要开展研究的主要内容或者可能涉及的主要方面进行涉及"综"的提纲，这样才有助于"综"更好地服务于后面的研究；二是"述"，即对现有研究的述评，它又可以分为三个层次：其一是从内容层面客观概括现有研究成果的主要特点；其二是明确现有研究成果的主要价值或可借鉴之处；其三是指出现有研究的不足或缺陷，这部分也正是研究者力求要去突破的地方，换句话说，别人没研究或研究不到位的地方正是我们将要去开拓的地方。

这里再补充一点，有些文献综述在"综"之前有关于作者开展文献调查基本情况的描述，其实这是很有必要的。文献调查就是体现作者收集和整理文献的基本过程，以及对收集到的文献做的描述性统计，一般会介绍作者收集文献的主要数据库或搜索引擎、主题词及文献收集整理的一般过程与结果情况。

最后，怎样的文献综述算是写得好？即评价文献综述好与差的标准，一般主要看三方面：一是文献收集是否相对系统、全面且有代表性；二是能否为将要开展的研究生成新的研究生长点；三是"综"要系统，即"综"的内容要有清晰合理的结构，"述"要辩证，即避免主观和片面。

文献综述的一般格式

一、文献调查

（本部分介绍作者收集和整理文献的一般过程，并对收集到的文献进行适当的描述性统计，主要包括作者收集文献的数据库或搜索引擎、主题词、作者群等，以及文献整理情况的一些描述性统计图表）

二、现有相关研究

（本部分的分析框架即内容提纲，可根据研究需要进行设计，尽可能地服务于后续研究，即应该在整体上对应后续研究的主要内容）

三、现有研究述评

1. 现有研究成果的主要特点

（本部分应体现系统性要求，即概括要全面）

2. 现有研究的主要价值或可借鉴之处

（本部分应体现客观性要求，即分析价值"不应仅主观"且要"客观"）

3. 现有研究的不足或缺陷

（本部分应体现辩证性要求，即指出不足时要实事求是，不可臆断）

4. 新的研究生长点

（新的研究生长点既可能是新的研究对象或新的研究内容，也可能是新的研究视角，还可能是新的研究方法，等等）

第二节　教育调查研究法

调查法是教育实证研究中常被采用的方法之一，但调查法不是一种单一的方法，而是一类具体研究方法的统称。在不同的研究方法参考书中，作者对调查法包含了哪些具体研究方法的意见并不统一。但调查法作为一种研究资料收集的方法，有着一些共同的特征：其一是在调查研究中，研究者一般都是面向研究对象收集研究资料（数据）的；其二是通过调查法能够获取的一般是作为个体研究对象的某种社会属性或心理和行为特征，如人口统计学特征、态度、观念、倾向、行为习惯等；其三是对通过调查法获得的数据资料进行分析，通常采用归纳、概括等方法，最后被抽象为对现象的理论解释。这有别于相关法和实验法都是通过演绎法得出现有理论的推论，然后对推论进行假设检验的论证方式。

教育调查研究法具有间接性、半控制性、现实性和主动性等特征。其中，间接性是指调查研究是通过收集研究对象自我报告的资料来了解他们的，属于间接地研究现象，而不是直接观察现象本身。例如，欲考察高中生的一般情绪状态、长大后的志向、学校教师的教育观念与态度，以及学生父母的教育观念等，需要以向学生、教师和学生父母提问的方式间接获得材料。半控制性是指教育调查法不受时间、方向、条件的限制，也不必像实验法那样严格控制研究的对象和程序。在确定了研究所用调查提纲或问卷后，可以以较快的速度、较高的效率收集到所需的材料。例如，在对初中生的交往对象进行调查时，可列出这样的问题：

课余时间你最喜欢和谁在一起？遇到有趣的事你首先告诉谁？等等，而这些问题不受调查时间、地点的限制，并且可快速获得调查结果。现实性是指教育调查研究旨在考察教育现状，而不是以教育史实为对象。例如，调查某地区中学教师职业思想情况，就是对当前该地区的中学教师从事教育工作的思想情况的调查，而不涉及这些教师过去或将来的思想状况。主动性是指调查研究中是由调查者确定调查提纲、主动寻访调查对象、确定调查人数的。

教育调查研究法有多种分类角度，下面总结几种常用的分类方法。

1. 按调查研究涉及对象分为全面调查、抽样调查、个案调查三类

全面调查是对研究对象的全体进行无一遗漏的调查，以获得有关调查对象的全面情况。全面调查的时间性强，涉及范围广，对调查内容能全面了解，准确度高，不足之处在于全面调查工作量大，对某些现象难以进行深入细致的了解，仅能获得调查对象的基本情况，而且人力、物力、财力花费较高。每隔几年对一所大学师生的身体健康进行普测就属于全面调查。

抽样调查是从调查对象的总体范围中抽取一部分进行调查，用所得结果说明总体情况的调查方法。抽样方法有随机抽样和非随机抽样两大类。

个案调查是在全体研究对象范围内，选择个别有显著特征的对象进行调查。例如，对个别具有学习障碍学生的调查，教师可长期深入了解其学习、课余情况，收集较为全面的资料，以有针对性地实施帮扶。个案调查的对象少，可以与调查对象进行深入的接触，做全面细致的分析，不足之处是无法得到有因果关系的信息，也可能受到调查者偏差的影响，导致调查结果的代表性得不到保证。

2. 按调查的目的分为现状调查、发展调查和预测性调查

现状调查是了解研究对象的目前状况和基本特征的调查研究。通过现状调查，研究者可以掌握研究对象的基本情况，以便有针对性地实施教育或进一步开展相关研究或实验研究。

发展调查是考察研究对象随时间的延续而发展变化的调查研究。发展调查通常可分为纵向调查研究和横向调查研究。纵向调查研究是指对同一组对象在不同时间（两个或两个以上时间点）进行多次同质调查，以考察其变化情况。横向调查研究是指对不同对象在同一时间进行同质调查，以考察其差异情况。

预测性调查是对教育的发展趋势做出推断和估计的调查研究。预测性调查主要关心研究对象将会怎样变化。

3. 按调查研究结果的性质分为描述性研究和解释性研究

描述性研究是以了解事物或问题的全貌或发生过程为目的的调查研究，要解决的是所研究的现象实际上是什么的问题。

解释性研究是以探讨现象之间的关系为目的的调查研究，要解决的是某一现象为什么会发生的问题。解释性研究又可分为关系调查和原因调查两种。其中，关系调查是探索现象之间关系的研究，目的是了解两种特殊现象之间是否有联系，以及联系的密切程度。例如，针对智力水平与学习成绩之间关系的调查。原因调查是要探索具有某种特征的现象形成的可能原因是什么，是一种由果溯因的研究。例如，调查造成部分学生学习动机弱的原因。

4. 按调查采用的不同形式分为问卷调查与访谈调查

问卷调查和访谈调查都是通过自我报告（即被访者提供关于自己的资料）的方式收集资料的方法。其中，问卷调查主要收集量化资料，而访谈调查主要收集定性资料。

总之，教育调查研究法实际上是一类综合的方法，具体开展调查研究时，可以根据不同的研究目的和条件，单独或联合运用多种具体的方法收集定性或定量的资料（数据）。调查法便于操纵，因此是研究者使用较多的一种方法。但调查法也有一定的局限性，如无法通过实验主动操纵和改变变量，因此不能确定变量之间的因果关系，只能揭示出事物之间的某种关系，因此大多数调查研究只能停留在对研究现象的定性或定量描述的层次上。

第三节　教育比较研究法

比较研究法是教育研究中的基本研究方法，在比较教育研究中的运用尤其广泛，在教育科学研究中具有极高价值。根据《牛津高阶英汉双解词典（第9版）》的解释[1]，比较研究法就是对物与物之间和人与人之间的相似性或相异程度进行研究与判断的方法。林聚任、刘玉安认为，比较研究法是指对两个或两个以上的事物或对象加以对比，以找出它们之间的相似性与差异性的一种分析方法。[2]由此，我们可以将比较研究法理解为根据一定的标准，对两个或两个以上有联系的事物进行考察，寻找其异同，探求普遍规律与特殊规律的方法。

在具体运用比较研究法时，需要遵循一定的条件和原则。首先，比较的对象

---

① 霍恩比. 2013. 牛津高阶英汉双解词典（第9版）. 李旭影等译. 北京：商务印书馆.

② 林聚任, 刘玉安. 2008. 社会科学研究方法. 济南：山东人民出版社.

必须具有可比性，也就是说，比较的对象之间一定存在某种联系，或者存在本质上的共性。例如，英国的公学与我国的公立学校就不存在可比性，前者是私立的贵族学校，而后者是公办学校，具有本质上的不同。其次，比较的对象必须具有同一性，即它们是属于同一标准或同一范畴或同一类的事物。例如，比较的对象可以是两个国家或地区，但不能将国家与地区放在一起比较。最后，比较的对象还需具有双（多）边性，这意味着比较必须发生在两个或两个以上对象之间。在同时满足这三个条件的前提下，比较研究法才能得以运用。

一、比较研究法的分类

事物的性质、类别与事物之间的联系是多种多样的，所以从不同角度看，比较研究法有着不同的分类，主要有以下几种。

（一）横向比较和纵向比较

1. 横向比较

横向比较是指研究者对同一时期的不同教育现象进行对比研究，也可以对同类事物内部的不同部分进行对比研究，通过分析不同现象的异同点，找出彼此之间的关系和影响。例如，对不同的教材进行横向对比的研究。

2. 纵向比较

纵向比较是指对同一教育现象在不同时期的发展状况进行比较研究，着眼于历史演进过程，从而揭示其发展变化规律，以此深化人们对教育现象当前状况必然性的理解。例如，对改革开放以来所编的小学语文教材进行纵向对比的研究。

（二）同类比较和异类比较

1. 同类比较

同类比较是指对两种或两种以上同类事物进行比较，通过鉴别其异同来认识事物发生、发展的特殊性和该类事物的共同规律。对共同点进行比较的目的在于把具有相同或相似性质的对象归入同类做分析，而对不同点进行比较则是为了区分和鉴别事物的不同性质，分析各类事物的不同特点。

2. 异类比较

异类比较是指通过对两种或两种以上性质相反的事物或一个事物的正反两方

面进行比较，揭示它们在不同表征下的异同之处。由于异类比较研究的对象反差大，结论鲜明，往往能发现新问题，揭示新规律。

（三）单项比较和综合比较

1. 单项比较

单项比较是指选取众多比较范围中的一个问题、一个侧面或者一个特点进行比较，从而展开更为具体的分析研究，以加深对某一专题的认识。

2. 综合比较

综合比较是指就一定比较范围内的多个比较点进行的多方面的综合比较。事物本身是复杂多样的，单项比较在很多时候难以认识事物的完整性和复杂性，因此综合比较法成为教育科学研究中使用比较广泛的方法。

在实际的教育研究中，各种研究方法的使用往往互相配合、密切联系，因此在比较法的运用中也要注意综合运用各种比较方法，以提高研究结果的科学性和说服力。

二、比较研究法的使用步骤

至于比较研究法的使用过程和顺序是怎样的，美国著名比较教育学家Bereday 在《教育中比较法》（Comparative Methods in Education）中提出了经典的"比较四步法"，将比较研究分为描述、解释、并置、比较四个阶段。[①]

1. 描述

描述是比较研究的第一个阶段。在该阶段，研究者应尽可能周密而全面地对研究对象的情况做出真实且客观的描述，不断地收集相关的文献资料，并对研究对象进行实地访问，以确定文献资料的正确性。

2. 解释

在完成描述后，运用社会科学观点或人文科学观点对所描述的教育事实进行充分的研究，以揭示影响这些教育事实的种种因素及其相互关系，并对该教育事实的意义进行解释。换言之，要弄清楚事实如何，以及为何会那样。因此，贝雷迪要求比较教育的初学者要掌握少则一门多则两到三门其他学科的知识，以便能将其他学科如社会学、政治学、心理学等的知识和方法运用到相关的教育问题的

---

① Bereday G Z F. 1964. Comparative Methods in Education. New York:Holt, Rinehart and Winston.

研究中去，从而不仅能对各种教育事件本身做出说明，也能对这些事件所包含的多方面意义进行解释，这就是解释阶段的目标。

3. 并置

并置是严格意义上的比较研究的真正开始。首先要对描述、解释的教育事实进行分类和整理，从中确定共同的比较标准，按可比较的类型并置起来，然后分析其共同点与不同点，建立比较分析的假说。关于并置，贝雷迪提出两种具体形式的并置：一是图表式或竖列式；二是文字式或横列式。[①]

4. 比较

比较是比较研究的最后阶段，其主要任务是对所有比较对象同时进行研究，据此对并置阶段形成的假说进行验证。Bereday 认为，描述、解释和并置三个阶段只是比较研究的准备工作，而对假说做出的结论以及为证明假说的最后阶段的比较做出的说明才是比较研究的成果。[②]Bereday 将比较分为两种类型：一种是平衡比较，即在不同研究区域之间做对称的比较，强调资料的对称和平衡。当无法做到平衡比较时，可采用另一种比较——阐释比较，即将不同研究对象的教育实践随意取来，用比较的观点对资料的意义进行说明。

从我国的比较研究实践来看，比较研究一般按照以下步骤进行：①确定比较的问题，即在研究开始前明确比较研究的内容和范围；②制定比较的标准，即根据实际情况制定明确的、具体的比较标准，标准的制定应当具有可操作性；③搜集资料并加以分类、解释，即尽可能全面地搜集相关资料，并对资料进行鉴别和归类，最后对归类好的资料进行解释，以为下一步的比较研究奠定基础；④比较分析，即按一定的标准对收集到的资料进行逐项比较，并对所有资料进行全面、客观的分析，这也是比较研究中最关键的一步；⑤结论，即通过比较分析得出结论，并对结论进行理论和实践的验证。

在运用比较研究法开展研究时，应注意以下几点。首先，要确保研究资料的可靠性、真实性和权威性，在收集资料时应以第一手资料为主，收集的资料要全面、客观，收集资料的方法要科学，资料收集者要有扎实的教育理论修养和深厚的基础理论素质。其次，在进行比较时要坚持全面比较的原则，一是研究者采取的角度要全面，研究的视野要全面；二是研究对象要具有一定的代表性和全面性，要根据不同国家或地区的具体情况，遴选出具有代表性的研究对象，还要充分考虑到研究对象与外部各种因素的相互作用和影响。再次，在比较研究中要坚持辩证比较的原则，既要研究事物的现象，更要透过现象看到问题的本质，抓住

---

① Bereday G Z F. 1964. Comparative Methods in Education. New York:Holt, Rinehart and Winston.

② Bereday G Z F. 1964. Comparative Methods in Education. New York:Holt, Rinehart and Winston.

问题的关键所在，从而得出科学结论。最后，在研究中要坚持客观的原则，即研究的立场要客观，秉持公正和科学的研究态度，坚持一切从实际出发、实事求是，服从真理。

三、比较研究法在教育研究中的运用

（一）区域比较

区域比较是指研究一个国家或地区的教育制度和教育实践，并将其与其他国家或地区进行比较的研究。在实际的区域比较中，区域研究的单位包含了多个层次。

1. 世界区域

世界区域包含两个层次的含义：一层含义指的是建立在地缘关系上的区域分布，比如亚洲、欧洲、北美洲、南美洲、非洲、大洋洲和南极洲；另一层含义指的是区域经济体，比如欧盟、亚太经济合作组织、北美自由贸易区等跨国组织。在具体的研究中，根据对世界性区域组织的目的和形式的分析，判断其对教育影响的强度、广度以及对教育机制的影响。

2. 国家

国家是比较教育研究中居于主导地位的一个研究单位，一般涉及两国或多个国家，国家间的比较研究通常采用量化研究或质性研究的方法，旨在对教育成就、教育支出、教育管理、课程和其他方面进行比较分析。

3. 省或州

无论是中国、美国、印度这样国土面积较大的国家，还是像瑞士这样国土面积较小的国家，省或州都是非常重要的行政区划单位，尤其是当一个国家内部各地区间出现显著差异时，省或州就是十分合适的比较分析单位。

4. 地区

前文提到，当一个国家内部出现明显差异时，可以将省或州作为分析单位，那么当省或州内部的各个地区出现显著差异时，则可以将地区作为比较分析的单位。所谓地区指的是基于行政管理目的划分出来的区域，既可以是市、县，也可以是乡镇或者村这样的单位。

5. 学校

当以学校为单位进行比较研究时，通常是在同一国家、省或地区内来选择案例，或者是选择跨国案例进行比较分析。例如，在进行全球化对教育影响的研究中，可以分别在新加坡和澳大利亚选择一所国际化达到一定水平的学校作为案例，分析经济全球化对这两所学校的课程、管理等方面的影响。通过学校这样的小研究单位，更真实、准确地了解教育现状。

6. 个体

个体是比较研究中的最小单位，指的是将校长、教师、父母、学生这样的个体作为比较分析的对象。对个体的研究可以是校长学校管理模式、教师教学组织形式、学生学习方式这样的案例分析，也可以是关于教师、学生、家长等个体的大规模调查。

（二）教育行政体制比较

教育行政体制是国家对教育的领导管理的组织结构形式和工作制度的总称，主要由教育行政组织机构的设置、各级教育行政机构的隶属关系及相互间的职权划分等构成。由于各国政治、经济、文化和社会发展的情况不同，教育行政体制也不尽相同，从不同的维度可以划分为不同的类型。

1）从层次上来说，教育行政体制大体可以分为中央和地方两级，根据中央和地方在教育行政权力上的分配关系来看，可以分为中央集权制、地方分权制、中央和地方合作制。中央集权制是一种垂直的教育行政，即国家对教育事业进行直接领导和管理，地方教育机构作为中央权力的延伸，在办学时必须遵循中央政府的方针、政策，中央与地方的教育行政机构之间是一种命令与服从的隶属关系。法国等属于此种教育行政类型。地方分权制与中央集权制相反，是一种平行的教育行政，中央与地方的教育行政机构呈平行的对应关系，中央教育行政不直接干预教育，对地方权力范围内的事务也很少干涉，教育事业由地方教育公共团体自主管理，中央只在必要的范围内予以干预，进行援助和指导。美国、德国属于此种教育行政类型。中央和地方合作制也被称为交叉的教育行政，兼具中央集权和地方分权两种体制类型的特点，中央教育行政机构具有主管全国教育事务的权力，地方教育行政机构不接受中央的直接管理，享有一定的自主权，但有义务执行中央教育行政机构的规定，中央与地方的权力较为平衡。英国、日本属于此种教育行政类型。

2）根据教育行政机关与政府的权力结构关系，可以分为教育行政从属制、教育行政独立制。教育行政从属制是指各级教育行政机关必须接受同级政府的领导。教育行政独立制是指地方各级教育行政机关不受同级政府的直接指挥，与地方政府之间不存在隶属关系。

3）根据教育行政领导者的素养，还可以分为专家领导制和外行内行结合制。专家领导制是指教育行政领导者必须由获得特定学位、从事过教育工作的专家来担任。外行内行结合制指的是教育行政领导者需由教育专家和非从事教育工作的外行共同担任。

（三）学制比较

学制即学校教育制度，是国家根据教育方针、政策，对各级各类学校的性质、任务、学习年限、入学条件等所做的规定。学制由纵向划分的各级学校与横向划分的各类学校构成，在有些情况下，学制专指各级各类学校的学习年限。

1. 中国的学制

中国现行学制分初、中、高三级，由七个部分组成：①学前教育。实施机构有托儿所和幼儿园，托儿所招收从初生到3岁的幼儿，幼儿园招收3岁以上至入小学前的幼儿。②初等教育。实施机构为小学，招收6—7周岁的儿童入学，修业年限一般为6年，属于义务教育阶段。③普通中等教育。实施机构为普通中学，分为初级和高级两个阶段，初级中学的修业年限为3年，属于义务教育阶段；高级中学的修业年限也为3年，招收初级中学毕业生。④中等职业技术教育。实施机构有中等专业学校、技工学校和中等职业学校，中等专业学校和技工学校的招生对象为初中毕业生或高中毕业生，修业年限一般为2—3年，中等职业学校包括职业中学、农业中学和其他职业学校，招收初中毕业生入学，修业年限为3—4年。⑤高等教育。实施机构有大学、学院、高等专科学校以及其他具有高等教育性质的机构。教育层次分为专科、本科和研究生，专科修业年限为2—3年，本科修业年限大多为4年，研究生分为硕士和博士两个阶段，实行弹性学制。高等学校的办学形式多种多样，有全日制教育、成人高等教育、函授教育、自学考试等。⑥师范教育。师范教育有职前师范教育和职后师范教育，职前师范教育由中等师范学校和高等师范学校实施。近年来，随着中国小学教师学历的逐步提高，原来三年制的中等师范教育逐步向高等师范专科教育及四年制的高等师范本科教育过渡，部分大学也举办了师范专业。职后师范教育主要是对在职教师进行培训，机构有国家教育行政学院、地方教育学院、教师进修学院或教师进修学校，一些高等师范院校和中等师范学校也承担一定的培训任务。⑦成人继续教育。成人继续教育学历有四种主要形式，分别是高等教育自学考试（自考）、网络教育（远程教育）、成人高考（学习形式有脱产、业余、函授）、开放大学（原广播电视大学现代远程开放教育）。

2. 美国的学制

由于在教育行政管理上实行地方分权制，美国没有全国统一的学制，现行的美国学制体现了统一性与多样性相结合的特点。按照法律规定，美国公民不分性别、宗教信仰、民族、阶级，也不论居住地点和年龄，都有平等的受教育机会，一生都可以选修正式课程或参加非正式课程。美国的各级各类教育在结构上相互衔接、上下沟通。

美国现行学制基本上包括学前教育、初等教育、中等教育、职业技术教育和高等教育五类。①学前教育主要由保育学校和幼儿园承担，保育学校招收 3—5 岁的儿童，幼儿园主要面向 4—6 岁的儿童。②初等教育属于义务教育阶段，实施机构为公立小学和私立小学，学制大多为 6 年，以公立小学为主。③中等教育的实施机构以综合中学为主体，实施普通教育和职业技术教育，学制为 4 年或 6 年。④职业技术教育包括中学阶段的教育和高中后阶段的教育，中学阶段包括综合中学、职业中学、技术中学、地区职业教育中心等，高中后阶段包括社区学院、初级学院、技术学院、地区职业学校等。⑤高等教育。美国的高等学校分为公立和私立两类，其中私立大学占高等学校总数的一半以上，且许多是著名的大学。按照学校的培养目标，可以将高等学校划分为技术学院、初级学院或社区学院、文理学院和专业学院、大学四大类。

3. 英国的学制

英国在 1944 年教育法的基础上构建了现行学制，包括五类。①学前教育。面向 5 岁以下的儿童，实施机构主要有保育学校和托儿所，保育学校以半日制为主，招收年满 2 周岁的儿童，托儿所分为日间托儿所和寄宿托儿所两种，招收 0—5 岁的儿童。②初等教育。招收 5—11 岁的儿童，实施机构主要有幼儿学校（招收 5—7 岁的儿童）和初级学校（招收 7—11 岁的儿童）。③中等教育。实施机构主要有文法中学、技术中学、现代中学、综合中学等。④继续教育。继续教育指的是义务教育结束后进行的除高等教育之外的所有教育，是义务教育后的分流阶段，实施机构主要有公立中学附设的城市技术学院、第三级学院和继续教育学院。⑤高等教育。以各种类型的高等教育机构为实施主体，如古典大学、近代大学、城市大学、新大学、技术大学、开放大学。

4. 德国的学制

德国现行的学校制度包括六类。①学前教育，面向 3—6 岁儿童开展。②初等教育，即基础学校实施的小学教育（一般为 1—4 年级，柏林地区小学学制为 6 年）。③中等教育。中等教育分三个阶段：第一阶段为定向阶段，为期 2 年，是小学和中学之间的过渡阶段。在定向阶段结束后，根据学生的成绩、特长、爱好以及学校和家长的意见，分流到四类不同的中学。第二阶段为初级阶段，实施机构有 7—10 年级的主体中学、实科中学、完全中学、综合中学。第三阶段为高级阶段，即完全中学和综合中学的 11—13 年级，通过考试且获得中学毕业证书的学生才有资格上高等学校。④职业教育。德国的职业教育采用的是双元制，还有各种类型的职业教育学校，培养各种不同的技术人才。⑤高等教育。实施机构包括大学、高等院校和高等专科学校，分为学术性和非学术性两大类。学术性的高等学校有综合大学、工科大学、高等师范学校、神学院等，非学术性的高等学校有高等艺术学校、高等体育学校、高等专科学校、职业学院等。⑥继续教育。这类教育主要是为了满足各种年龄、各种文化程度和职业的成年人继续接受教育的需要，形式多样、内容广泛。

5. 法国的学制

法国的现行学制分初等、中等和高等三级，包括五类。①学前教育。在法国，学前教育由幼儿园免费提供。②小学教育。小学教育是法国初等教育的主体，学制为 5 年，是义务教育的第一阶段。③中等教育。它包括初中（学制 4 年）和高中（学制 3 年）两个阶段，初中和高中第一年为义务教育阶段。④职业技术教育。实施机构以职业高中为主，其次是特教机构、学徒培训中心。⑤高等教育。实施机构包括普通（或综合）大学、高等专门学校（或大学校），以及短期高等教育机构，如高等技术学院和高等职业学院等。

当前，世界各国通过改革学制的方式积极调整和完善本国的教育制度、终身教育体系，扩展义务教育范围和延长义务教育年限，促进高等教育大众化、普及化，以及普通教育和职业教育的结合，以适应社会发展的需要，提升综合国力。

（四）国别比较

国别教育是比较教育研究的基本单位，研究他国的教育发展情况，对于促进本国的教育改革、改进教育实践、把握教育本土化与教育国际化有着积极作用和重要意义。在进行国别比较研究时，研究者往往从具体的研究对象入手，如学前教育、义务教育、师范教育、成人教育、教育组织、教育改革等。由于研究内容十分广泛，本书仅选取学前教育比较、义务教育比较、师范教育比较作为示例。

1. 学前教育比较

学前教育是由家长及幼师根据培养目标和幼儿的身心发展特点，利用各种方法、实物，有计划、有系统地对幼儿的大脑进行各种刺激，使其功能逐渐完善而进行的教育。学前教育主要针对的是 6 岁以下的孩童，因此也被称为幼儿教育或早期教育。

学前教育是一个多方面培养的过程，对于开发幼儿智力、培养良好的生活和学习习惯、陶冶情操、发展美感和情商有很大的作用。18世纪末，有组织、有目的地实施学前教育的教育机构产生，此后学前教育经历了飞速发展阶段。1802年，英国的空想社会主义者罗伯特·欧文（R. Owen）在苏格兰的纺织厂创办了世界上第一所幼儿教育机构，招收2—6岁的工人子女。1837年，德国著名教育家福禄贝尔（F. W. A. Fröbel）在德国的凯尔豪附近的勃兰根堡创办了一所教育机构，招收3—7岁的儿童，目的在于挖掘幼儿的活动本能和开发幼儿的天性，帮助幼儿尽早认知社会，形成对世界的形象感知。1840年，为了更加贴近自然，福禄贝尔将这一机构更名为"幼儿园"，这便是世界上第一所幼儿园。此外，福禄贝尔还组织训练了幼儿教师，创立了幼儿教育体系，并撰写了《幼儿园教育法》，使学前教育成为教育领域的一个重要分支。福禄贝尔的教育思想与实践对世界各国幼儿教育的发展产生了广泛的影响，美国、英国、日本等国先后设立了幼儿园。随着社会的发展，第二次世界大战前学前教育已成为教育体系不可分割的一部分，英国、法国、美国等国家陆续制定了学前教育的相关法令和发展计划。1903年，我国设立了近代最早的幼儿教育机构——蒙养院。《壬子癸丑学制》将蒙养院限定为实施6岁以下幼儿教育的机构。第二次世界大战后，科学技术的发展促使提高人的素质成为时代的需求，学前教育受到各国政府和国际组织的高度重视。在许多国家，学前教育事业得到了国家法律和政策的支持，国际交流与合作随之展开，学前教育得到迅速发展。

当前学前教育已在世界范围内普及，但学前教育机构在各国的设置存在差别、种类不同、名称各异、学制不等，如表5-1所示。

表 5-1　不同国家学前教育机构的设置

国别	名称	年限	主管部门
美国	保育学校（3—5岁）	2年	教育部门
	幼儿园（5岁）	1年	
	日托中心（3个月—6岁）		
俄罗斯	托儿所（出生—3岁）	3年	教育部门
	幼儿园（3—6岁）	3年	
	托儿所-幼儿园（出生—6岁）	6年	
英国	保育学校（3—5岁）	2年	健康和社会福利部门
	托儿所（2—5岁）	3年	
	学前游戏小组（5岁以下）		

续表

国别	名称	年限	主管部门
法国	幼儿学校（2—6岁）	4年	教育部门
	幼儿班（2—6岁）	4年	社会福利部门
德国	幼儿园（2—5岁）	3年	各州文化事务部门
日本	幼儿园（3—6岁）	3年	教育部门
	保育所（出生—6岁）	6年	社会福利部门

资料来源：安双宏，白彦茹.1997. 比较教育学. 哈尔滨：哈尔滨工业大学出版社

除了上述的各类学前教育公共机构外，还有其他多样化的学前教育机构，其中不乏一些民间组织或试验性教育机构，以从多方面来满足家长的不同需求。例如，法国的"小小俱乐部"，全年面向幼儿开放，不仅幼儿来去自由，家长也可伴读；英国的"游戏小组"，每周开放两三次供幼儿玩耍；印度要求每一建筑工地都要面向建筑工人开办"流动幼儿园"；美国则设立了提供午餐和午休的日托幼儿教育机构，以解决双职工父母的育儿难题。

促进幼儿的全面发展是各国发展学前教育的共同目的，幼儿的全面发展包括促进幼儿的身体健康和智力发展，促进幼儿社会性和情感的发展，以及为幼儿进入小学做准备。

根据办学经费来源的不同，可将学前教育机构分为三类：①由国家或政府提供经费的非营利性公办教育机构；②按照政府标准办学，但自负盈亏、自行管理的营利性私立教育机构；③由民间组织、团体或个人办学，接受政府资助和监督的公办民助或民办公助的教育机构。

从学前教育的内容来看，各国的教育内容也不尽相同。例如，美国和俄罗斯都提出要发展幼儿的认知、情感、社会性和审美，但俄罗斯还要求培养幼儿的劳动能力；法国把体育、科技入门、语言交流、手工、唱歌作为学前教育的主要内容；印度的学前教育机构则以讲民间故事和唱颂歌曲为主，旨在培养幼儿的语言能力和认知能力，促进幼儿的健康成长。

在幼儿教育与小学教育的衔接方面，各国给予了相当的重视，主要表现为把幼儿园大班作为小学教育的预备班，以帮助幼儿顺利过渡到高阶段的学习中。在美国，幼儿3—4岁进入保育学校，5岁进入幼儿园，公立幼儿园基本附设在小学，以与小学一年级相衔接。英国将学前教育与初等教育相结合，幼儿5岁全部进入幼儿学校接受义务教育，完成两年的学习后进入小学。

学前教育作为其他各级各类教育的基石，其质量直接决定了整个教育系统的质量，许多国家逐步将学前教育列入教育体系中。当前，学前教育的研究工作普

遍受到各国学者的重视，相关学前教育理论和教育方法的发展推进了学前教育事业的迅速发展，学前教育逐渐从经验型向科学型转变。

2. 义务教育比较

义务教育又称为强制性教育和免费义务教育，其实质是国家依照法律规定对适龄儿童和青少年实施的一定年限的强制性教育，并要求国家、社会、家庭必须予以保证，具有强制性、免费性、普及性的特点。

义务教育起源于德国，宗教改革家马丁·路德（M. luther）最早提出义务教育的概念。1619 年，德国魏玛公国公布的学校法令规定：父母应送其 6—12 岁的子女入学，这是最早的义务教育。第一次工业革命要求劳动者必须具备一定的文化知识水平，由此普及初等教育成为迫切的社会问题。19 世纪，美国、英国、德国、日本等经济发达的国家先后确立了普及义务教育的原则，并颁布了实施义务教育的法令。19 世纪后半期的第二次工业革命引发了社会生产和科学技术的新变革，对生产劳动者的文化知识水平提出了更高的要求，初中教育蓬勃发展起来，并在一些发达国家中被纳入义务教育的范畴。20 世纪中期，以原子能、电子计算机、空间技术和生物工程的发明和应用为标志的第三次科技革命进一步引发了生产和劳动性质的变化，要求社会成员具备高中及以上水平的文化程度，部分经济发达国家延长本国的义务教育年限，如英国将义务教育年限延长至 11 年，美国延长至 10—12 年，苏联延长至 11 年，日本延长至 9 年。[1]普及义务教育是现代教育发展的必然趋势，20 世纪 80 年代初，全世界就已有 170 个国家和地区实行义务教育制度，占全球的 84.4%，年限为 4—11 年不等。1996 年，联合国教科文组织的统计结果显示，世界上共有 66 个国家实施 10—12 年的义务教育。我国于 1986 年颁布《中华人民共和国义务教育法》，规定有步骤地贯彻落实九年义务教育制度。截止到 2020 年，我国共有义务教育阶段学校 21.08 万所，招生 3440.19 万人，在校生 1.56 亿人，九年义务教育巩固率达 95.2%。[2]中国澳门特别行政区、香港特别行政区、新疆、西藏、青海、内蒙古等及东部沿海发达地区相继落实推行 15 年的免费教育，同时中等职业教育免费。义务教育在我国的普及对于促进各级各类人才的培养、提高全民科学文化素质产生了广泛且深远的影响。

随着社会的进步和发展，延长义务教育年限、普及义务教育范围成为义务教育发展的国际趋势。一方面，将学前教育纳入义务教育可能会成为今后义务教育

---

[1] 安双宏，白彦茹. 1997. 比较教育学. 哈尔滨：哈尔滨工业大学出版社.

[2] 2020 年全国教育事业统计主要结果. http://jyt.hunan.gov.cn/jyt/sjyt/xxgk/bwdt1/202103/t20210304_1033962.html, 2021-03-04.

的发展趋势，比如法国已经将学前教育作为义务教育的一部分，虽然不具有强制性，但免费向 2—6 岁儿童提供学前教育。另一方面，义务教育将继续向更高层次的教育延伸。目前世界上个别发达国家的义务教育已涵盖至高中，日本虽然实施九年义务教育，但事实上高中教育已达到普及程度。随着社会进步与科技发展，将来义务教育的普及程度和教育层次将达到一个更高水平。

3. 师范教育比较

师范教育的任务是培养教师，发展师范教育是提高教育质量的根本大计，师范教育在整个教育事业中的地位和作用是十分重要的。世界各国对师范教育均给予了相当重视，并积累了丰富经验。

就发展历史来看，师范教育经历了初等师范教育、中等师范教育和高等师范教育三个发展阶段。在第一次工业革命的推动下，英国、美国、法国、德国最早着手发展师范教育，如英国创办了师资训练学校，美国先后创办了师范班、师资培训班、师范学校，法国建立了世界上第一所高等师范学校。在这一时期，各国普及初等义务教育的年限都是由低年级向高年级延伸，因此师范教育也由初等师范教育向中等师范教育发展。第二次工业革命对劳动者的文化知识水平提出了更高的要求，对师资的质量也提出了更高的要求，高等师范教育应运而生，美国、德国、英国先后确立了高等师范教育体制。20 世纪四五十年代后，高等师范教育普遍实施并朝着多样化的趋势发展，部分师范学院被改造为大学或文理学院，或直接并入综合性大学。

从世界师范教育发展的历史可以看出，师范教育的发展与改革是相辅相成的，虽然各国的改革措施不同，但师范教育结构均在不断地发展变化。从发展趋势上来看，各国师资的培养规格在逐渐提高，师范教育由初等向中等再向高等发展，对教师的素质和能力也提出了更高的要求，同时师范教育的修业年限普遍延长，招生标准得以优化。从长远来看，未来师范教育将朝着终身化的趋势发展，并将成为终身教育的重要组成部分。英国巴尔默谢教育学院的院长詹姆斯·波特（J. Porter）根据他长期在英国从事师范教育的经验提出了"师资三段培训法"，建议教师要接受 2—3 年的个人教育、2 年的师范教育专业学科的初步训练及终身的继续教育。詹姆斯·波特关于师范教育的观点无疑反映了师范教育发展的动向，未来终身教育将成为师范教育发展的大趋势。

思考与练习

1. 请联系当前的教育现实，选择一个研究主题，运用本章所学的教育研究方法，撰写一份调查方案。

2. 你认为在教育比较研究中应注意哪些事项？

拓 展 阅 读

1. 吴文侃，杨汉清. 1999. 比较教育学. 北京：人民教育出版社.

2. 王承绪，朱勃，顾明远. 1982. 比较教育. 北京：人民教育出版社.

3. 冯增俊. 2002. 当代国际教育发展. 上海：华东师范大学出版社.

4. 顾明远，孟繁华. 2003. 国际教育新理念. 海口：海南出版社.

5. 周满生. 2003. 世界教育发展的基本特点和规律. 北京：人民教育出版社.

6. 陈时见. 2007. 比较教育导论. 北京：商务印书馆.

7. 顾明远，薛理银. 1996. 比较教育导论——教育与国家发展. 北京：人民教育出版社.

第六章

产出教育科研成果

——研究论文的撰写与发表

学习导航

◆　我们为何要写论文

◆　论文长什么模样

◆　怎样才写得好论文

◆　论文投稿有何讲究

　　本着入门指导的目的和实用的原则，立足笔者的编辑工作经历[①]，本章尽量用平实的语言讨论教育研究论文[②]撰写与发表的若干问题，并列举了一些实际例子，目的就是希望同学看了就知道该怎么做。本章共分四节，先讨论为何要写论文，接着讨论论文长什么模样，然后探讨如何打磨它，最后研究如何根据期刊的偏好有针对性地投稿，以及怎样与编辑沟通。本节最后为拓展学习内容，方便大家根据需要做延伸性的阅读与学习。

---

　　① 本章作者刘胜兰为《云南师范大学学报（哲学社会科学版）》编辑，曾任《中国高等教育》编辑。

　　② 这里讨论的是用于向期刊投稿和争取发表的学术论文，不涉及学位论文。但就论文的基本要素来看，期刊学术论文和学位论文的要求是基本相同的，因此研究生做好期刊学术论文的写作训练后，学位论文的写作就会相对简单。

第一节 我们为何要写论文

研究生，顾名思义，就是学做研究的学生。既然是学做研究，首先要思考和明白两个问题：什么是研究？研究生为何要学做研究和学会写作？

一、什么是研究？

简单说，研究是揭示事物或事件发生、发展真相及其背后规律的过程，这一过程由某一问题来牵引。我们身处的世界太复杂，个人认识世界的时间、精力、机会、能力等都是有限的，不可能凡事都亲身去经历。从社会分工的角度看，就需要一批专门的研究者直接收集或间接获取相关经验材料，通过归纳、分析相关信息，揭示某个事物何以存在或某个事件得以发生的原因、过程、特征等真相，对所发现的真相以语言文字的形式进行系统化陈述，从而提炼出具有一定普遍性的规律，让更多没有机会直接接触这些事物或事件的人增进对它们的了解和认识。这一系统化陈述的过程，就是学术写作。写作越是清晰，越是深刻，越能大道至简，便越能让更多的人增进和深化对世界的认识，进而促使人们成功地改造世界，享受美好的生活。

二、研究生为何要学做研究和学会写作？

研究生之所以要学做研究和学会写作，第一，获得学术积累，即在做好专业知识和方法积累的同时，促进自身专业研究能力的提升，后者因为更可持续而具有长远价值；第二，通过发表论文与同行进行切磋，并向其求教，学习过一种集体学术生活；第三，发表论文也是为了获取毕业资格，并为考博或就业准备好资本；第四，写作甚至还可以说是为未来的职业生活做准备。因为会写论文的人，工作后接到公文写作的任务时自然不会犯怵，而这种文本写作能力的高低常常与个人的发展机会、薪酬待遇密切相关。回首我们自身的职业发展经历，以及在论文编辑或写作指导过程中不时遇到写作质量不高的问题，我们心里特别希望学生能重视写作、学会写作，即便有的学生不太喜欢，也可以凭借掌握一定的标准和方法迎难而上，因为学术写作是研究生的基本功。

当然，研究生都是有专业的，不同专业的研究生写作的内容和写作要求会有差异，需要具体专业具体分析。教育类专业的研究生，要揭示教育的真相和规律，要与教育实践和教育理论研究领域的同行交流，要为教育领域的学术职业或就业做论文发表方面的准备。具体来说要写两类论文，包括向期刊投稿的学术论文和向专家汇报的学位论文。常常有初学写作的学生吐槽，不知道写什么，也写不出来，更写不好。的确，写论文的过程常常"为伊消得人憔悴""山重水复疑无路"，但要相信，最终还是能"衣带渐宽终不悔""柳暗花明又一村"的。如何做到这一点，就是本章要讨论的主要内容。

第二节　论文长什么模样

一些人也许会说，没写过论文，还没看过论文吗？一篇论文不就是标题、摘要、关键词、正文、参考文献等的集合体吗？我们这里要强调的是一篇好论文应该有的样子。按侧重点分，论文有多种类型，如理论研究类、政策分析类、调查研究类、文献述评类等。但在实际写作中，理论、政策、调研、文献会综合出现。本章讨论的论文，主要指的是理论构建类，即分析某一实践问题，运用理论对其原因进行分析，提出某些理论取向的发现，甚至构建一个理论框架。这是难度最大的文章。这类文章的"好"，从期刊评价的角度来说，一个基本标准是下载率高、被引率高。通俗地说，就是被高度关注，在学界有影响。有的论文发表后，下载率、被引率都为零，看着就寂寞得很；有的论文正相反，成了经典，成了后人撰写相关论文绕不过的一座山头。例如，在教育质性研究方面，北京大学陈向明老师的《王小刚为什么不上学了——一位辍学生的个案调查》就是一篇经典论文，截至 2022 年，中国知网被引量达到 200 多次，下载量达到 2 万多次。我们花费大量的时间和精力写论文，当然不愿意写出来后无人问津。一篇好论文是内外兼修的，下面就从标题、摘要等七个方面，解读一篇好论文的基本要素。

一、吸引人的标题

标题就是论文题目，阅读论文从标题开始。一个好的标题，对一篇论文来说很重要。拟定标题时应该注意以下几点。

（一）表述明确，能涵盖论文中心思想

明确的标题有利于作者传达有价值的文章信息，有利于编辑审读论文，也有利于研究同行从检索中获取信息，可谓非常重要。文章标题切忌含混不清或言之无物，反映不出论文的研究主题。至于标题太大或太小，严重背离文章的内容，更是要不得。笔者曾经收到一篇投稿——《"不忘初心"强党性"竭诚服务"显情怀》，一股浓烈的报纸文章标题风扑面而来，困惑中看摘要，方知作者写的是如何加强工会的作用。还有一篇是《网络思想政治教育 C-S 微互动的 AHP-SWOT 分析及互动策略选择》，C-S 并不是一个常见的缩写，放在标题中并不合适，乍一看此标题，很难明白作者具体要表达什么意思。

（二）有新意，能迅速吸引编辑眼球

编辑日常要审阅大量的稿件，想要使稿件入他们的"法眼"，有一个吸引人的标题很重要。标题过于沉闷，难以引起编辑阅读的兴趣。如何在准确概括文章内容的基础上，为文章取一个吸引眼球的标题，作者应该多琢磨，重点是要突出新意、不乏文采、追踪热点。虽然是写论文，也不需要随时把"论"字挂在标题上，最好也不要"关于……的粗浅看法""对……的初步思考"这样四平八稳、过于自谦的冗词，也不要自我评价过高，比如"深入思考"之类的。当然，学标题党，为了吸引人故意挂羊头卖狗肉，文不对题，这样是绝对不行的。

（三）有字数限制，长短要适宜

标题字数在 20 字左右为宜，长至一口气读不下来，短至让人不知所云，都是不合适的。曾有名为《自我建构通过文化适应压力、双文化认同整合影响社会适应中民族的调节作用：一个有调节的中介模型》的投稿，读完也不清楚文章的中心意思是什么。还有一篇《中西医之争中环境促使知识与权力的结合以及转化为空间地位后对社会群体心理造成的影响》的投稿，也可以说是非常典型的例子了。

如果用一个主标题实在难以概括论文的内容，可以考虑用副标题来补充、解

释和说明。副标题还可以起到点明和限定研究范围的作用。例如，《教育阻断边疆民族地区代际贫困的具体路理——基于云南省怒江傈僳族自治州泸水市老窝镇的实地调查》一文，主标题宏大，副标题具体，两相结合，既做到了明确论文内容，又做到了吸引眼球。

请思考：根据上述要求，大家看看下面的论文题目合不合适？

    1. 目前两种流行教学模式的对比分析

    2. 关联、渗透与赋格——创新创业教育导向下基于后现代认识论的智慧学习模式建构与实践策略研究

    3. 化解误导 走出误区 不能误认

    4. 哪些学生对学校不满意？为什么不满意？——基于结构方程的中学生教育满意度实证研究

    5. 教育与职业：一名教育学研究生的内心独白

    6. 构建高校网络空间命运共同体：是否需要、是否可能、何以可能

二、引发阅读期望的摘要

摘要是对论文内容不加注释和评论的简短陈述，相当于故事梗概，放置于标题和正文之间。摘要虽然只有短短一段话，但集合了全文的关键信息，对文章成败非常关键。好的摘要有利于编辑和读者了解论文内容，提升论文的吸引力，增强论文的影响力，有些刊物甚至将是否写好论文摘要作为文章是否录用的一个重要指标。英文摘要同时还是国际交流的需要。摘要的写作有以下几个要点。

（一）独立性

摘要作为一段短文是独立存在的，可以独立使用，可以引用，方便文摘、数据库等采用，有助于正文内容的推广。

（二）完整性

学位论文摘要的内容包括论文的主要信息，如研究目的、方法、过程、结果和结论等。读者不阅读论文的全文，就能通过摘要获取论文信息，从而确定是否有必要深入阅读论文内容。当然，为了摆脱"千摘一面"，可以突出介绍研究的精华和创新点，吸引阅读者的眼球。但学术论文摘应避免未能涵盖正文内容或

与正文不完全一致的情况。遇到这种情况，负责任的编辑会要求作者改写摘要。

（三）客观性

摘要应当采用第三人称的写法，不要使用"本文""笔者""我们"作为主语。不用图、表、非公知公用的符号和术语，不要用"全面""深刻""深入"等字眼来评价研究内容。

（四）简明性

摘要有字数要求，一般在 200—300 字，具体字数可以参照各个刊物的要求。摘要的撰写要简明扼要，杜绝空话和套话。

三、便于检索的关键词

关键词是指从文章的标题、摘要、正文中抽取的，对表达文章主题起关键作用，具有检索意义的词语。关键词为什么那么关键呢？因为检索工具有一种就是关键词索引，数据库文档有一种就是按关键词编制的文档，提供合适的关键词，为别人在浩如烟海的论文中发现你的文章提供了渠道。

关键词能直观表达文章的主旨和中心思想，数量一般为 3—5 个。关键词的要尽量为规范词，不能有歧义，切不可随意造词。在词类上，主要选择名词、动名词和名词化的词组，形容词只有在构成名词性词组时才能选作关键词，动词只有在名词化或者确有必要时才选用。固定搭配且具有特定含义的词组，不宜拆分作为关键词。

四、追根溯源的引言

有些刊物要求论文在开端部分必须有引言。引言要介绍论文的写作背景、研究目的、研究方法，即为什么要写这篇文章，采取什么样的方法写作，写这篇文章有什么用，这部分也可以叫作研究缘起；还要梳理相关领域国内外研究的概况、研究热点、存在的问题，说明自己的研究与前人研究的关系，凸显研究的创新点和写作意义，这部分也可以叫作研究综述。做论文一般要花大量的时间搜集、阅读、梳理、评价文献，不看别人的研究成果或者只是重复前人的研究都不行。

五、逻辑自洽的正文

正文是论文的主体部分，即针对一个明确的论题，采取一定的方法，运用充分的材料进行逻辑论证，得出清楚的结论。正文占据了论文大部分的篇幅，是论文最重要的部分。关于正文的写作有很多要点，将在后文展开分析。一篇好论文，是形式与内容的统一。好论文的逻辑最基本要做到"四有"。

（一）有清晰的核心概念

一篇文章总是讨论某些事物或事件的某些问题，讨论的基础是直接观察或收集间接的经验资料并加以分析，讨论的目的是揭示其发生、发展的真相和规律。这是一个复杂的认知过程，必须借助概念。一篇文章涉及的概念很多，但核心概念只能有一两个，而且常常在题目中就能看出来。比如，"乡村教师职业懈怠的原因与对策分析"这一标题中，已经说明核心概念是"职业懈怠"。核心概念使用的要点有两方面。

1. 下好操作性定义

首先要参考其他人怎么定义，汲取一些合理因素综合成文章的操作性概念，或直接选择某一概念来使用。更科学的方式，是按最相近的类以及与同类中其他事物不同特性两个原则自己界定，亚里士多德关于人的经典定义"理性的动物"就是这样的方式。①比如，职业懈怠是一种心理现象，与其他现象的差异是"对本职工作厌烦、随意"，对其定义即可以为：从业者对本职工作厌烦、随意的一种心理现象。对有的复合式概念，还要在具体分析作为构成部分的各个子概念后再综合。例如，"文科教师科研领导力"这个概念，由"文科""教师科研领导力"两个概念组成，要分别界定其内涵，再综合成复合概念。

2. 贯穿全文始终

核心概念的内涵要对全文发挥统领和贯通的作用，文章内容始终围绕核心概念来进行布局和行文。例如，在教师职业倦怠的研究中，职业倦怠的内涵就要渗透全文，用它将写作思维串成一条贯穿全文的红线。

（二）有鲜明的中心观点

写论文必须亮出自己的观点，要表达什么中心意思，支持什么、反对什么要

---

① 转引自 D. Q. 麦客伦尼. 2013. 简单的逻辑学. 赵明燕译. 杭州：浙江人民出版社.

一目了然。逻辑学中，每个观点就是一个命题，而命题是用概念及其关系来表述的。例如，教师没有成就感导致职业懈怠严重，这是一个命题，它由"成就感""职业懈怠"两个主要概念及表述关系的"没有""导致""严重"构成。观点应当是一个有鲜明判断的命题，它是作者独立思考的结果，有一定的新意。观点可分为中心观点和子观点。中心观点居于核心位置，全文都是对它的论述，子观点是对中心观点的展开。有的文章洋洋洒洒一大篇，但多为引用或转述别人的观点，通篇读下来，作者自己的观点难以寻觅，尤其是中心观点不明确。这样的文章属于下乘文章，因为缺少了关键内容，再多的论述都是无意义的。

（三）有充分的论据

写作的观点需要被严肃论证，这是学术论文的核心要求，否则就与捕风捉影的闲聊无异了。逻辑学中论证的基本关系是前提与结论，在论文写作中也称为观点与论据。巧妇难为无米之炊，没有充分的论据，写不出一篇好论文。论据的主要内容是相关材料，但不等于只有材料才是论据。有的人甚至专家写作，参考文献少，不做调研，论据是自己的主观想法，即以自己的思考为依据写思辨性的论文。但是对大多数人来说，自己直接收集的一手经验材料，或二、三手的间接经验材料，是论证观点的主要依据。这些材料或来自阅读积累，或来自调研访谈，或来自科学实验，总之不是凭空想象的。对于初学写作者，一定要重视材料的收集和使用，绝不可通篇"贩卖"自己的感性经验，缺少文献支持和数据支撑，自说自话。

（四）有通畅的论证结构

有的文章有观点，也不乏材料，但读者看到的是一句句互不相干的话，甚至是一堆杂乱的文字，就如走路遇到土堆、踢到石头一样不顺畅。这是为什么？因为文章主题不突出，结构混乱，逻辑不通，重点不明，详略不当，材料难以论证观点，甚至有的自相矛盾。其中最突出的问题是推理不当。推理的过程构成了论证的核心，论证由命题组成，因此推理所关注的观点是由命题来表达的。[①]前提与结论、材料与观点之间，在外部形式上体现为命题之间的关系。关系分很多种，如相关关系、因果关系、递进关系、并列关系、总分总关系等。无论何种联系，内在的实质都是一种逻辑结构或论证结构。论证结构是一个很复杂的逻辑问题，就学术论文写作来说，至少要符合两点要求。

---

① D. Q. 麦客伦尼. 2013. 简单的逻辑学. 赵明燕译. 杭州：浙江人民出版社.

1. 标题结构合理

全文标题之间及其内部应该有合理的论证结构，上位标题与下位标题之间是从属关系，平级标题之间不能交叉而且前后顺序有讲究。有的论文一个标题下有4个次级标题，但4个次级标题中有的并不能说明上一级标题的内容，这就不合理。如果说上一级标题是结论，下面4个次级标题是前提，这就属于部分前提难以支持结论，论证是有瑕疵的。或者，某个标题下面的4个次级标题都能支持上一级标题，但这4个次级标题之间的逻辑有问题：要么有重复，如有2个标题说的是同一件事。要么顺序不对，如中小学教师在培训后获得的进步，一般的顺序是观念转变、知识增长、方法改进、行为改变等，但不能把"行为改变"放第一个。这些标题之间的关系，意味着标题所在段落之间的关系，决定了论文的质量。

2. 段落论述有序

每个段落都由若干句子组成，句子之间的间隔符号有冒号、逗号、分号、句号等，句子和句子之间的关系是论证中相关命题之间的关系。这里要提到两类句子关系：一是非中心句对中心句的支撑，这是论点与论据、结论与前提的关系；二是非中心句之间的有机联系，上一句话与下一句话是共通和承接的。第一种关系很关键，多数情况下会被重视，第二种关系则是容易被忽视的。对第二种句子关系的写作，一种可取的办法是上一句的某个关键词在下一句出现。例如，"云南是一个宜居的地方，四季如春，风景秀丽，老百姓好交往，物价也不高。这个地方是国内外很多旅游爱好者的梦幻之所"。两句话中的"地方"就是前后句子衔接的关键词。用这种方式可以去检查别人或自己写的文章。

六、权威性的参考文献

我们的研究一般都是在前人研究的基础上进行的，参考别人的研究就要著录参考文献。所谓参考文献，是论文涉及的专著、报纸或学术期刊论文、学位论文、会议论文、电子文献等。参考文献反映了作者参考材料的途径、涉入专业领域的深度以及学术道德。同时，参考文献也可为读者提供查询相关资料的线索。编辑收到稿件后，有时会先看看参考文献，如果只有干巴巴的几条文献，而且权威性不够高的话，第一印象就不会好。笔者所在的编辑部曾收到一篇关于"马克思贫困理论研究"的论文，没有一篇参考文献，看不到任何学术回应、对话和交锋。参考文献的著录是论文质量的辅助说明，那么我们选用参考文献应该遵循什么样的标准呢?

首先,我们应该选用具有权威性的参考文献,即权威或知名学者的论文或著作、国内外美誉度高的出版社出版的相关著作、评价高的国内外学术期刊论文等。选用权威的参考文献,可以增强论证的说服力。其次,我们应该尽量选用一手的参考文献,少转引,因为二手的文献容易在传递和翻译中失真,况且寻根溯源也是一个研究者必须具备的学术品质。最后,我们在选用参考文献时应该注重时效性,要体现最新的研究成果,经典著作如果有修订或重译版本,要去寻找最新的版本。

参考文献著录的标准化程度,反映了作者论文写作的规范程度。参考文献的著录标准,每个刊物的要求不尽相同,所以了解刊物规范很重要。严格按照刊物的要求著录参考文献,会减轻编辑的工作量,给编辑留下很好的印象,属于加分项。笔者曾遇多次合作的作者投稿,参考文献不符合要求,要求他修改,他说各家刊物要求不一样,编辑部决定录用后再修改。言下之意,不愿浪费时间。说实话,这样的态度让编辑很不舒服。

《云南师范大学学报(哲学社会科学版)》的参考文献著录格式如下:

投稿规范及要求

本刊对投稿除注重文章思想性、学术性、前沿性、当下性及现实针对性的总要求外,对引言和参考文献有如下规范及要求:

1.引言:投稿文章必须有"引言"。应在论文开端介绍论文的写作背景和目的以及相关领域内前人所做研究的概况,说明本研究与前人研究的关系,目前研究的热点、存在的问题及作者论文的创新点和意义。

2.参考文献:本刊采用顺序编码制,以页下注的方式按引文出现次序每再重新编号标注参考文献,具体著录格式如下:

(1)专著:唐绪军.报业经济与报业经营[M].北京:新华出版社,1999;117~121.

(2)期刊文章:陈章太.语言资源与语言问题[J].云南师范大学学报(哲学社会科学版),2009,(4).

(3)专著和论文集析出文献:程根伟.1998年长江洪水的成因与减灾对策[A].许厚泽,赵其国.长江流域洪涝灾害与科技对策[M].北京:科学出版社,1999.

钟文发.非线性规划在可燃毒物配置中的应用[A].中国运筹学会第五届大会论文集[C].西安:西安电子科技大学出版社,1996.

(4)报纸文章:丁文祥.数字革命与竞争国际化[N].中国青年报,2011-11-20(15).

(5)学位论文:多杰东智.藏语安多方言动词的自主非自主研究[D].中央民族大学博士学位论文,2004.

(6)电子文献:萧钮.出版业信息化迈入快车道[EB/OL].http://www.creader.13GB/T7714-005com/news/20011219/200112190019.htmi.2002-04-15.new.D110000zgqnb_20160330_1-11.htm.

云南师范大学学报编辑部
2020年3月15日

七、真诚的致谢

学术论文不一定有致谢,如果有致谢,一般是对撰写中得到的其他人的指导表达谢意。学位论文必有致谢，要求尽量实事求是，个别内容可锦上添花，但不能无中生有，更不可捧得肉麻，最好也不要写成八股文，看上去四平八稳，读了和没读一个样。在紧张、纠结的理性思考后，致谢是一种思维的放飞和情感的宣泄。因此，个性化的表述应当被鼓励，一份真诚的致谢，如见其人。

第三节　怎样才写得好论文

撰写论文一般是指资料收集任务基本完成后，提取有价值信息、提炼观点、进行论证、以文字形式表达的过程。论文撰写不是一蹴而就的，而是要经历一个不断打磨的过程。

一、寻找问题

（一）重视选题

选题是做论文的开端。编辑日常面对大量的投稿，首先看的就是选题，可以说，优秀的选题是论文成功发表的一半。选题入不了编辑的眼，修改和发表都无从谈起。在笔者的审稿实践中，大部分退稿是因为选题不合适，具体表现在以下几方面。

1. 选题违反国家新闻出版管理的相关规定

我国的《出版管理条例》明确规定出版物不得包含下列内容：反对宪法确定的基本原则的；危害国家统一、主权和领土完整的；泄露国家秘密、危害国家安全或者损害国家荣誉和利益的；煽动民族仇恨、民族歧视，破坏民族团结，或者侵害民族风俗、习惯的；宣扬邪教、迷信的；扰乱社会秩序，破坏社会稳定的；宣扬淫秽、赌博、暴力或者教唆犯罪的；侮辱或者诽谤他人，侵害他人合法权益的；危害社会公德或者民族优秀文化传统的；有法律、行政法规和国家规定禁止的其他内容的。如果选题包含或涉及这些内容，是根本无法通过的。

2. 选题无新意

编辑收到投稿后，会查阅相关研究成果，判断选题的新意。假如相关研究已经非常多，倒不是说就不能做，而是要进一步判断作者有没有做出新的东西，假如没有，会被退稿。所以我们要有一个判断，相关研究很少，我们去做就容易出新，同时也是对自己研究能力的考验，因为没有太多研究可以借鉴；相关研究很多，出新难，我们就要避免"炒剩饭"，或者要做足功课争取出新。

3. 选题不重要

出于刊物影响力的考虑，编辑部一般看重关于重大现实问题和理论问题的选题。假如选题讨论的是一个不重要的问题，通过的可能性就不大。这一点，在综合性期刊中表现得尤为突出。因为综合性期刊由不同学科专业栏目构成，给每个栏目的版面都很有限。

4. 选题太小

有些投稿选题很小，同时又不能以小见大，小选题切入，小出口出来，有学术碎片化之嫌，对于综合性期刊来说就非常不合适。有些作者弄不清楚工作总结和论文的区别，把缺乏典型性和代表性的关于某校或某地的经验的论文投过去，根本达不到采用的标准。例如，有篇投稿的题目是《三全育人铸实效 立德炼能育英才——陕西××大学"六位一体"思政育人模式探索与实践》，基本上编辑看完标题、摘要和文章框架，就决定退稿了。

（二）如何找问题

好的选题不会从天而降，要掌握一定的方法才会拥有。

1. 带着责任和情感寻找问题

我们不能为了论文而论文，要有解决问题的社会责任感，要带着情感去关注研究问题，这样我们的研究才是有温度的。例如，我们要做乡村教育研究，但没有对乡村的情感，不愿意到乡村调研，恐怕发现不了什么问题，也解决不了什么问题，提出的建议也难以接地气。我们要带着责任和情感关注现实问题，但要注意从学术的角度考虑。我们要关注社会热点和学术前沿，但也不可盲目跟风，不然赶着风头写出来，但缺乏严谨的论证，日后自己看到不免感到羞愧。有些研究者为了尽快发表，仓促间做了一些经不起推敲的"研究"，谈不上学术贡献，只是为了积累所谓的"成果"罢了。

2. 培养良好的问题意识

首先，要具备问题识别能力，要研究真问题而不是无须论证的伪命题。一些不需要论证的问题，研究它就是浪费时间。曾有作者投了一篇文章，主标题是"教育能够阻断民族地区代际贫困吗？"，而事实是教育能够阻断贫困代际传递。因此，基于作者田野调查材料扎实，理论穿插也很好，最后定为"教育阻断边疆民族地区代际贫困的具体路理"，这就使其从一个伪问题变成了真问题。

其次，善于从多种来源中寻找问题。问题的来源有很多，如社会热点、学术动态、学业方向、个人兴趣、阅读发现、观察思考、经验教训等。大量的阅读是一个研究生必须做的功课，前人的研究有类似地图或攻略的作用，是我们做研究的基础。在阅读的时候，要做阅读笔记，提升自己的信息素养。知识管理要做到经验知识理论化、零散知识系统化、隐性知识显性化、他者知识本我化、抽象知识具体化。

最后，要进行可行性论证。要估量论题需要耗费的时间和精力，看自己是否具备充足的时间和精力。要评估自己具备的资源条件，如自己的知识结构、研究能力、兴趣爱好、对论题的了解程度等。尽量做符合自己能力的研究，最好有一定的研究基础和研究积累。曾有一位博士生投稿，论证的是某学科构建的理论问题，据编辑了解，这个问题是在该领域有多年研究经验的专家都不愿轻言的。实际上从论文的内容可以看出，该学生根本驾驭不了学科构建的选题。大家可以思考一下，作为还在求学阶段的学生，独立论证下面的论题是否可行？

1）高校智库建设与哲学社会科学话语体系创新

2）中国教育向何处去？

3. 问题的反复深入思考

有时，研究问题不是一下就可以确定好的，需要反复深入思考，要深入探索前人研究的空白、错讹或疑惑之处，不断打磨理论武器，调整研究视角，探索研究路径，最后确定选题。在这一过程中，我们会真切感受到"山重水复疑无路"，陷入自我怀疑。越是这种时候越不能着急，不妨调一下频道，有思路的时候再绕回来。

4. 问题的表述

在思考选题的时候，研究问题一般是以普通的疑问句式表达的，如"国培计划"项目是怎样运行的？乡村教师的阅读存在什么制约因素？但是在进行文献阅读工作后，需要做学术化的提升，如"国培计划"的运行机制是怎样的？乡村教师面临怎样的阅读困境？有的文章会将问题写在第一部分即引言里，标题为"问题的提出"。在这部分里，通常要将研究问题转化为具有学术含量的陈述句，如笔者编辑的朱旭东教授的《论"国培计划"的价值重估——以构建区县教师教育新体系为目标》第一部分"问题的提出"这样表述问题[①]：

---

① 朱旭东. 2019. 论"国培计划"的价值重估——以构建区县教师教育新体系为目标. 云南师范大学学报（哲学社会科学版），51（3）：93-99.

问题是我们如何对"国培计划"进行价值重估？在这里"重估"是指重新定位，首先要对重估的价值是什么的问题进行回答。本研究探讨了以下新的价值：实现"不让一个教师掉队"的教师学习机会；把教师塑造成为终身学习者；形成"用最优秀的教师教育者培养最优秀的教师"的优异价值链；确保底层教师教育体系为教师质量奠基；确立优质学校在教师教育中不可或缺的重要地位；培育"充分发挥校本教师专业发展中心的基础作用"的有生力量；发挥"名师工作室（坊）"的教师教育优势；促进发挥区县教师专业发展中心的龙头作用。

二、文献综述

文献综述的练习是提升研究生论文写作基本功的有效方法之一。文献综述可以是论文的一部分，也可以是单篇的综述类文章。对于有些刊物而言，做文献综述或学术史的梳理是投稿的必需，可以写入论文，也可以单独提交。但即使所投刊物没有文献综述要求，文献述评也是理论构建类文章的一个必要部分。

（一）文献筛选

文献收集肯定要全面，但要对重要的文献进行精准判断，基础工作是查阅文献，查阅时一般以篇名为主，必要时要查关键词，有时还可查作者。文献查阅好之后，还要整理、筛选文献，其中分类是重要环节。分类有两个好处：一是厘清自己的研究积累，特别是发现主题的聚焦；二是发现文献的疏漏。分类的时间应该在首次文献下载之后进行，对这些文献分类后，再做二次下载。初步分类是大分类，如分开硕博论文和期刊论文，区分历史和现状等，在写作过程中再完善分类。引用文献要编序，单独存放，方便在校对文献时随时查找。

（二）文献阅读

写作的前提是大量阅读。读的形式，一般是泛读与精读结合。泛读文献时可读电子版，主要是在了解基本内容的基础上捕捉重要信息，确定核心文献。精读是读核心文献，建议打印出来读。一定要先读综述类的文献，这些文献能帮助你确定写作方向。别人没写的，你补充；写得不深刻的，进一步深入。要对某些重要而相关的文献反复阅读，找到文献之间的联系。无论是泛读还是精读，一定要抓住要点。特别是在精读时，画出可能会引用的内容。反复读时，可以用铅笔、黑笔或红笔进行圈阅。选择核心内容时要上下文结合，找到最恰当的引用内容。

总之，只有读得进去，才能写得出来。

（三）述评写作

如果某个主题没人做过述评，那就按第一次述评的结构来写。如果前人写过，最好开篇就提出前人的述评以及本研究的推进情况。写作时注意三个要点：一是引用。直接引用要加双引号，这个容易操作。难的是间接引用，概括和转述作者观点时，要慎重、得当。二是分析。要对文献的发展历程或历史做全面梳理和深度分析。三是观点提炼，即进展如何、存在哪些不足，对本研究的启示。论从史出，是这类写作的铁律，也是难度最大的。述评结论是对问题提出的支撑，是研究的基础，只有述评得深，才能为文章出新打基础，这就如高楼要有坚实的地基一样。

三、撰写初稿

（一）寻理

写论文可以简化为摆事实、讲道理的过程。跟士兵上战场要有枪一样，写文章要讲道理，得有理论工具，不然容易陷入"无理取闹"。理论可以是精致的解释模型，也可以是要素齐备、逻辑清晰的中层理论，还可以是大致的分析框架，用来验证和解释现实中存在的问题。如果没有理论或者理论深度不够，就难以把个性化、碎片化的经验上升为有助于得出可靠结论的假设。要用好理论，前提是要读懂它，而读懂的前提是初步判断其适切性，这需要对理论与研究之间的关联度有敏锐的认识。读懂的基本步骤是敏锐判断、深入阅读、精准提取与系统构建。敏锐判断是指判断某一理论与计划开展的研究之间的适切性，适切性的基本标准是，前人的理论提出的现象和解释框架与计划研究的现象、初步推测的解释有一定类似或可以得到相反的启示；深入阅读是指深入理解理论提出的问题域和时代场景，泛读与精读结合，一定要反复读，逐步聚焦要点；精准提取是指提取的关键信息一定要准确，虽是对原文的提取，但提取后要对原文做读者个人的解读；系统构建是要按理论的提出和发展、核心概念、一般假设、基本观点、经验证据、基本框架的要点，基于自我理解，系统地重构某一理论。这是研究者尤其是初学做研究的研究生必备的基本功。

研究生要有意识地培养自己的理论素养，跟着老师学习、通过阅读查文献学习、与同伴切磋探讨等都不失为好的途径。找到合适的理论工具后，就要考虑怎么与自己掌握的事实相结合了。有的文章理论是理论，问题是问题，呈现出"两张皮"，生搬硬套，缺乏解释力。寻理还有一个常见的问题，就是以个人的观点代替理论工具。在研究生培养过程中，经常遇到研究生牵强使用理论或放着理论不用的问题，一个重要的原因是没有把握理论的要点。

（二）搭架

搭架就是构建文章的框架结构，即对文章的框架进行设计。就像盖房子一样，纵向要打地基、盖楼层、封顶；横向要考虑每层有几间房，每间房屋做什么用。写论文也一样，纵向结构要循着提出问题、分析问题、解决问题的思路，安排好引言、正文、结论等各个部分；横向结构要根据讨论的问题面向，设计好二级标题（次主题）以及下面的各个小标题。各二级标题之间、二级标题下面的各个小标题之间要有内在联系，环环相扣，不可毫不相干。各节、各段的安排要符合逻辑顺序，有层次感，内容要平衡和谐。各部分之间要有呼应，比如问题写了三点，对策只写两点就不合适。切忌写到哪算哪，一篇结构合理的文章，一定是依据主题和次主题的逻辑关系谋篇布局的。

大家看看下面这篇文章的框架：

新教师体验式师德培训有效性浅析

一、什么是体验式师德培训

二、体验式师德培训的有效性实践

1. 观摩教学。

2. 参与课堂教学。

3. 交流互动 升华感悟 激励践行。

从这个框架可以看出，主标题和次标题不和谐。根据主标题介绍体验式师德培训的概念、培训途径，然后进行有效性分析，最后提出提高培训有效性的建议，这样的结构才合适。此外，3 个三级标题之间也不和谐，第 3 个甚至不能叫做标题。

再来看一个案例，某文章的第二部分是这样安排的：

二、国外高校空间配置的相关措施

1. 校园空间普遍紧张。

2. 办公室使用标准明确。

3. 实验室的付费使用与绩效考核。

4. 空间使用全面付费。

5. 空间分配与收费弹性化。

6. 实施空间普查。

在修改过程中，编辑发现"校园空间普遍紧张"实际上是第二部分的"引言"，起着承上启下的作用，与下面五点构不成并列关系，不应该单列。

（三）用法

研究方法是论文写作的关键要素，有的文章是定性研究，以建构主义为主要研究范式，讲求理性思辨；有的文章是定量研究，以实证主义为中心，讲求调查数据；有的文章采用综合研究方法，通过定性研究形成假设和框架，通过定量研究验证假设和观点。定性研究要克服虚无性和随意性，定量研究要克服数据崇拜。采用量表、问卷调查的定量研究，需要科学抽样，杜绝样本选择性偏误；运用各种软件工具精确测量，避免工具有效性偏差；还需要进行恰当分析，不要有调查无分析。质性研究方法则是通过解释和说明现象来概括以人类经验为特点的研究结论，随着教育研究的发展，该方法逐渐被更多的研究者采用。关于质性研究，本书有专章进行介绍，在此不赘述。

（四）布论

确定好主题，选择好理论，搭建好框架后，就要运用一定的方法进行论证。布论要讲究逻辑性：概念一定要明晰，界定要精确；核心观点要明确；论证逻辑要力求完善。主题与次主题之间、各次主题之间、次主题与支撑材料之间一定要逻辑自洽，能够自圆其说；概念、观点、结论要前后一致，不能自相矛盾；论点的展开要持之有据，有充分的论据支持，不要妄发感想。论据可以是调研的数据和观察，也可以是史料和其他参考资料。具体的思维方式可以是历史的，也可以是辩证的；可以是演绎的，也可以是归纳的。总之，要服务于论点。

布论要有大局意识，讲究层次性，先说什么后说什么要有章法，不能眉毛胡子一把抓，也不能东拉西扯地想到什么说什么。各部分之间要考虑比例搭配，好的文章是"串珠子"，不是"摆地摊"。材料是珠子，观点是绳子，必须自始至终用绳子把珠子串起来。观点可以开宗明义地提出来，也可以总结时提炼出来，但不可缺失或淹没在正文中。观点有时是转述他人的，更多时候是自己独立思考后提出的独到见解。研究生做学术有一个训练过程，一开始可能是照着说（模仿），然后可以接着说（补充），最后做到自己说（独立）。

此外，各个段落要有主题句，用于表达这个段落的中心思想。在写作的过程中，要注意段落与段落的起承转合，以免产生疲劳感和突兀感。布论时，作者要多反思大小标题，有位作者在描述边境地区农村职业教育的困境时，谈到了目标偏离、结构脱节等，其中有一点她概括的是"乡村、政府、企业、农户等主体与农村职业教育脱离"，这个概括并不到位，编辑改成了"多元主体未能形成对农村职业教育的协同育人机制"。此外，写作中尽量不要用太长的句子或者太长的段落，尽可能地把长句子断开，把大段落分解。有位作者在论文中写道："坐落在美国马萨诸塞州的首府、美国东北部的新英格兰地区最大城市的波士顿都市区的哈佛大学以精英化著称。"这样冗长的定语，读起来费劲。只有一两句话的短段落也不可取，可以考虑放弃或者与别的段落合并。编辑在审读稿件时经常遇到需要拆解段落、合并段落和提炼主题句等问题，可见这个问题还是比较普遍的。

（五）"咬"文

文字表述对于论文写作来说很重要，清楚、流畅而且正确的文字有助于成就一篇好的论文。从事编辑工作以来，笔者看过非常多的文章，发现有些作者的文字驾驭能力实在不敢恭维。有的作者写文章语句不通顺，句子结构不完整，读起来艰难；有的文白夹杂，生僻字一堆，故作高深，晦涩难懂；有的形容词过多，辞藻华丽，行文拖沓；有的过于平实，词库空虚，缺乏文采；有的粗心大意，错别字层出。很多作者写作时用拼音输入法，在选择词汇时不专心，经常出现谐音错误。诸种错误降低了文章的可读性，花大量时间打磨文字给编辑增加了工作负担。问题是编辑心力交瘁修改，一些作者还未必领情。常常感觉作者写完之后自己并没有好好通读，而是急于投稿，把问题都交给了编辑，这对编辑非常不尊重，也降低了论文被采用的可能性。我们在写论文时一定要咬文嚼字，字斟句酌，文字的问题最怕认真和反复修改。同时，要有责任心，不要一心想着走捷径。在电脑上看不出来问题，就打印出来看；眼睛疲劳了，就自己朗读或者用软件朗读，反复多听几遍；自己看多后敏感度降低了，就求助于老师和同学，往往能找出新的问题。

下面举几个简单的例子，大家试着改改：

1. 处在大都市的大学一般而言，用地面积会更紧张一些，而在小城市甚至在郊区的大学一般而言用地相对宽松。
2. 解决"不让一个教师掉队"的学习机会不均等。
3. 长期以来教师教育中存在理论和实践如何融合的问题争议不休。
4. 这种心态又反作用于现实的背景之下。

（六）求新

新颖性是衡量论文质量的硬指标，是作者学术创见的体现。我们做论文，或是在别人研究的基础上推陈出新，或是深化别人的研究，或是修正别人的研究，或是补充和丰富别人的研究。总之，不是做完全重复的已有定论的研究。求新体现在利用新材料、采用新视角、研究新对象、拥有新观点、运用新方法，能达到其中一项就是有创新。有位投稿作者去国外一所大学访学，在该大学图书馆的档案中偶然发现了费孝通在 1940 年写给李约瑟的一封信，这封信学界无人研究过。他把这封信翻译成中文，并就信的内容及其反映的思想进行了分析和归纳，这就属于材料创新。有的作者在国家某项政策出台时抢先发表研究成果，也属于借助新材料。关于西南联大师生历史记忆的研究已有不少，有位作者独辟蹊径，以心态史为视角研究西南联大师生的历史记忆，丰富了西南联大的研究。有位作者对"国培计划"进行价值重估，提出构建底层区县教师教育新体系，属于比较重大的观点创新。要出新不容易，得下功夫，要全面掌握相关领域的进展。学科交界处是研究出新的"富矿"，因此具有跨界研究的能力很重要。

（七）守道

做论文要讲研究伦理，遵守学术规范，杜绝学术不端行为。所谓学术不端行为，是指在从事学术研究的过程中表现出的违反学术道德、破坏学术规范的行为，具体包括抄袭、剽窃、侵吞他人学术成果；篡改他人学术成果；伪造或篡改数据、文献；捏造事实；伪造注释；不实署名；不当署名；等等。我们写论文要尊重他人的研究成果，保持自己的学术尊严，不管是直接引用还是间接引用，不管是以文后参考文献还是脚注的方式标注，都要严格遵守规范，实事求是地著录。有些网络平台如中国知网，有专门的学术不端文献检测系统，可以检查文章的重合率，超过一定比例的文章难以通过。有些作者为了提升通过率，未征得同意随意挂导师或名家的名字，或者不按贡献率排名，这种不实署名、不当署名属于不当的功劳分配，也是不可取的。有的作者为了能够尽快发表，一稿多投，造成重复发表，是非常恶劣的行为。还有的作者作为课题组成员，不经商量，不告知其他成员就擅自发表课题研究成果，导致研究伙伴的关系从此决裂。

四、修改与定稿

（一）好文章是改出来的

俗话说，三分文章，七分修改。作为研究生，一定要树立一个理念：论文是改出来的。这个理念越早树立越受益，越有耐心潜心研究，越有勇气面对挫折。我们写论文，不能急于交差，反复修改是提高文章质量的良方。我们也要有"狠心"，虽然是辛辛苦苦码出来的字数，但如果确实不合适，该删就删。

文章修改既可以趁热打铁，趁着写作热情高涨，一鼓作气加班加点改完，也可以冷却慢磨，先放一放，跳脱固定的写作套路，没准能发现问题，成就更好的文章。熟悉的地方没有风景，熟悉的文章也难以看出错误，如果自己实在改不动了，可拜托同行或者本领域的专家提出建议，这样可以获得更大的帮助。也可以组织小型的讨论会，请大家提出建议，集思广益。

（二）核心要素的修改是关键

修改文章从哪些方面下手呢？主要是抓关键要素及其逻辑。

1. 标题的拟定

文章标题可以反复斟酌，直到与文章的内容十分契合，同时又满足吸引眼球和字数的要求。曾有位作者投了一篇文章，题目是《大师与大楼》，光看题目，并不知道他想要论述的中心思想是什么。经过审读论文，最终的标题修改为《高校空间资源的有效配置：国际知名高校的经验与启示》，这样的标题就把论文的中心思想提炼出来了，让人一看就明白。还有位作者投了一篇文章，题目是《高等教育使教师发展方向分化及分类需求》，读着不通，"发展方向分化"与"分类需求"无法并列，"使"与"分类需求"也无法搭配，后修改为《当前高校教师发展方向的分化及需求分类》。

2. 摘要的润色

摘要和正文是联动的，修改正文，必然涉及摘要。基于摘要对投稿命中的重要性，我们有必要反复修改润色，既达到介绍论文主要内容的基本要求，又突出亮点，吸引读者的注意力。写作时可以模仿一些权威论文的摘要。

3. 核心观点的反复提炼

论文核心观点的提炼有时是一个反复的过程。思考的视角拓宽了、思考的深度加深了、与老师和同学交流后得到启发了、阅读了新的著作或文章，这些都会影响你的观点。我们要善于将独立思考和创新思维相结合，提炼出有价值的核心研究成果。要对论文摘要、三级标题、核心观点反复琢磨。

4. 逻辑结构的完善

文章的框架搭好后，经常需要根据实际情况做一些调整，使得结构更完整，逻辑更通顺。要注意理论对材料的分析是否到位，概念与观点是否前后一致，不要自相矛盾。先说什么后说什么，有时需要对顺序进行反复调整，尤其是修改时要保证前后内容一致。

5. 得体的遣词造句

文章定稿前一定要通读几遍，以文字清楚、语句通顺为最高准则。少用修饰，多用白描。尽量不要用"毋庸置疑""众所周知"这样的词语，把话说得不留余地。要看是否有病句、错别字，语气是否得体，是否保持了研究者的冷静和客观，杜绝仇恨、庸俗。曾有作者投稿的文章行文言辞激烈，带有强烈的情感色彩。例如，他在文章中将"美国"写成"美国这个家伙"。还有一位作者在评价人物行为时，用了"穷凶极恶"这样具有人身攻击性质的成语，很不合适。我们作为学生，要尽量自己把握好文字关，这是最基础的功课。

6. 最新文献的增补

虽然我们在写论文之前就要搜集、阅读大量的文献资料，但论文写作过程中或者初步写完后，经常还会有新的文献出现，这时我们就要及时增补，以体现我们对最新研究成果的关注。只要文章还没有发表出来，一切增补都来得及。

（三）作为有限目标的定稿

文章一旦公开发表，就会和作者的学术名声联系在一起，要特别慎重，要爱惜自己的"羽毛"。然而每个人的思想认识和时间、精力都是有限的，写作常常是一门遗憾的艺术。当然，不排除在时间从容的情况下，作者将文章改到极致，编辑改动很少，几乎全文刊发。论文定稿前，我们要注意三件事。

1. 前后一致

要对摘要、各级标题、核心观点等做前后一致性的仔细审阅，避免出现不一致的问题。

2. 校对

一定要打印出来校对。电子版的阅读有局限，有些错误会一扫而过。打印出来阅读，视觉效果更好。校对的主要内容包括：文字、语法是否有错误；章节及正文数字是否规范。有时会出现前面写分为四个方面论述，后来减少了一个方面，但前面的四个方面未改为三个方面的错误。要避免这类错误，有两种方式：一是前面不交代具体有几个方面，模糊处理；二是校对时仔细点，让若干方面保持前后一致。作为学术文章，我们的建议是选第二种方式。

3. 署名与致谢

哪些人要署名，署名的顺序如何，哪些人为通讯作者，这些要如实反映。文科论文以往设置通讯作者的不多，但是随着高校评价对通讯作者的认可，文科杂志要求设置通讯作者的增多了。通讯作者是编辑联系作者时的桥梁，在进行高校科研成果认定时，通讯作者与作者一样，独立记绩效分。

致谢是有必要考虑的，文章从写作到修改，有哪些人提供了帮助和指导，建议写上。这不会降低作者的水准，反而能体现作者对他人的尊重。例如，华中科技大学教育科学研究院教授赵炬明在《中国高教研究》2014 年第 11 期上发表的《建立高校治理委员会制度——关于中国高校治理制度改革的设想》一文，有如下致谢：感谢黄茂树、陈肃、周光礼、范笑仙、姜嘉乐、袁本涛、谢广宽等在本文写作中给予的支持、批评与建议。

五、研究生写作体会

云南师范大学教师教育专业研究生梁娜参与撰写了《区县教师教育新体系协同机制的理论构建——以协同学为理论视角》一文，从开始写作到投出稿件，历时 11 个月。为了增强本章内容的情境性和可读性，特别邀请梁娜[①]写了如下反思：

在研究生三年的学术训练中，能有幸和茶世俊老师、靳伟老师、刘胜兰老师一起合作撰写文章是自己人生中一笔宝贵的财富。现在回想起来，也是感慨良多。总结起来，大概有以下三个方面。

一是写作前，需要注意准备齐全的文献资料和深入阅读文献这两方面的问题。在文献资料的齐全性方面，2019 年 9 月，开始进行撰写文章的准备工作，10 月写成初稿，但是完成后发现没有了解协同学的文献。当茶老师问我文献相关问题时，自己好多文献都没有纳入其中。当时在中国知网检索时，自己只检索了"协同理论"一个关键词，没有检索"协同学""协同学理论""哈肯"等相关词汇，英文文献也没有检索，相关专著也没有看，以至于造成巨大的文献疏漏，无法深入了解协同学。在深入阅读方面，采取泛读、精读、交流讨论会等方式。在电子版上进行泛读，主要是了解基本内容，并在此基础上捕捉文献中的重要信息，确定核心参考文献。精读是把确定好的核心参考文献打印出来，反复研读。无论是泛读还是精读，一定要抓住文献的要点，以选择最恰当的引用内容。由于协同学涉及物理学、数学的相关知识与术语，有的知识点理解起来有点困难，于是，在阅读完相关核心参考文献后，茶老师和我都会开交流讨论会，这个会主要是分享彼此阅读的收获并且

① 梁娜为云南师范大学教育学部 2018 级教师教育专业硕士研究生，导师为茶世俊副教授，合作撰写论文为国家社科基金课题"边疆深度贫困区乡村教师培养培训体系跨区域协同机制研究"的阶段性成果，作者茶世俊、梁娜、靳伟、刘胜兰。

讨论一些有疑问的知识。对我而言，这个交流讨论很有必要。因为一些协同学的知识，自己理解起来存在一定困难，而在和茶老师的交流讨论中，能够慢慢理解相关知识。

二是写作中，需要及时增补文献，为训练学术品质提供支撑。文献并不只是在刚开始撰写论文时查阅，在写作过程中也需要时刻关注。在撰写关于协同学文章的过程中，刘胜兰老师增加了协同学创始人哈肯的最新采访，这对我更新协同学文献有重要参考价值。在学术训练品质方面，我总结了在写文章的过程中最需要的三个具体品质，包括意志力、耐力和定力。文章写作、修改历时都比较长，需要反复修改、打磨。在这个过程中，我也渐渐体会到好文章真是改出来的，越着急，文章越可能写不出来。

三是写作后，应及时进行总结。在这方面，我注意到了茶老师在给我修改时的一丝不苟。以下为自己总结的相关示例：①简洁明了，句子不通，太冗长。例如，将"近十年来我国学界关于区县教师教育体系建设问题陆续有人做了研究"改为"近十年来我国学界也开展了相关研究"。②准确用词，如果自己拿不准的，可以去百度搜一搜。例如，将"认真梳理和准确提取"改为"认真梳理和精心提取"。③注意上下句的衔接，用好衔接词。例如，将"那么，区县教师教育体系建设要重点抓哪些工作呢？从 2017 年到 2019年"改为"那么，区县教师教育体系建设要重点抓哪些工作呢？为了回答这个问题，从 2017 年到 2019 年"。

总之，虽然现在文章写作结束了，但是在写作过程中，从茶老师、刘老师、靳老师身上学到的思考问题的方式、修改论文的逻辑等，让我受益匪浅，我想这才是真正的"授人以渔"。

第四节　论文投稿有何讲究

一、投其所"好"

（一）选择合适的刊物

治病需要对症下药，投稿也要投其所好。我们首先需要根据论文的写作内容，选择合适的刊物进行投稿。首先，要摸清刊物是否合法。没有 CN 号（国内统一连续出版物号）、编造 CN 号的刊物不能投。这样的刊物一般不能保证印刷质量，而且排版粗糙、编校随意、文章质量不高、每期页码还不统一，一般不提供编辑部具体地址，审稿周期很短。大家可能要问，如何辨别刊物是否合法呢？可以登录国家新闻出版署官网，循着办事服务—从业机构和产品查询—期刊/期刊社的路径进行查询，也可以到刊物的网站，看看刊物的相关信息是否有可疑之处，还可以在中国知网、万方等大型数据库中查找刊物，并与刊物网站的目录进行对比。还有一个稳妥的办法，就是可以去学校图书馆翻翻纸质期刊，选择自己熟悉的期刊，这个渠道一般是没有问题的。

其次，摸清刊物的级别、读者对象、作者群体、栏目设置、用稿标准、用稿取向、稿件规范、审稿和发行周期等信息。例如，刊物是公开刊物还是内部刊物（只有准印证号）？内部刊物上发表的文章一般不被认定为科研成果。刊物级别如何，是中文社会科学引文索引来源期刊、中文核心期刊、中国人文社会科学核心期刊还是一般刊物？根据论文的质量和自己的要求投递相应级别的刊物。学术新手投稿不妨从一般期刊开始，慢慢积累。发在一般刊物上的文章，如果有幸被四大文摘（《新华文摘》《中国社会科学文摘》《高等学校文科学术文摘》《人大复印报刊资料》）转载，也被视为发了核心期刊论文。刊物是综合性期刊还是专业性期刊？综合性期刊因为涉及多个学科方向，每个方向版面有限，所以对稿件的要求是精中选精，投稿命中难度相对比较大。如果选择综合期刊，还要看有没有符合自己的论文方向的栏目。如果选择专业性期刊，还要知晓刊物的种类、个性、偏好、刊发文章的字数要求等，从而有针对性地投稿。此外，还要注意出版周期，如果着急发表，就不要选择集刊、季刊和双月刊，选择月刊和半月刊比较合适。有的刊物会刊登收稿日期，可以留心看看从收稿到刊发大概花了多长时间，再决定自己是否投递。总之，磨刀不误砍柴工，多做些功课，最终选择合适的期刊把自己的论文"嫁"出去。当然，在了解信息的时候，最好选择新近的刊期，因为一些刊物的信息可能有改动。

（二）了解基本的编发流程

按照《云南师范大学学报（哲学社会科学版）》的做法，收到投稿后，首先，由专人进行分稿，按照专业类别，将文章分发到各责任编辑的邮箱。其次，由责任编辑进行一审，并给出收稿或退稿的意见。如果对有些文章拿不准，会进行双向匿名外审。再次，召开二审会，由责任编辑、副主编、主编发表意见，集体议稿，讨论是录用、退稿还是退改，这个过程相当于项目论证会。决定录用和修改的稿件，返回作者修改，收到作者的修改稿后进行三审三校。最后，送总校后由主编终审。这样的流程下来，时间不会短，要有足够的耐心。

（三）根据刊物要求修改格式

刊物一般都有投稿须知或征稿启事，对论文的写作格式、文献著录都有相应要求。我们一定要按照要求完善论文的形式，体现对刊物和编辑的尊重，提高稿件录用的命中率。

（四）选择正确的投稿通道

不知道大家有没有接到过这样的电话，对方说是杂志社的编辑，问有没有发表论文的需要。正规的刊物不需要以这样的方式遍地撒网主动拉稿子，大家千万不能因发文心切而病急乱投医。要擦亮眼睛，选择正确的投稿方式和投稿通道。一般来说，投稿方式有纸质投稿、电子邮箱投稿、在线投稿等。正确的投稿通道，可以从纸质期刊上查找，比如到学校图书馆找一本纸质期刊，投稿地址和邮箱一般在封底，也可以通过刊物的官网投稿或者登录网络投稿服务平台投稿，比如万维书刊网。但网络投稿一定要慎重，因为有些网上投稿渠道是骗人的，通过收取版面费、审稿费等敛财，等你按要求打款后就没有下文了。一些作者习惯通过搜索引擎查找对应期刊的投稿地址和联系方式等，但一些搜索引擎根据竞价排名，一些缴纳了广告费的假冒官网往往在显著位置，如果作者被引向假冒官网，会导致出现延误发表、钱财损失乃至知识产权受损的后果。大家平时要注意收集一些投稿地址，积累资源。投稿时最好标明具体的栏目、留下详尽的作者信息，也可以简单介绍稿件的亮点和价值。投稿后，如果网上查不到收稿信息，最好在一定时间内打编辑部工作电话，确认编辑是否收稿。

此外，大家千万不要因为心急就一稿多投，着急的话可以多打电话问进展，争取早日知道录用与否。还有，一次最好只投一篇稿件。编辑经常遇到作者一次投三四篇稿件的情况，这会增加编辑审稿的工作量，另外也会让人对作者的论文的质量产生质疑。有时间好好研究一下刊物用稿要求，有针对性地重点投稿，命中率会更高。还有一点很重要，不要找论文代理，代理投稿经常花了钱办不好事。至于代写论文，更是不符合学术道德，是严重损害学术生态的行为，想都不要去想。

二、与编辑的积极沟通

（一）正确的沟通方式

我们可以通过电话、微信、邮件、面谈的方式，与编辑进行良好的沟通。当然，当需要编辑个人的手机号码、邮箱和微信时，要尊重对方的意见，看对方是否愿意提供。与编辑的沟通要围绕着文章展开，频率和时间都要把握好，不要打扰别人的私生活。有位投稿者与编辑建立微信联系后，俨然把自己定位为编辑的朋友，恋爱受挫后也跟编辑攀谈，找工作不顺利也来求安慰，还要编辑帮忙进行网络投票等，编辑不堪其扰，最终把他拉黑了。读到博士毕业，人际交往的基本原则都不懂，不是很可悲吗？还有位作者，文章因为种种原因延期刊发，她不断发微信，绕来绕去就是想要编辑确定什么时候可以刊发，这不是强人所难吗？

（二）沟通原则与技巧

1. 倾听

在与编辑沟通时，要注意倾听，听别人把意见表达完，不懂的地方再询问。笔者遇到过一个作者，不知道是过于激动还是其他原因，在与她说修改意见时，她一直说知道了，最后改回来却完全不是那么回事。还有个作者，笔者两次打电话与她沟通，都是说到一半被打断，说在外面，很吵，让把修改意见发她邮箱。如果不方便说话，应该第一时间告知，不要中间打断。

2. 配合

投稿后一字不改予以刊发的事不是没有，但是非常少，通常是要根据编辑部的修改意见进行修改。我们要客观对待修改意见，认为编辑说得对，就配合修改；认为说得不正确或者不完全准确，可以提出自己的意见，并与编辑进行沟通；假如修改难度太大，自己无法完成，也要真诚地表达出来。总之，态度要诚恳，语言要得体。编辑提出了时间节点的，一定要遵守时间要求，不要拖延搪塞。笔者曾经遇到过一个作者，笔耕不辍，投过很多次稿。有两次投稿已经进入修改阶段，但修改到第三遍的时候，怎么都不肯再改了，白白浪费了编辑的时间和精力。这种费了半天周折，最后不愿临门一脚的作者，很让编辑头疼。

3. 尊重

倾听也好，配合修改也罢，体现的都是对编辑工作的尊重。这种尊重还可以通过写投稿信或投稿留言的方式表达，以比较简明的文字介绍研究缘起及研究特点等，措辞诚恳，不卑不亢。有位作者很年轻就当上了博导，颇有些骄傲。编辑与他沟通外审专家的意见时，说了5条，他一条也不接受，还说专家根本不懂。有位作者在文章发表后的第三年评上教授，还不忘给编辑发短信表示感谢。两相对比，你们说编辑更喜欢和什么样的作者打交道呢？有的作者在文章发表之前与编辑联系密切，发表之后杳无音讯，似乎与编辑之间就是一锤子买卖，给人感觉很不好。

写作是一个实践的过程，不管你看了多少文章，学习了多少理论，知晓了多少方法，在脑海中构思了多长时间，你必须要写出来，不然一切都是镜花水月。我们可以按写作难易程度逐级进行，多写多投，把论文写作当作一种生活方式，在生活中学会写作，在写作中获得成长。

拓 展 学 习

一、关注公众号

（一）刊物的公众号

现在很多学术刊物都有公众号，我们可以有侧重地关注一些。刊物推送的文章，可以为我们的写作提供范本。刊物的近期选题可以为我们确定选题提供思路；刊物的投稿说明、引文及注释规范要求、摘要写作要求等可以为我们提供直接的指引；刊物不定期地组织研究热点笔谈，可供我们学习参考。

（二）个人和学术组织的公众号

我们还可以关注一些学术组织和个人的公众号，看看他们定期推送的相关文章。例如，"质化研究"公众号中有紫苏的《文献综述写作指南》，非常详细地介绍了文献综述的写作方法，很有参考价值。"公共管理研究"公众号有刀熊说说的《学术发表的三个类比》，对大家的学术写作与发表也会有启发。凡此种种，不胜枚举。

二、听课

我们处于网络发达的时代，要充分利用网上学习资源，如可以在课余时间多学习一些线上课程。这些课程有的要付费，有的不需要或者付费很少，我们可以根据自己的需要进行选择。比如"学术志"这个微信平台，就有研究方法、研究工具、论文写作、学术小白、公益课等各板块的课程，我们可以各取所需。"不发表就出局"这个平台也不错，经常有学术大咖开班授课。大家把碎片化的时间利用起来，点滴积累，总会有收获的。

三、阅读相关文献

我们可以从图书馆借书，或从中国知网下载论文，作为拓展性的阅读和学习参考。

（一）关于写作的著作

1. 陈力丹. 硕士论文写作. 2001. 北京：中国广播电视出版社.

2. 陈燕，陈冠华. 研究生学术论文写作方法与规范. 2004. 北京：社会科学文献出版社.

3. 韦恩·C.布斯，格雷戈里·G.卡洛姆，约瑟夫·M.威廉姆斯. 研究是一门艺术. 陈美霞，徐毕卿，许甘霖译. 2009. 北京：新华出版社.

4. D.Q.麦客伦尼. 简单的逻辑学. 赵明燕译. 2013. 杭州：浙江人民出版社.

（二）关于写作的论文

按时间顺序排列如下。

1. 许洁. 学术论文中几种常见的摘要写作误区. 2012. 宜宾学院学报，（4）.

2. 何志玉，刘晓华，王铁. 学术论文写作与发表中的学术不端行为类型及分析. 2014. 贵阳学院学报（社会科学版），（2）.

3. 尹合栋. 文科学术论文的写作与发表. 2015. 教育现代化，7（下）.

4. 别敦荣. 论教育学术论文写作. 2017. 四川师范大学学报（社会科学版），（4）.

5. 赵新艳，等. 研究生学术写作能力的培养与提升探索. 2019. 传播与版权，（2）.

6. 雷舒淇，马翠军. 我国高等教育学博士学位论文选题分析——以2009—2018 年高等教育学专业博士的 331 篇学位论文为样本. 2019. 平顶山学院学报，（6）.

7. 母小勇. 教育研究的科学化：保持理论与实证的张力. 2020. 湖南师范大学教育科学学报，（2）.

8. 王笛. 文字表达与学术写作. 2020. 抗日战争研究，（2）.

9. 贺雪峰. 理论资源与经验研究——如何才能写出一篇好的社会科学博士论文. 2020. 济南大学学报（社会科学版），（3）.

10. 李润洲. 研究生思辨写作的内在逻辑. 2020. 学位与研究生教育，（7）.

11. 李澄锋，陈洪捷. 学位论文选题会影响博士生按期毕业吗？——基于全国博士毕业生离校调查数据的分析. 2020. 中国高教研究，（7）.

参 考 文 献

龚冬梅. 2017. 学前教育科学研究方法. 南京：东南大学出版社.

顾明远. 1998. 教育大辞典. 上海：上海教育出版社.

顾明远. 2018. 再论教育本质和教育价值观——纪念改革开放 40 周年. 教育研究，39（5）：4-8.

胡继渊. 2004. 杜威和陶行知行动研究思想及实践的浅析. 外国中小学教育，（1）：8-12.

金哲华，俞爱宗. 2011. 教育科学研究方法. 北京：科学出版社.

雷云. 2015. 教育批判：困境缘由与范式转换. 现代远程教育研究，（1）：33-38.

联合国教科文组织、教育统计局. 1988. 国际教育标准分类. 国家教育委员会教育发展与政策研
    究中心译. 北京：人民教育出版社.

刘良华. 2015. 教育研究的类型与走向. 当代教育与文化，7（3）：98-107.

刘良华. 2021. 教育研究方法（第 3 版）. 上海：华东师范大学出版社.

刘西川. 2020. 实证论文写作八讲. 北京：北京大学出版社.

刘献君. 2010. 教育研究方法高级讲座. 武汉：华中科技大学出版社.

马勇军，姜雪青，杨进中. 2019. 思辨、实证与行动：教育研究的三维空间. 中国教育科学（中
    英文），（5）：111-122.

潘懋元. 2008. 高等教育研究方法. 北京：高等教育出版社.

裴娣娜. 1988. 谈谈教育科学研究方法论问题. 北京师范大学学报，（3）：30-35.

彭荣础. 2011. 思辨研究方法：历史、困境与前景. 大学教育科学，（5）：86-88.

孙亚玲. 2009. 教育科学研究方法. 北京：科学出版社.

王前新，罗家英，张俊宗. 2010. 教育原理. 北京：高等教育出版社.

王卫华. 2019. 教育的定义方式及评析. 复旦教育论坛，17（3）：11-16.

王艺璇. 2019. 科学研究支撑大学人才培养体制研究. 沈阳：沈阳师范大学.

王兆璟. 2002. 我国教育研究中的四种范式及其批判. 兰州大学学报（社会科学版），（5）：158-
    163.

威廉·威尔斯马，斯蒂芬·G. 于尔斯. 2008. 教育研究方法导论. 袁振国译. 北京：教育科学出

版社.

肖川，胡乐乐. 2010. "教育"概念的词源考古与现代研究. 大学教育科学，（3）：3-12.

徐红. 2013. 教育科学研究方法. 武汉：华中科技大学出版社.

薛晓阳. 2012. 教育科学研究：一个有关实证方法论的讨论. 教育发展研究，32（Z1）：25-30.

杨开城，许易. 2016. 论教育科学. 电化教育研究，37（5）：5-10.

姚计海. 2017. 教育实证研究方法的范式问题与反思. 华东师范大学学报（教育科学版），35（3）：64-71，169-170.

余东升. 2010. 质性研究：教育研究的人文学范式. 高等教育研究，31（7）：63-70.

袁振国. 2004. 当代教育学. 北京：教育科学出版社.

岳欣云. 2002. 应然、实然与必然——关于我国教育研究范式的思考. 开封：河南大学.

张胜勇. 1995. 反思与建构——20世纪的教育科学研究方法论. 济南：山东教育出版社.

张湘洛. 2013. 教育科学研究方法. 北京：国家行政学院出版社.

张彦山. 1997. 试论社会科学对教育科学研究的方法论启示. 新疆教育学院学报，（3）：26-29.

D. Q. 麦克伦尼. 2013. 简单的逻辑学. 赵明燕译. 杭州：浙江人民出版社.

第二模块

教育量化研究

【内容概要】量化研究通过对数值化定量数据的收集、整理和分析来形成结论，已逐渐成为教育研究方法的重要取向之一。本模块以教育量化研究方法为主题，依次从主要的量化研究设计、量化研究的内容和程序、测量与操作化、量化研究中的取样、量化研究数据分析和教育研究数据库来源介绍六章对教育量化研究所涉及的研究方法要素和过程进行介绍。为了保证研究方法的实践性和操作性，每章还针对量化研究设计中的主要环节为读者提供了可以参照的实例或操作演示。

【学习目标】

通过本模块内容的学习，学生能够：

1. 掌握教育量化研究四种基本方法的研究设计。
2. 了解教育量化研究的内容要素与基本程序。
3. 熟悉教育测量的概念、尺度、格式及操作化。
4. 运用教育量化研究的常用抽样方法。
5. 掌握教育量化研究数据的统计分析。
6. 了解教育研究数据的主要来源。

【学习重点】

1. 掌握教育量化研究四种基本方法的研究设计。
2. 了解教育量化研究的内容要素与基本程序。
3. 掌握教育量化研究数据的统计分析。

【学习难点】

1. 教育调查工具的设计。
2. 教育量化研究数据的统计分析。

第七章

主要的量化研究设计

学习导航

◆ 调查法

◆ 相关法

◆ 实验法

◆ 量化方法之比较

    量化研究依赖于对量化数据（数值化数据）的收集、整理和分析，并基于对数据的统计分析结果形成研究结论。量化研究是一种验证性取向的科学研究方法，以演绎法为主要逻辑工具，是一种自上而下、从一般到特殊、由理论指导观察和数据收集的探索方法。量化研究一般包括三个基本步骤：首先，研究者基于现有理论提出推论，形成假设；其次，研究者根据假设选择具体的研究设计方法，并收集数据，以数据的数量特征来检验假设；最后，研究者基于数据结果判定假设是否成立，并形成研究结论。在量化研究中，根据研究论题及对应假设中变量的关系类型不同，分别适合采用三种不同的研究设计方法，即调查法、相关法和实验法。

第一节　调　查　法

调查法包括问卷调查法和访谈法两种，都是通过自我报告的方式收集资料的方法，其中问卷调查法主要用于收集量化资料，而访谈法主要用于收集定性资料。当然，这样的分类并非绝对的，如问卷调查中设置了开放式问题的题项，则该题项收集到的资料也可以视为定性资料。本节所介绍的调查法专指问卷调查法。

教育量化研究中的问卷调查法，其原理是通过将一套专门选择的刺激（如问题、图形等）呈现给受访者（调查对象）并收集其相应的行为反应（或答案），然后根据他们对某特定问题的态度或行为反应进行量化评定。问卷调查法的基本过程就是向受访者分发事先编印好的问卷，要求受访者按要求填写。调查问卷由一个个具体的问题构成，通常通过书面形式向受访者呈现，由受访者做出书面回答。但在某些特殊情境下（如受访者存在阅读困难时），也可以运用由访问者口头提问的方式。

一、问卷调查法的特点

首先，问卷调查法的标准化程度较高，需要严格按照统一的规则来设计固定结构的问卷。就问卷调查法的过程而言，为保证调查结果的科学性和代表性，问卷的内容选择和结构设计、问卷调查的实施及问卷调查结果的处理和分析等都需严格按照一定的原则与要求进行。这样也就通过程序控制在一定程度上保证了调查数据的信度和效度。其次，从调查内容上看，问卷调查法的适用范围广，无论是个体内在的观点、态度、信念、价值观还是外在的行为倾向、行为习惯、行为模式，均可通过问卷调查法进行了解。在这里需要指出的是，当教育研究的对象是组织而非个体时，如一所学校、一个区域，问卷调查法常被滥用或误用。例如，问卷调查法一般适用于量化个体思想观点或行为特征，一个组织的特征信息通常难以通过对其中的个体进行量化调查就可以获得全面的了解。最后，问卷调查法是一种高效的数据收集手段，可以在较大范围内短期完成，如在全国或一个地区开展，且在较短时间内就可获得大量关于调查对象的资料。

二、调查问卷设计的类型

在调查问卷的设计中，根据问卷中问题的结构化程度，可以将问卷分为结构化问卷和非结构化问卷。

在结构化问卷中，问题有特定的格式，按一定的顺序排列，供调查者逐一作答。结构化问卷中最典型的题目设计就是选择题。每一个问题都列出若干个可能的答案，被调查者可根据自己的情况，选择认为恰当的答案。选择题具体采用的设计又有单项选择题（只允许选择多个答案中的一个）、多项选择题（允许选择两个及以上的答案）和排序题（要求选择两个以上的答案并对答案按某种优先顺序排序）。例如，"大学生学习行为调查问卷"便采用了结构化问卷设计，其中的一道单选题为"我最常选择的自习地点是____"。选项有五个：①全校公共教室；②学院专用教室；③图书馆；④宿舍；⑤其他。结构化问卷中另一种常用的题型设计是填空题。填空题的设计应着重于通过问题的上下文来限定被调查者可能填答的内容范围。根据要求回答内容的不同，填空题又可分为文字型填空题和数值型填空题。文字型填空题获得的调查数据是文本，是不能直接被量化的，但可以通过进一步进行话语（内容）分析的技术转化为量化数据，进而进行统计分析。例如，"你在大学所学的专业是____"。数值型填空题所获得的数据则是已量化的数据，并且通常属于连续型数据，可直接进行统计分析。例如，"你的年龄是____岁"。结构化问卷中所采用的题目设计格式不仅限于这两种，特别是在学生学业成就、认知能力等的调查（如试卷）中，可采用的题型设计方法更多，需要根据相应的学科特点和惯例选择合适的题目格式，在此就不一一展开了。

非结构化问卷的问题没有固定格式，只有目标和方向。例如，简答题、论述题和作文题，被调查者可在规定的主题范围内自由发挥，这三种题型设计只是在要求回答内容的详略及自由范围上不同。比如调查学生的家庭教育情况可用如下问题："你认为家长在孩子完成家庭作业中的主要任务是什么，为什么？""你的孩子犯错误了，你会怎么办？"

在调查问卷的设计中，对于题目格式的选择，应结合结构化问卷和非结构化问卷的特点来考虑。结构化问卷问题具体，回答简单，被调查者不需要花过多的时间就能完成，所以问卷的回收率和可信度都比较高。回答结果通常可以直接被量化，收集的数据资料便于进行统计分析。但是结构化问卷事先限定了问题可能的答案，因此被调查者有时不能真实、完整和深入地进行回答，难以表达独特观点，只能勉强在问卷中选择并不完全适合于他们的答案。与结构化问卷相比，在非结构化问卷中，被调查者可以自由回答，限制少，这样调查者可以在研究中得到更丰富的材料。但非结构化问卷的回答结果一般都是文本内容，只适合进行定性分析，或通过话语（内容）分析法进行有限的量化转换后，才能进行统计分析，甚至有时通过非结构化问卷收集到的数据资料还可能与研究问题无关，影响问卷调查的效度。鉴于结构化问卷和非结构化问卷的特点，应根据研究中的具体情况选择适当的类型，并且将它们结合起来加以使用，取长补短，提高调查研究的科学性。

第二节 相 关 法

在量化研究中，调查法主要适用于通过代表性样本数据去推论总体数量特征这类论题，而教育科学研究中经常遇到的另一类论题则是关于两个或多个变量之间统计关联性的检验，旨在探讨多个变量之间统计关联性问题的研究设计，即相关法。相关法所测量的变量，多为无法直接观察的抽象概念或心理属性，研究的成败取决于抽象变量的定义与有效的测量，因此又称为测量法。相关研究通常使用调查问卷或心理量表（包括通过试卷的测验或标准化考试）收集量化数据，借助统计方法分析变量之间的关联性质及关联程度。此类研究方法的限制是只能检验变量之间的相关关系能否成立，不能基于统计分析结果推断因果关系与影响的方向。例如，要研究学生的学习动机与学习成绩的关系，可以用学习动机量表测量学生的动机水平，通过考试获得学生的学习成绩，然后进行相关或回归分析，以确定学习动机与学习成绩的关联程度。研究者可以通过统计分析确认学习动机和学习成绩两个变量之间是否存在相关关系，但不能据此得到学习动机是决定学习成绩的因素这一结论。

在量化研究方法中将调查法和相关法区分开来，主要有两点理由：第一，相关法的主要目的是对研究者基于理论或前人研究提出的变量间具体关系的假设进行实证检验，研究的内在逻辑过程以假设检验为主，研究的结论是变量间的相关关系是什么，而调查法并不要求研究者先有明确的变量特征或变量间关系的假设才展开数据收集和分析，通常主要的逻辑过程是归纳，研究结论是对现象特征的概括及解释。第二，相关研究对变量的测量不一定采用问卷形式的测量工具，还可能采用其他形式的测量工具，如测量生理指标的电子或机械设备，内隐联想测验、工作记忆任务等测量某种心理特征的操作任务范式。

相关法具有如下特点：①由于不像实验法那样操控变量，相关研究一般不能得出因果结论，只能表明变量之间是否有关联或能否相互预测；②与实验法可以通过随机抽样和实验设计控制误差，从而通常只需要选取较小的样本开展研究不同，相关法通常需要从大量的被试身上收集数据；③在相关法的研究中，由于研究者希望能够同时检验多个变量之间的关系，往往需要借助高级统计技术建立能够拟合数据的理论模型；④相关法的研究关注个体差异，而不像实验研究仅关心一般模式或建立普遍模型。

第三节 实 验 法

实验法源自自然科学对物理、化学、生理现象的研究，通过对变量做系统的操控来建立因果关系。在实验研究中，实验者先操纵一个变量（同时要控制无关的变量），再测量它对另一个变量的影响，这两个变量分别被称为自变量和因变量，如果二者有关系，就可以推定存在因果关系。实验研究对变量的操纵是调查研究和相关研究所不具有的。虽然与相关法相似，实验法亦在探讨多个变量之间的关系，但实验法中原因变量（自变量）与结果变量（因变量）是在逻辑上就可以直接成立的，而相关法中的因果关系只能归为理论上的预设，而不能从研究结果本身直接得到因果关系。实验法多在实验室中实施，因此又称为实验室实验法。简单来说，实验法的基本要件是将随机抽取的被试随机分配到不同的实验处理（条件）中，然后操纵自变量，观察（测量）因变量，控制无关变量。如果在现实生活中的开放场所进行实验研究，称为现场实验研究，此种方法通常无法做到对被试完全进行随机分配与严格操控环境，因此又称为准实验法。

实验法的主要目的在于检验基于已有理论或研究结果进一步提出的因果关系假设能否得到实证数据的支持。在其他可能影响自变量与因变量关系的额外变量被合理控制的情况下，因变量的改变可以被归因于随机波动与自变量因素两种影响来源。当实验数据的统计分析表明自变量的影响大于随机波动，因变量的变动即可被视为来自自变量的影响，从而获得实验数据对理论上因果关系的支持。

实验法的成败在于能否确定自变量是引起因变量改变的主要原因，避免因变量混淆而产生对实验效应的错误归因，因此无关干扰因素的排除或环境的控制即成为实验设计的重点。最常见同时也是逻辑最简单的实验设计是将自变量区分为有效应和无效应两种水平，同时对应实验组和控制组两组被随机分组的被试。实验组被试要接受特定的实验处理，而控制组被试则完全不受自变量的影响或不接受实验处理，然后比较实验组与控制组在因变量测量值上的均值差异。

在数据统计分析方面，统计分析结果并不能直接验证因果关系，但和相应的实验设计结合起来，能为变量间因果关系的检验提供支持。在实验法的研究中，为了使自变量具有可操作性，实验设计通常采用类别型自变量，或对连续型变量取少量特定值，从而得到自变量的若干水平。前者如自变量为实验处理条件，则分为实验组和控制组两个处理水平。后者如将室内噪声分别固定为 30 分贝、50 分贝、70 分贝三个值，作为噪声高、中、低三个水平的操作性定义，然后测试被试在这三种噪声水平下的心算速度，以检验自变量噪声水平对人的心算速度的影响。因此实验数据的统计分析多采用平均数差异的显著性检验法（如独立样本 t 检验或方差分析）进行推论统计。但是，不同的实验设计在自变量的设计与安排方面有许多变化（如使用重复测量设计、控制协变量等），从而发展出不同的方差分析技术，来对应分析实验不同设计中所获得的数据。在各种研究方法中，以实验法涉及的统计分析方法最为繁复，但实验设计与数据的统计分析方法之间存在对应关系，所以需要将实验设计与统计分析方法结合起来系统掌握。

第四节　量化方法之比较

本节对三类量化研究方法进行总结和比较。

首先，从研究目的上看，调查法的主要目的是基于样本数据的统计量来推论总体的统计特征，结论主要是描述性的。相关法和实验法的目的都在于检验特定变量之间的关系能否成立，研究目的均在于建立现象之间普遍的关系。二者的区别在于相关法只能获得相关关系的结论，而实验法可以获得因果关系的结论。就研究中变量的关系而言，相关法的优点是可以在研究中同时探究多个变量的关系，进而借助多元统计分析技术，对变量之间的复杂关系进行探究。相比之下，实验法却不适合同时处理太多的变量（一般建议自变量在三个以内，最多不超过五个），但通过严谨的实验控制程序，实验法能够从逻辑上确立变量间的因果关系。

其次，从样本大小的要求上看。为了有效减少抽样误差，提高推论统计的准确性，调查法所需要的样本大小通常不会少于 1000 人。[1]相关法的样本大小要求与研究所使用的测验或量表长度（即题目数）有关，量表越长，对样本的要求就越高。Ghiselli 等建议涉及量表的使用时，样本不宜少于 300 人。[2]若是需要采用因素分析，样本人数则需要结合量表的题目数来考虑，以下是一些常被引用的规则：根据 Tinsley 等的建议，如果样本在 300 人以内，被试数为题目数的 5—10 倍即可，如果样本在 300 人以上，则并不需要一定受这个被试数/题目数比值的限制。[3]Comrey 和 Lee 提出，样本为 100 人太少，200 人还说得过去，300 人良好，500 人很好，1000 人非常好。[4]在实验法的研究中，所需样本大小则和实验设计紧密相关，需要同时结合 α 与 $1-\beta$（即一类错误率与统计检验力）和预期的效应量范围，基于统计学规律来估计。这将涉及统计力分析的计算及对相应软件（如 G*Power）的应用，在此仅向需要的读者提供一个线索，具体内容不再展开。实验法所需样本还涉及一个参考规则，就是为尽可能维系抽样分布的正态性，每组须至少有 30 名被试，则当实验设计中有 K 组时，样本数应为 $30 \times K$。

再次，从研究方法所用工具的特性上看，三种研究方法有所不同。调查法为了在短时间内收集大样本数据，问卷设计力求精简易懂，以便大规模地快速实施调查，并完成数据的录入和分析。调查问卷的题目内容一般为具体、客观的问题，或为一些容易直接回答的态度及意见相关问题。相关法的研究工具多为经过信度和效度检验的测验或量表，测量工具的施测需要较长时间，测量一般须由受过训练的人员实施，要求在标准的情景下采用相应的程序进行，测量分数的运用与解释需由接受过一定专业训练的专业人士进行。实验法则为了探讨因果关系，在测量上力求单纯、明确，通常需要借助实验仪器或成熟的实验任务范式来获得对因变量的精密、有效测量。

最后，通过三种研究方法所得数据所适用的统计分析方法，虽然是由研究假设和变量测量的尺度来决定的，无法明确地区分调查法、相关法和实验法在统计方法选用上的差异，但还是存在一定的偏向。一般而言，对于通过调查法得到的数据而言，能用到的统计方法较为单一，多采用与类别、名义变量有关的描述统计或区间估计，如用次数分布、列联表及统计图进行描述统计，用非参数检验

① 邱皓政. 2013. 量化研究与统计分析——SPSS（PASW）数据分析范例解析. 重庆：重庆大学出版社.

② Ghiselli E E, Campbell J P, Zedeck S. 1981. Measurement Theory for The Behavioral Sciences. San Francisco: W. H. Freeman and Company.

③ Tinsley H, Tinsley D, Tinsley E A, et al. 1987. Uses of factor analysis in counselling psychological research. Journal of Counseling Psychology, 34 (4):414-424.

④ Comrey A L, Lee H B. 1992. A First Course in Factor Analysis. Hillsdale: Lawrence Eribaum Associates.

（如卡方检验）进行推论统计。对于通过相关法和实验法得到的数据而言，能用到的统计方法则较为多样和复杂，并且与研究假设存在对应关系。若相关法和实验法中的因变量为连续变量，则可以采用参数统计中基于相关系数和回归分析的一系列统计方法，或基于均值比较的一系列统计方法。

思考与练习

请检索、查阅教育类学术期刊，从中选读采用调查法、相关法和实验法的研究报告各一篇。

拓 展 阅 读

1. 辛自强. 2012. 心理学研究方法. 北京：北京师范大学出版社.

2. 邱皓政. 2013. 量化研究与统计分析——SPSS（PASW）数据分析范例解析. 重庆：重庆大学出版社.

第八章

量化研究的内容和程序

学习导航

◆ 量化研究的内容要素

◆ 量化研究的程序

第一节　量化研究的内容要素

一项量化研究包含的内容要素一般有研究问题、方法、结果和结论。同时这四个要素也是一份量化研究论文（研究报告）必须包含的内容。

一、研究问题

作为一项研究的起点，我们首先要确定一个研究问题，这个研究问题往往以疑问的形式来表述，也叫做研究主题。不同主题的研究，要解答的问题类型不同，适合的研究方法也不同，研究者对研究问题的表述方式也不同。采用调查法的研究，通常要解答的是"是什么""有何特征"等问题，研究目的是获得对现象的描述；采用相关法的研究，通常要解答的是能否以某个现象预测另外一个现象的问题，研究目的是检验变量之间的相关关系是否成立；采用实验法的研究，通常要解答的是能否通过操纵某个现象来改变（控制）另外一个现象的问题，研究目的是检验变量之间的因果关系是否成立。在量化研究中，当研究问题提出之后，还需要以研究假设的形式进一步明确下来，使得问题更具体，研究更有针对性。这里的研究假设特指对现象和现象之间关系的陈述，是研究者在一定理论基础上给出的一个可检验的预测，是其对所研究问题预先给出的一个答案。调查法的研究满足对现象进行描述，若研究立足于对问题的答案进行探索和归纳，则并不是必须在研究之初即形成明确的假设，但也不排除一些研究者基于相关理论和前人研究对研究的主题变量及对其可能的预测或影响因素明确提出研究假设并进行检验。采用相关法和实验法的研究则需明确提出针对变量之间相关关系或因果关系的具体假设。在量化研究中，研究假设常见的表述形式如下：

1. A 导致 B
2. A 影响 B
3. A 与 B 是相关的
4. A 与 B 是呈正/负相关的
5. 如果 A，那么 B
6. A 越高，B 越高/低

上述例子中，例1和例2可以采用调查法，也可以采用实验法。但要注意，若采用调查法，下研究结论时应该弱化对其因果关系的确定性表述，因为调查法并不能检验因果关系能否成立，而只能为可能存在的因果关系提供进一步探索的方向。例如，在调查法的研究中，可以得到这样的研究结论："父母是否外出打工可能是影响子女学习成绩的一个因素。"例3和例4一般采用相关法，有时也可以采用调查法。例5和例6一般采用实验法。

二、方法

方法要素用来详细规定或说明研究者执行该研究的相关内容。方法要素的计划及说明，能使研究者对研究的实施有清晰的思路，同时也能使自己的研究符合专业领域内的相应规范。对于论文的读者而言，作者对方法要素的说明能够使其理解研究是如何开展与进行的，并据此对研究做出评估，甚至能够重复该项研究。研究者对方法要素的说明，一般应该涉及以下三项：①参与者或被试，包括对研究样本及取样方法的说明；②研究工具，包括对材料（包括问卷、心理量表）与器材选用及技术参数的说明；③研究程序，包括实际执行研究之前的准备工作、被试的挑选与安置、工具发展与准备过程、人员训练与器材准备的情况等对研究结果可能存在影响的每一个步骤的说明。若采用实验法，还需要具体说明实验设计，即自变量的个数、每个自变量的水平及操作方法，因变量的指标数、每个因变量的测量方法、所采用的实验范式、需控制的主要额外变量是什么及对应的控制方法等。

三、结果

结果要素是对一项研究所获得资料的系统梳理和呈现。在量化研究中，结果分析与统计方法的应用密不可分。研究者通过适切的统计方法和分析程序来检验其假设，是研究获得成功的关键，也是研究者在对研究资料的分析中需要完成的最重要的任务。对量化研究结果的分析和呈现，主要围绕统计分析结果展开，通常以统计图表呈现统计计算结果，然后再通过对应的文字说明形成结果报告的文本。研究者除了选用最佳的分析方法之外，还需要按照正确的程序，采用正确的方法来呈现结果。在此特向读者推荐 APA 格式标准。APA 格式是由美国心理学会（American Psychological Association）制定并出版的学术论文撰写格式标准，该标准适用于规范学术文献的引用和参考文献的撰写，以及表格、图表和附录的呈现与编排，目前已在社会科学领域被广泛接受，被很多国内和国际期刊采用。

四、结论

当研究者完成对研究数据的分析，梳理出主要的研究结果之后，还需要在此基础上进一步进行理论的提炼和论证，通过讨论最终形成研究结论。经讨论形成结论是整个研究的总结部分，通常也是一篇量化研究报告的最后一部分内容，研究者通常在论文中通过讨论部分来解释研究发现。在讨论中，通常首先概述研究结果以及该结果是否支持研究假设，然后再讨论研究结果的意义，如研究发现是否与其他相关理论或已有研究结果有关。最后，讨论部分还会反思研究中存在的不足和局限，以及如何进行后续研究。为呼应研究问题，量化研究报告往往还会在末尾给出若干简明的论断来重申研究结论。

第二节　量化研究的程序

参考邱皓政的归纳，一项典型的科学研究包括理论引导、数据收集和数据分析三个部分，相应地也就构成了量化研究中一个周期的三个阶段：即理论引导、数据搜集和数据分析。[1]

一、理论引导阶段

此阶段的主要工作是进行文献整理和理论推导，从而勾勒出研究问题的内涵和推进方向，并将其作为整个研究的理论逻辑基础。在此阶段，首先是某一现象引起了研究者的好奇与疑问。一旦研究者对其所关心的问题有了一个大概的图像，接下来则需要把这个图像转换成完整而有意义的概念，这就是所谓的对现象和问题的概念化或构念化过程。要在此阶段顺利实现对研究问题的概念化，研究者除了需要进行文献查阅和梳理的工作之外，还需要具备相关领域的理论或背景知识，拥有该领域的理论思维能力。经过概念化过程之后，明确了研究所要探讨的问题，定义了研究问题所涉及的变量，研究者即可以进一步提出研究假设。在形成假设的同时，研究者还必须对假设中的变量进行明确的描述与界定。

二、数据收集阶段

通过理论引导阶段的澄清概念、定义变量、形成假设之后，研究者需要进一步提出一套研究执行计划，从而实现数据收集，进而可以用数据来检验研究假设的正确性。这个研究计划必须包含上文中方法要素涉及的参与者、研究工具和研究程序三个方面。研究者需要根据研究目的和研究设计，在研究计划中确定抽样方案及选用的测量工具，甚至制定新量表的编制方案，确定数据收集的执行方案。

---

[1]　邱皓政. 2013. 量化研究与统计分析——SPSS（PASW）数据分析范例解析. 重庆：重庆大学出版社.

三、数据分析阶段

此阶段主要涉及对回收数据的整理、统计分析及报告撰写。通过数据收集阶段的工作，研究者获得了研究中的原始数据。在用这些原始数据进行统计分析时，通常还需要进行必要的整理。例如，问卷回收之后，要先识别出无效问卷，进行废卷处理，计算问卷的回收率，确定是否还需要回到前一个阶段继续收集数据、补充样本。对原始记录进行初步整理之后，还需要通过一套严谨的编码、录入、检查的程序，对数据进行计算机化处理。此外，经过初步整理的计算机化数据，还需要经过适当的转换才能作为统计分析的数据，这整个过程称为数据整备。本模块第五章专门给读者介绍了一套实用的数据整理和录入的方法，这里不再赘述。经过数据整备的计算机化数据一旦完成，研究者就可以利用适当的统计方法进行数据分析工作了。当数据分析完成后，整项研究工作的重心就转移到了研究报告的撰写上。研究报告一旦完成，若研究能够获得同行的认可，论文将可能通过评阅最终获得发表或通过答辩。

思考与练习

1. 请联系当前教育现实，选择一适用调查法的课题，根据研究论题提出相应的研究假设。

2. 请联系当前教育现实，选择一适用相关法的课题，根据研究论题提出相应的研究假设。

3. 请联系当前教育现实，选择一适用实验法的课题，根据研究论题提出相应的研究假设。

拓 展 阅 读

1. 徐云杰. 2011. 社会调查设计与数据分析——从立题到发表. 重庆：重庆大学出版社.

2. 邱皓政. 2013. 量化研究与统计分析——SPSS（PASW）数据分析范例解析. 重庆：重庆大学出版社.

第九章

测量与操作化

学习导航

◆ 测量的基本概念

◆ 测量的尺度

◆ 测量的格式

◆ 概念的操作化与测量

◆ 测量的信度与效度

第一节 测量的基本概念

一个研究课题能否采用量化研究方法开展研究，一个重要的前提条件就是研究课题中所涉及的理论构念能否被量化和操作化。对理论构念进行量化，就是一个对研究对象的特征进行测量的过程。测量需要通过测量工具，即量表来实现。对一个理论构念而言，当其能够被测量，也就相当于可被操作，可以通过测量的方式对其下操作性定义。

下面对教育测量中几个相关的核心概念进行辨析。

一、测量

测量是按照明确的构想或规则对人、事或物的属性或特征赋值的过程。[①]在最广泛的意义上，测量即按照某种规则赋予事物数字。这里的"事物"就是要测量的对象；"数字"是代表事物某一属性的数字代码或数量；"规则"指测量所依据的方法和原理，如杆秤利用了杠杆原理，温度计利用了热胀冷缩的规律。在教育研究中，测量对象通常是人类个体的心理和行为特征，通常只能对这些特征进行间接测量。

二、量表

量表又称"量尺"，是使事物的特征数量化的数字的连续体。[②]量表是指测量中所使用的度量工具。不同的测量要用不同的量尺，不同量尺使用的单位和参照点不同。

三、测验

测验是指用于系统观察教育或心理特质、属性的一个或一系列任务。[③]测验要求被试对项目或任务做出反应，施测者从中推断出所测属性的情况。测验一般指用于测量的工具，特别是指通过个体行为或在任务中的表现来测量某种心理属性的测量工具。量表和测验都可以用来指测量工具，但二者的侧重点不同，量表更侧重于强调测量的单位和参照点，而测验更强调测量的任务的内容，且一般用于教育或心理学领域心理属性的间接测量，如学业成绩测验。

四、评价

评价是指观察者或评价者基于自身背景及所受专业训练，对某种现象做出价

[①]　吉尔伯特・萨克斯，詹姆斯・W. 牛顿. 2002. 教育和心理的测量与评价原理（第4版）. 王昌海等译. 南京：江苏教育出版社.

[②]　戴海崎，张锋，陈雪枫. 2007. 心理与教育测量（修订本）. 广州：暨南大学出版社.

[③]　吉尔伯特・萨克斯，詹姆斯・W. 牛顿. 2002. 教育和心理的测量与评价原理（第4版）. 王昌海等译. 南京：江苏教育出版社.

值判断的决策过程及结果。①在教育研究领域，教育评价通常是指通过测验，基于量表的测量结果值，再结合评价者的专业背景和价值标准，对教育现象所做出的价值判断。所以，评价通常依据的是定量资料，但得到的是定性结论。

五、变量、常量和数值

人类认识世界是通过观察并理解认知对象的差异和变化来实现的，这种认知对象的差异和变化在科学研究领域就是各种变量。变量表示某一属性因时、地、人、物不同而变化的内容，如学生的性别是一个变量，学生的性别有男女之分；学生的学习焦虑感也是一个变量，每个学生面对学习时的主观焦虑感可能都不一样。与此相对应的是，如果某一个属性或现象不因时、地、人、物的不同而变化，则称为常量。例如，数学中的圆周率、物理学中的真空光速、心理学中的韦伯常量等，在给定的条件范围内都呈现为一个定值。一个变量包括两个基本要素。一是其所指涉的属性，即研究所关心的现象或特殊层面，从操作的角度来说，就是变量的名称。例如，学习动机变量所指涉的属性就是学习动机水平的高低。二是变量能具体取的数值，也就是一个变量的实例或具体存在形式。在量化研究中，变量均可以数字的形式具体存在，如智商是一个变量，其存在形式是100、120、125 等数值，代表某个体在智商这一属性上达到的程度。这些数值是通过特定的量表测量获得的。

第二节　测量的尺度

美国心理学家 Stevens 依不同测量方法的数学特性，将测量尺度分成四种类型：名义、顺序、等距和比率。①这四种类型的测量尺度按照测量值的等级，即测量值的数学精度或测量值所包含信息的丰富程度，依次为名义尺度、顺序尺度、等距尺度、比率尺度。

名义尺度（或称定义尺度）（nominal scale）的测量，指针对被观察对象的某

---

①　Stevens S S. 1951. Mathematics, measurement, and psychophysics//Stevens S S. (Ed.). Handbook of Experimental Psychology. Hoboken:Wiley.

一属性，评估所属类型种类，并赋予一个特定的数值。由名义尺度测量得到的变量称为名义变量或名义数据，如性别、民族、班级、是否走读、所用手机品牌等。

顺序尺度（或称等级尺度）（ordinal scale）的测量，指对被观察对象某一属性的测量结果，除了具有分类意义外，各名义类别间还存在特定的大小顺序关系。以顺序尺度测量得到的变量称为顺序变量或顺序数据，如年级、比赛名次、严重等级等。

等距尺度（或称间距尺度）（interval scale）的测量，指针对被观察对象的某一属性，依特定的单位测量该属性在程度上的特性。等距尺度测量得到的数值，除了具有分类、顺序意义外，还反映了两个被观察对象在这一属性上的差距或相对距离。以等距尺度测量得到的变量称为等距变量，其数值兼具分类、次序和差距的意义，如用温度计量出的温度、通过考试取得的成绩、以智力测验测得的智商等。

比率尺度（ratio scale）的测量，指测量尺度使用了某个标准化的单位，同时又具有一个绝对零点。比率层次的测量，可以说是具有真正零点的等距尺度。例如，人的身高（厘米）、体重（千克）、收入（元）、年龄（岁）、住院天数、受教育年数等变量，都是以比率尺度测量得到的比率变量。比率变量不但具有单位，而且单位的使用有一公认标准与含义，无关乎主观判断，无须以人为方式调整改变，而是有绝对参照点（零点）。

不同等级的测量有其相对应的分析与处理方法，因此决定采用什么样的测量等级，在研究设计中是相当重要的一个基础环节。此外，高等级的测量尺度除了精密度较高之外，还具有良好的计量转换能力。高阶测量尺度可以转换成低阶测量尺度，但是低阶测量尺度无法提升为高阶测量尺度。例如，学习成绩以考试分数来测量时，是一个等距尺度的应用，可以根据某个标准轻易地转换成优、良、中、及格和不及格五个等级。若评分时教师直接评定的成绩是优、良、中、及格和不及格五个等级之一，则无法将其再转换成可比较大小的分数。

上述四种测量尺度得到的数据类型还常被简化为两大类，即离散数据和连续数据。其中离散数据包括称名数据和顺序数据，之所以被称为离散数据，是因为这两种数据量化之后，只能用自然数或整数赋值，它们的有效取值在数轴上对应的都是间断的点。连续数据包括等距数据和比率数据，这两种数据的取值都可以包括小数，它们的取值范围在数值上可以用连续的区间来表示。连续数据的任意两个数据点之间都可以细分出无限个大小不同的数值，如年龄、长度、重量、自信心分数等，至少在理论上从最高到最低之间都可以进一步细分。对于连续性数据的进一步细分，一是取决于测量技术所允许的精确程度，二是取决于测量值所需要的精确程度。离散数据一般是取整数，两个单位之间不能再划分细小单位。从应用的角度来看，离散数据就相当于给观察对象的某种属性对应不同的标签来标记，而连续数据则是通过高精度的测量工具测量得到的结果。

第三节　测量的格式

前面已向读者介绍了测量的数据形式。在实际的问卷编制中，不同的数据类型是通过不同题型的设计来实现的。不同的研究问题，有其适用的测量题型或格式，以下逐一介绍各种不同的测量格式。

一、结构化测量和非结构化测量

测量的结构化与非结构化反映了测量过程的标准化程度。一般而言，研究者在进行调查或行为测量之前，会预先拟定一套问题，并将其编制成一套问卷作为测量工具。所有的施测者或调查员必须完全依照问卷所提供的标准刺激（即问题）去搜集受访者的回答或发放问卷由受测者自行填写，这又称为自我报告的问卷或自我陈述的问卷。此种具有固定格式提问和作答内容的测量问卷称为结构化问卷，适用于大样本研究。这里要区分问卷和量表之间的区别与联系。问卷是心理量表的一种常用设计形式，是量表的一种载体。并不是所有的问卷都是量表，也并不是所有的心理量表都会采用问卷的形式。一份结构化问卷的内容设计，既可以所有题项都是用于直接收集客观信息的问题，如受访者的性别、年龄、所学专业等，也可以包含至少一套用于间接测量受访者的某种心理特征的量表，甚至在相关法的研究中，问卷通常会包含两套以上的心理量表。

在研究或调查过程中，不同的受访者可能会有不同的情况，若研究者不预设特定问题，需要访问者适时介入测量过程，主导问题的方向。此种测量方法的标准化程度低，但是数据呈现出多样化，称为非结构化测验，多适用于质性研究与访谈研究。采用此种测量方法的研究的样本规模不宜过大，避免造成数据分析上的负担。有时访问者也会预先拟定一个问题提要，在一定的范围内采用非结构化、非标准化的测量，这称为半结构化测量。

在数据分析的策略上，结构化测量具有标准化的题目与作答方式，因此可以直接获得量化数据，并进一步使用各种统计技术加以分析。非结构化或半结构测量则偏重于质性分析方法，多以概念性分析与意义的建构为主，即使产生了一些量化数据，这些数据也仅能进行最基本的描述统计，此时量化数据的功能主要在于佐证文本性的讨论。

二、封闭式测量与开放式测量

结构化的测量工具，无论是心理测验、量表还是自编问卷，都是由研究者在数据收集之前，针对研究目的和问题预先准备好的。除了拟定题目之外，研究者还可以预先设定好受测者回答的内容范围及题目的选项。这种有特定选项的问卷，称为封闭式问卷，受测者完全依据研究者提供的选项来作答，没有任何其他可能的答案。与之相对的是，有些问题的答案分布于一定的范围内，无法指定，因此采用开放式的提问方式，如家中人口数、居住县市等，此类问题称为开放式问题。开放式问题可以进一步细分为数字型问题及非数字型问题。前者多属顺序或等距测量尺度，由受测者直接填入数字；后者则类似于问答题，由受测者填入可能的文字或以绘图来作答等。通过数字型问题所获得的数据通常可以直接进行统计分析，而通过文字型问题获得的答案则不能直接进行统计分析。

三、量化研究中的测量格式

1. 类别性测量

量化研究中最简单且常用的测量格式是类别性测量。类别性测量的主要功能在于鉴别差异，对受测者进行归类。类别性测量获得的数据必定是离散数据，如性别、民族、所学专业等。类别性题目多应用于人口学变量或事实性问题的测量。通常每份调查问卷都有针对受测者基本信息的一组问题，用来收集受测者的性别、教育背景、居住地区等背景信息，或是要求受测者就自己的一些事实情况、行为习惯进行直接报告，如目前使用的手机品牌等。这些变量的测量多以封闭式问题来提问，以简化变量的内容，因为其主要目的是获得受测者的基本信息。

类别性测量要遵循两个基本规则：一是题目的选项必须是完全互斥的；二是选项能够包括所有可能的选择。若研究者无法将所有可能的选择设计进选项，则可以把最后一个选项设置为其他项，该项往往还需要和一个填空设计项搭配，以鼓励受测者给出已有具体选项之外的答案。但是受测者填写的其他项的内容往往是文本数据，难以进行统计处理，因此可能会出现受测者做了填答，但填答的结果对研究的意义不大的情况。所以除非确有必要，否则一般不建议在用于大规模调查的问卷中设计其他项对应的填空题项。

类别性测量的设计主要采用选择题的格式，选择题可以是一类题型设计或格式，还可以是若干种类型。其中根据选项设计的不同，有单选题、多选题和排序题三种常见的格式。单选题只允许填答者从多个选项中选一个，多选题允许并鼓励填答者选两个或两个以上的选项作为答案，排序题同样鼓励填答者选择两个或两个以上的选项并要求将选出的选项进行排序。可见，从设计上而言，排序题比单选题的复杂度更大，同时收集到的数据信息更丰富。从数据分析的角度来看，单选题最容易处理，即将该题作为一个类别变量来处理。对于多选题与排序题，对一道题目的回答允许用不同的选项答案来组合，因此同一道题目收集到的数据必须视为由多个类别变量组成的一个变量组，数据的输入也以选项或顺序排位来组织和编码。因此多选题和排序题可以被视为有内在联系的多个单选题的组合。

2. 连续性测量

连续性测量的主要功能在于对现象的某个特征进行程度的测量。在对人类行为的研究中，对一些抽象特质如智商、动机水平、学习成绩等的测量，必须依赖精密的测量尺度进行程度上的测定。在教育量化研究中，从应用的角度而言，可依据题目（项目）计分的方式将连续性测量的设计格式（题型）分成二分计分和非二分计分两类。

（1）二分计分的设计格式

二分计分的题目设计其实没有固定的格式，在教育和心理测验中常见的题目设计格式有是非题、多项选择题、匹配题等。但当要通过这些题目设计格式获得连续性测量的结果时，其就必须是二分计分式的，即受测者的回答存在且只有对或错两种情况，也就是说存在标准答案。受测者的回答符合标准答案就得分，不符合就不得分。至于得多少分，取决于题目在整套量表（试卷）中的赋分值或赋分权重。例如，对一道单选题的回答，没答对得 0 分，答对根据预先规定赋分值得 4 分，只有这两种得分情况。

（2）非二分计分的设计格式

非二分计分的设计格式意味着通过项目得到的测量结果并不仅是得分或不得分这两种取值区分，而是在一个区间范围内某个值的精确测量。在实际应用中，为了便于可操作化，非二分计分通常采用一系列连续的整数值来评分，即便在理论取值可以精确到小数位数的情况下。在教育测量中，最常见的三种非二分计分设计格式是填空题、问答题和利克特尺度。

填空题的设计格式又称补全测验，要求填答者用一个词语或短语完成句子。填空题的设计不一定归为非二分计分的设计格式，若存在所谓正确答案，测试的结果一般就是二分计分格式；若填答的内容可以在一个得分区间范围内评分，则属于非二分计分格式；若填答的内容无所谓对错，而是一个数值（即数字型填空题），则也属于非二分计分格式。调查问卷的题目设计常采用最后一种情况。填空题设计的具体格式其实是非常多样的，特别是在学业成就测验（考试试卷）的设计中，学科知识体系的特点及相应要求达到的应用能力水平不同，所采用的填空题设计格式也会不同。因此，在不同学科的学业成就测验中，需要参考本学科命题的惯例来决定具体采用哪种题型或格式。

问答题的设计格式在这里泛指试卷或认知能力测验中常采用的简答题、问答题、论述题、作文题等开放式题型。这些题型设计，要么填答结果无法被直接量化，如调查问卷中的问答题，要么填答结果需要评分者依据评分标准进行主观评分，如作文题的评分区间可能是0—40分，甚至允许给出小数分值。与填空题设计类似，问答题的设计也随学科知识体系特点及要求达到的应用能力水平要求的不同而存在多样化的格式。具体的题型或格式设计一般应参考本学科命题的惯例。

利克特尺度是一种广泛应用于社会与行为科学研究的测量格式，适合对态度进行测量或对意见进行评估。利克特尺度在中文参考书及研究报告中常采用利克特量表的译法，但这一用法很容易给缺乏背景知识的读者造成误解。对单个问题而言，所谓"利克特式"只是在表明这是美国社会心理学家利克特于1932年针对个体社会态度的测量所提出的一种量表设计格式，属于一种总加量表的设计格式。若要对"利克特尺度"和"利克特量表"做区分的话，利克特量表是由采用利克特尺度设计的一组题目构成的量表。因此，在本书中，利克特尺度表示这种测量格式及设计，利克特量表表示采用利克特尺度设计的整套量表。关于利克特尺度的量表设计与应用，从以下几个方面进行概括性说明。

第一，利用利克特尺度设计的题目测评的结果通常不用于做价值判断，即不存在所谓的对错，只是用来反映不同个体所持的不同观点或所具有的行为表现。这一点是与学业成就测验（试卷）中所采用的题型或格式最不同的地方。

第二，利克特量表属于一种总加量表的设计格式，即同一构念或特征通常由多个（一般认为应该为三个以上）项目的评价加和来获得对该抽象属性的测量结果。通常认为单独或个别项目的信息量有限，测量误差大，不足以获得足够精确的测量结果。这一组题目一般至少包含三道题，至少用于共同测量一个特征。大多数量表都包含两个以上的特征，每个特征通过三道以上的题目来共同构成该特征的测量结果。采用利克特尺度的量表设计中，最常见的理论逻辑形式是每套量表只测量一个构念。为了使抽象的构念能够被操作化，该构念可能还需要进一步被分解为更具体也更容易测量的成分（或因子、维度）。每个利克特尺度的题项只属于一个因子，并为该因子的测量提供信息。每个题项的测量都或多或少地存在误差，所以需要通过三个以上的题项所提供的共同信息来获得对要测量因子的足够精确的估计值。当然，也有一些构念已经比较具体，可直接被操作化，则可以对应编制为单维度结构的量表。如图 9-1 所示，用验证性因素分析模型图的方式，向读者演示一套包含两个因子共 10 个观测指标的利克特尺度量表的逻辑结构。

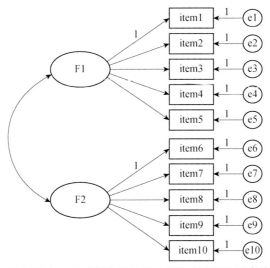

图 9-1　一个包含两个因子 10 个观测指标的测量模型（验证性因素分析模型）示意图

第三，在利克特尺度的设计格式中，每一个单一的题目包含一个陈述句与一套量尺。量尺由一组连续数字组成，每一个数字代表一定的程度，用以反映受测者对该陈述句同意、赞成或不同意、反对的程度。例如，一个最常用的利克特五点尺度中，数值 1 代表"非常不同意"，2 代表"不同意"，3 代表"无所谓同意或不同意"，4 代表"同意"，5 代表"非常同意"，数值越大，代表同意程度越高。受测者依据个人的看法或实际感受来作答，每一题的分数加总后得到该量表的总分，代表该特征的强度。利克特尺度常用于自我报告的测量，但同样适用于他评式的测量。为使评分者主观评定的程度能够适当地反映利克特尺度的不同选项，并符合等距尺度具有特定单位的要求，每一个选项的文字说明应使用渐进增强的词句，并能反映出相等间距的强度差异。当选项多时，如 9 点或 10 点，评分者可能存在评定的困难，且不适用于项目很多的情况；而选项少时，如 2 点或 3 点，单一题项的评定结果测量的精密度不足，需要通过更多的项目评定结果来辅助测量。因此除非特殊的考虑，一般研究者多选用 4 点、5 点、6 点的利克特尺度设计题项。此外设计时还需要斟酌选项数的奇偶。当选项数为奇数时，如 5 点或 7 点量表，中间值多为模糊意见，即允许受测者对该问题做中立表态。当选项数为偶数时，多为研究者希望受测者有具体的意见倾向，避免出现具有中间倾向的意见，因此能获得赞成还是不赞成两类明确的意见。

第四，利克特尺度量表的计分通常采用项目合计或项目均值两种方式。利克特量表是一种总加量表的设计格式，意味着可用多个题项评分的合成分数来作为测量指标值（因子得分）。对多个题项的得分进行合成，要么是将各道题的评分值求和，即项目合计法，要么是求和之后除以项目个数，即项目均值法。这两种方法所得到的合成分数在统计学特征上是等效的。所以一套量表中只要统一采用其中一种方法计分，都是有效的。当然，这两种不同的计分结果在解释上各有优势。项目合计法得到的测量指标都是整数，符合人们对测验分数的使用习惯，但不同维度的分值范围可能不同，分值大小无法直观判断。项目均值法得到的测量指标通常都会有小数，且取值范围必然在选项的最小值和最大值之间，不符合人们对测验分数通常为大分值整数的预期，但有经验者则能以测量尺度作为参照来对这种分值进行直观解释。当然，这两种计分法得到的测量值是可以相互转换的。

第五，并非所有的利克特量表都有总分这项测量指标。在这种总加量表的分数合成中，假设每个题项只归属于一个维度，且一个维度下的各个题项对维度指标的权重是相等的。在这里，量表测量的指标也就是数据分析中的变量，量表测量值也就是变量值（指标值）。在采用利克特尺度的量表设计中，维度分、因子分和分量表得分一般指的是一项测量指标的得分。在单维度量表中，由于只有一个维度，量表总分也就是维度分。在多维度量表中，维度分由属于该维度的多个题项来计分，而量表总分则由全套量表中的所有题项共同来计分。但要特别注意的是，有一类量表比较特殊，其构念从理论上就假设所包含的各维度之间是绝对独立的，这种情况下以各个维度的测量值合成量表总分就没有理论意义，该套量表不适合用总分这个测量指标。例如，按照心理学的人格特质理论，人格由若干基本特质构成，这些基本特质是相互独立的，在人格量表中由对应的维度来独立表达，所以基于特质论的人格量表是没有总分的，一个人的人格等于多少分这种表述在心理学中也不能成立。

第六，在利克特尺度的量表设计中，有一种用来侦测作答者作答特殊性的方法，即在问卷中设置反向计分题。如果填答者不认真看题，就有可能没有察觉到题目的问题是反向问法，导致出现矛盾的回答。以两道关于网络使用倾向的问题为例：①网络是我工作、学习和生活中的重要工具；②我觉得上网去寻求遇到问题的解决方法，一般是浪费时间。很明显，第2题是第1题的反向计分题。在一套利克特尺度的量表所包含的多道题目中，若少数题目和大多数题目所表达的意思是相反的，那这些少数题目就是量表中的反向计分题。也就是说，一套量表中的正向计分题和反向计分题是相对而言的，并不取决于问题是肯定表述还是否定表述。对于反向计分题，量表在计分时，需要先把反向计分题的选答结果做反转，才能视为与正向计分题的选答结果具有一致的分值含义，才能对多个项目评分进行求和，从而得到维度分和量表总分。

第七，从数据分析的角度看，利克特尺度的量表是测量抽象概念或特征的良好工具。因为利克特尺度的量表编制过程较简单，应用中的计分过程也较简单，并且题目内容可扩充。在数据的统计分析上，以利克特尺度的量表所获得的测量值是一种连续变量，能较精细地体现受测者的个体差异，能采用较复杂的统计方法进行数据分析。但是，由于利克特尺度的量表建立在测量的等距性以及题目的同质性两项假设之上，所以必须先经过信度的检验，以确认量表的稳定性与内部一致性。同时，利克特尺度的量表主要用于间接测量人的观点、态度、行为模式等特征，所以必须经过效度的检验，进而确认以量表测量结果代表测量目标的准确性和有效性。

第四节　概念的操作化与测量

在教育科学研究领域中，许多研究变量实际上是产生于理论或想象中的假设性变量，这些变量叫做构念或假设构念。构念和概念需做区分。构念是人的心智影像，也就是浮现在脑海中的影像或构想。概念是人认识世界的一种基本方式，是对现象的抽象。概念伴随着某特定的认知对象、事件、条件或情境的一系列意义或特性，例如，一些概念是精确而客观的，如人的体重；而有些概念是抽象且难以形象化的，如人的个性。人们总在日常交流中有意识或无意识地使用不同的概念，有些概念来自人们的生活经验，有些概念则由专门领域的专业人员提出并进行界定，如科学中的概念。构念则是指人为解释一个特定现象所特别选择（或

"创造"）的抽象概念①，是依赖于人脑而存在的认知对象。例如，石头这个概念不是一个构念，石头的重量这个概念就是一个构念。构念可以是一个简单的概念，如体重，也可以是一组相关概念的组合，如书面沟通技能。在前面提到的例子中，体重是一个一维构念，而个性则是一个多维构念（即包含多个底层概念）。在多维构念中，构念和概念的区别更为清晰，高阶抽象叫做构念，而低阶抽象称为概念。然而，在一维构念中，这种区别则较为模糊，甚至是无需区分的。

科学研究中的构念必须有精确、清楚的定义，这样其他人才能够完全理解一个构念，才能够很好地利用这个构念实现交流。例如，一个看似非常简单的构念，如收入，可能指的是每月或每年的收入，或是税前或税后的收入，抑或是个人或家庭的收入，因此既不精确也不清楚。对于构念，可以通过两种方式进行定义：理论定义和操作化定义。在我们更为熟悉的理论定义中，构念通常按照同义词进行定义。例如，态度可能被定义为一种性格、一种感觉或是一种情感，而情感反过来也被定义为一种态度。这样的循环定义在交流中是有用的，有助于我们达成对该构念的共同理解。但在科学研究中仅阐述构念的含义和内容可能是不够的，且可能无法进行实证研究，因此科学的实证研究需要操作化定义。所谓操作化，就是将抽象的概念转化为可观察的具体指标的过程，或者说它是对那些抽象程度较高的概念进行具体测量时所采用的程序、步骤、方法、手段的详细说明。②例如，温度这个构念的操作化定义必须详细说明是用摄氏温度、华氏温度还是开氏温度。收入这个构念应该定义清楚是每月还是每年的收入，是税前还是税后的收入，是个人还是家庭的收入。然而，学习、个性和智力这样的构念就很难被操作化定义，需要基于相关的心理学理论和对应的测量工具进行。

在实证研究中，一个构念经过了理论定义和操作化定义，确定了测量工具，将会获得相应的测量结果，该测量结果就用相应的变量来表达。变量与常量相对，是指数值变化的测量结果。教育科学研究中的很多变量是对抽象构念的一种度量化表达。作为抽象的实体，构念不可以被直接测量，因此，我们需要通过变量对构念进行间接测量。例如，一个人的智力经常以其智商值来衡量。在这种情况下，智力是一个构念，智商值是测量智力这个构念的变量。在对构念的间接测量中，其所对应的测量结果是潜变量，而对应直接观测的指标是外显变量，又称可测量变量或潜变量的外显指标。科学研究沿着两个层面进行：理论层面和实证层面。构念在理论层面被概念化，而在实证层面被操作化，从而获得可以被测量的变量。

---

① 阿诺·巴塔查尔吉. 2012. 社会科学研究：原理、方法与实践. 沈校亮，孙永强译. https://www.opentextbooks.org.hk/ditatopic/36011.

② 风笑天. 2022. 社会研究方法（第6版）. 北京：中国人民大学出版社.

第五节　测量的信度与效度

　　关于构念测量的科学性，在测量学中通过测量工具的信度和效度来进行评价。信度和效度是检验量表质量的核心指标。

　　信度是指量表所测得结果的可靠性与稳定性。信度可以视为测量结果受测量误差影响的程度。对于信度，可以从不同的角度来评价，如在相同情景条件下所测结果的一致程度，不同研究者用同一种测量同时测得结果的一致程度，同一研究者用同一种测量在不同时间内所得结果的一致程度，同一被调查者在不同时间内对同一种测量的反应的稳定程度。教育研究中常用的信度估计方法主要有重测信度、复本信度、分半信度、内部一致性信度和评分者信度。重测信度衡量的是不同时间点对相同样本的同一构念进行两次测试的一致性程度。如果观测在两次测试间没有发生实质变化，那么这种测量就是可靠的。以两次测验得到的测量值的相关系数作为重测信度的估计结果。复本信度的估计要求测量工具有两个内容相似的复本，采用同一组被试同时接受两种复本测验，两个版本测验得分的相关程度，即复本信度。分半信度的估计需要将一套测验的全部题项按照奇偶题号或其他方法分成两半，一组受测者在两半测验上的得分的相关程度即分半信度。分半信度可以视为一种特殊形式的复本信度。内部一致性信度是对同一构念不同外显测量指标（题项）测量值的一致性的衡量。如果采用一套包含多个题项的利克特测量尺度的心理量表，那么受测者在多大程度上采用相似的方式来回答这些问题，就反映出了量表存在多大程度的内部一致性。内部一致性信度通常用Cronbach's α 系数来度量。评分者信度也称为观测者信度，是两个或两个以上独立评分者（观测者）对同一构念测量的一致性程度。当测量采用的是他评的方式时，如面试、口语考试、作文评分等，不同评分者对评分规则的理解和把握可能不同，因此打出的分数也不同。计算不同评分者评分间的相关系数，即评分者信度的度量值。

　　效度是指测量结果与所要测的事物属性之间的符合程度，亦即反映测验分数的意义如何。测量的效度越高，表示测量的结果越能代表其所欲测构念的真正特征。一般对效度的评估方法，主要有判断法和实证法两种策略。前者着重于对测量的特性与质性进行评价，通常依赖研究者基于理论思考对量表的主观判断，后者则基于量化数据指标来进行效度的评估。在研究实践中，这两种策略通常都需要使用，通常以质性评估为主，实证检测为辅，以使测量的质量得到多方面的保证。传统上，效度的评估通常从三个方面，即内容效度、实证效度和构念效度进行。其中内容效度反映的是测量工具本身的内容范围与广度的适切程度，对内容效度进行评估需针对测量工具的目的和内容，以系统的逻辑判断方法来分析。内容效度的评估需要评估者具备足够的专业知识和专业经验，因此在实践中通常邀请领域专家来进行评估。实证效度又称效标关联效度或统计效度，其以测量分数和特定效标之间的关联程度来反映测量工具有效性的高低。所谓效标，即测量分数有效性和意义程度的参照标准，效标必须是能够反映测量分数内涵与特征的独立测量值，同时也必须是为社会大众或一般研究者接受的能够反映某种特定内涵的指标。在实证效度的评估中，通常将计算测量分数和效标之间的相关系数作为依据。构念效度是指测量工具能测得一个抽象概念或特质的程度。构念效度的检验，必须建立在特定的理论基础之上，通过理论的推理和讨论，得出该理论所涉及的各项变量之间关系的假设，并以实证的方法检验测量结果是否符合理论假设的内涵。当前最流行的构念效度论证方法，通常通过探索性因素分析或验证性因素分析，甚至是同时采用这两种多元统计分析技术来为量表构念效度提供依据。但是，在这里要强调的是，因素分析不等于构念效度检验，而仅为构念效度提供一种依据。任何效度的分析和论证，包括内容效度、实证效度和构念效度，都是一个需要收集多方面实证证据，并结合理论上的逻辑讨论来综合进行的过程。

思考与练习

请自选主题尝试编写一套包括利克特测量尺度设计的测量表。

拓 展 阅 读

1. 徐云杰. 2011. 社会调查设计与数据分析——从立题到发表. 重庆：重庆大学出版社.

2. 邱皓政. 2013. 量化研究与统计分析——SPSS（PASW）数据分析范例解析. 重庆：重庆大学出版社.

3. 罗伯特·F. 德威利斯. 2010. 量表编制：理论与应用（第2版）. 魏勇刚，席仲恩，龙长权译. 重庆：重庆大学出版社.

量化研究中的抽样

第一节　抽样的意义

在教育量化研究中，往往以一个群体为研究对象，这个群体在研究中通常被称为总体。总体又存在有限总体和无限总体之分。在有限总体中，个体的个数（N）是一个确定的数值，而在无限总体中，N 是一个无法确定的值。此外，还有一种情况，即有限总体在一定时期内是确定的，但是一个非常大的值。当 N 很大时，收集每一个个体数据通常是很困难的，或者根本无法做到。这种困难主要体现在采集数据所需的时间、精力或财力上。有时，即便一个有限总体中所有个体都被调查了，但可能因为预算上的限制，分配到每个单位的成本过低，得到的数据质量也不见得可靠。所以，从总体中抽取出部分个案构成样本，通过观测样本推论总体特征，是量化研究中更为可行和常见的研究路径。其中，抽样就是从群体中得到一个样本数据集的过程。通过科学的方法抽取具有代表性的样本，不仅可以省时省钱，而且数据质量更高。

什么是好的抽样呢？可以通过三种效度来进行评价，即抽样效度、外部效度和统计效度。[①]抽样效度是指从样本中得到的结果在应用到目标群体时所具有的普适性。这种普适性决定了一个样本是否有用。外部效度是指样本所得到的结论在多大程度上可以应用在样本以外的其他目标群体中。这是样本效度的最终衡量标准。抽样设计与执行都会影响到结论的广泛性。这里的抽样设计指的是抽样的方法。执行中的因素包括抽样范围的完整性、数据的可靠性等。统计效度是指样本中所观察到的变量之间的关系的可信度。外部效度与统计效度之间的区别在于，前者测量的是样本是不是具有代表性，而后者测量的是假定样本具有代表性，由样本得到的结论是否可靠。一般来说，要提高统计效度，首先样本要足够大，这样随机误差就会比较小；其次测量工具要足够可靠及有效，再好的样本，测量工具的信度和效度不良，统计效度也是不良的。

正因为教育量化研究常常通过从总体中抽取样本来进行研究，所以对数据的统计方法就分成两大类：描述统计和推论统计。描述统计指的是如何对所获得的数据进行科学的整理、概括和表述。描述统计既可以对总体数据进行（如果确实能获得一个有限总体的所有个体数据），也可以对样本数据进行。推论统计指的是如何利用实际获得的样本数据资料，依据数理统计提供的理论和方法，对总体的数量特征与关系做出推论和判断。推论统计必然是针对样本数据进行的，其目的就是通过样本数据的特征来推论总体数据的特征。在统计学中，对样本的统计结果称为样本统计量，对总体的统计结果称为总体参数。在规范的文本中，通常用希腊字母来代表总体参数，用拉丁字母来代表样本统计量（表10-1）。

表 10-1 样本统计量、总体参数的常用统计符号对照

特征量数	平均数	方差	标准差	相关系数
总体参数	μ	σ^2	σ	ρ
样本统计量	$\overline{x}$	S^2	S	r

总体参数是一个常数，是恒定不变的，但很多情况下是不可知的。样本统计量是随机变量，会随着不同次的抽样而随机变化。研究者的目的是通过样本研究总体，样本虽然来自总体，却始终无法和总体完全一样，所以样本对总体存在代表性高低的问题。以总体为参照物，样本与总体的差异称为抽样误差。抽样误差有两种来源，即系统性的影响因素导致的误差和随机性的误差。对于抽样的系统误差，一旦能识别出来，应该尽可能找到影响的源头并进行消除；而对于抽样的

① 徐云杰. 2011. 社会调查设计与数据分析——从立题到发表. 重庆：重庆大学出版社.

随机误差，只能通过采用恰当的抽样方法将之控制得尽可能小。

第二节　常用的抽样方法

根据抽样依据的规则，抽样方法可以分成两类，即概率抽样（随机取样）和非概率抽样。概率抽样是依据统计学中的随机选择机制进行的，每个被抽中进入样本的个体是被独立选择的，即一个个体被选中不会影响另一个个体被选中的概率。通过概率抽样获得的样本为随机样本。随机样本的代表性由随机分布的原理来保证，使得通过样本获得的结论能够被推广应用于总体。非概率抽样是指由研究者的主观判断或所能获得的社会资源来决定哪些个体进入样本，不能保证被选中的个体彼此是独立的，这可能会对样本的代表性产生某种程度的影响。

每类抽样方法又包括若干种具体的抽样方法。下面选择几种最常用的抽样方法进行介绍。

一、简单随机抽样

简单随机抽样（simple random sampling）是一种概率抽样方法，是最基本且最能体现随机化原则的抽样方法。在抽取样本时，总体中每个个体被抽取的概率完全相等且相互独立。常用的简单随机抽样方法有抽签法和随机数字表法。随机数字表是由统计专家根据随机化原则编制的一种数字表，很多统计学教科书的附表都包含此表。研究者还可以借助计算机软件，模拟生成一组随机数字替代传统的随机数字表。简单随机抽样假定总体是可以罗列的，即能对总体中的所有个体进行编号或索引，否则就无法进行简单随机抽样，但这一要求在教育研究中经常无法满足。

二、系统抽样

系统抽样（systematic sampling）是一种概率抽样方法，是指根据所需的样本量，每隔一定数目对总体中的个体进行抽样。这种抽样方法同样需要假定总体是可以罗列的。抽样时先把总体所包含的各个体编上号码。假设总体中包含 N 个个体，研究计划抽取容量为 n 个个体的样本，那么抽样间隔（ i ）即 N/n 的结果。然后，选择一个小于 n 的随机起点，从这个随机起点开始，每间隔 i 个选取一个个体作为样本。

三、分层随机抽样

分层随机抽样（hierarchical random sampling），又称分板块随机抽样（stratified random sampling），是一种概率抽样方法。这种方法是根据总体已有的某些特征（如被试的人口统计学特征），考虑总体中已有的亚群体差异，按照这种差异将总体分成几个不同的部分，每一个部分称为一个层（即亚群体），在每一个层中实行简单随机抽样。分层抽样需要解决的一个重要问题就是如何对总体进行分层。在一个总体中，以哪些特征来分层，分多少层，要视具体情况而定。分层的原则就是，层内的个体差异越小越好，同时层与层之间的差异越大越好，否则将失去分层的意义。

四、多阶段随机抽样

多阶段随机抽样（multistage random sampling）也是一种概率抽样方法，应用最多的是分两阶段进行取样，即两阶段随机抽样（two-stage random sampling）。当总体容量很大时，直接对总体中的所有个体进行抽样，在实际研究中往往存在很大困难。即使进行分层抽样，每一层中仍然需要抽样，也不能有效解决工作量的问题。在大范围的调查研究实践中，一般分阶段抽样方法更为高效、可行。例如，在分两阶段的抽样中，先以区域为单位进行随机抽样，再在被抽取的区域中对个体进行抽样。

我们应注意区别分层抽样和分阶段抽样，这两种抽样甚至在某些参考书或论文中都有分辨不清的情况。这也和术语的中文翻译有关，在分阶段抽样中，不同的抽样阶段容易被读者理解为就是不同的"层"，因为从形式上看，分层抽样和分阶段抽样似乎都分成两步：第一步将总体分成若干部分；第二步再分别从各部分中抽取个体组成样本。但二者在第一步中有着根本的区别，在分层抽样中，第一步并不是抽取样本而是对总体进行分层，并根据各层在总体中的占比估算每层需要抽取多少个体，第二步才在每一部分中均抽取相应数量的个体组成样本。至于总体需要分成多少部分，由研究对总体所分的"层"来决定。然而，在分阶段抽样中，在将总体分成若干个子群体后，要先以这些子群体为抽样单位进行第一阶段的抽样，获得一个由子群体构成的第一阶段样本，然后再在第一阶段样本中进行第二阶段即以个体为单位的抽样。

五、方便抽样

方便抽样（convenience sampling）又称偶遇抽样（accidental sampling），是一种非概率抽样，是指研究者根据现实情况，以自己方便的形式或利用容易获得的社会资源（如协作关系、工作关系、朋友关系）来抽取样本，如在街头进行随访，在学校图书馆或宿舍邀请别人接受调查，教师对自己所教的学生进行调查等。方便抽样通常能够使研究很经济地得到样本，提高了抽样的可行性。但方便抽样并不能保证总体中的每一个成员被抽中的概率相同，那些最先碰到的、最容易见到的、最方便找到的及在研究者人际资源圈里的人，比其他个体有更多被抽中的机会，所以方便抽样需要研究者对最可能导致抽样偏差的因素进行预先控制。同时方便抽样也需要接受关于其对总体代表性的质疑和拷问，因此在研究报告中应当详细说明样本的获取过程，以及构成样本个体的主要特征。但方便抽样在很多研究实践中更具有可行性，因此在探索性研究中还是很有实用价值的，只是通过方便抽样获得的研究结果，在推论到总体时，需持审慎态度。

思考与练习

请自选一量化研究课题，并尝试编写对应的抽样方案。

拓 展 阅 读

徐云杰. 2011. 社会调查设计与数据分析——从立题到发表. 重庆：重庆大学出版社.

第十一章

量化研究数据分析

学习导航

◆ 量化研究数据分析的基本思路

◆ 资料的整理与录入

◆ 调查研究数据的统计分析

◆ 相关研究数据的统计分析

◆ 实验研究数据的统计分析

第一节 量化研究数据分析的基本思路

一、量化研究中的变量类型

在一项教育量化研究中，一个研究问题通常包括三类变量：理论模型中的变量、人口统计学特征变量和辅助变量。[1]

理论模型中的变量通常有自变量、因变量、中介变量和调节变量四种。所

---

[1] 徐云杰. 2011. 社会调查设计与数据分析——从立题到发表. 重庆：重庆大学出版社.

有变量都必须能够被操纵，或者能够被测量，再或者能够被识别。在一个理论模型中，自变量（X）就是理论上假设的原因变量，因变量（Y）则为理论上假设的结果变量。自变量对因变量的影响，如果通过影响变量 M 来间接实现，则称 M 为中介变量。例如，学生的学习动机影响其学习行为，进而影响其学习成绩，那么"学习行为"就是中介变量。如果 X 和 Y 两个变量之间的关系是 M 的函数，则称 M 为调节变量。[①]也就是说，X 与 Y 的关系受到第三个变量 M 的影响，或者说 X 与 Y 的关系会因 M 的变化而变化。调节变量既可以是类别的（如性别、民族、职业类型等），也可以是定量的（如年龄、智力水平、焦虑水平等）。

人口统计学特征变量（如年龄、性别、民族、学历、职位、所属区域等）在教育量化研究中往往并不占据主要地位。在一项研究中，研究这些变量通常是为了检验一个样本是否有着和总体相似的组成，从而对总体具有代表性。

辅助变量并不是研究所要探讨的现象或变量关系中的变量，但其可能会对因变量，或对自变量与因变量之间的关系产生影响。为了在研究中获得尽可能准确的效应归因，需要把这些变量纳入研究设计中加以测量并进行控制。辅助变量中常见的类型是控制变量。控制变量并不是研究的理论模型中的主角，但若研究自变量和因变量之间的关系时不考虑该变量，就有可能产生变量混淆，导致错误估计自变量对因变量的效应的情况。因此在研究中需要对控制变量的影响效应加以估计，并从自变量的影响效应中排除出去，以获得更准确的自变量效应估计，这就是所谓的统计控制法。此外，辅助变量还有可能是研究者为探索后续研究的可能方向而加入的"搭便车"变量。当预期额外加入这些辅助变量对研究不会造成影响时，如问卷不太长时考虑到充分利用研究资源，这样的辅助变量可以酌情加入。

二、量化研究设计中不同变量关系类型与适用的统计方法

根据本模块的第三章所引入的数据测量尺度的划分方法，可将量化研究中的变量划分为离散变量和连续变量两大类别，进而还可以更具体地划分为名义变量、顺序变量、等距变量和比率变量四种类型。四种类型的变量在测量结果的解

---

① Baron R M, Kenny D A. 1986. The moderator-mediator variable distinction in social psychological research: Conceptual, strategic, and statistical considerations. Journal of Personality and Social Psychology, 51 (6):1173-1182.

释中存在差异，但在数据的统计分析中，等距变量和比率变量所适用的统计分析方法并没有差异，所以通常采用连续变量这一大类别作为数据统计分析决策路径的参考，不再具体区分是等距变量还是比率变量。名义变量和顺序变量在数据统计分析中所适用的方法存在一定的差异，所以需要有所区分。上述关于变量测量尺度的分类体现在当前流行的统计软件如 SPSS 中，则是依据数据的测量尺度类型将变量划分为名义变量、顺序变量和测量变量。

在量化研究中，从数据测量尺度的角度而言，在不同的分析条件下，用于划分变量类型的常用方法就有了四分法、三分法和二分法。其中四分法即名义变量、顺序变量、等距变量和比率变量四类；三分法即名义变量、顺序变量和测量变量三类；二分法即离散变量和连续变量两类。研究者需要根据讨论问题的需要来确定采用哪种分类法更为合适。

接下来，采用最简洁的变量类型二分法给读者提供一种尝试基于变量的类型归纳自变量与因变量的关系类型及对应的适用统计方法的数据分析思路。如表 11-1 所示，根据 X 与 Y 的变量类型分为四种关系类型：Ⅰ 型（离散变量与离散变量的关系）、Ⅱ 型（离散变量与连续变量的关系）、Ⅲ 型（连续变量与离散变量的关系）、Ⅳ 型（连续变量与连续变量的关系）。每种变量关系类型在适用的统计方法和分析策略上具有一定的对应。

表 11-1　量化研究中不同变量关系类型与适用统计方法的对应

X 与 Y 的关系类型	X 变量类型	Y 变量类型	常用描述统计	常用推论统计
Ⅰ 型	离散变量	离散变量	X：次数分布 Y：次数分布 X 和 Y：列联表（交叉表） 基于卡方统计量的相关系数 （Phi 系数、Cramer's V 系数、列联系数 C）	次数分布的比较或关系模型检验： 配合度的卡方检验 独立性的卡方检验
Ⅱ 型	离散变量	连续变量	X：次数分布 Y：集中量数（均值、中位数、众数等） 差异量数（方差、标准差等） X 和 Y：Cohen's d Eta（η）相关系数 Eta 方（η^2）	数据集间比较或关系模型检验： 单样本 Z 检验或 t 检验 独立样本 Z 检验或 t 检验 相关（配对）样本 Z 检验或 t 检验 单因素方差分析 单因素重复测量的方差分析 多因素方差分析
Ⅲ 型	连续变量	离散变量	X：集中量数（均值、中位数、众数等） 差异量数（方差、标准差等） Y：次数分布	关系模型检验： Logistic 回归分析 判别分析 聚类分析

续表

X 与 Y 的关系类型	X 变量类型	Y 变量类型	常用描述统计	常用推论统计
Ⅳ型	连续变量	连续变量	X：集中量数（均值、中位数、众数等）差异量数（方差、标准差等）Y：集中量数（均值、中位数、众数等）差异量数（方差、标准差等）X 和 Y：皮尔逊相关系数、斯皮尔曼相关系数多元相关系数（R）、决定系数（R^2）	关系模型检验：线性回归分析显变量的路径分析潜变量的结构方程模型

注：表中的 X 变量和 Y 变量并不专指严格意义上的自变量和因变量，X 变量也可以是先获得的变量、预测变量、假设的影响变量等，Y 变量也可以是后获得的变量、被预测变量、假设的被影响变量等。X 和 Y 都可以包含多个具体的变量，其中 Y 变量往往是研究问题的中心变量或焦点变量，一般在一项研究中不能太多（一般不超过 3 个）

资料来源：徐云杰.2011. 社会调查设计与数据分析——从立题到发表. 重庆：重庆大学出版社.

　　此外，本模块的第一章介绍了教育研究按研究设计主要可以分为调查法、相关法和实验法三类研究。不同的研究设计类型，研究目的、研究问题的内在逻辑均不同，对应的数据分析策略也会有所不同，如表 11-2 所示。表 11-2 对不同研究类型中主要存在的变量关系类型的归类并不是绝对的，可以认为所有四种变量关系类型在所有类型的研究设计中都可能出现，表中的归纳主要是基于研究实践中常出现的情形进行的，供读者参考。

表 11-2　不同研究设计类型与数据分析策略的对应

研究设计类型	研究问题类型	X 与 Y 的主要变量关系类型	数据分析策略
调查法	现象描述和归纳	Ⅰ型、Ⅱ型、Ⅲ型	以 Y 变量的特征分析和描述为主，X 与 Y 的关系分析为辅
相关法	检验相关关系	Ⅰ型、Ⅱ型、Ⅲ型、Ⅳ型	针对假设的 X 和 Y 之间的相关关系进行检验
实验法	检验因果关系	Ⅰ型、Ⅱ型	针对假设的 X 和 Y 之间的因果关系进行检验

第二节　资料的整理与录入

一、统计软件通用的数据表格式——二维表

当前大多数通用统计软件所采用的数据管理方式都是通过二维表来组织所要分析的原始数据及分析过程中所产生的新数据。在一个二维表中，表的第一行总是用来表示属性名的，属性名在统计分析中又称为变量名或指标名。这个属性名是用来命名存储于该列中所有数值的，这也就意味着在二维表中，每一列的数值必须具有相同的属性，这些数值是变量的取值。除了第一行有专门的用途之外，二维表中每一行的不同变量值是一个整体，它们都属于同一个个案，用来表达个案的不同属性（特征）。一个个案既可以是一个个体（如一名被观测的学生），也可以是一个组织（如一所学校），这取决于观测的视角和研究的对象。在一个二维表中，每一列表达一个研究中要观测的指标，每一行表达一个研究个案的观测值，即一条记录。二维表中行和列的顺序都是可以根据分析视角的需要任意改变的，但这种改变必须同时进行整行或整列的移动，以保证不破坏二维表的数据结构。在计算机数据库系统中，二维表中的行称为"记录"，列称为"字段"。也就是说，量化研究的结果数据若组织成二维表，那么一个个案就对应数据表的一条记录，一个变量就对应数据表的一个字段。记录和字段、个案和变量这两组概念将会在后文的不同语境中使用。

除了二维表之外，我们还可以利用 WPS 表格或 Excel 这类电子表格软件来实现对研究数据的录入、管理及初步的数据整备工作。但要利用电子表格对研究数据进行管理，并能在统计分析阶段顺利地导入 SPSS 这样的统计软件中，就必须严格按照二维表的结构组织数据。也就是说，表单中的第一行必须是属性名（变量名），从第二行开始，每增加一行，就相当于增加了一个研究个案在各个属性上的实测数值（简称属性值或变量值）。当然，在实际的研究实践中，会存在没有取到某个研究个案的某个或某些变量值的情况，但该个案的其他变量值仍然有价值，在这种情况下，录入的数据记录就会在对应的变量上存在所谓的缺失值。

二、建立数据编码系统

当研究者完成一个研究的设计与规划之后，即进入研究执行阶段，开始进行数据收集工作。在这一阶段，为了保证研究数据的质量，为接下来的数据阶段分析提供良好条件，必须为数据建立编码系统。

三、数据录入

如果研究数据不是通过网络在线问卷平台，也不是通过专业的网络测评系统，或单机或联网的计算机程序获得的，那么在研究者完成数据收集工作之后，往往需要将纸质版的数据记录表的内容录入计算机，并形成便于进行数据整备和统计分析的数据二维表。

给读者推荐两种用于将纸质版数据记录表录入计算机的方案。方案一是通过 WPS 表格或 Excel 等电子表格软件，直接录入数据组成数据表。这一方案仅需数据录入员熟练掌握电子表格的基本操作技巧，几乎不需要更多的学习投入。但为了提高数据录入效率，可能还需要额外掌握一个技巧，即在"选项"或"设置"中设定"按 Enter 键后移动"的方向为"向右"（电子表格软件中这一选项的预设一般为"向下"）（图 11-1）。方案二是通过专业的数据录入软件，对应每一份数据记录表（或问卷）的题目内容及指标的数据类型，设计录入程序（或界面）。本书要给读者推荐的是 EpiData 软件。接下来，将花一些篇幅给大家提供一个简要的 EpiData 使用教程及自学指南。

图 11-1　表格软件的"选项"中"按 Enter 键后移动方向"设置界面

（一）EpiData 简介

EpiData 是一套免费的数据录入和数据管理软件系统。开发者是丹麦欧登塞（Odense）的一个非营利组织，即 EpiData 协会（The EpiData Association，官方网站为 http://www.epidata.dk/ ）。该套软件目前最新的稳定版已经发展为支持多平台（同时支持 Windows、Linux 和 Mac OS X 平台）、多组件（包括 Manager、EntryClient 和 Analysis 三个程序）的软件包。EpiData 的最新版本的交互界面得到了极大提升，所提供的功能更为强大和全面，因此增加了初学者学习的难度。

本书本着够用和易学的原则，选择介绍 EpiData 的经典版本，即 EpiData Entry。该版本的 EpiData 的开发冻结于 2008 年 1 月 27 日，仅能运行于 Windows 平台。得益于 Windows 操作系统良好的向下兼容性，如今能够完美运行于 Windows 10 系统。同时，由于该套软件的安装包仅 1M 左右，非常适合通过电子邮件、即时通信工具等进行非在线版电子问卷的发放和回收，同时也不用担心使用者所用电脑的硬件配置是否适合（只要能运行 Windows XP 以后的任何 Windows 版本）。选择介绍 EpiData Entry，还有一个理由是，该版本支持多种语言，包括中文版的软件、上手文档和详尽手册。这些版本的软件和帮助文档都可以在 Epidata 的官方网站免费下载和使用。为了表述简洁，下文用 EpiData 指代经典版的 EpiData Entry。

（二）EpiData 的基本功能及操作方法

1. 了解 EpiData 的工作流程

首先，我们来了解一下 EpiData 软件的界面元素。图 11-2 显示的 EpiData3.1 的主界面中包含了经典 Windows 应用软件界面的常用元素：窗体、菜单栏和工具栏。EpiData 的工具栏除了有和其他软件类似的快捷工具按钮栏外，在菜单栏和工具栏之间还有一个特殊的设计，我们姑且称之为"工作流程条"，如图 11-3 所示。

EpiData 的工作流程条给用户提供了一个利用 EpiData 来实现数据录入的工作流程指导，即一般可根据箭头指向的方向（打开文件→生成 REC 文件→建立 CHK 文件→数据录入→数据处理→数据导出的流程），从最左边向右边逐步完成数据录入工作。假设数据录入工作是从收集数据之前或刚收集完数据的阶段开始的，同时假设我们手头已经有了一份定稿的数据记录表（或问卷），我们需要根据这份数据记录表所对应的数据结构，着手设计 EpiData 的数据录入程序。在这种情况下，我们在 EpiData 中的工作流程就是从"打开文件"这个环节开始

图 11-2　EpiData3.1 的主界面

图 11-3　EpiData3.1 的工具栏即工作流程界面

的。但对于数据录入人员而言，若其他人已经事前设计好了数据录入文档，那他们的工作可以通过在工作流程条的第 4 步"数据录入"，或者在 Windows 的"文件资源管理器"中直接点击对应的数据文档开始数据录入工作。EpiData 的工作流程条中预设的六个工作步骤并非总是要执行完的。除了前三个步骤几乎是必须完成的之外，第 4 步在实际进行数据录入操作时才需执行，第 5 步所提供的功能并不是必需的，第 6 步要到数据录入工作完成之后才需要执行。此外，EpiData 的工作流程条在使用中可能会出现其中某个步骤呈现灰色的非激活状态，这意味着使用者当前正在操作的界面不允许直接跳转到执行对应的步骤。若需要中断当前的操作，跳到非激活的步骤，需要关闭当前操作界面，之后整个工作流程条将会全部激活，以供用户自由选择。

2. 了解 EpiData 的文件系统

EpiData 软件的应用会涉及五种文件类型，即"EpiData 调查表文件"（*.QES）、"EpiData 数据库文件"（*.REC）、"EpiData 录入质控文件"（*.CHK）、"EpiData 备忘录文件"（*.NOT）、"EpiData 日志文件"（*.LOG）。对各个文件类型的用途说明如下。

QES 文件：用于保存根据数据表的数据结构及格式所设计的录入界面方案。

REC 文件：真正的数据文件。此文件由 QES 文件生成，存储了由 QES 文件所定义的数据表结构（数据表所包含的变量名及相关的数据属性）和录入的实际数据。

CHK 文件：录入质控文件，即用于定义在录入数据过程中对数据进行核查的规则文件，可以实现对数据录入进行限制或实现某些特殊的自动化功能。

NOT 文件：用于存储在编辑录入程序（QES 文件和 CHK 文件）和录入数据过程中需要作为文本记录下来的备忘信息，属于一种辅助文件。

LOG 文件：用于记录程序在运行过程中所产生的信息，特别是其中某些运行出错的信息可以供用户作为排错的参考，也属于一种辅助文件。

对于大多数用户而言，需要掌握 QES 文件、REC 文件和 CHK 文件的编辑或操作的方法，对两种辅助文件可以不用关注，这并不会影响用户对 EpiData 主要功能的运用。

3. EpiData 的操作方法

（1）QES 文件的建立及应用

点击 EpiData 的工作流程条中的"1 打开文件"，即可在下拉列表中选择"建立新 QES 文件"或"打开 EpiData 文件"。选择"建立新 QES 文件"，将打开一个空白的 QES 文件编辑界面，这时可按照研究设计阶段编制的数据表（或问卷）的数据结构和格式开始设计数据录入界面程序（也可以理解成设计一个录入界面模板）。如果选择"打开 EpiData 文件"，则可以选择打开所有五种 EpiData 文件格式中的任何一种进行相应的编辑。下面将以调查问卷的录入为例来介绍编辑 QES 文件的基本方法。

在 QES 文件中，设计调查问卷数据录入程序的最直接方法就是将问卷中的题项直接输入到 QES 文件编辑窗口中，采用一般文本编辑软件的操作方法编辑数据录入界面。例如，可以把 QES 文件的编辑界面视为一个不分页的问卷文本文档，与记事本文档一样。但其实在很多研究实践中，问卷的文本是在发放问卷之前就已经编辑好的，一般采用 WPS 或 Word 这类文字处理软件兼容文档格式存储，如 wps 格式、doc 格式或 docx 格式。这样在 EpiData 中设计录入界面时就不再需要重新人工输入所有文字，可将一份问卷的电子文档内容复制到 QES 编辑界面中使用。但在做这样的复制时，若问卷文本中存在复杂的排版格式，如表格、文字的下划线等，则需要把问卷的文本先复制到 Windows 自带的记事本软件或其他纯文本格式的编辑器中，然后再复制到 QES 编辑窗口中。这样做的目的是通过纯文本文件的格式过滤掉原文本中可能存在的特殊排版控制符。

这样看来，EpiData 中的 QES 文件的编辑无异于日常的办公文件的纯文字输入，只是不能使用图表等复杂文本编辑。但 QES 文件真正要实现数据录入，还需要通过几个特殊的符号来自定义数据录入中用来存储数据的变量或字段。为了便于读者理解，本书把这些特殊的符号命名为"字段表达符"。一个变量的定义涉及三个属性的指定：第一个属性是变量名；第二个属性是变量的数据类型；第三个属性是变量的数据宽度。

变量的命名（字段名）要遵循的基本规则是每个变量的名称必须是英文字母开头，之后从第二个符号开始就可以用英文字母或数字及下划线等进行组合，但不能使用中文字符，如 name、grade、SES、nat1、a1、a1b、a_b 就是有效的变量名，而 a&、a#、a-b、1a 就是无效的变量名。EpiData 中实现变量命名的方法有两种：一是以调查表第一个词命名；二是使用{}内的内容指定添加字段名，可以通过菜单中文件→选项→生成 REC 文件的路径进入设置界面进行选择。软件初始安装之后默认的选项是第一种方法，即以调查表第一个词命名。这里需要解释一下，第一种方法其实是在 QES 文件中，以一行中一组英文字母开头到第一个空格前结束的一串符号来命名本行中可以用于录入数据的字段。这里所谓的"词"，是指符合英文单词排版规则的一串字符，既可以是一个真正的单词，也可以是一串符合变量命名规则的符号组合，遇空格即结束。在这种字段命名方式下，建议每行只放置一个录入题项，即只有一个字段。第二种方式便于实现在一行中放置多个字段。具体的实现方式是在 QES 文件的一行中放置第一个用大括号（{}，半角）括住的变量命名，这相当于为这一行中从左到右所遇到的第一个字段表达符指定了字段名，然后继续往右边放置第二个用"{}"括住的命名，指定接下来遇到的第一个字段表达符的字段名，以此类推。在一组"{}"和字段表达符的组合中间，无论间隔多少字符，无论间隔任何字符，都不会影响这一组的命名和字段的关系。接下来就应该介绍所谓"字段表达符"的使用方法了。

变量的数据类型（字段类型）和变量的数据宽度（字段宽度）的属性是通过在 QES 文件的文本中输入不同个数的字段表达符来同时实现的。EpiData 主要提供了数字、文本和日期三种基本的数据类型，其中数字和文本类型是最常用的。另外还提供自动 ID 号、声音提示和逻辑（是/否）三种特殊的数据类型，由于这三种数据类型的使用往往并不是必需的，或可被数字或文本类型替代，所以本书不展开介绍。

接下来介绍数字、文本和日期三种基本的数据类型字段的设定方法。在 QES 文本中，凡是遇到预定义的字段表达符，在对应的 REC 文件中自动转换为相应的字段供数据录入；凡是非字段表达符的文本，在 REC 文件中将对应呈现为不可编辑的文本，在数据录入中仅作为提示信息用。字段表达符的基本规则就是：

"#"代表 1 位数字型字段,"_"代表 1 位文本型字段,"<yyyy/mm/dd>""<dd/mm/yyyy>""<mm/dd/yyyy>"代表日期型字段的三种格式。在 QES 文件中,普通文本除了每行中的第一个"单词"或一对"{}"中所指定的变量名具有变量命名的功能之外,其他的文本仅具有原文呈现的功能,若不是用于呈现某些提示录入员的信息,如选择题中的选项代码,完全可以不用于 QES 文件中。

多个相同的"#"或"_"字段表达符连在一起则视为同一个字段,字段的宽度即符号的个数。一般应该按照要存储数据的最大长度来设置字段宽度。一连串"#"之间若插入一个".",则用来代表可录入小数的字段,小数位数由"."后面紧跟"#"的个数来设定。

在字段表达符"_"的使用中要注意的是,如果需要输入的文本型数据值是汉字,如姓名、学校名等,则需要输入的每个汉字将占据数据值的 2 位字符宽度。例如,如果需要输入 shcool 这个变量的最长数据值是"昆明冶金高等专科学校",那么这个变量至少设置的数据宽度应该是 20,即用 20 个连续的"_"表达。

日期型字段表达符的格式是固定的,只能在三种格式中选择一种。在每一种日期型字段表达符中,"yyyy"代表四位数的年份,"mm"代表两位数的月份,"dd"代表两位数的日期,这些符号的个数是固定的。例如,若要录入的日期是"2020 年 8 月 23 日",那需要在 QES 文件中用"<yyyy/mm/dd>"这个日期型字段表达符设置一个日期型字段,实际录入时应该依次输入"2020/08/23"。其中"/"符号会自动呈现,无须用户输入。

实际上,在 QES 文件的编辑过程中还可以借助于 EpiData 提供的"字段编辑器"来实现字段表达符的插入。通过字段编辑器的界面,我们可以更形象的方式在 QES 文件光标所在的位置选择插入字段的类型和宽度,以及选用的格式(如数字型的小数位数、日期型的格式)。利用"字段编辑器"进行编辑的界面如图 11-4 所示。

在进行 QES 文件的编辑时,工具栏中除了"字段编辑器"这个按钮之外,还有一个"REC 文件预览"按钮需要向读者介绍。工具栏中"▣ 🖾 ❖"三个按钮依次是"REC 文件预览""字段编辑器""编码编辑器"。"REC 文件预览"就是在 QES 文件的编辑过程中,临时把当前编辑的内容转换成数据录入界面供编写者进行预览。在这一预览界面中,其实不能实际录入数据。"编码编辑器"这一按钮的功能则是用于关闭"字段编辑器",和直接关闭"字段编辑器"的效果是相同的。图 11-5 即预览的效果。

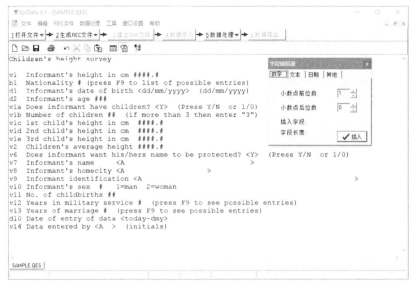

图 11-4 EpiData3.1 的"字段编辑器"界面

图 11-5 EpiData3.1 的"REC 文件预览"界面演示

当 QES 文件编辑完毕后，EpiData 工作流程条中的流程 1 即完成，则可以进入流程"2 生成 REC 文件"。

（2）REC 文件的预览与生成

"2 生成 REC 文件"这一流程提供了两种操作，一种操作是基于 QES 文件对应生成可用于录入并保存数据的 REC 数据文档，操作界面如图 11-6 所示。生成的 REC 文件既可以根据 QES 文件的文件名自动复制同样的文件名，只是文件的扩展名为".REC"，也允许用户在执行转换生成功能之前自行键入文件名。另一种操作是调用"REC 文件预览"功能，等效于 QES 编辑界面中的"REC 文件预览"按钮。

图 11-6　EpiData3.1 的"生成 REC 文件"界面演示

（3）通过 CHK 文件设置录入质检规则

EpiData 最简单的使用流程是：创建调查表文件（*.QES），在调查表文件的基础上生成数据表文件（*.REC），在数据表文件中录入数据。也就是说，EpiData 工作流程"3 建立 CHK 文件"并不是必需的操作流程。CHK 文件的功能是为用户提供一个用于实时录入质控检测的规则，若能掌握并熟练运用 CHK 文件的基本功能，则能提升数据录入的效率和质量。因此还是建议读者掌握这一功能的一些基本设置方式。

EpiData 软件最好用的一个功能是在数据输入过程中，可以指定输入范围和数据输入顺序，如某些问题只针对男性个体，则可设置为当性别字段输入的值是男性代码时，自动跳转到对应的题项。以下是对 CHK 文件编辑中常用的几种基本设置的介绍，如图 11-7 所示。

图 11-7　EpiData3.1 中"建立 CHK 文件"编辑界面演示

● "Range，Legal"用于定义允许输入数据的取值范围。数据取值范围的表达可以用两种格式：其一是列举有效的取值集合，不同取值之间用半角"，"分隔，例如，"1，2，3，a，B，男"，但这种方式不能用于设置带有小数的数字型字段。其二是通过指定数据取值区间的方式，例如，"1-100"。最小值和最大值之间用英文连接符"-"连接，代表整个区间，但这种方式只能用于数字型字段。

● "Jumps"用于设置在输入数据后决定是否跳转。用">"表示跳转的方向。例如，"0>v6"表示若本字段录入的值是"0"，则直接跳转到变量名为"v6"的题项继续录入；"0>v6，1>v10"则表示若本字段录入"0"则跳转到字段"v6"，如录入"1"则跳转到字段"v10"。

● Must enter：默认设置是"No"。如果设置为"Yes"，则必须对该字段录入一个非空的有效值，如果设置为"No"则表示该字段可以留空。这一设置一般用于某些研究中不可缺少数据的指标，如被试编号、进行性别差异研究时的性别变量、进行年级发展趋势研究时的年级变量。一般不建议随意将"Must enter"设置为"Yes"，因为在很多实证研究中，研究数据的部分缺失难以避免，只要缺失的不是关键信息，整个个案的其他数据并非就不可用。

● Repeat：默认设置是"No"。如果设置为"Yes"，那么当新建一条记录准备录入对应的数据时，EpiData将会自动复制数据表里上一条记录中同一字段的数据值，相当于重复上个记录的数值。这一自动复制得到的数值是可以修改的。这一设置往往适用于批量录入成组个案的数据，这些个案间有很多相同的信息。例如，录入来自同一学校学生的问卷数据，通常同一年级、专业或班级学生的问卷是同一批录入的，其中"学校""年级""专业""班级"所对应的字段都可以设置Repeat为"Yes"。同样，这一设置不建议随意使用。

● Value label：这一功能用于对分类数据定义数值标签，例如，"1=男"，"2=女"。若后续的数据统计分析采用SPSS软件，并不需要在数据录入阶段即定义标签。因为标签的定义在SPSS中更容易操作，并且在数据分析过程中也往往需要定义新的标签。所以笔者认为在EpiData中定义标签对提升工作效率并没有太大的帮助。

上述的各项设置功能中，"Range，legal"的设置往往是必需的，因为该设置可以帮助数据录入员降低录入错误率，保证数据质量，而其他的设置则更多用于提高录入效率，并不是非用不可的设置。

（4）通过REC文件录入数据

通过EpiData启动数据录入界面有两种方式：一种是通过在工作流程条中选择"4数据录入"启动，另一种是在Windows的文件资源管理器中直接点击对应的REC文档启动。数据录入的基本操作与计算机系统中其他表单的填写方式大同小异，用户很容易上手，在此不再赘述。EpiData数据录入界面的窗口左下部有一个数据记录导航条（图11-8），在此主要结合记录导航条的功能就三个方面的操作向读者做简单介绍。

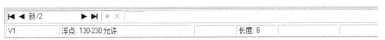

图11-8　EpiData3.1中"数据录入"并"将记录存盘"界面演示

● 数据存盘：当一个个案的数据（一条记录）录完最后一个字段时，EpiData 会自动弹出一个对话框提示是否存盘；若对一条已经存储过的记录进行过修改，当通过记录导航条的按钮前后移动当前记录时，EpiData 也会提示是否存盘。

● 数据修改：可以通过记录导航条上的按钮前后移动，调出已录入的不同记录进行修改。

● 数据删除：记录导航条上的删除按钮提供了对某条记录进行逻辑删除的功能。出于对数据保护的设计，在录入或修改数据操作时并不会真正执行对记录的删除操作，而只是对记录做一个删除标记。若有红色字体的"DEL"显示，即表示当前记录已经被标记为删除。对于同一条记录，再次点击删除按钮即可取消逻辑删除。在导出数据阶段，就可以选择是否导出被做过删除标记的数据，从而实现对数据记录的实际删除。

（5）数据处理和数据导出

对于 EpiData 的工作流程条中"5 数据处理"和"6 数据导出"（图 11-9）两个阶段的功能，读者很容易通过软件操作界面中的信息掌握基本的操作方法，在此就不再做全面详细的文字说明了，主要向读者介绍 EpiData 的两项实用特色功能。

图 11-9　EpiData3.1 中"数据处理"和"数据导出"界面演示

● 比较两个数据文件的差异：此项功能适合对数据录入质量要求高的研究。使用此项功能的前提是数据录入采用"双录入"方案，即同一份数据表（问卷）分别由两名录入员录入两次。录完一组数据之后，对两份 REC 文件进行一致性检验，若发现其中有记录存在录入数据上的差异，就会给出提示，以便数据使用者查错。这种设计背后的假设是同一份数据分别由两名录入员录入，同时出现相同错误的概率极低。因此，只要两份数据完全相同，存在录入错误的概率也极低。只要两份数据对不上，那至少有一名录入员出错了。数据录入时并不要求两名录入员对不同记录的录入顺序相同，但每条记录中必须有一个字段（变量）的取值属于唯一识别的取值（一般为 ID 号），这个字段即关键字段。

● 数据导出：EpiData 在工作流程"6 数据导出"中总共提出了六种 REC 格式之外可导出的数据文档格式，分别支持不同的数据处理软件或统计分析软件。鉴于 EpiData 导出数据到 SPSS 格式并不是以直接方式实现的，用户在使用时需要具有在 SPSS 中使用 Syntax 语法编辑器运行语句的经验。因此，建议读者选择 EpiData 中数据文件导出功能中的"导出为 XLS 文件（Excel 文件）"选项，直接将数据导出为一个独立的 Excel 文档，然后用 SPSS 等统计软件的数据导入功能从 Excel 文档中导入数据进行后续的数据整备及统计分析工作。

四、数据质量检核和数据整备

（一）数据质量检核

数据质量检核可以分为过程检核和终点检核两个阶段。[1]过程检核通常是在数据录入过程中有计划地对数据进行检查核对，这种检核方式可以采用定点或定时，甚至二者并用的方式来计划。其中定点检核是指根据数据输入工作的流程，在适当的环节进行数据检查。例如，每输入一个分组（如班级）的数据即进行一次数据检查，确认数据表里的某些指标与已知的其他资料（如某些人口统计学资料）相符合。再如，数据在不同处理人员之间交接时，要求进行数据检核，以降低数据在转手过程中出现错误的概率，确认责任的归属。定时检核则是以时间为单位，在特定的时段对数据进行检查。例如，每日工作结束前，或数据录入期间，每间隔一段时间进行数据检查。

终点检核是在数据录入计算机后所开展的数据检核工作。具体来讲，数据的录入工作通常是分批、分人进行的，不同来源的数据必须经过合并。所以终点检核是对合并后的全部数据进行全面检查和必要且合理的修订，最大限度地保证统计分析阶段所用数据的质量。终点检核一般借助统计软件或电子表格软件所提供的数据表处理功能来进行，通常从可能性检查（合法性检查）和逻辑性检查两方面进行。可能性检查主要对数据格式进行确认，针对每一个题目、每一个变量检查是否有超过规定范围的数据，或者是否有根据同类研究的经验可以判定为无效数据的数值甚至是无效的个案。例如，利克特量表中所有题项都选择了同一个数字。可能性检查通常参考次数分布表进行判断。逻辑性检查则涉及数据结构的检查，通常需要同时考虑多个变量，由研究者根据研究设计设定检查的条件进行检

---

① 邱皓政. 2013. 量化研究与统计分析——SPSS（PASW）数据分析范例解析. 重庆：重庆大学出版社.

验。例如，检查一个连续型变量的数据分布是否符合正态分布，是否具有特殊的偏离值，通过两个变量的散点图来检查数据的二维分布情况，通过列联表来检查两个分类变量组合的人数分布是否合理。

（二）数据整备

数据整备主要涉及遗漏值处理、偏离值检测、数据转换三个方面。

1. 遗漏值处理

遗漏值或不完全数据可以说是量化研究中最容易出现且会干扰结果分析的一个问题。遗漏值发生的原因有很多，除了作答过程中的疏忽、因不明题意漏答、拒绝作答等因素之外，数据录入人员在操作中的失误亦可能被迫转换成遗漏值来处理。遗漏产生的最大影响是样本的流失，因此如何在对分析结果影响最小的情况下予以补救，成为数据整备工作中需要重点考虑的问题之一。SPSS 软件专门在变量定义的功能中为用户提供了通过自定义不同编码来标记不同遗漏原因的功能，若用户不自行定义遗漏值对应的代码，也可以在数据存储类型为数值型时留空不录入数据，则会被软件识别为系统默认的遗漏值代码。具体参见 SPSS 数据窗口界面中的"变量视图"的设置功能。

关于遗漏值的处理，若能在研究计划阶段、数据收集和录入阶段进行事前预防，则能够最大限度地降低由数据遗漏带来的损失。但若没能在数据收集过程中避免遗漏值的出现，则只能在数据整备阶段通过合理的统计学手段弥补遗漏值带来的损失。在数据整备中，最常用的两种遗漏值处理策略分别是删除法和取代法。

当发现有遗漏数据时，最简单的处理方法是将存在遗漏值的个案数据删除，只保留所有指标都完整的个案数据做分析之用。这种处理称为完全删除法或全列删除法，经此法处理后的数据表将没有任何遗漏值，因此又称为完全数据分析。如果在进行某种统计分析时，仅对所涉及变量的遗漏值计算时临时加以排除，称为配对删除法。配对删除法需要在进行统计分析中灵活进行，因此一般不采用人工提前删除数据的方法。在 SPSS 软件中，很多统计功能模块都在交互对话框中提供了"选项"按钮，允许用户自行确定用这两种缺失删除功能中的某一种，一般对于系统性原因导致的遗漏值，删除方式采用"按对排除个案"，即配对删除法。并且，SPSS 软件自动执行的遗漏值删除并不会真正把个案从数据表中删除，只是在软件进行统计计算之前临时排除涉及的个案数据，使之不参与计算，是一种数据安全的操作设计。对两种遗漏值处理方法进行对比，若采取全列删除法会删除较多的数据，但同时能够保留最完整的数据，从而各种分析都有相同的样本数，整个研究的统计检验力更稳定；若采取配对删除法，虽然样本数保留的比全列删除法多，但是每一次分析涉及的样本数都可能有所不同，整个研究的统计检验力也会产生变动。但是无论采用哪一种删除法，都会造成统计检验力的降低。

取代法是一种可以保持数据统计检验力的方法。取代法其实就是对遗漏数据进行补漏。补漏方法有很多种，其中最简单的一种是根据相关测量或题目进行类比的逻辑推理法，即将遗漏值以最有可能出现的答案进行填补。通常在一份测验中，相似的题目会出现多次，因此数据处理人员可以依据其他的答案分析遗漏的数值。此外，对于有些漏填的答案，可以通过其他的线索来分析，如性别的遗漏可以从受测者所属班级的统计信息（男女生人数）、填答的反应情形、字迹等线索来分析。此外，还可以根据心理测量学或统计学原理给出填补遗漏值的数值，最常用的有以下三种。

第一种是中间数取代法。当无法分析答案时，填补数值最简单的方法是采用量表题项的中性数值。例如，当量表是采用利克特4点尺度设计时，补入中间数值2.5；为5点尺度时，补入中间值3（代表态度中立）。但这种中间数取代法并不适合于所有采用利克特测量尺度设计的心理量表。例如，某些用于度量症状严重程度的临床心理量表，虽然题项采用了利克特5点尺度设计，但若用中值3来填充，则可能代表处于阳性症状的水平了。

第二种是平均数取代法。以一个变量已有数据的平均值来替代遗漏值，称为直接平均数取代法。这种方法适用于对全体样本的所有数值进行估计，可以反映全体样本中的个案在该题上的集中趋势，但可能会在一定程度上减小数据分布的标准差。总体来讲，这种方法通常较中间数取代法更为合理。另一种更为精确的方法，是取受测试者所属类别的平均数作为估计值，如此不仅能反映该题的集中趋势，更能反映该名受测试者所属的族群特性，估计可能答案，称为分层平均数取代法。例如，某受测者在某项连续型指标上有遗漏值，则取该样本在该项目上的平均数作为遗漏值的替代性测量值。此方法在 SPSS 软件中可以通过菜单"转换→替换缺失值"的功能模块来实现。

第三种是回归估计法。此方法运用统计回归预测的原理，以其他变量为预测变量，以有遗漏值的变量为被预测变量，进行回归分析，建立一套预测方程式，然后代入该名受测者的预测变量数值，求出有遗漏值变量的数值。此方法以回归方程式来估计，较平均数取代法而言，考虑到了变量与其他变量的共变关系，精确度得以提高。但是，回归分析的过程较为复杂，不同的变量出现遗漏值，即需要进行一次回归分析，并代入其他变量的数值以求出估计值，计算过程比较烦琐、耗时。

2. 偏离值检测

偏离值是指变量中偏离正常分布（在教育研究中大多数行为指标都以正态部分为参照）、不寻常的数值，也就是与多数受测者的反应数值极端不同的情况。例如，某一个学生样本中，考试成绩均值为 70 分，标准差为 10 分，而某一位受测者的成绩为 35 分，居三个标准差之外，即属于偏离值。严重的偏离情形，又称为极端值。以薪资为例，某个行业 99% 的普通岗位员工的月薪介于 8000 元和 15 000 元之间，但某一位受测者的月薪为 30 000 元以上，即属于极端值。

偏离值的检测主要通过图表法进行。在 SPSS 软件中，首先可以通过"分析→描述统计→频率"来获得次数分布表，观察样本中各连续型变量取值的分布情况，特别是其中低值部分和高值部分的次数分布是否符合理论分布的预期，但这一方法在样本很大同时取值范围较大时可能不够实用。另外一种偏离值的检测方法是通过 SPSS 软件中的"分析→描述统计→探索"来检测偏离值。利用"探索"功能模块，既可以通过箱形图查看偏离值偏离的程度及对应的个案编号，还可以对样本数据是否来自正态分布总体进行显著性检验。

对检测出的偏离值如何处理？可以根据三种可能的来源选择不同的处理方法。对于偏离值的产生，首先，要检查是否为人为疏忽导致的，如录入人员输入了错误的数值，可以通过重新调阅原始资料进行研判和修正。其次，偏离亦有可能是被试胡乱作答的结果，此时多通过去除偏离值（转换成遗漏值）来处理。然而，如何判定该偏离值是胡乱作答还是真实作答，研究者在除去该偏离值前应进行分析与确认。最后，对于可能来源于非人为造成的偏离值，已有文献提供了多种供选择的处理方法。由于这些方法较为复杂，在此就不再展开介绍。如果样本数庞大，删除该偏离值不会影响数据分析，建议采用去除法来处理。如果为维护样本数，则可采取合并组的方式，将超过某一数值的极端值合并为一组，以降低极端值的影响。例如，将标准差超过 3 的数值一律转换成标准分数为 3 的数值。此外，亦可采取数学转换法，即将存在极端值的原始观测数据代入数学公式（如对数函数）处理，以减少极端数值对统计分析的影响。

3. 数据转换

数据整备阶段涉及的数据转换用于在原有变量指标的基础上，根据某种规则产生新的变量指标，主要涉及两类操作。

其一为重编码，即通过对已有离散变量进行代码规则转换，获得新的离散变量，或者根据特定的规则将已有连续变量转换为离散变量。在重编码的数据操作中，目标变量均为离散变量，而源变量既可以是离散变量，如学历组别的人数太少，进行分组对照分析前，可将学历这一变量由原来的"小学、初中、高中（中专）、专科、本科、硕士、博士"七组重编码为"初中及以下、高中（中专）、大学、研究生"四组，也可以是连续变量，如将考试成绩这一连续变量转换为取值为"优、良、中、差"四个等级的顺序变量。在 SPSS 软件中，可以通过"转换→重编码为不同变量"菜单操作顺序调用重编码的功能模块来实现。

其二为计算变量，一般用于将连续型源变量代入四则运算公式或某数学函数计算获得新的结果数据，所得到的目标变量通常也是连续型变量。在 SPSS 软件中，计算变量可以通过"转换→计算变量"菜单操作顺序调用计算变量的功能模块来实现。这一操作的技术要点在于按照计算机的常用规则正确写出计算的数学表达式。

第三节　调查研究数据的统计分析

一、填空题数据的统计分析

在问卷设计中，填空题这种题型属于结构化的开放式问题，即向受测者呈现的问题是预先设计好的固定问题，受测者的回答有一定的预设范围，但也无法预设具体的回答内容。根据填空题获得的回答内容的量化特征，可以将其分为文本型填空题和数值型填空题两种类型。

通过文本型填空题获得的数据为质性数据，通常需要通过内容分析法进一步将其转换为数值数据，这样才能进行统计分析。这种经过文本内容编码转换获得的数值数据，通常只能进行最基本的描述统计，统计结果多用于佐证文本性的讨论。当然，通过文本型填空题获得的文本数据，也可以不进行数值转换，而是直接采用质性方法进行概念性的分析与意义建构。

通过数值型填空题获得的数据通常为量化数据，可能是顺序数据、等距数据，也可能是比率数据，取决于具体问题的内容。从数据分析的角度来看，数值型的开放式填空题由受测者自行填写答案，不受限于固定的格式，可以提高变量的变异度和测量的精密度。在进行分析时，不仅可以计算出平均数、标准差等统计量数，也适用于较多的统计分析技术，有其统计分析方法上的优势。下面举一数值型填空题和对应统计分析结果的例子。

你上学期期末考试的英语成绩是_____。

假设通过上述问题收集到 100 份数据，进行描述统计分析的结果如表 11-3 所示。在本例中，若还已知某一外部的参照标准，如全市高三学生上学期期末统测的平均成绩是 75 分，并且全市英语统测成绩呈正态分布。假设这 100 名学生随机抽取自某所学校高三年级，那么根据这一样本推断该校学生的平均水平相对全市平均水平是否有系统性的差异，则可以通过单样本 t 检验进行推论统计。在 SPSS 软件中的菜单操作顺序为：分析→比较平均值→单样本 t 检验（检验值设定为 75）。得到的主要输出结果为：$t=6.405$，$df=99$，$p=0.000$。可以得到的统计推断结论就是，此样本所代表的学校在上学期全市高三学生期末统测中英语的平均成绩显著优于全市平均水平。

表 11-3　100 名学生答题结果的描述统计示例

指标	N	最小值	最大值	M	SD	偏态系数	峰度系数
英语成绩	100	62	98	79.5	7.026	0.13	−0.036

二、单选题数据的统计分析

单选题的设计方式通常是问一个问题，然后提供两个或两个以上的选项，受测者必须从这些选项中选出一个作为答案。这种题型结构最简单，也是调查问卷中最常使用的题型，通常用于进行类别性测量，例如，性别、教育背景、居住地区等。单选题多应用于对人口统计学变量或事实性问题的测量，其中事实性问题主要指受测者能自我认识到的情况或自身行为习惯等，但不能是抽象的构念。例如，单选题可以问教师最常使用的教学方法、个人每天锻炼的时段等。因为这类信息在研究中通常属于基本情况数据，所以对这些变量的测量多以封闭性问题来设问，以实现直接量化。单选题要求受测者对问题做出唯一的选择，因此选项的设计要符合两个基本要求：一是选项间必须是完全互斥的；二是选项能够包括所有可能的选择，以避免受测者填答时遇到困难。对于有些题目，研究者无法将所有可能设计到选项中，因此在最后需要增加"其他"选项。设置最后一个选项为"其他"时，还可以附加一个填空题的设计，使填答者可以将选项之外的答案填在问卷上。受测者所填注的"其他"选项的附加填空题，其数据为文本型数据，往往无法与选答选项的数据一起处理，只能专门进行内容分析或质性分析。并且，若不是测试者和受测者面对面施测，大规模的问卷调查通常难以获得受测者的主动填答数据。因此除非确有必要，一般问卷设计均不鼓励使用"其他"并附加填空题的设计方式。

通过单选题获得的数据为名义变量或顺序变量，即都是离散变量，所以对单选题数据的基本描述统计一般是进行频次分析，获得频次和频率（或百分比）。进一步的统计分析，则可以结合两道单选题所测量的结果来构建列联表。由两道单选题构建的列联表若要形成一个有意义的研究问题，通常是其一为人口统计学变量，其二为研究主题下的某个现实性问题。例如，由受测试教师的性别及其教学方法选择偏好的两道单选题交叉分类获得的列联表。在这种分析角度下还可以采用列联表的 χ^2 独立性检验进行推论统计。下面举两个单选题数据统计分析结果的例子，如表 11-4 和表 11-5 所示。

表 11-4　年轻教师认为在学校开展学科教学的最大困难

选项	人次	占比/%
领导重视不够	50	4.0
缺乏相应的推动和鼓励政策	360	28.7
专业引领力量薄弱	268	21.3
学生缺乏学习兴趣	434	34.6
自身能力不足	99	7.9
其他	40	3.2
未填写	5	0.4
合计	1256	

注：因四舍五入，个别数据之和不等于100%。下同

表 11-5　年轻教师选择从教的主要原因

选项	男		女		合计	
	人数	占比/%	人数	占比/%	人数	占比/%
发挥我的特长	54	33.1	54	18.4	108	23.6
工作稳定、福利有保障且有寒暑假	24	14.7	77	26.2	101	22.1
能锻炼自己各方面的能力	54	33.1	123	41.8	177	38.7
找不到合适的工作，只好暂时先当老师	29	17.8	28	9.5	57	12.5
说不清楚	1	0.6	10	3.4	11	2.4
其他	1	0.6	2	0.7	3	0.7
合计	163		294		457	

结果分析：根据年轻教师选择从事教师职业考虑的第一因素的调查结

果，最主要的三个因素依次是"能锻炼自己各方面的能力"、"发挥我的特长"和"工作稳定、福利有保障且有寒暑假"。其中41.8%的女教师将"能锻炼自己各方面的能力"作为第一因素，而66.2%的男教师将"发挥我的特长"或"能锻炼自己各方面的能力"作为第一因素。这两个因素均为内部动机因素。在外部动机因素"工作稳定、福利有保障且有寒暑假"上，也存在明显的差异，男教师选择该项的比例比女教师少了11.5个百分点。为了进一步推断在总体上男女教师在选择从教考虑的因素上是否存在性别差异，采用了卡方检验进行分析，结果表明：$\chi^2=27.100$，$df=5$，$p=0<0.01$。因此，可以认为中小学教师选择从教考虑的第一因素在总体上存在性别差异。

三、多选题数据的统计分析

在问卷设计中，多选题又称复选题，允许受测者从多个选项中选出两个或两个以上的答案。这种题型也属于类别性测量，获得的数据为离散数据。我们可以把多选题理解为多个有相互联系的单选题的集合。因此，为了便于在SPSS等统计软件中对多选题的结果进行统计分析，需要将每道多选题的选项视为一个变量（指标），在进行统计分析时，再将同一道题的多个选项对应的变量定义为一个变量集，以能够作为一个整体进行统计分析。一般情况下，每个代表选项的变量仅能有两个取值，即0和1，分别代表选中和未选中。SPSS软件专门为多选题设计了一个菜单组，命名为"多重响应"（multiple response）。该菜单组初试状态时必须先为每道多选题分别定义对应的变量集，有了定义好的变量集之后，才能激活为多选题设计的频次分析和列联表功能菜单。下面演示在SPSS软件中进行多选题分析的菜单操作过程及最后得到的统计表。

问卷中的题目设计如下：

> 在进行教学设计时，你感到困难较多的环节是（可多选）（　　　）
>
> A. 教学目标的细化　　　　B. 不了解学生
>
> C. 教学方法的选择　　　　D. 缺乏资源和条件
>
> E. 评价方式的设计　　　　F. 教学内容的分析和把握
>
> G. 教学目标、内容、策略、评价的整体搭配设计
>
> H. 其他

SPSS软件的对话框的主要操作流程如图11-10所示，具体如下。

分析→多重响应→定义变量集

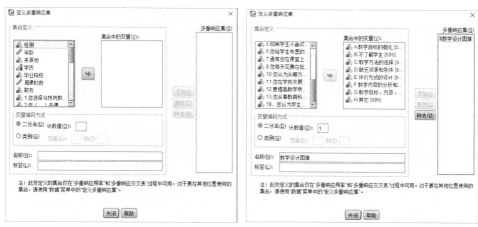

图 11-10　SPSS 中"定义多重响应集"操作界面演示

采用上述步骤定义好变量集、激活频率分析菜单和列联表菜单后，即可进行相应的统计分析。上面的例子在定义好变量集之后，通过频率分析模块进行统计计算并整理表格之后，得到如表 11-6 所示的结果。进一步结合性别变量，通过列联表模块进行统计计算并整理表格之后，得到如表 11-7 所示的结果。

表 11-6　受访教师自述在开展教学设计时感到困难较多的环节

选项	人数	占比/%
A. 教学目标的细化	342	27.4
B. 不了解学生	211	16.9
C. 教学方法的选择	450	36.0
D. 缺乏资源和条件	692	55.4
E. 评价方式的设计	198	15.9
F. 教学内容的分析和把握	408	32.7
G. 教学目标、内容、策略、评价的整体搭配设计	526	42.1
H. 其他	8	0.6

注：本题为多选题，占比按选择了该项目的人数占总人数的比例来计算

表 11-7　受访教师自述在开展教学设计时感到困难较多环节的性别差异比较

选项	男		女		合计	
	人数	占比/%	人数	占比/%	人数	占比/%
A. 教学目标的细化	42	36.2	74	63.8	116	100
B. 不了解学生	22	29.3	53	70.7	75	100
C. 教学方法的选择	52	32.5	108	67.5	160	100

续表

选项	男		女		合计	
	人数	占比/%	人数	占比/%	人数	占比/%
D. 缺乏资源和条件	91	35.1	168	64.9	259	100
E. 评价方式的设计	28	41.2	40	58.8	68	100
F. 教学内容的分析和把握	53	34.4	101	65.6	154	100
G. 教学目标、内容、策略、评价的整体搭配设计	69	35.0	128	65.0	197	100
H. 其他	1	100.0	0	0.0	1	100
合计	358		672		1030	

注：表中的占比即男教师或女教师选择该选项的人数占总人数的比例

四、排序题数据的统计分析

排序题类似多选题，也可将其视为多个有相互联系的单选题的集合，只是它们之间的组合还包含了排列的顺序。排序题的分析方法与题项的设计格式有关，下面介绍一种常见的排序题设计格式及对应的数据统计方法。如下面的题目例子，这种排序题的设计格式相当于一道填空题，只是通过题目上下文的提示，提供多个允许同时选择的选项，要求受测者在题目空格处填答所选择的选项及选项的顺序位置。对于这样的排序题，数据录入时的关键在于需要为每个顺序位置对应设置一个变量来表达。与前述多选题的不同之处在于，在多选题对应的变量集中，每个变量代表一个选项，其有效取值仅有两个，用于代表选中或未选中。在排序题对应的变量集中，每个变量代表一个顺位，变量的有效取值范围是选项对应的代码值范围。例如，下题中，需要在数据表中设置 6 个变量（如用 I15_1 到 I15_6 分别命名问卷中第 15 题的 6 个顺位对应的变量），每个变量的取值为 A、B、C、D、E 和 F 中的一个（也可以用 1—6 的整数作为选项代码录入，效率会更高）。

请把你参加过的教科研活动按照频繁程度由高到低排序____。

A. 教学观摩　　 B. 说课评课　　 C. 编写校本课程

D. 开展教学实验　 E. 学术讲座　　 F. 参与课题研究

在 SPSS 软件中对上面例子对应的测量数据进行统计分析，将要用到的统计功能模块是"频率"，具体的操作流程如图 11-11 所示，具体如下。

分析→描述统计→频率

图 11-11　SPSS 中"频率"统计操作界面演示

对 SPSS 软件输出的表格进行整理之后，可得到表 11-8。

表 11-8　受访教师自述参加教研活动按频繁程度由高到低排序结果统计

选项	第一顺位		第二顺位		第三顺位		第四顺位		第五顺位		第六顺位	
	人数	占比/%	人数	占比/%	人数	占比/%	人数	占比/%	人数	占比/%	人数	占比/%
教学观摩	286	62.2	95	20.7	28	6.1	8	1.7	6	1.3	8	1.7
说课评课	116	25.2	220	47.8	48	10.4	31	6.7	10	2.2	8	1.7
编写校本课程	11	2.4	25	5.4	30	6.5	46	10.0	68	14.8	120	26.1
开展教学实验	14	3.0	36	7.8	151	32.8	96	20.9	40	8.7	10	2.2
学术讲座	10	2.2	35	7.6	62	13.5	77	16.7	90	19.6	57	12.4
参与课题研究	13	2.8	18	3.9	59	12.8	65	14.1	90	19.6	88	19.1
未填	10	2.2	31	6.7	82	17.8	137	29.8	156	33.9	169	36.7
合计	460		460		460		460		460		460	

在 SPSS 软件中对上面例子对应的测量数据进行统计分析，可以通过"频率"与"拆分文件"两个功能模块的组合，实现类似列联表的分析。SPSS 软件中对话框操作的主要流程如图 11-12 所示，具体如下。

数据→拆分文件→比较组

图 11-12　SPSS 中"拆分文件"操作界面演示

再用 SPSS 软件中的频率分析模块，按各个顺位变量分别统计各个选项选择结果的频率分布表，最后再将不同顺位在各个选项上的选择频率分布表整合在一起。操作过程同样是分析→描述统计→频率。将 SPSS 软件输出的表格进行整理之后，可得到表 11-9。

表 11-9　受访教师自述参加教研活动按频繁程度由高到低排序的性别差异比较

性别	选项	第一顺位		第二顺位		第三顺位	
		人数	占比/%	人数	占比/%	人数	占比/%
男	教学观摩	90	54.9	35	21.3	13	7.9
	说课评课	48	29.3	72	43.9	17	10.4
	编写校本课程	4	2.4	10	6.1	17	10.4
	开展教学实验	9	5.5	15	9.1	54	32.9
	学术讲座	5	3.0	11	6.7	15	9.1
	参与课题研究	6	3.7	9	5.5	21	12.8
	未填写	2	1.2	12	7.3	27	16.5
	合计	164		164		164	

续表

性别	选项	第一顺位		第二顺位		第三顺位	
		人数	占比/%	人数	占比/%	人数	占比/%
女	教学观摩	194	66.0	60	20.4	15	5.1
	说课评课	68	23.1	146	49.7	31	10.5
	编写校本课程	7	2.4	15	5.1	13	4.4
	开展教学实验	5	1.7	21	7.1	97	33.0
	学术讲座	5	1.7	24	8.2	46	15.6
	参与课题研究	7	2.4	9	3.1	38	12.9
	未填写	8	2.7	19	6.5	54	18.4
	合计	294		294		294	

第四节　相关研究数据的统计分析

两个变量，如 X 和 Y 有一些依赖关系，由 X 可以部分地决定 Y 的值，但这种决定往往不是很确切。例如，若用 X 表示某人的身高，用 Y 表示其体重，一般来说，当 X 大时，Y 也倾向于大，但由 X 不能严格地决定 Y。变量之间的这种关系称为相关关系，这是理解相关研究方法的统计学基础。其实这种两个变量之间的所谓两两相关只是相关关系中的基本形式，当然也是最容易理解的相关关系。除了度量 X 和 Y 两个变量之间的两两相关之外，还可以度量一组 X_i 和一个 Y 之间的相关，即多元相关 R 系数。方差分析模型和回归模型都可以被视为进一步研究复杂相关关系的有力工具。下文介绍的三种相关研究的数据分析策略，分别从两个变量之间两两相关的统计度量、离散变量与连续变量之间的关系分析、连续变量和连续变量之间的关系分析三个研究视角或问题类型来展开。

一、相关系数的应用

基本描述统计中分别以平均数和标准差为集中量数和差异量数的代表，描述的都是单一变量的分布规律。在教育研究实践中，常常会碰到需要同时考虑从一个现象的两个或多个方面、从现象的多种特征间的关联性来看现象的变化规律的情况，这就要研究这种现象多个特征变量间的相互关系。我们把现象的两种或多种特征变量（指标）间在统计学意义上的相互关联性称为相关，描述相关程度的统计量数叫相关量数，具体表现为不同适用条件下所定义的相关系数。

两个变量之间的两两相关即双变量相关是相关关系中最基础和最常用的相关形式，下文将介绍几种主要的双变量相关系数的适用条件和它们在 SPSS 软件中的计算方法。

在统计学中，求不同测量类型的变量组合之间相关系数的方法不一样，概述如下：①两个变量都属于连续变量，且两变量数值的分布在总体上都呈正态或近似正态分布，则皮尔逊积差相关系数就是反映这两个变量之间相关性的最佳相关量数；②两个变量都属于连续变量，两变量中至少有一个的数值分布在总体上严重偏离正态分布，或者在总体上的数值分布特征不能确定，则适合采用斯皮尔曼等级相关系数；③两个变量都属于顺序变量，或其中一个属于连续变量，另一个属于顺序变量，同样适合采用斯皮尔曼等级相关系数；④两个变量中一个为连续变量，且数值总体上呈正态或近似正态分布，另一个为二分名义变量或顺序变量，则适合采用点二列相关系数，也可以将其中的二分变量转换为取值为 0 或 1 的虚拟变量，然后采用皮尔逊积差相关系数来度量二者之间的相关性；⑤两个变量中一个为名义变量（分类变量），另一个为连续变量，适合采用 Eta 系数（η 系数）来度量二者之间的相关性；⑥两个变量都是二分名义变量，适合采用 Phi 系数（Φ 系数）来度量二者之间的相关性；⑦两个名义变量构成一个 R 行×C 列的列联表，适合采用列联系数或 V 系数来度量二者之间的相关性。我们可以将上述几种常用相关系数的适用条件及在 SPSS 中的获得方法概括为表 11-10。

表 11-10　几种常用相关系数的适用条件及在 SPSS 中的获得方法

相关系数或关联系数	使用条件	SPSS 中菜单操作流程
皮尔逊积差相关系数	X 和 Y 都是正态分布的连续变量	分析→相关→双变量：相关系数栏选 Pearson
斯皮尔曼等级相关系数	X 和 Y 都是连续变量，但其中至少有一个为非正态分布，或总体分布形态不能确定 X 或 Y 中至少一个是顺序变量，另外一个为顺序变量或连续变量	分析→相关→双变量：相关系数栏选 Spearman
点二列相关系数	X 和 Y 中有一个变量是正态分布的连续变量，另一个为二分名义变量。当其中二分名义变量虚拟化为取值为 0 或 1 的变量时，X 和 Y 的皮尔逊积差相关系数等价于点二列相关系数	1. 其中的二分名义变量必须设置为取值为 0 或 1 的虚拟变量 2. 分析→相关→双变量：相关系数栏选 Pearson

相关系数或关联系数	使用条件	SPSS 中菜单操作流程
Eta 系数（η 系数）	X 和 Y 中一个是名义变量（分类变量），另一个是连续变量	方法 1：分析→比较平均值→平均值→选项：选择上 Anova 表和 Eta 选项 方法 2：分析→描述统计→交叉表格→统计量：选择上 Eta 选项
Phi 系数（Φ 系数）	X 和 Y 都是二分名义变量	分析→描述统计→交叉表格→统计量：选择上 Phi 和 Cramer V 选项
列联系数或 V 系数	X 和 Y 两个名义变量构成一个 R 行×C 列的列联表	分析→描述统计→交叉表格→统计量：选择上 Phi 和 Cramer V 选项及相依系数选项

1. 皮尔逊积差相关系数

皮尔逊积差相关适用于属于等距或等比变量的数据。求积差相关系数的基本公式为

$$r = \frac{\sum xy}{n \cdot S_X S_Y} = \frac{\sum \left(X - \overline{X}\right)\left(Y - \overline{Y}\right)}{n \cdot S_X S_Y} \tag{11-1}$$

式中，x、y 分别为 X、Y 两组原始观测值与其平均值之差：$x = X - \overline{X}$，$y = Y - \overline{Y}$；n 为观测的原始分值的成对数；S_X 和 S_Y 分别表示两列变量的标准差。

例 1 对某班 10 名学生的计数能力和记忆能力加以测试，每名学生两种能力的得分及基本统计分析结果如表 11-11 和表 11-12 所示。问儿童的计数能力与记忆能力间的一致性程度有多大？

表 11-11　某班 10 名儿童计数与记忆能力得分模拟数据

儿童编号	1	2	3	4	5	6	7	8	9	10
计数能力	59	56	60	61	62	65	67	71	71	74
记忆能力	28	34	26	32	30	30	28	34	36	40

表 11-12　某班 10 名儿童计数与记忆能力得分的描述统计及相关分析结果

测量指标	M	SD	r	p
计数能力	64.6	6.0	0.615	0.059
记忆能力	31.8	4.3		

相关程度与一致性程度密切联系，相关程度越高，一致性程度就越高，因此可用这两个变量间的相关系数来定量描述其一致性程度。根据相关心理学理论，各种能力在总体上一般呈正态分布，因此可判断本例适合采用皮尔逊积差相关系

数来度量两个变量之间的一致性程度。将上述数据代入公式或运用 SPSS 统计软件进行分析，得到 $r=0.615$，对该相关系数进行显著性检验，结果表明 $p=0.059>0.05$，即此样本相关系数在总体上不显著。据此得到统计分析的结论，即该班 10 名儿童所代表的儿童总体在计数能力与记忆能力间的一致性如何，无法通过此样本数据来获得确定性结论。也就是说，无法确定这些孩子的计数能力和记忆能力之间是否存在关联。

2. 斯皮尔曼等级相关系数

等级相关是指在计算相关系数时，只凭二列变量中各变量所处的等级（顺序）位置来计算的相关系数。等级相关可简称为斯皮尔曼相关，适用于属于顺序变量的数据。

用于计算等级相关系数的公式为

$$r_R = 1 - \frac{6\sum D^2}{N(N^2-1)} \tag{11-2}$$

式中，N 为成对变量的对数，D 为成对变量间的等级差值。

例 2　有 8 名同龄儿童的身高和跳远成绩的资料，问儿童的身高与跳远成绩间有无密切联系？

在该例中，将数据（表 11-13）代入公式或运用 SPSS 统计软件进行分析，得到 $r_R=0.833$，对该相关系数进行显著性检验，结果表明 $p=0.010<0.05$，即此样本相关系数在总体上显著。我们可以认为这 8 名儿童所代表的儿童总体的身高与跳远成绩之间有密切关系，即个子较高的跳得远一些。

表 11-13　某班一年级 8 名儿童身高和跳远成绩排名的模拟数据

学生编号	1	2	3	4	5	6	7	8
身高排名	7	4	3	8	1	2	6	5
跳远排名	7	5	4	8	2	1	3	6

3. 点二列相关系数

在两列变量中，一列变量属于总体呈正态分布的连续变量，另一列为二分名义变量，若要分析这两类变量间的相关程度，就必须使用点二列相关法。

点二列相关系数的计算公式为

$$r_{pb} = \frac{\overline{Y}_p - \overline{Y}_q}{S_y} \cdot \sqrt{p \cdot q} \tag{11-3}$$

式中，p 表示分类别变量中某类的比率；q 表示分类变量中另一类的比率，

$q=1-p$；$\overline{Y}_p$ 表示与 p 类部分相对应的等距变量的均数；$\overline{Y}_q$ 表示与 q 部分相对应的等距变量的均数；S_y 表示属于等距变量那列数据的标准差。

例 3 某班进行绘画测试，其中 9 名男孩的绘画成绩分别为 67 分、10 分、20 分、43 分、61 分、23 分、18 分、35 分和 23 分，5 名女孩的绘画成绩分别为 44 分、60 分、10 分、23 分、30 分。问从绘画成绩来看，儿童绘画能力与性别间有无相关关系？

在本例中，可将数据（表 11-14）代入点二列相关公式或运用 SPSS 软件计算性别虚拟变量和绘画成绩变量之间的皮尔逊相关系数，得到 $r_p=0.002$，且 $p=0.995>0.05$，即此样本相关系数在总体上不显著。因此，这 14 名儿童所代表的儿童总体的绘画成绩与性别间是否有联系，无法通过此样本数据来获得确定性结论。

表 11-14　14 名儿童的性别与绘画成绩的模拟数据

儿童编号	1	2	3	4	5	6	7	8	9	10	11	12	13	14
性别	0	0	0	0	0	0	0	0	0	1	1	1	1	1
绘画成绩	67	10	20	43	61	23	18	35	23	44	60	10	23	30

注：性别为虚拟变量、0 指代男生、为参照组、1 指代女生

4. Eta 相关系数

当两列变量分别为离散变量和呈正态分布的连续变量时，若其中的离散变量属于二分名义变量，要求两个变量的关联强度，可以用点二列相关系数。但当离散变量的取值多于 2 个（即有两个以上类别的分类变量）时，η 相关系数才是合适的选择。η 相关系数来源于对 η^2 这个统计量的定义。η^2 即计算在类别变量 X 的每一个取值（类别）下，连续变量 Y 的变异量（方差）占连续变量的总变异量（方差）的比例。η 则是 η^2 开方后的结果。η 系数的取值类似积差相关系数，但介于 0 和 1，没有负值的情况。在方差分析中，η^2 则可以视为离散型自变量对连续型因变量的解释比例，也就是一种效应量。下面举一个计算 η 系数的例子。

例 4 假设要探讨噪声对解决数学问题的影响作用。研究者在三种噪声强度环境条件下测试了学生解同一组数学题的错误次数。实验采用了单因素完全随机设计，随机抽取了 12 名学生，将他们随机分到三个实验组。各组学生解数学题的错误次数如下：强噪声组分别为 16、14、12、10；中度噪声组分别为 4、5、5、6；无噪声组分别为 1、2、2、3。最后，对实验结果进行统计分析。

通过表 11-15 可知，不同噪声水平下学生解数学题的犯错次数的均值差异达到了显著水平（$p<0.001$），实验效应对因变量的解释率高达 0.915，噪声水平与学

生解题错误次数之间的 η 系数为 0.957。由此可知，在相同的实验条件下，噪声强度是决定学生解同类数学题时犯错误次数的主导因素。

表 11-15   三个组实验结果的描述及显著性检验

实验组别	n	M	SD	$F(2, 9)$	p	η	η^2
无噪声组	4	2.0	0.8				
中度噪声组	4	5.0	0.8	48.500	0.000	0.957	0.915
强噪声组	4	13.0	2.6				

5. Phi 关联系数

Phi（Φ）系数用来反映两个二分名义变量（如类别为性别、吸烟或不吸烟等二分类别变量）的 2×2 列联表的关联性强度。

例 5 有一组关于吸烟与否和患肺癌与否的记录，数据整理如表 11-16 所示。

表 11-16   20 人吸烟习惯和患癌与否的模拟数据

编号	1	2	3	4	5	6	7	8	9	10	11	12	13	14	15	16	17	18	19	20
吸烟与否	0	0	0	0	0	0	0	0	0	0	1	1	1	1	1	1	1	1	1	1
患癌与否	0	1	0	0	1	0	0	1	0	1	0	1	1	1	0	1	1	1	1	0

注：0 指代否，1 指代是

将本例中的数据资料输入 SPSS 软件，进行吸烟与否和患癌与否的 2×2 列联表分析，要求输出 Φ 系数的描述统计值及显著性检验结果，结果如表 11-17 所示，Φ=0.302，χ^2=1.82，p=0.178>0.05。也就是说，这 20 人代表的总体在吸烟习惯和患癌之间的关联程度并不成立。当然，这也可能是因为统计检验力不够导致的，观测两个二分变量之间的关联，可能还需要更大的样本才能获得更加可靠的结论。

表 11-17   20 人吸烟与否和患癌与否的列联表

项目		患癌与否				合计	
		否		是			
		人数	占比/%	人数	占比/%	人数	占比/%
吸烟与否	否	6	60.0	4	40.0	10	100
	是	3	30.0	7	70.0	10	100
合计		9	45.0	11	55.0	20	100

注：Φ=0.302，χ^2=1.82，p=0.178

6. 列联系数或 V 关联系数

Φ 系数的限制是必须为 2×2 的列联表，当两个类别变量有任何一个超过两个水平，Φ 系数就可能大于 1。此时可以通过公式进行修正，以解决系数大于 1 带来的问题。列联系数（coefficient of contigency）的计算公式中包含了针对 $R×C$（其中 R 或 C 中至少一个大于 2）情况下 Φ 系数的不足而进行的数学修正。

列联系数公式求出的系数数值不会大于 1，亦难以接近 1。当样本数较大时，列联系数会偏小，所以可用 V 系数来修正此问题。

Φ 系数、列联系数和 V 系数都可以通过 SPSS 软件提供的交叉表功能模块中的统计量选项指定输出来获得（SPSS 软件的交叉表模块默认不输出这三个系数）。下面列举一项交叉表分析的结果（表 11-18）。

表 11-18　不同专业类型教师教学方法选择的列联表及关联系数

项目	教学方法 A		教学方法 B		合计		χ^2	p	列联系数	V 系数
	人数	占比/%	人数	占比/%	人数	占比/%				
理工科专业	38	30.9	85	69.1	123	100				
文科专业	25	12.0	183	88.0	208	100	73.53	0.000	0.379	0.410
艺体专业	62	57.9	45	42.1	107	100				
合计	125	28.5	313	71.5	438	100				

表 11-18 中呈现了三种专业类型的教师在教学方法选择上的人数及占比分布的列联表。从中可以看出，教学方法的选择在不同专业类型的教师间的人数分布是存在差异的，同时通过列联表的卡方检验也得出了显著的统计结论。也就是说，教师对不同教学方法的选择与其所属学科存在某种程度的关联。

二、应用均值比较的统计方法分析离散变量与连续变量间的关系

相关系数度量了变量间的关联程度，适用于直接分析变量间关系的性质及强弱。在教育量化研究中还有另外一种分析变量关系的角度，即若自变量为离散变量（常为研究对象分组变量），因变量为连续变量（来源于量表测量的结果），则可以将两个变量之间的关系问题转换为分组数据的均值比较问题。相应地，可采用平均数差异的显著性检验来进行推论统计。下文对不同自变量条件下适用的平均数差异的显著性检验方法进行介绍。

（一）两个独立样组之间均值差异的比较

若相关研究中的两个研究变量其中一个为二分离散变量，用来将数据分为两组，如男和女、及格和不及格等，另一个为正态分布的连续变量，则二分变量通常被视为研究对象的分组变量（自变量），将整个样本分为两个子样本（两个子样本所包含的个案数可以不一样），连续变量被视为检验变量（因变量）。这时一般采用独立样本 t 检验来对两组数据的均值进行显著性检验，同时也对其效应量进行分析。现举一例子：

例6 某研究者到两所学校测量学生的创造性，每校随机抽取 8 人，测验成绩如下，甲校：72、65、84、71、60、89、68、75；乙校：76、92、83、98、72、91、88、98。问两校学生的智商是否存在显著差异？

利用 SPSS 软件对本例数据进行分析，定义"学校"为名义型分组变量，分别取值为"甲校""乙校"，"创造性"为创造性量表测量值，定义为测量型变量（连续变量）。在 SPSS 软件中的主要菜单操作步骤为：分析→比较平均值→独立样本 t 检验：指定分组变量为"学校"，并指定两个组的组别代码，指定检验变量为"创造性"。对 SPSS 软件的输出结果进行整理，得到表 11-19。

表 11-19　两所学校学生创造性的抽样对比

学校	n	M	SD	方差齐性检验		独立样本 t 检验			Cohen's d
				F	p	t	df	p	
甲校	8	73.0	9.59	0.027	0.872	−2.97	14	0.010	1.48
乙校	8	87.3	9.60						

根据表 11-19 的结果，这两所学校学生样本的均值存在 14.3 的差异，在对两样本均值进行显著性检验之前，先对两样本方差差异的显著性进行了检验（方差齐性检验），结果表明，两样本代表的总体的方差呈齐性，表明对均值差异的显著性检验可以采用独立样本 t 检验且不需要进行校正。在此基础上进一步获得独立样本 t 检验的结果，$t(14) = -2.97$，$p=0.010$。由此可见，两校学生创造性的样本均值差异显著，从而可以认为两校学生的创造性在总体上存在差异。此外，独立样本 t 检验显著意味着可以将 Cohen's d 作为两校学生创造性差异的效应量。根据 Cohen 提出的效应量评价标准，$d=0.2$，属小的效应量；$d=0.5$，属中等效应量；$d=0.8$，属大的效应量。[①]因此，此项研究所观察到的效应量属大的效应量。

---

① Cohen J. 1988. Statistical Power Analysis for the Behavioral Sciences (2nd ed.). London:Routledge.

也就是说，甲、乙两校之间的差异可能是影响两校学生创造性的重要因素（由于本研究属相关性研究，此结论只能作为进一步研究的理论预设，而不能作为已经检验的因果规律）。对效应量的分析还可以从相关系数的角度来进行，对于本例，计算"学校"和"创造性"两个变量的相关系数，既可以用点二列相关，也可以用 η 系数。本例数据还可计算得到的两个相关系数（$r_{pb}=0.622$，$\eta=0.622$）的显著性 p 均为 0.010。d 其实在数学上是可以转换为 r 的，研究者在撰写报告时，是报告 d 还是 r 或其他的效应量指标，可以参考同类研究或目标学术期刊编辑部提供的指南。

（二）两个相关样组之间均值差异的比较

同样是将一个二分离散变量作为分组变量，一个呈正态分布的连续变量作为检验变量，若分组变量所划分的两组数据来源于对同一项指标的两次追踪测验，通常为前测和后测，如下例中的期中考试和期末考试，则一般采用相关样本 t 检验来对两组样本数据的均值进行显著性检验。

例7　某校随机抽取了 10 名初一年级学生进行数学成绩的追踪观察，他们的期中考和期末考的数学成绩如表 11-20 所示。假设两次考试所采用的试卷等效，考试成绩具有可比性，请问该校初一年级学生两次考试的数学成绩是否有显著的差异？

表 11-20　10 名学生期中考和期末考的模拟数据

学生编号	1	2	3	4	5	6	7	8	9	10
期中考	76	80	88	85	71	86	83	73	69	85
期末考	82	83	90	92	75	89	87	84	75	84

利用 SPSS 软件对本例数据进行分析，分别定义"期中考"和"期末考"为两个测量型变量（连续变量），"测评时间"定义为需"分析时定义"的、隐含的重复测量变量。在 SPSS 软件中主要菜单操作步骤为：分析→比较平均值→配对样本 t 检验：指定两个测量变量为一对配对变量，但不需要对其进行命名。对 SPSS 软件的输出结果进行整理，得到表 11-21。根据表中的统计分析结果，该校随机抽取的 10 名初一学生的期中考和期末考数学成绩之间存在显著差异（$p<0.01$），此项追踪测验观察到了一个很大的效应量（$d=-1.39$），表明该校初一学生的数学成绩从期中考到期末考的进步是相当明显的。

表 11-21　某校初一学生期中考和期末考数学成绩的随机抽样对比（N=10）

测评时间	M	SD	重测相关		相关样本 t 检验			Cohen's d
			r	p	t	df	p	
期中考	79.6	6.9	0.88	0.001	-4.39	9	0.002	-1.39
期末考	84.1	5.8						

注：重测相关中的 r 指期中考和期末考两组数值之间的皮尔逊相关系数

（三）多个独立样组之间均值差异的比较

一项研究同样拟探究一个离散变量和一个连续变量之间的关系，若其中作为分组变量的离散变量所区分的组别在三组及以上，所获得的研究数据就不再适合采用独立样本 t 检验了，而应用单因素方差分析。下面举例介绍相关研究中单因素方差分析的适用问题类型。

例 8　表 11-22 为随机从某小学四年级三个班抽取的 18 名学生的期末数学成绩。试问三个班级学生的数学成绩平均水平是否存在差异？

表 11-22　18 名学生期末数学成绩的模拟数据

学生编号	1	2	3	4	5	6	7	8	9	10	11	12	13	14	15	16	17	18
班级	A	A	A	A	A	A	B	B	B	B	B	B	C	C	C	C	C	C
数学成绩	99	88	99	89	94	85	79	78	89	92	82	89	90	85	77	78	86	77

利用 SPSS 软件对本例数据进行分析，定义"班级"为名义型变量，分别取值为"A 班""B 班""C 班"，"数学成绩"为量表测量值，定义为测量型变量（连续变量）。在 SPSS 软件中主要菜单操作步骤为：分析→比较平均值→单因素 ANOVA；指定"班级"为因子变量，指定"创造性"为因变量。对 SPSS 软件的输出结果进行整理，得到同时包含描述统计和推论统计的表格，如表 11-23 所示。在三组方差总体呈齐性的前提下进行方差分析，结果表明三个班级的均值综合而言存在显著差异（$p=0.022<0.05$），进一步采用最小显著差异法（least significant difference，LSD）进行事后多重比较，发现 A 班与 B 班和 C 班的均值差异显著（$ps<0.05$），而 B 班与 C 班的均值差异不显著（$p>0.05$）。三个班级学生数学成绩平均分的差异可参看图 11-13。本研究观察到的效应量 $\eta^2=0.398$，按照 Cohen 提出的效应量评价标准（低度关联强度：$0.059>\eta^2\geq0.01$；中度关联强度：$0.138>\eta^2\geq0.059$；高度关联强度：$\eta^2\geq0.138$）[①]，属一个高度关联强度的效应量。

---

① Cohen J. 1988. Statistical Power Analysis for the Behavioral Sciences (2nd ed.). London:Routledge.

表 11-23　三个班级学生期末数学成绩的随机抽样比较及显著性检验

班级	n	M	SD	$F(2, 15)$	p	η^2
A 班	6	92.3	5.9			
B 班	6	84.8	5.9	4.952	0.022	0.398
C 班	6	82.2	5.6			

注：方差齐性检验结果表明，三个班级方差呈齐性（p=0.955）；采用 LSD 法进行事后多重比较结果表明 A 班与 B 班和 C 班的均值差异显著，而 B 班与 C 班的均值差异不显著

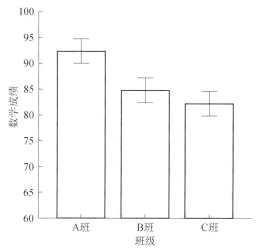

图 11-13　三个班级学生期末数学成绩的对比图

三、应用线性回归统计方法分析连续变量与连续变量间的关系

在相关研究方法中，当拟探讨的问题涉及两个或两个以上的连续变量，并且这些变量之间的关系在理论上为影响因素（或预测因素）或被影响因素（或被预测因素）的关系时，一般可以考虑通过建立回归模型来对研究结果数据进行统计分析，以检验理论假设的关系是否能够获得实证数据的支持。这里特别要强调的一点是，由于在相关研究中各个变量的数据测量是横断取样的，所以通过回归分析获得的关系模型，即自变量和因变量之间的关系，并不能归为经过严格证明的因果关系，本质上是一种统计学上的相关关系。这种相关关系既有可能通过进一步的实验研究确认为因果关系，也有可能实际上是一种共变关系。因此，在相关研究中，通过回归分析建立的关系模型，把变量表述为预测变量和被预测变量是

一种更为严谨的表述方式。

（一）线性回归分析的适用研究问题

线性回归分析是基于线性假设的统计模型，是现代统计学中应用较广泛的模型之一。这是因为在现实世界中，许多变量之间具有线性或近似线性的依赖关系。即使许多变量之间的关系是非线性的，但是经过适当的数学变换，如对原始指标取对数之后，所获得的新变量之间便具有了近似线性关系。此外，线性关系是数学中最基本的关系，计算处理比较容易，这也是在对数据进行统计分析时尽可能采用线性模型的原因之一。最常用的两种线性统计模型如下：其一为线性回归模型，其中自变量（预测变量）为一个及以上的连续变量，因变量（被预测变量）为一个连续变量；其二为方差分析模型，其中自变量（预测变量）为一个及以上的离散变量，因变量（被预测变量）为一个及以上的连续变量。可见，线性回归和方差分析模型的内在逻辑是统一的，均可用来探讨一系列自变量（预测变量）和一个或一系列因变量（被预测变量）之间的线性关系能否成立（显著性检验）和相关统计量特征（如回归系数、效应量）的问题。线性回归模型中虽然只有一个因变量（预测变量），但也可以通过分别建立多个回归方程或同时建立方程组的方式来实现对复杂关系的分析。方差分析模型中的最简单的形式，即单因素方差分析，在前面均值差异比较部分已经介绍过。复杂的方差分析建议读者通过学习专门的实验设计教材来掌握。本书限于篇幅就不再进一步展开了。

线性回归分析是相关法中最常用，也是最实用的数据统计方法，因为相对于实验研究中的纵向追踪数据取样而言，横断的数据取样更容易做到通过多套心理量表获得研究论题中各个变量的精确度量。在实验研究中，自变量通常需要能够由研究者主动进行人为操纵，因此哪怕本质上属于连续变量的自变量，也往往需要操作化为仅有少数几个特定取值的离散变量。

下文主要就线性回归建模中常用的分析方法在相关研究中的应用进行介绍。

（二）回归分析中的基本概念

回归分析是借助数学方程式对自变量与因变量间的不确定关系进行一种数量化概括。回归分析可以表示一个变量随另一些变量做不同程度变化的单向关系，这种关系的准确性取决于变量间的相关程度。线性回归模型是一个考虑了随机误差的直线方程式。

回归线：能代表自变量与因变量关系的唯一的一条最佳拟合线。

回归方程：对变量关系进行数量化概括的具体形式，分为非标准化回归方程和标准化回归方程两种形式。其中非标准化回归方程是以自变量与因变量的原始指标直接拟合得到的回归方程，方程中各个变量有着各自的单位。而标准化回归方程是先把自变量和因变量标准化之后，再拟合得到的回归方程，方程中自变量和因变量已经转换为各自的 Z 分数。

回归系数：回归线的斜率。在非标准化回归方程中，用符号 B_i 表示，无取值范围的限制且有单位；在标准化回归方程中，用 β_i 表示，无单位且取值范围为 $[-1, 1]$。不同自变量 X_i 所对应的标准化回归系数 β_i 可进行相互间的比较，而 B_i 系数在单位不同时，不能进行相互比较。β_i 系数可以作为各个自变量对因变量 Y 的相对影响大小的度量值或影响权重系数。若回归方程是基于样本数据拟合而来的，则使用回归系数讨论问题之前，需要先通过对应的 t 检验方法进行回归系数的显著性检验。若某项自变量 X 的回归系数经检验不显著，则可视为该自变量 X 对因变量 Y 没有影响，也就是二者的相关系数为 0。

回归线的截距：回归方程中的常数项，实际表示变量间因为单位不同引起的差异。

决定系数：能由自变量 X_i 通过回归方程来解释（预测）因变量 Y 的方差占 Y 的总方差的比率，用 R^2 表示。R^2 的取值范围为 $[0, 1]$，R^2 越接近 1，表明方程中所有 X_i 变量合起来对 Y 变量的总解释能力越强。通过样本数据拟合得到的回归方程，其 R^2 需要通过对应的方差分析来进行显著性检验，若检验结果为不显著，则该方程的 R^2 视为在总体上不能代表 X_i 和 Y 的关系，即该回归方程不能成立。当 R^2 不显著时，说明 X_i 和 Y 之间几乎不存在线性关系，可能的原因有三：①X_i 与 Y 之间确实不存在相关性；②X_i 和 Y 之间存在非线性相关关系，这种情况下可以通过变量的线性转换（对数变换、指数变换、倒数变换等）来获得更好的拟合方程；③特异案例的数据影响，可以在剔除数据中的特异值之后再重新拟合回归方程。在回归分析中，随着 X_i 个数的不断增多，这些变量会给回归模型增添越来越多的新元素，从而使得 R^2 不断增加。于是，我们就无法确切地知道 R^2 的增加究竟是由数学计算上的特点决定的，还是确实是引入了好的自变量提高了对因变量变异的解释程度。为了避免这种情况，统计学家引入了"调整后的 R^2"来代替 R^2。调整后的 R^2 始终小于或等于 R^2，并且可能为负数。当回归方程中的 X 为 1 个时，调整后的 R^2 并不是对 X 和 Y 关系的合理估计值，X_i 中 i 的值越大（即 X 的个数越多），调整后的 R^2 就越适合作为回归方程的解释率的估计值。在 SPSS 软件的回归分析模块中，默认同时输出 R^2 和调整后的 R^2 供用户根据研究的实际情况选用。

共线性问题：在回归方程中，理论上假设各个自变量独立对因变量产生作用。如果某两个或多个自变量之间实际存在相关性，使模型估计失真或难以估计准确，则称此回归方程存在多重共线性问题。在多元回归分析中，可以用容忍度来度量 X_i 的多重共线性，其取值范围为 0—1。某一自变量的容忍度越大，一方面说明该自变量对因变量方差的解释能力贡献较大，另一方面说明该自变量与方程中其他自变量的相关性较弱，则多重共线性较低，应该将其引入回归方程。容忍度的倒数称为方差膨胀因子（variance inflation factor，VIF），这两个指标都可以作为对多元回归方程进行共线性问题诊断的指标。一般当 VIF 值大于 5 时（容忍值小于 0.2），自变量之间就有很高的相关；当 VIF 值大于 10 时（容忍值小于 0.1），表示共线性已经严重威胁到了参数估计的稳定性。[1]

（三）在SPSS软件中进行线性回归分析的主要步骤

在 SPSS 软件中进行线性回归分析的主要步骤如下：①分析→回归→线性：进入线性回归分析对话框；②从候选变量列表中点选因变量进入因变量框中；③从候选变量列表中点选一个或多个自变量进入自变量框中；④点开"统计量"对话框，选中"描述性"和"共线性诊断"两个选项，其余选项保持系统默认状态（若只有一个自变量，无须进行共线性诊断）；⑤点击"确定"，获得线性回归分析的输出结果。

（四）通过线性回归分析连续变量与连续变量间关系的应用举例

当研究探究的是连续变量和连续变量之间的关系时，如果从理论上可以合理假设其中某个或某几个变量是影响因素或预测因素，而有一个变量是被影响因素或被预测因素，那就适合通过线性回归分析来建立这些变量之间的关系模型，并通过研究数据来检验这个假设的模型能否获得实证的支持。下面来演示简单线性回归（即只有一个自变量和一个因变量的回归模型）分析的应用。

例9 某校随机抽取了 10 名初一年级的学生，考察他们在一次期末考试中语文和数学成绩之间的关联，这 10 名学生的成绩如表 11-24 所示。请问能否用该校初一年级学生的语文成绩预测其数学成绩？

表 11-24　10 名学生语文和数学成绩的模拟数据

学生编号	1	2	3	4	5	6	7	8	9	10
语文成绩	76	80	88	85	71	86	83	73	69	85
数学成绩	82	83	90	92	75	89	87	84	75	84

---

① 邱皓政. 2013. 量化研究与统计分析——SPSS（PASW）数据分析范例解析. 重庆：重庆大学出版社.

在本例中，研究者拟考察初一学生语文和数学两个科目成绩之间的关系，并假设若能先获得语文成绩，则尝试以该成绩来预测没能获得的数学成绩。从学理上可知，同一批学生的语文成绩不可能是其数学成绩的原因，因此这项分析的重点在于对两个变量之间的相关关系进行检验。这种情况下建立回归预测模型，一般主要是为了满足应用实践中的变量预测需要，而不是为进一步探索理论上的因果关系提供基础。因果关系的论证不能仅基于统计分析的结果，还需要通过实验设计来保证因果逻辑的合理性。

表 11-25 中呈现了一元线性回归分析中得到的主要结果。从总体上来说，这些初一学生的语文成绩能够预测他们的数学成绩，回归方程的决定系数 $R^2=0.779$，表明用学生的语文成绩方差能够解释其数学成绩 77.9% 的方差。

表 11-25　某校初一学生的语文成绩对数学成绩的预测

自变量	回归系数					决定系数		
	B	SE	β	t	p	R^2	F	p
常数	24.944	11.178		2.232	0.056	0.779	28.196	0.001
语文成绩	0.743	0.140	0.883	5.31	0.001			

注：$n=10$，因变量为数学成绩

例 10 用来演示当自变量预设了 4 个时，并不意味着所有预设的自变量对因变量的预测作用均能够成立，若研究目的是从中挑选出有效的（显著的）自变量获得预测方程，可以通过多元线性回归中的逐步回归法进行数据分析。在本例中，除了语文、数学和英语三个科目的成绩作为理论上的预设自变量之外，还需要考虑性别这一因素对因变量竞赛成绩可能存在的影响，因此将性别视为控制变量。但由于性别是离散变量，所以在将性别这一变量加入回归方程之前，需要将性别的取值限定为只能是 0 或 1，即若男取 0，则女取 1；反之，男取 1，则女取 0。这种赋值方法被认为可以将离散变量转换为近似等距变量，是使离散变量的指标能够被作为线性回归的自变量之一被纳入方程的一种方法。在本例中，性别已经提前在数据表里被赋值为 0 或 1 了，所以性别可以作为第四个自变量加入回归方程进行检验。

例 10　某校想要通过学生的考试成绩选拔参加某项竞赛的选手，从过去参加过该项竞赛的学生中随机抽取了 10 名，调取他们期末统考中的语文、数学和英语三个科目的成绩，如表 11-26 所示。请根据这 10 名学生的各项成绩数据，给出该校今后选拔参赛选手的参考指标。

表 11-26　10 名学生性别及多项成绩的模拟数据

学生编号	性别	语文成绩	数学成绩	英语成绩	竞赛成绩
1	0	90	90	89	89
2	1	85	90	90	95
3	1	80	88	89	87
4	0	75	74	84	82
5	1	85	85	80	84
6	1	80	82	87	85
7	0	75	70	78	70
8	1	85	80	83	82
9	1	80	78	84	80
10	0	80	65	78	80

　　表 11-27 呈现的是通过逐步回归法获得的三个回归模型的检验结果。在模型 1 中，所有预设的 4 个自变量均同时被纳入了方程，对整个方程的整体检验结果表明方程或 R^2 未达到统计显著（$p>0.05$），即方程不能成立。再参考共线性检验的结果，发现自变量数学成绩的 VIF 值大于 5（容忍度小于 0.2），英语成绩的 VIF 值接近 5（容忍度略高于 0.2），因此这两个自变量之间的共线性可能是导致整个回归方程不显著的原因，模型 1 不可接受。进一步看模型 2，按照逐步法的规则，VIF 值最高的数学成绩首先被剔除，用剩下的三个自变量来解释或预测竞赛成绩，方程的 R^2 达到统计显著（$p<0.05$），三个自变量不存在共线性问题（VIF 值小于 2，容忍度大于 0.2），但对回归系数 B 的显著性检验结果发现，仅英语成绩的回归系数达到显著（$p<0.05$）。若本研究的目的是检验三门科目成绩在控制了性别差异的前提下是否能够解释该项竞赛成绩，那么根据模型 2 已经可以下结论，即所假设的 4 个自变量中，数学成绩和英语成绩对竞赛成绩的预测存在共线性，即这两个自变量对因变量存在共同的影响源，因此可仅以英语成绩来解释竞赛成绩，其效应达到显著，而性别和语文成绩对竞赛成绩的效应均不显著，不能用来解释竞赛成绩。但若本研究的目的是获得一个今后可以用考试成绩来预测竞赛成绩以选拔参赛选手的方案，那么一个既可靠又精简的预测方程就成为回归分析的目标。模型 2 的方程不够实用，因为方程中保留了无效应或即便有效应也是很弱的自变量，在预测应用中获得这些自变量的测量值将会投入更多的人力、物力。模型 3 就成为最优选择。模型 3 进一步剔除了模型 2 中不显著的预测变量，仅剩下最有把握预测竞赛成绩的英语成绩这一指标。这时虽然整个方程中自变量对因变量的解释比例降低到 68.0%，但在应用实践中仍然是相当高的方差解释率，且自变量英语成绩的回归系数的显著性进一步提升。这表明单独用英语成

绩来预测竞赛成绩的可靠性高（$p=0.003<0.01$），有效性也很理想（$R^2=0.680$）。作为预测用的方程，最为简洁实用。

表 11-27　某校学生三门统考科目成绩对竞赛成绩的预测

类别	自变量	回归系数					共线性		决定系数			p
		B	SE	β	t	p	容忍度	VIF	R^2	调整后的 R^2	F	
模型 1	常数	−42.211	41.488		−1.017	0.356			0.800	0.640	5.0	0.054
	性别	1.258	3.19	0.099	0.394	0.710	0.636	1.573				
	语文成绩	0.556	0.422	0.401	1.318	0.245	0.431	2.319				
	数学成绩	−0.078	0.415	−0.102	−0.188	0.858	0.137	7.293				
	英语成绩	1.019	0.562	0.701	1.815	0.129	0.268	3.727				
模型 2	常数	−36.760	27.226		−1.35	0.226			0.799	0.698	7.9	0.016
	性别	0.958	2.534	0.075	0.378	0.718	0.846	1.182				
	语文成绩	0.502	0.283	0.362	1.774	0.126	0.804	1.244				
	英语成绩	0.935	0.308	0.643	3.034	0.023	0.748	1.336				
模型 3	常数	−17.585	24.526		−0.717	0.494			0.680		17.0	0.003
	英语成绩	1.199	0.291	0.825	4.123	0.003						

注：$n=10$；因变量为竞赛成绩；性别为虚拟变量，0 代表女生、1 代表男生；方程采用逐步法进行自变量的挑选

第五节　实验研究数据的统计分析

当我们对科学问题的探究既不满足于通过前期的调查研究获得对研究变量的描述，也不满足于通过相关研究获得对研究变量之间相关关系的实证检验，而是试图进一步确立研究变量之间的因果关系，那么实验研究法就成为必需的选择。从对研究数据的获得方式来看，实验法与调查法和相关法之间的最大区别在于，实验研究必然要经历一个纵向追踪观察（测量）的过程来获得研究变量所涉及的所有数据，并且还得通过特定的实验设计来收集数据，从而使得实验变量之间的因果关系得以在逻辑上确立。实验设计是一项研究活动内在推理逻辑的具体化。我们的教育实验研究是否符合科学性，是否具有可行性，是否能说明事件的因果

联系，主要就是由实验设计决定的。那么，什么是实验设计？所谓实验设计，就是研究者针对要验证的实验假设，为有计划地搜集观察资料而预先规定出的一个模式。

根据不同的角度，可以将教育实验设计划分为不同的类型。本着实用性和实践性的原则，本书选择了常用且结构比较简单的几种实验设计及对应的数据统计方法进行介绍。

为了简单明了地对实验设计模式进行阐述，首先交代本部分用来代表实验设计方案中不同要素的符号及其含义：

- X，表示实验处理，也可以表示研究者操纵或变化的实验变量（自变量）；在比较不同的实验处理时，以 X_0、X_1、X_2…来表示。
- O，表示处理前或后对因变量的一次观测或度量。
- 自左至右，表示时间的顺序或先后。
- 同一横行的 X 或 O 表示这些处理或度量作用于同一组被试，不同横行的 X 或 O 则表示分别作用于不同组的被试。
- R，表示被试已被随机化选择和分配。
- ……，表示由虚线所隔开的各组是非同质的，即非等组。

一、组间设计的统计分析

（一）随机化实验-控制对照组设计

在教育实验研究中，随机化实验-控制对照组设计属于实验设计的最基本形式。

该设计的基本模式如下

$$R \qquad X_0 \qquad O_0$$
$$R \qquad X_1 \qquad O_1$$

实验操作过程即研究者从研究对象总体中随机抽取被试，并随机分为两组，其中一组为实验组，标记为实验处理 X_1；另一组为控制组，实现基线条件（也可理解为不接受任何实验处理），标记为实验处理 X_0。最后对两组采用相同的测量工具进行因变量测量，以比较两组的测验分数的均值（$\overline{X}_{O0}$、$\overline{X}_{O1}$）。

随机化实验-控制对照组设计的优点在于符合随机对照实验的一般原则，仅采用一次因变量的观测，在大多数研究情境中都具有可行性，能够在保证实验内部效度的基础上兼顾实用性。同时这种实验设计也有局限，表现在由于采用了随机化的方法控制个案的个体差异带来的实验误差，所以需要足够大的样本，才能起到有效的作用。在样本不够大、包含个案数目较少的情况下，两组同质的假设就难以保证。一般而言，当 $n<30$ 且个体差异较大时，就不宜采用这种设计方式。当样本容量足够大，有条件完全随机抽取并分配被试，以使两组在实验前不可能存在平均水平的显著差异时，推荐采用这种设计。

对于随机化实验-控制对照组设计的实验结果数据的统计分析，若因变量属于正态或近似正态分布的连续变量，则可以使用独立样本 t 检验对实验组和控制组的两组数据进行统计分析；若因变量为离散变量，或总体呈非正态分布或分布形态不明，则应考虑采用非参数检验，如选择曼-惠特尼（Mann-Whitney）U 检验或中位数检验。现举例如下。

例 11 某位大学教师想要对大学生的外部动机影响其某项测验成绩的效果进行检验，从所教大学生中随机抽取了 20 名学生，并将他们随机分配到两个课后活动小组，每个小组 10 名学生。对其中实验组学生的指导语是，他们参加完活动之后要接受一项考核测验，若在考核中获得 90 分以上的成绩，将会得到 100 元的额外奖金，90 分以下则只能获得参加培训的证书。对控制组学生的指导语是，参加完活动之后，每个人都将获得培训证书。为了控制主试效应和被试效应，实验采用了双盲设计。两个小组分别由 2 名能力相当、个性相似的心理学专业研究生带领活动，2 名研究生对研究目的并不知情，两组活动分别在不同的教室开展。实验中，活动（1 小时）结束时，对参与的学生进行测验，得到的实验数据如表 11-28 所示。

表 11-28　两组学生的模拟实验数据

学生编号	1	2	3	4	5	6	7	8	9	10
组别	1	1	1	1	1	1	1	1	1	1
测验成绩	78	83	82	83	76	80	73	88	76	91
学生编号	11	12	13	14	15	16	17	18	19	20
组别	2	2	2	2	2	2	2	2	2	2
测验成绩	87	95	92	86	83	94	97	94	90	92

注：组别中，1 代表控制组，2 代表实验组

对表 11-28 中的实验数据进行统计分析，在 SPSS 软件中的主要菜单操作步骤为：分析→比较平均值→独立样本 t 检验。指定分组变量为"组别"，并指定两个组的组别代码，指定检验变量为"测验成绩"。对 SPSS 软件的输出结果进行整理，得到表 11-29。

表 11-29　外部动机对测验成绩的实验效应检验

组别	n	M	SD	方差齐性检验		独立样本 t 检验			Cohen's d
				F	p	t	df	p	
控制组	10	81.0	5.6	0.421	0.525	−4.423	18	0.000	1.986
实验组	10	91.0	4.4						

　　根据表 11-29 的结果，这两组学生测验成绩的均值存在 10 分的差异，对两样本均值差异进行显著性检验之前，先对两样本进行方差齐性检验，结果表明两样本所代表的两个总体的方差呈齐性（$p>0.05$），可以直接采用独立样本 t 检验而不需要进行校正。独立样本 t 检验的结果表明，$t(18)=-4.423$，$p=0.000$，两组学生测验成绩的样本均值差异显著。进一步计算效应量，Cohen's $d=1.986$，根据 Cohen 所提出的效应量评价标准，这属于大的效应量。也就是说，外部动机的激发能有效地提升学生在该项测验上的成绩。

（二）单因素完全随机设计

　　若对随机化实验-控制对照组设计进行扩展，则可得到多组组间对照设计，又称为单因素完全随机设计或单因素组间设计。下面就是一个单因素完全随机三组组间设计的模式：

$$R \qquad X_1 \qquad O_1$$
$$R \qquad X_2 \qquad O_2$$
$$R \qquad X_3 \qquad O_3$$

　　单因素完全随机设计与随机化实验-控制对照组设计在控制实验内部效度和外部效度上的特征相同。对于实验数据，则可以采用单因素方差分析或非参数检验中的克-瓦氏（Kruskal-Wallis）单向方差分析进行统计检验。现举例如下。

　　例 12　某位大学教师想要在一项关于大学生外部动机影响其某项测验成绩效果的实验研究的基础上，进一步探究不同动机水平对该项测验成绩影响的规律。其从所教的大学中随机抽取了 30 名学生，并将他们随机分配到三个课后活动小组，每个小组 10 名学生。对其中低动机水平组学生的指导语是，他们参加完活动之后要接受一项考核，但无论成绩如何都能够获得一份参加培训的证书；对中等动机水平组学生的指导语是，他们若在考核中获得 90 分以上的成绩，将会得到 100 元的额外奖金，90 分以下则只有培训证书；对高动机水平组学生的指导语是，他们若在考核中获得 90 分以上的成绩，将会得到 1000 元的额外奖金，90 分以下只有培训证书。为了控制主试效应和被试效应，实验采用了双盲设计。三个小组分别由 3 名能力相当、个性相似的心理学专业研究生带领活动，3 名研究生对研究目的并不知情，三组活动分别在不同的教室开展。实验中，活动（1 小时）结束时，对参与的学生进行测验，得到的实验数据如表 11-30 所示。

表 11-30　三组学生的模拟实验数据

学生编号	1	2	3	4	5	6	7	8	9	10
组别	1	1	1	1	1	1	1	1	1	1
测验成绩	78	83	82	83	76	80	73	88	76	91
学生编号	11	12	13	14	15	16	17	18	19	20
组别	2	2	2	2	2	2	2	2	2	2
测验成绩	87	95	92	86	83	94	97	94	90	92
学生编号	21	22	23	24	25	26	27	28	29	30
组别	3	3	3	3	3	3	3	3	3	3
测验成绩	86	87	92	77	83	85	69	86	79	86

注：组别中，1 代表低动机水平组，2 代表中等动机水平组，3 代表高动机水平组

利用 SPSS 软件对本例数据进行分析，定义"组别"为名义型变量，分别取值为"1""2""3"，"测验成绩"为量表测量值，定义为测量型变量（连续变量）。主要菜单操作步骤为：分析→比较平均值→单因素 ANOVA。指定"组别"为自变量，指定"测验成绩"为因变量。对 SPSS 软件的输出结果进行整理，得到同时包含描述统计和推论统计的结果，如表 11-31 所示。综合而言，三个实验组的均值存在显著差异 $[F(2, 27)=9.043，p=0.001<0.01]$，进一步采用 LSD 法进行事后多重比较，发现中等动机水平组与低动机水平组和高动机水平组的均值差异显著（$ps<0.05$），而低动机水平组与高动机水平组的均值差异不显著（$p>0.05$）。本研究观察到的效应量 $\eta^2=0.401$，按照 Cohen 提出的效应量评价标准，属于一个高关联强度的效应量。也就是说，这些大学生的外部动机水平对其该项测验成绩的影响是很大的。

表 11-31　大学生在三种外部动机水平下的测验成绩均值差异检验

组别	n	M	SD	$F(2, 27)$	p	η^2
1	10	81.0	5.6			
2	10	91.0	4.4	9.043	0.001	0.401
3	10	83.0	6.5			

注：方差齐性检验结果表明，三个实验组的方差呈齐性（$p=0.703$）；采用 LSD 法进行事后多重比较，结果表明中等动机水平组与低动机水平组和高动机水平组的均值差异显著，而低动机水平组与高动机水平组的均值差异不显著

（三）实验-控制对照组前测-后测设计

在对照组研究中，有时实验组接受的实验干预是在一定时间跨度中完成的，时间进程本身是导致被试心理或行为方法变化的可能原因之一，成为可能产生实验效应混淆的一个额外变量，所以研究者必须将实验干预带来的变化与时间进程本身带来的变化分离，这时实验-控制对照组前测-后测设计（简称两组前后测设计）就成为一种常用的解决方案。该设计的基本模式如下：

$$R \qquad O_1 \qquad X_1 \qquad O_2$$
$$R \qquad O_3 \qquad X_2 \qquad O_4$$

在利用这种实验设计时，首先需通过随机分配的方法把被试分为同质的两组（理论上两组完全相同），一般一组为实验组，另一组为控制组，且这两个组中孰为实验组孰为控制组也是随机的。在实验之前，对两组都加以测验，以观察两组的初始状态（O_1 和 O_3）是否相同。实验开始时，实验组 1 接受 X_1 处理，实验组 2（控制组）接受 X_2 处理，最后对两组都进行后测，得到因变量的观测值 O_2 和 O_4。

对该设计的实验结果进行统计分析，通常的方法是对两个组的增值分数进行差异显著性检验，即对每一个被试，用其后测的测量值减去其前测的测量值（O_2-O_1 或 O_4-O_3）分别求出两组的变化值（Δ_1 和 Δ_2），然后对两组变化值的平均数（$\bar{X}_{\Delta 1}$ 和 $\bar{X}_{\Delta 2}$）进行差异显著性检验。对两组变化值平均数进行差异显著性检验的方法是独立样本 t 检验。当因变量的测量值不符合正态分布假设时，前测和后测的变化量也将不符合正态分布假设，这时也可以采用曼-惠特尼 U 检验或中位数检验对两组的变化值进行差异显著性检验。有研究者认为，当因变量符合正态分布假设时，更理想的一种统计检验方法是将前测分数作为协变量进行协方差分析。采用协方差分析的方法，优势是能对实施实验处理前的组间差异进行控制和调整，从而对两组后测成绩进行比较时是排除了前测阶段存在的差异的。

两组前后测设计的优点是，利用随机分配的方法分出两个等组，可以控制选择、被试缺失及选择与成熟交互作用等因素对实验结果的干扰；安排了实验组和控制组，在前测到后测的这段时间里，如果有其他情况发生影响了实验组，那么这些情况对控制组的影响也应该是相同的，因而可以控制历史、成熟、测验、仪器的使用和统计回归等无关因素对实验结果的干扰。这种设计的主要缺点是，实验组和控制组都参加前测，有可能产生测验的反作用效果，被试参加了前测会对后测的成绩产生影响。因而用该设计所得的实验结果是不能直接推论到本研究以外没有做过前测的群体的。

例 13 研究者想探讨某种记忆方法是否能提高中学生记忆英语单词的效率，他随机抽取了 20 名中学生并用随机分配的方法将他们分为两组，一组为实验组，另一组为控制组。在引入记忆方法之前，先对两组进行记忆测验，得到前测数据。然后分别给予两组不同的处理：实验组接受新记忆法的训练，并以某一词汇表进行练习；控制组不接受任何记忆法的训练，他们按原来自己的方法以同一词汇表进行练习。在训练期结束后，两组均再次接受记忆能力测验，得到后测数据，如表 11-32 所示。

表 11-32　两组前后测设计的模拟实验数据

被试编号	1	2	3	4	5	6	7	8	9	10
组别	1	1	1	1	1	1	1	1	1	1
前测	80	71	85	64	65	75	90	83	73	77
后测	87	95	95	75	93	80	98	95	94	95
前测-后测	7	24	10	11	28	5	8	12	21	18
被试编号	11	12	13	14	15	16	17	18	19	20
组别	2	2	2	2	2	2	2	2	2	2
前测	75	67	90	75	63	71	87	79	65	70
后测	77	75	90	72	65	75	83	85	65	65
前测-后测	2	8	0	−3	2	4	−4	6	0	−5

注：组别中，1 代表实验组，2 代表控制组

对本例实验数据在 SPSS 软件中分析的主要步骤归纳如下：①分析→比较平均值→独立样本 t 检验：指定分组变量为"组别"，并指定两个组的组别代码，指定检验变量为"前测"，对 SPSS 软件的输出结果进行整理，得到表 11-33；②转换→计算变量→设置"计算表达式"为"变化量=后测-前测"，计算得到新变量即"变化量"，也就是表 11-32 中的"前测-后测 Δ"一项；③分析→比较平均值→独立样本 t 检验：指定分组变量为"组别"，并指定两个组的组别代码，指定检验变量为"变化量"，对 SPSS 软件的输出结果进行整理，得到表 11-34。

表 11-33　记忆训练实验中前测成绩的组间均值差异检验

组别	n	M	SD	方差齐性检验		独立样本 t 检验		
				F	p	t	df	p
实验组	10	76.3	8.4	0.019	0.892	0.538	18	0.597
控制组	10	74.2	9.0					

表 11-33 是对前测中实验组与控制组记忆测验成绩均值差异的独立样本 t 检

验结果，由此可以看出，实验组和控制组的前测成绩的总体方差无差异（呈齐性）（$p>0.05$），同时总体均值也无差异（样本均值差异不显著）（$p>0.05$）。这表明实验的随机化分组起到了控制被试个体差异的预期效果，实验组和控制组在前测阶段具有同质性。

表 11-34　记忆训练实验中从前测到后测成绩变化量的组间均值差异检验

组别	n	M	SD	方差齐性检验		独立样本 t 检验			Cohen's d
				F	p	t	df	p	
实验组	10	14.4	7.8	6.184	0.023	4.743	13.896	0.000	2.128
控制组	10	1.0	4.3						

表 11-34 呈现的是从前测到后测期间，实验组与控制组的记忆测验成绩变化量（在本例中是增量）均值差异的独立样本 t 检验结果。特别要指出的是，对两组前后测设计的实验数据进行统计分析，应采用以变化量为检验变量的独立样本 t 检验，而不是直接以两组的后测成绩为检验变量的独立样本 t 检验，或者分别对两组的前测和后测差异进行两次相关样本 t 检验来得到研究结论，因为后面两种检验方法存在推理逻辑上的缺陷或者会增加统计推断的误差。本例中，实验组和控制组从前测到后测成绩的变化量的总体方差不呈齐性（$p<0.05$），则两组均值的差异需要采用 Welch 方法校正的独立样本 t 检验（在 SPSS 软件中，调用独立样本 t 检验时会同时输出独立样本 t 检验和 Welch 校正的结果，研究需要根据方差齐性检验的结论相应地选择报告）。Welch 校正后的独立样本 t 检验结果表明，实验组和控制组的记忆测验成绩在前测和后测间变化量的均值差异显著（$p<0.01$），这表明相对于控制组而言，实验组在接受干预期间，在记忆能力上有着更大的变化。由此，"中学生以某种新记忆方法记英语单词能提高记忆效率"的研究假说获得了实验数据的支持。同时，实验中观察到的效应量 Cohen's d 属于高强度的效应量，表明本研究中的记忆训练对中学生的记忆力有着很强的提升效用。

（四）多组前后测设计

如果对实验-控制对照组前测-后测设计的实验组数量进行扩充，则可以得到多组前后测设计。下面就是一个三组前后测设计的模式：

$$R \qquad O_1 \qquad X_1 \qquad O_2$$
$$R \qquad O_3 \qquad X_2 \qquad O_4$$
$$R \qquad O_5 \qquad X_3 \qquad O_6$$

多组前后测设计与两组前后测设计的不同之处仅在于实验处理的个数以及相应的被试组数量不同。这两种设计在控制实验内部效度和外部效度上的效果相同。在实验数据的统计方法上，多组前测-后测设计无法采用独立样本 t 检验等方法，一般采用单因素方差分析或非参数检验中的克-瓦氏单向方差分析，对前测到后测期间因变量的变化量进行组间差异的显著性检验。下面将通过增加另外一种记忆方法训练的方式，扩充为三组对照的前测-后测设计。模拟的实验数据如表 11-35 所示。

表 11-35　三组前后测设计的模拟实验数据

被试编号	1	2	3	4	5	6	7	8	9	10
组别	1	1	1	1	1	1	1	1	1	1
前测	80	71	85	64	65	75	90	83	73	77
后测	87	95	95	75	93	80	98	95	94	95
前测-后测	7	24	10	11	28	5	8	12	21	18
被试编号	11	12	13	14	15	16	17	18	19	20
组别	2	2	2	2	2	2	2	2	2	2
前测	75	70	73	71	68	71	85	64	75	90
后测	80	65	94	75	92	95	95	75	77	93
前测-后测	5	−5	21	4	24	24	10	11	2	3
被试编号	21	22	23	24	25	26	27	28	29	30
组别	3	3	3	3	3	3	3	3	3	3
前测	75	67	90	75	63	71	87	79	65	70
后测	77	75	90	72	65	75	83	85	65	65
前测-后测	2	8	0	−3	2	4	−4	6	0	−5

注：组别中，1 代表实验一组，2 代表实验二组，3 代表控制组

对本例实验数据在 SPSS 软件中分析的主要步骤归纳如下：①分析→比较平均值→单因素 ANOVA：指定"组别"为自变量，指定"前测"为因变量，对 SPSS 软件的输出结果进行整理，得到表 11-36。②转换→计算变量→设置"计算表达式"为"变化量=后测−前测"，计算得到新变量，即"变化量"，也就是表 11-35 中的"前测-后测 Δ"一项。③分析→比较平均值→单因素 ANOVA：指定"组别"为自变量，指定"变化量"为因变量，对 SPSS 软件的输出结果进行整理，得到表 11-37。

表 11-36　记忆训练实验中前测成绩的三组组间均值差异检验

组别	n	M	SD	$F(2, 27)$	p
实验一组	10	76.3	8.4		
实验二组	10	74.2	7.8	0.207	0.814
控制组	10	74.2	9.0		

注：方差齐性检验结果表明，三个组的方差呈齐性（$p=0.813>0.05$）

表 11-37　记忆训练实验中从前测到后测成绩变化量的三组组间均值差异检验

组别	n	M	SD	$F(2, 27)$	p	η^2
实验一组	10	14.4	7.8			
实验二组	10	9.9	10.1	7.697	0.002	0.363
控制组	10	1.0	4.3			

注：方差齐性检验结果表明，三个组的总体方差不齐（$p=0.035<0.05$），因此采用方差不齐情况适用的 Tamhane's T2 法进行事后多重比较

从表 11-37 中可以看出，三个实验组前测成绩的总体方差无差异（呈齐性）（$p>0.05$），同时总体均值也无差异（样本均值差异不显著）（$p>0.05$）。这表明实验的随机化分组起到了控制被试个体差异的预期效果，三个实验组在前测阶段具有同质性。

以组别为自变量，各组的前测-后测的差异量为因变量进行单因素方差分析，结果发现，各实验组均值的差异显著（$p<0.01$）。通过 Tamhane's T2 法进行事后多重比较，结果表明，仅实验一组与控制组之间的差异达到显著（$p<0.05$），实验一组和实验二组，以及实验二组与控制组之间的差异均不显著。也就是说，本实验的结果仅能支持记忆训练方法一有效的假设，而没能支持方法二有效。效应量 $\eta^2=0.363$，表明这是一个具有高关联强度的效应量，即本实验的记忆训练方法对记忆能力具有很强的影响作用。当然，本实验没能观察到方法二的稳定效应，可能和样本容量过小、统计力不够有关。至于加大样本容量是否能观察到预期的实验效应，则可以通过统计力分析进行检验。

对本例需要说明的是，在较小样本（一般 $n<30$）的多组对照实验中，若在方差齐性检验显著的情况下，仍然对均值差异进行方差分析，得到错误结论的概念就会偏高，这时不主张再进行方差分析，而更合适采用非参数检验的方法。本例为了便于完整呈现模拟的实验数据，以供读者进行试算，故在每个组样本仅 10 人、方差不齐的情况下，也进一步演示和解释了方差分析的结果。在真实的研究实践中，样本规模越大，进行方差分析时由方差不齐带来的误差影响就会越小，这也是主张组间实验设计的研究每个组的样本量尽可能在 30 以上

的原因之一。

（五）非对等实验-控制对照组前测-后测设计

在教育研究实践中，并不是所有的研究课题都能够做到严格地随机抽取和分配被试。例如，在教学实验中，学校校长可能愿意为研究者提供两个原有的班级的学生情况，而不容许把原班拆散重新组成实验班和控制班，而这些原有的班级可能已经是根据学校系统的某些基本原则组成的。还有在心理健康教育领域的团体辅导效果检验的实验中，参与实验并接受团体心理辅导的通常是遇到一定心理困扰的学生，不可能是在全校学生中通过随机抽样获得的，但在这种研究情境下，还是可以做到按照设定标准将招募来的学生随机分入实验组和控制组的。无论如何，对被试不能做到完全的随机化处理，就会对实验设计的内部效度产生一定的影响。如果在前测中对因变量的组间差异显著性检验发现两个班之间存在显著差异，那就需要对实验的分组方案进行重新考虑。

非对等实验-控制对照组前测-后测设计（简称非对等两组前后测设计）的优点是，同时采用了两组对照和前测后测对比两种实验控制的手段，可以排除实验过程中一些常见的额外变量带来的实验效应混淆。其缺点是没有使用随机方法分组，来自被试的个体差异误差不易控制。

在不可能按随机原则分配实验组与控制组被试的情况下，可以考虑采用一种准实验设计的方法，即非等价实验组与控制组设计。其基本模式如下：

$$O_1 \qquad X \qquad O_2$$
$$\cdots\cdots\cdots\cdots\cdots\cdots\cdots\cdots\cdots\cdots\cdots\cdots$$
$$O_3 \qquad\qquad O_4$$

这种设计除了不能把被试随机分配到各组之外，与实验-控制对照组前测-后测设计的结构基本相同，可采用的统计思路也基本相同，即用每一被试的后测分数减去前测分数分别求出两组变化值，然后对两组变化值的平均数进行差异显著性检验。这种统计思路可以选用的检验方法有 t 检验（参数检验）、曼-惠特尼 U 检验或中位数检验（非参数检验）。此外，也可以把前测分数作为协变量进行协方差分析。

非等价实验组与控制组设计使用的是非等价的整组（自然班），而不是随机化或匹配组（新班），所以在控制选择偏向和避免实验失败等方面会存在不利的影响，本设计要求必须进行前测，就是为了克服这种影响。通过前测，可获得对选择偏向实施统计控制的测量指标，同时也利于在实验干预开始前采取措施以最大限度地保证两个组大致相当，这样进行组间比较才有基础。

下面以一个对小学三年级学生进行的研究为例，来说明这种准实验设计的应用。

例14 这项研究的目的是评价改革书法教学大纲的效果。研究者采用掷硬币的方法，在两个三年级班级中随机选择一个作为处理班（实验班），另一个为控制班。在处理前，对两班进行一项书法测验。同时，研究者对两个班学生的情况进行了了解，如性别、年龄、词汇量等方面，获得了大致相同的评价，即对所要进行的对比没有太大的影响。然后对实验班实施新大纲教学，控制班按原大纲教学。一段时间后，对两个班进行后测，然后通过增值分数（后测分减前测分）来估计新书法教学大纲的效果。

非对等两组前后测设计的实验数据统计方法与两组前后测设计完全一样，在这里就不再给出统计分析结果示例了。

二、组内设计的统计分析

（一）单因素二水平的组内设计（单组前后测设计）

组内设计又可称为重复测量设计，组内设计的最简单做法是选用一组被试，在对该组被试施加实验处理之前，首先进行一次前测，然后让被试接受实验处理，在实验处理措施实施完成之后，再对被试进行一次后测。应当注意的是，前后两次测量所使用的工具应当是等价的，即测量的数值可以相互比较，甚至可以使用同一套测量工具进行重复测量。

单因素二水平的命名就意味着只采用一个被试组，进行两次重复测量分别对应没有实验处理和有实验处理两种实验条件，并对测量指标进行对比。单因素二水平的组内设计的基本模式如下：

$$R \qquad X_1O_1 \qquad X_2O_2$$

在该模式中还存在一个随机化的过程，在单组实验设计中，若能进行随机取样，就做到了随机化，但该设计不需要分组，所以随机化中的随机分组也无从执行。在单组设计中，若没有条件进行随机取样，而是用方便取样的方式，那该实验设计就成为准实验设计中的一种，其实验的内部效度将会降低。但这种准实验设计往往更容易在日常的教学研究中实施，更具有实用性。此外，若是进行心理学的实验室实验，往往还能做到对实验处理的顺序效应进行控制，单因素二水平的组内设计还可以表达为一种控制更为严格的形式：

$$R \qquad X_1O_1 \qquad X_2O_2$$
或

$$R \qquad X_2O_2 \qquad X_1O_1$$

在上面这种实验设计模式中，实验处理和因变量测量几乎可以同时进行，因此实验处理 X_1（通常就是基线条件或没有特殊的实验处理）和 X_2 之间的顺序要进行随机化，或通过 ABBA 平衡的方式在两种可能顺序之间交替执行，以此抵消可能存在的顺序效应。

在单因素二水平的组内设计中，为了比较 O_1 和 O_2 之间的差异，适合采用的统计分析方法有相关样本 t 检验、非参数的相关样本符号检验法和非参数的相关样本秩次检验法。

这种实验设计的特点是操作方便，对实验技术的要求不高，适合于一些无关变量相对少的实验。例如，在语文教法改革中，关于一种新的教学方法是否可以提高学生的阅读速度的研究，就可以采用简单单组设计。这个实验中只有一个实验班，对这个班学生先进行一次阅读速度的测验，然后开始采用新的教学方法进行语文教学，实验期结束之后，再对学生进行一次阅读速度的测验，最后比较两次测验之间的差异。如果学生在后测中的成绩优于前测中的成绩，那么就说明新的教学方法对提高学生的阅读速度可能有效。

简单单组实验设计最大的缺陷是难以控制无关变量对实验结果的影响，如在上例中，对学生身心变化或教育中其他条件的变化就很难加以控制。因此，这种实验设计如果不是用于实验室实验，那研究的内在效度和外在效度都可能较低，所以用它的实验结果来解释因果关系时一定要谨慎。因此在上例中我们最后下的结论是"可能有效"。

这种设计方法简单易行，在一定条件下的实验结果也能够说明一些问题，还可以为进一步更严格的实验研究提供资料与经验的积累。下面给出一个教育实验的例子来演示统计分析。

例 15　在某小学新生中随机抽取 10 名学生组成一个实验组，在学期初进行了一次推理能力测验，经过一年的教育训练后，又进行了一次同类测验，两次测验结果如表 11-38 所示。问经过一年的教育训练，实验组儿童的推理能力有无显著提高？

表 11-38　单组前后测设计的模拟实验数据

编号	1	2	3	4	5	6	7	8	9	10
前测结果	10	11	10	9	8	11	13	12	13	9
后测结果	14	14	11	15	11	14	14	14	15	14

对本例中的实验数据进行统计分析，在 SPSS 软件中的主要菜单操作步骤为：分析→比较平均值→配对样本 t 检验（指定"前测结果"和"后测结果"为一对配对变量）。对 SPSS 软件的输出结果进行整理，得到表 11-39。

表 11-39　某小学推理能力训练实验的效应检验（N=10）

测评时间	M	SD	重测相关		相关样本 t 检验			Cohen's d
			r	p	t	df	p	
前测	10.6	1.7	0.472	0.169	−5.81	9	0.000	0.921
后测	13.6	1.4						

注：表中的重测相关 r 是指前测和后测的两组数据之间的相关系数

从表 11-39 中可以看出，该实验组小学新生的推理能力平均成绩从前测时的 10.6 提升到了后测时的 13.6，这一差异量进一步转换成效应量 d，为 0.921，属于大的效应量，并且相关样本 t 检验中 p=0.000<0.01，达到了统计显著水平。据此可以认为对小学新生进行推理能力训练是可能获得稳定而明显的效果的。但该项研究的结论受其采用的简单单组实验设计局限的影响，这种推理能力训练效果的可推广性还需要在后续的验证性研究中进一步检验。至于表 11-39 中的重测相关系数，即前测成绩和后测成绩的相关系数 r=0.472，属于中等程度的相关，在这里主要是为实验中因变量测量的信度提供参考。若重测相关系数在组内（重复测量）实验设计中太低，特别是在实验实施周期比较短的情况下，则可能需要考虑测量工具的使用或实验操作过程中可能存在较大误差的可能性。

（二）单因素三水平以上的组内设计

单因素三水平或更多水平的组内设计，一般来源于对同一组被试在多个自变量处理条件下的重复测量。例如，为了对比学生在低、中、高三种不同噪声环境中做心算题的成绩，就可以采用同一组学生分别在三种噪声情境下接受心算测试来进行，这样的设计能够较好地排除由学生心算能力的个体差异带来的影响，因为三种实验条件下的差异是每个学生自己和自己在不同条件下比较的结果，可以合理地归因于自变量的效应。重复测量设计最主要的缺点是容易产生测量的顺序效应，需要用不同被试接受不同处理或测量顺序的方式来平衡控制，因此更适合实验室实验。在教育研究中，不同学生接受不同实验处理的操作很难实现，所以通常仍然会采用相同的实验处理顺序，这样研究结果则无法完全排除顺序效应的影响，在一定程度上降低了实验的内部效度。但即便在无法对顺序效应进行控制的情况下，单因素多水平的重复测量设计作为一种准实验设计，在教育研究中仍然具有较好的实用性。

单因素三水平组内设计的基本模式如下：

$$R \qquad X_1O_1 \qquad X_2O_2 \qquad X_3O_3$$

若是可以对顺序效应进行平衡控制的实验室实验，单因素三水平的组内设计还可以是如下形式：

$$R \qquad X_1O_1 \qquad X_2O_2 \qquad X_3O_3$$

或

$$R \qquad X_2O_2 \qquad X_3O_3 \qquad X_1O_1$$

或

$$R \qquad X_3O_3 \qquad X_1O_1 \qquad X_2O_2$$

上式中，实验处理和因变量测量几乎是可以同时进行的，因此实验处理 X_1、X_2 和 X_3 的执行顺序要通过随机化或所谓"拉丁方"平衡的方式，在三种可能顺序之间交替执行，以此来抵消掉可能存在的顺序效应。

在单因素三水平的组内设计中，为了比较 O_1、O_2 和 O_3 之间的差异，适合采用的统计分析方法有重复测量的方差分析、非参数的 K 个相关样本 Friedman 检验。

下面给出一个教育实验的例子来演示单因素三水平组内设计的统计分析。

例 16 某教师在班上随机抽取 8 名学生参与一项作文训练效应的研究。在训练实验开始时对学生的作文水平进行了摸底测验，然后用一个学期来对这批学生进行作文专项训练，并在学期中和学期末分别进行了期中测验和期末测验。对三次测验数据进行整理得到表 11-40。问经过一学期的作文训练，实验组学生的写作能力有无显著提高？

表 11-40　某教师的作文训练课程的模拟实验数据

学生编号	摸底测验	期中测验	期末测验
1	73	74	79
2	76	70	78
3	74	74	75
4	73	72	77
5	75	74	82
6	77	80	83
7	75	73	82
8	65	73	77

利用 SPSS 软件对本例数据进行分析，分别定义"摸底测验""期中测验""期末测验"为三个测量型变量（连续变量），而"测评阶段"在 SPSS 软件中则

需定义为"分析时定义"的隐含重复测量变量。主要菜单操作步骤包括两个。①分析→一般线性模型→重复测量：定义重复测量因子为"测评阶段"，指定重复测量因子的水平数为"3"；②进一步定义被试内变量（因子）的三个水平所对应的变量，即"摸底测验""期中测验""期末测验"，确定之后即获得重复测量方差分析的输出结果。对 SPSS 软件的输出结果进行整理，得到表 11-41。

表 11-41　某教师的作文训练课程的实验效应检验

实验进程	M	SD	$F(2, 14)$	p	η^2
摸底测验	73.5	3.7			
期中测验	73.8	2.9	13.505	0.001	0.659
期末测验	79.1	2.9			

从表 11-41 中可以看出，该实验组学生的作文测验平均成绩从摸底时的 73.5 到期中时的 73.8 再到期末时的 79.1，呈现逐渐提升的趋势。Mauchly 球形检验结果表明，球形假设成立（$p=0.549>0.05$），则重复测量的方差分析无须进行校正；重复测量方差分析中，$F(2, 14)=13.505$，$p=0.001$，$\eta^2=0.659$，属于高关联强度的效应量。进一步采用 LSD 法进行事后多重比较，结果表明，从摸底测验到期中测验，学生的作文测验成绩并没有出现明显的变化，而到期末测验阶段，学生的作文测验成绩已显著（$p<0.05$）不同于期中和摸底测验阶段的成绩。据此可以认为该教师的作文训练是可能获得稳定而明显的效果的。但该项研究的结论受单组重复测量准实验设计局限的影响，其可推广性还需要在后续的验证性研究中进一步检验。

思考与练习

1. 请联系当前教育现实，选择一调查研究的课题，运用所学的教育量化研究设计与数据分析相关知识，撰写一份计划。

2. 请联系当前教育现实，选择一相关研究的课题，运用所学的教育量化研究设计与数据分析相关知识，撰写一份计划。

3. 请联系当前教育现实，选择一实验研究的课题，运用所学的教育量化研究设计与数据分析相关知识，撰写一份计划。

拓 展 阅 读

1. 徐云杰. 2011. 社会调查设计与数据分析——从立题到发表. 重庆：重庆大学出版社.

2. 邱皓政. 2013. 量化研究与统计分析——SPSS（PASW）数据分析范例解析. 重庆：重庆大学出版社.

第十二章

教育研究数据库来源介绍

学习导航
- ◆ 教育机构数据
- ◆ 学生数据
- ◆ 教师数据
- ◆ 其他类数据

第一节　教育机构数据

众所周知，校园是学生的主要生活场所，因此教育机构数据是教育数据的重要组成部分。下面主要就包含教育机构数量及民办教育情况的数据库来源进行归纳汇总。

一、教育机构数量

（一）国家统计局

国家统计局是国务院直属机构，也是我国最主要的统计数据生产部门，其职能主要为组织、领导和协调全国统计工作，汇总、整理和提供有关国情国力方面的统计数据，以及监督检查相关部门和机构对统计法律法规的实施情况等。通过国家统计局官网的"统计数据"模块可查询到许多信息。另外官网中还有检索按钮，可以自行输入想要查找的内容。

在国家统计局的官网中，通过"统计数据"模块中数据查询部分的中国统计年鉴，可以找到教育机构方面的统计数据。通过图 12-1 可以看到按照办学层次及年份对各级各类学校情况进行的统计，如高职（专科）院校在 2000 年才开始出现，丰富了我国高等教育办学类型，而且这类学校数量呈明显增长趋势。

21-5　各级各类学校情况

单位：所

年份	普通高等学校	#高职(专科)院校	普通高中	中等职业教育	初中	#职业初中	普通小学	特殊教育	学前教育
1978	598		49215	2760	113130		949323	292	163952
1980	675		31300	3459	87077		917316	292	170419
1985	1016		17318	14190	77529	1626	832309	375	172262
1990	1075		15678	20763	73462	1509	766072	746	172322
1995	1054		13991	22072	68564	1535	668685	1379	180438
2000	1041	442	14564	19727	63898	1194	553622	1539	175836
2001	1225	628	14907	17580	66590	1065	491273	1531	111706
2002	1396	767	15406	15919	65645	984	456903	1540	111752
2003	1552	908	15779	14682	64730	1019	425846	1551	116390
2004	1731	1047	15998	14454	63757	697	394183	1560	117899
2005	1792	1091	16092	14466	62486	601	366213	1593	124402
2006	1867	1147	16153	14693	60885	335	341639	1605	130495
2007	1908	1168	15681	14832	59384	275	320061	1618	129086
2008	2263	1184	15206	14847	57914	213	300854	1640	133722
2009	2305	1215	14607	14388	56320	153	280184	1672	138209
2010	2358	1246	14058	13862	54890	67	257410	1706	150420
2011	2409	1280	13688	13083	54117	54	241249	1767	166750
2012	2442	1297	13509	12654	53216	49	228585	1853	181251
2013	2491	1321	13352	12262	52804	40	213529	1933	198553
2014	2529	1327	13253	11878	52623	26	201377	2000	209881
2015	2560	1341	13240	11202	52405	22	190525	2053	223683
2016	2596	1359	13383	10893	52118	16	177633	2080	239812
2017	2631	1388	13555	10671	51894	15	167009	2107	254950
2018	2663	1418	13737	10229	51982	11	161811	2152	266677
2019	2688	1423	13964	10078	52415	11	160148	2192	281174
2020	2738	1468	14235	9896	52805	10	157979	2244	291715

图 12-1　各级各类学校情况

资料来源：国家统计局. 2023-01-26. 各级各类学校情况. http://www.stats.gov.cn/sj/ndsj/2021/indexch.htm

（二）教育部

教育部的司局机构包含 27 个，如办公厅、发展规划司、人事司、高等教育司等，主要作用是拟订教育改革与发展的方针、政策和规划，起草有关法律法规草案并监督实施等。通过教育部官网的新闻模块，我们可以了解到政策解读、教育评论和图解教育方面的信息。在文献模块中，我们可以查询到教育部令、教育统计数据、教育发展统计公报、教育经费执行公告等数据资料。

在教育部官网中，点击文献模块找到历年教育统计数据，可以看到关于教育机构数量方面的数据信息，另外在历年中国教育概况中也有对教育机构数量的介绍。如图 12-2 所示，根据 2020 年教育统计数据，在各级各类学校中，高等教育机构包括研究生培养机构、普通高等学校、成人高等学校和民办的其他高等教育机构等，其中普通高等学校是高等教育的中流砥柱，有 2738 所。

各级各类学校校数、教职工、专任教师情况
Number of Schools, Educational Personnel and Full-time Teachers by Type and Level

	学校数 （所） Schools	教职工数 （人） Educational Personnel	专任教师 数（人） Full-time Teachers
一、高等教育 Higher Education			
（一）研究生培养机构（不计校数）Institutions Providing Postgraduate Programs	（827）	—	—
1.普通高校 Regular HEIs	（594）	—	—
2.科研机构 Research Institutes	（233）	—	—
（二）普通高等学校 Regular HEIs	2738	2668708	1832982
1.本科院校 HEIs Offering Degree Programs	1270	1923487	1276101
其中：独立学院 of Which Independent Institutions	241	151993	117154
2.高职（专科）院校 Higher Vocational Colleges	1468	744478	556424
3.其他普通高教机构（不计校数）Other Institutions	（21）	743	457
（三）成人高等学校 Adult HEIs	265	32475	18951
（四）民办的其他高等教育机构 Other Non-government HEIs	（788）	17911	8116

图 12-2　各级各类学校校数、教职工、专任教师情况

资料来源：教育部. 2023-01-26. 各级各类学校校数、教职工、专任教师情况. http://www.moe.gov.cn/jyb_sjzl/moe_560/2020/quanguo/202108/t20210831_556365.html

（三）国家数据

国家数据属于国家统计局下的网站，可以查询到月度、季度、年度以及普查数据，在年度数据中可以找到教育机构数量方面的数据信息。国家数据主页如图12-3所示，可以看到有普查数据、地区数据、部门数据和国际数据等多项分类。其中主要通过年度数据来了解教育方面的信息，另外也可以通过搜索框自行查找所需的数据。

图 12-3　国家数据主页

综合图 12-1 和图 12-2，我们可得到高等学校数、研究生培养机构数、本科院校数和中等职业教育学校数等国家统计数据。从中可看出我国普通高等学校数和高职（专科）院校数近几年呈增长趋势，在 2020 年分别达到 2738 所和 1468 所。

（四）统计年鉴分享平台

统计年鉴分享平台是目前国内最大的统计年鉴免费分享下载平台，旨在让科研工作者和学生更方便地查找数据。其平台主页如图12-4所示，我们可以看到有全国和各省（自治区、直辖市）的分类，还可以看到最近更新的一些统计年鉴，此外也可以通过搜索按钮查找教育方面的数据。

在统计年鉴分享平台的网站上，我们可以搜索中国统计年鉴，找到教育机构数量方面的信息（图 12-5）。

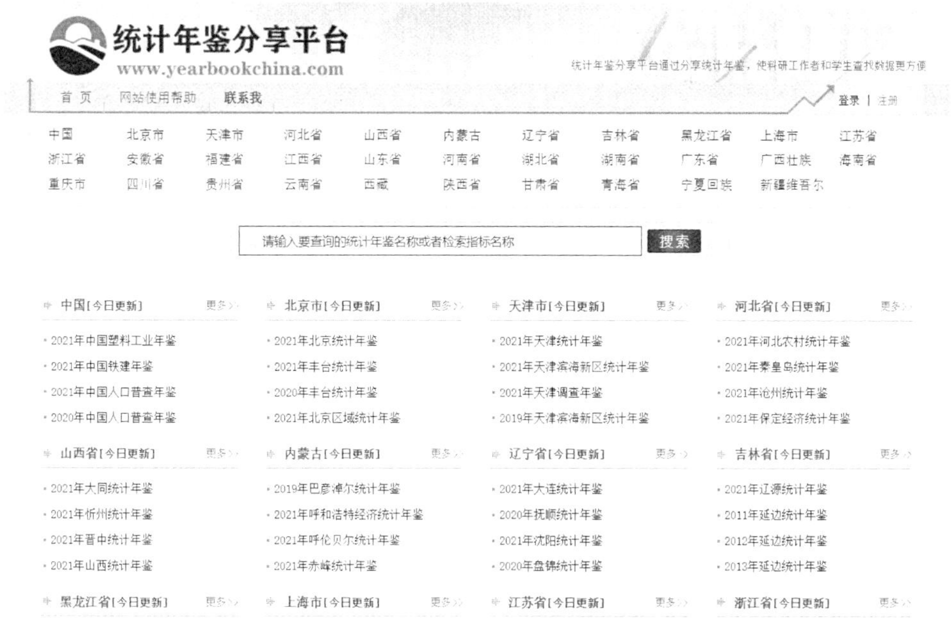

图 12-4　统计年鉴分享平台主页

图 12-5　各级各类学校数（一）

资料来源：统计年鉴分享平台. 2023-01-26. 各级各类学校校数、教职工、专任教师情况. https://www.yearbookchina.com/navipage-n3022021706000102.html

（五）各省（自治区、直辖市）统计局

一般来说，各省（自治区、直辖市）统计局都会有专门的网站，这里以云南省统计局为例进行介绍。云南省统计局的主要职责为负责组织、领导和协调全省统计工作，承担确保统计数据真实、准确、及时的责任。云南省统计局主页如图12-6所示，我们可以看到有首页、统计机构、统计工作、统计业务、统计数据、政务服务和政府信息公开七栏内容。其中，在统计数据中，我们可以找到进度数据、统计公报及统计年鉴等方面的信息，此外，我们还可以通过站内搜索查找到云南省教育方面的数据资料。

图 12-6　云南省统计局主页

在云南省统计局的网站中，通过统计数据中的统计年鉴可以找到云南省教育方面的数据。如图12-7所示，各级各类教育学校包括普通高等教育学校、中等教育学校、普通小学及幼儿园。其中，普通高等教育学校和幼儿园的数量呈逐年增长趋势，尤其是幼儿园数量增长明显，从2016年的7310所增长到2020年的13 385所，但普通小学的数量却从11 673所减少到10 688所。

（六）中国经济社会大数据研究平台

中国经济社会大数据研究平台是汇集中国国民经济与社会发展数据的大型统计资料数据库，是集统计数据资源整合、多维度的统计指标快捷检索、数据深度挖掘分析及决策支持研究等功能于一体的数据库。其主页如图12-8所示，包括首

页、统计资料、数据分析、决策支持及我的统计数据五个部分。在统计资料中，我们可以找到统计年鉴、调查资料和资料汇编等内容，从而查询到教育方面的数据。

13-1 主要年份各级各类教育学校数
Number of Schools by Level and Type in Significant Years

单位：所 (unit)

年　份 Year	普通高等教育学校 Regular Institutions of Higher Education	中等教育学校 Secondary Schools				职业教育中学 Vocational Secondary Schools	普通小学 Primary Schools	幼儿园 Kindergartens
		普通中等职业学校 Regular Secondary Vocational Schools	普通中学 Regular Secondary Schools	高　中 Senior Secondary Schools	初　中 Junior Secondary Schools			
1978	15	70	1 476	841	635		66 672	371
1980	18	100	1 435	610	825	59	59 499	591
1985	26	111	1 765	528	1 237	179	58 484	1 981
2016	72	81	2 150	480	1 670	166	11 673	7 310
2017	77	82	2 175	509	1 666	165	11 186	8 286
2018	79	86	2 196	519	1 677	162	10 900	10 156
2019	81	87	2 234	547	1 687	162	10 789	12 085
2020	82	88	2 290	601	1 689	163	10 688	13 385
2021	82	86	2 308	616	1 692	—	10 533	13 883

备注：2021年起，普通中等职业学校（原普通中等专业学校）数据包含职业教育中学数据。

图 12-7　主要年份云南省各级各类教育学校数

资料来源：云南省统计局. 2023-01-26. 主要年份各级各类教育学校数. http://stats.yn.gov.cn//tjsj/nj2022/index.htm

图 12-8　中国经济社会大数据研究平台主页

　　在该平台的网站上，我们可以通过统计资料找到教育机构数量方面的信息。如图 12-9 所示，各级各类学校包括普通、职业高等学校，以及普通高中、中等职业教育、初中学校、普通小学、特殊教育学校、幼儿园等。其中，普通小学的数量逐年递减，从 2010 年的 257 410 所减少到 2020 年的 157 979 所。与之相反，幼儿园的数量不断攀升，到 2020 年已达到 291 715 所，跃升为各级各类学校数量最多的学校类型。

21-6　各级各类学校校数情况
Number of Schools by Type and Level

单位：所 (unit)

年份 Year	普通、职业 高等学校 Regular and Vocational HEIs	高职(专科) 学校 Higher Vocational (Specialist) Schools	普通高中 Regular Senior Secondary Schools	中等职业 教　育 Secondary Vocational Education	初中学校 Junior Secondary Schools	普通小学 Regular Primary Schools	特殊教育学校 Special Education Schools	幼儿园 Kindergartens
1978	598		49215	2760	113130	949323	292	163952
1980	675		31300	3459	87077	917316	292	170419
1985	1016		17318	14190	77529	832309	375	172262
1990	1075		15678	20763	73462	766072	746	172322
1995	1054		13991	22072	68564	668685	1379	180438
2000	1041	442	14564	19727	63898	553622	1539	175836
2001	1225	628	14907	17580	66590	491273	1531	111706
2002	1396	767	15406	15919	65645	456903	1540	111752
2003	1552	908	15779	14682	64730	425846	1551	116390
2004	1731	1047	15998	14454	63757	394183	1560	117899
2005	1792	1091	16092	14466	62486	366213	1593	124402
2006	1867	1147	16153	14693	60885	341639	1605	130495
2007	1908	1168	15681	14832	59384	320061	1618	129086
2008	2263	1184	15206	14847	57914	300854	1640	133722
2009	2305	1215	14607	14388	56320	280184	1672	138209
2010	2358	1246	14058	13862	54890	257410	1706	150420
2011	2409	1280	13688	13083	54117	241249	1767	166750
2012	2442	1297	13509	12654	53216	228585	1853	181251
2013	2491	1321	13352	12262	52804	213529	1933	198553
2014	2529	1327	13253	11878	52623	201377	2000	209881
2015	2560	1341	13240	11202	52405	190525	2053	223683
2016	2596	1359	13383	10893	52118	177633	2080	239812
2017	2631	1388	13555	10671	51894	167009	2107	254950
2018	2663	1418	13737	10229	51982	161811	2152	266677
2019	2688	1423	13964	10078	52415	160148	2192	281174
2020	2738	1468	14235	9896	52805	157979	2244	291715
2021	2756	1486	14585	7294	52871	154279	2288	294832

图 12-9　各级各类学校数（二）

资料来源：中国经济社会大数据研究平台. 2023-01-26. 各级各类学校校数情况. https://data.cnki.net/yearBook/single?id=N2022110021

二、民办教育情况

（一）国家统计局

在国家统计局的统计数据中，我们可以了解到民办教育情况，包括学校数、教职工数及专任教师数等数据。图 12-10 为 2020 年各级各类民办学校方面的数据，有普通高等学校、成人高等学校和民办的其他高等教育机构等。在各种类别中，民办普通高等学校达到 771 所，其中，本科院校占绝大多数。

（二）教育部

在教育部官网，通过查询教育统计数据，我们能够了解到不同年份的民办教育情况。图 12-11 展示的是 2020 年各级各类民办学校校数、教职工、专任教师情况。其中，民办的其他高等教育机构有 786 所，多于普通高等学校数量，但是教职工人数比普通高等学校少，仅有不到 18 000 人，专任教师只有 8000 多人。

21-3　各级各类民办学校校数、教职工、专任教师情况（2020年）

项　目	学校数(所)	教职工数(人)	专任教师数(人)
高等教育			
研究生培养机构	(5)		
普通高校	(5)		
科研机构			
普通高等学校	771	493062	368925
本科院校	434	355662	267689
#独立学院	241	151993	117154
高职(专科)院校	337	137154	101048
其他普通高教机构	(15)	246	188
成人高等学校	2	38	14
民办的其他高等教育机构	(786)	17888	8106

图 12-10　民办教育情况（一）

资料来源：国家统计局. 2023-01-26. 各级各类民办学校校数、教职工、专任教师情况（2020 年）. http://www.stats.gov.cn/sj/ndsj/2021/indexch.htm

各级各类民办学校校数、教职工、专任教师情况
Number of Non-government Schools, Educational Personnel and Full-time Teachers by Type and Level

	学校数 (所) Schools	教职工数 (人) Educational Personnel	专任教师数 (人) Full-time Teachers
一、高等教育 Higher Education			
（一）研究生培养机构（不计校数）Institutions Providing Postgraduate Programs	(5)	—	—
1. 普通高校 Regular HEIs	(5)	—	—
2. 科研机构 Research Institutes	—	—	—
（二）普通高等学校 Regular HEIs	771	493062	368925
1. 本科院校 HEIs Offering Degree Programs	434	355662	267689
其中：独立学院 of Which:Independent Institutions	241	151993	117154
2. 高职（专科）院校 Higher Vocational Colleges	337	137154	101048
3. 其他普通高教机构（不计校数）Other Institutions	(15)	246	188
（三）成人高等学校 Adult HEIs	2	38	14
（四）民办的其他高等教育机构 Other Non-government HEIs	(786)	17888	8106

图 12-11　民办教育情况（二）

资料来源：教育部. 2023-01-26. 各级各类民办学校校数、教职工、专任教师情况. http://www.moe.gov.cn/jyb_sjzl/moe_560/2020/quanguo/202108/t20210831_556363.html

（三）国家数据

在国家数据的年度数据中，我们可以查询到民办教育的基本情况，如民办教育的毕业生数、招生数、在校学生数和教职工数等。图 12-12 展示的是不同年份的民办教育学校数，数量最多的是民办幼儿园学校数，自 2017 年均保持在 160 000 所以上，而全国仅有 2 所民办职业初中学校。

指标	2020年	2019年	2018年	2017年	2016年	2015年	2014年
民办高校学校数(所)	771	756	749	747	741	734	728
民办独立学院学校数(所)	241	257	265		266	275	283
民办其他高等教育机构学校数(所)	786	782	784	800	813	813	799
民办高中阶段教育学校数(所)						4810	4785
民办普通高中学校数(所)	3694	3427	3216	3002	2787	2585	2442
民办中等职业教育学校数(所)				2069		2225	2343
民办初中阶段教育学校数(所)				5277		4876	4744
民办普通初中学校数(所)				5276		4875	4743
民办职业初中学校数(所)	2	2			1		
民办普通小学学校数(所)	6187	6228	6179	6107	5975	5859	5681
民办幼儿园学校数(所)	167956	173236	165779	160372	154203	146376	139282
民办培训机构学校数(所)	39516	33099	25064	21234	19501	20089	20001

图 12-12　民办教育情况（三）

资料来源：国家数据. 2023-01-26. 各级各类民办教育学校数. https://data.stats.gov.cn/easyquery.htm?cn=C01

第二节　学生数据

教育中的重要主体就是学生，因此本节主要介绍我国在校学生数据、招生数据、毕业生数据、学历教育学生数据及少数民族学生数据五个方面的内容。

一、在校学生数据

（一）国家统计局

在国家统计局网站，通过统计数据中的统计年鉴可以找到各级各类学校在校学生情况。如图 12-13 所示，职业初中和特殊教育的在校学生数较少，普通小学和初中的在校学生数较多，专科在校生数不断增多，尤其是 2002—2003 年的增长最为迅速，从 193.4 万人增长到了 479.4 万人。

21-8　各级各类学校在校学生情况

单位：万人

年份	普通本专科	#专科	普通高中	中等职业教育	初中	#职业初中	普通小学	特殊教育	学前教育
1978	85.6	38.0	1553.1	212.8	4995.2		14624.0	3.1	787.7
1980	114.4	28.2	969.8	586.3	4551.8	13.5	14627.0	3.3	1150.8
1985	170.3	58.0	741.1	476.1	4010.1	45.2	13370.2	4.2	1479.7
1990	206.3	74.3	717.3	763.5	3916.6	47.9	12241.4	7.2	1972.2
1995	290.6	126.8	713.2	1230.2	4727.5	69.7	13195.2	29.6	2711.2
2000	556.1	100.9	1201.3	1284.5	6256.3	88.6	13013.3	37.8	2244.2
2001	719.1	146.8	1405.0	1164.9	6514.4	83.3	12543.5	38.6	2021.8
2002	903.4	193.4	1683.8	1190.8	6687.4	83.4	12156.7	37.5	2036.0
2003	1108.6	479.4	1964.8	1256.7	6690.8	72.4	11689.7	36.5	2003.9
2004	1333.5	595.7	2220.4	1409.2	6527.5	52.5	11246.2	37.2	2089.4
2005	1561.8	713.0	2409.1	1600.0	6214.9	43.1	10864.1	36.4	2179.0

图 12-13　在校学生数情况（一）

资料来源：国家统计局. 2023-01-26. 各级各类学校在校学生情况. http://www.stats.gov.cn/sj/ndsj/2021/indexch.htm

（二）国家数据

在国家数据平台上，我们可以选择年度数据来了解在校学生数。如图 12-14 所示，有普通高等学校在校学生数、普通高中在校学生数、普通小学在校学生数、特殊教育学校在校学生数和学前教育在校学生数等指标。其中，普通高等学校在校学生数不断增多，在 2021 年达到了 3496.1307 万人。

图 12-14　在校学生数情况（二）

资料来源：国家数据. 2023-01-26. 各级各类学校在校学生数. https://data.stats.gov.cn/easyquery.htm?cn=C01

（三）各省（自治区、直辖市）统计局

各省（自治区、直辖市）统计局就不再一一列举，这里以云南省统计局为例进行介绍。在云南省统计局的官网中，通过统计数据模块，我们可以找到各级各类学校在校学生数。如图 12-15 所示，1978—2021 年，普通高等教育学校在校学生数呈持续增长趋势，2021 年首次达 100 万人以上。普通小学在校学生数到2020 年达 389.22 万人，2021 年则减少到了 385.23 万人。

13-4　各级各类学校在校学生数（1978-2021年）
Number of Students Enrolled by Level and Type of School（1978-2021）

单位：万人　　　　　　　　　　　　　　　　　　　　　　　　　　　　　　　　　　　　　　　（10 000 persons）

年 份 Year	普通高等教育学校 Regular Institutions of Higher Education	中等教育学校 Secondary Schools					普通小学 Primary Schools	幼儿园 Kindergartens
		普通中等职业学校 Regular Secondary Vocational Schools	普通中学 Regular Secondary Schools	高 中 Senior Secondary Schools	初 中 Junior Secondary Schools	职业教育中学 Vocational Secondary Schools		
1978	1.59	2.66	128.54	23.78	104.76	0.39	436.03	4.08
1979	1.86		108.47				427.32	
1980	1.81	4.02	96.86	14.67	82.20	0.54	424.39	10.32
2016	65.66	31.25	267.78	80.58	187.20	17.30	376.61	131.50
2017	70.59	32.12	270.69	83.41	187.28	17.79	375.21	139.43
2018	76.47	31.97	272.64	86.49	186.15	18.24	379.51	143.10
2019	86.40	30.81	275.45	90.91	184.54	17.55	385.10	149.87
2020	96.42	29.53	279.53	97.16	182.37	16.85	389.22	167.27
2021	104.41	55.09	285.05	101.57	183.51	—	385.23	176.97

备注：2021年起，普通中等职业学校（原普通中等专业学校）数据包含职业教育中学数据。

图 12-15　在校学生数情况（三）

资料来源：云南省统计局. 2023-01-26. 各级各类学校在校学生数（1978—2021 年）. http://stats.yn.gov.cn/tjsj/nj2022/index.htm

（四）中国经济社会大数据研究平台

在中国经济社会大数据研究平台上，我们通过查找统计资料中的中国统计年鉴，就可以知道各级各类学校的在校学生数。如图 12-16 所示，近年来专科的在校学生数逐年增多，中等职业教育的在校学生数整体呈逐年减少趋势，小学阶段的在校学生数最多。

（五）各学校官方网站

通常来说，每个学校都有自己的官方网站，旨在及时向社会及校内人员公布学校的情况，这里以云南师范大学为例进行介绍。云南师范大学的官方网站主要提供关于该校的一些数据，目的是帮助师生更好地了解学校的方方面面，主要包括学校概况、机构设置、招生就业和公共服务等内容。

21-10 各级各类教育在校生情况
Number of Enrolments of Formal Education by Type and Level

单位：万人 (10 000 persons)

年 份 Year	研究生 Post-Graduates	普通、职业本专科 Undergraduate in Regular and Vocational HEIs	专科 Short-cycle Courses	普通高中 Regular Senior Secondary Schools	中等职业教育 Secondary Vocational Education	初中阶段 Junior Secondary Education	小学阶段 Primary Education	特殊教育 Special Education	学前教育 Pre-school Education
1978	1.1	85.6	38.0	1553.1	212.8	4995.2	14624.0	3.1	787.7
1980	2.2	114.4	28.2	969.8	586.3	4551.8	14627.0	3.3	1150.8
2010	153.8	2231.8	966.2	2427.3	2238.5	5279.3	9940.7	42.6	2976.7
2011	164.6	2308.5	958.9	2454.8	2205.3	5066.8	9926.4	39.9	3424.5
2012	172.0	2391.3	964.2	2467.2	2113.7	4763.1	9695.9	37.9	3685.8
2013	179.4	2468.1	973.6	2435.9	1923.0	4440.1	9360.5	36.8	3894.7
2014	184.8	2547.7	1006.6	2400.5	1755.3	4384.6	9451.1	39.5	4050.7
2015	191.1	2625.3	1048.6	2374.4	1656.7	4312.0	9692.2	44.2	4264.8
2016	198.1	2695.8	1082.9	2366.6	1599.0	4329.4	9913.0	49.2	4413.9
2017	264.0	2753.6	1105.0	2374.5	1592.5	4442.1	10093.7	57.9	4600.1
2018	273.1	2831.0	1133.7	2375.4	1555.3	4652.6	10339.3	66.6	4656.4
2019	286.4	3031.5	1280.7	2414.3	1576.5	4827.1	10561.2	79.5	4713.9
2020	314.0	3285.3	1459.5	2494.5	1663.4	4914.1	10725.4	88.1	4818.3
2021	333.2	3496.1	1590.1	2605.0	1311.8	5018.4	10779.9	92.0	4805.2

图 12-16 在校学生数情况（四）

资料来源：中国经济社会大数据研究平台. 2023-01-26. 各级各类教育在校生情况. https://data.cnki.net/yearBook/single?id=N2022110021

（六）统计年鉴分享平台

在统计年鉴分享平台上，通过搜索中国统计年鉴，我们可以找到在校学生数方面的统计资料，其与图 12-13 所示的国家统计局公布的在校学生数信息相同。

二、招生数据

（一）国家统计局

在该网站中，通过选择统计数据中的中国统计年鉴，我们能够查找到各级各类学校招生情况。如图 12-17 所示，初中、普通小学及学前教育的招生人数较多，其中，学前教育招生是从 1995 年开始的。普通本专科招生人数在 2000 年之后增长较快，在 2005 年突破了 500 万人。

21-7 各级各类学校招生情况

单位:万人

年份	普通本专科	#专科	普通高中	中等职业教育	初中	#职业初中	普通小学	特殊教育	学前教育
1978	40.2	12.4	692.9	44.7	2006.0		3315.4	0.6	
1980	28.1	7.7	383.4	58.3	1557.6	6.7	2942.3	0.6	
1985	61.9	30.2	257.5	234.2	1367.0	17.6	2298.2	0.9	
1990	60.9	29.2	249.8	286.1	1389.3	19.4	2064.0	1.6	
1995	92.6	47.8	273.6	498.6	1781.1	28.8	2531.8	5.6	1972.4
2000	220.6	48.7	472.7	408.3	2295.6	32.3	1946.5	5.3	1531.1
2001	268.3	66.6	558.0	399.9	2287.9	30.0	1944.2	5.6	1398.2
2002	320.5	89.1	676.7	473.6	2281.8	29.5	1952.8	5.3	1373.6
2003	382.2	199.6	752.1	515.8	2220.1	24.8	1829.4	4.9	1316.8
2004	447.3	237.4	821.5	566.2	2094.6	16.4	1747.0	5.1	1350.3
2005	504.5	268.1	877.7	655.7	1987.6	11.1	1671.7	4.9	1356.2

图 12-17 招生情况（一）

资料来源：国家统计局. 2023-01-26. 各级各类学校招生情况. http://www.stats.gov.cn/sj/ndsj/2021/indexch.htm

（二）国家数据

在该网站中，我们可以通过年度数据找到招生方面的数据。如图 12-18 所示，有普通高等学校招生数、普通高中招生数、初中招生数、普通小学招生数和特殊教育学校招生数等指标，其中初中招生数及普通小学招生数较多。另外，整体而言，各级各类学校的招生数均呈逐年增长趋势。

图 12-18 招生情况（二）

资料来源：国家数据. 2023-01-26. 各级各类学校招生数. https://data.stats.gov.cn/easyquery.htm?cn=C01

（三）各省（自治区、直辖市）统计局

这里以云南省统计局为例，在该平台中，我们可以通过查找统计数据得到招

生数据。如图 12-19 所示，通过云南省各级各类学校招生数，我们可以看到普通高等教育学校的招生人数从 2011 年到 2021 年增长了约一倍，职业教育中学的招生数保持稳定态势，普通小学的招生人数总体呈逐年减少趋势。

13-3 各级各类学校招生数（1978—2021年）
Number of New Students Enrollment by Level and Type of School (1978-2021)

单位：万人 (10 000 persons)

年 份 Year	普通高等教育学校 Regular Institutions of Higher Education	中等教育学校 Secondary Schools				职业教育中学 Vocational Secondary Schools	普通小学 Primary Schools
		普通中等职业学校 Regular Secondary Vocational Schools	普通中学 Regular Secondary Schools	高 中 Senior Secondary Schools	初 中 Junior Secondary Schools		
1978	0.71	1.28	51.55	10.42	41.13		109.34
1980	0.50	1.48	34.97	6.27	28.70	0.35	111.97
1985	1.26	1.97	36.58	6.32	30.26	1.95	103.58
2011	16.13	10.18	93.00	24.38	68.62	8.23	65.38
2012	14.63	10.96	93.53	26.13	67.40	7.23	62.29
2013	16.83	10.95	94.90	26.74	68.16	6.86	61.35
2014	17.59	11.13	93.94	26.81	67.13	6.30	60.93
2015	18.98	11.25	92.74	27.45	65.29	6.25	63.41
2016	20.17	11.51	92.43	28.82	63.61	6.83	64.46
2017	23.28	11.92	93.18	29.79	63.39	6.75	63.48
2018	25.58	11.60	91.50	30.25	61.25	6.73	66.44
2019	30.55	10.47	93.78	33.05	60.73	6.26	66.97
2020	34.57	9.99	96.40	36.00	60.40	5.80	64.91
2021	35.20	17.54	98.33	35.67	62.66	—	60.28

备注：2021年起，普通中等职业学校（原普通中等专业学校）数据包含职业教育中学数据。

图 12-19 招生情况（三）

资料来源：云南省统计局. 2023-01-26. 各级各类学校招生数（1978—2021 年）. http://stats.yn.gov.cn/tjsj/nj2022/index.htm

（四）中国经济社会大数据研究平台

在该平台的统计资料中，我们可以得到各级各类学校的招生数据。如图 12-20 所示，普通高中和普通、职业本专科学校的招生人数逐年增多，学前教育从 1995 年开始招生，并且招生人数较多。另外，初中和小学在招生中占主导地位。

（五）中国研究生招生信息网

中国研究生招生信息网是全国硕士研究生报名和调剂的指定网站。该网站的主页如图 12-21 所示，包括资讯和信息库等内容，大家可以通过其中各个学校发布的招生简章来了解相关信息，还可以查询各个不同地区的院校分布及其专业情况。

21-9　各级各类教育招生情况
Number of Entrants of Formal Education by Type and Level

单位：万人 (10 000 persons)

年份 Year	研究生 Post-Graduates	普通、职业 本专科 Undergraduate in Regular and Vocational HEIs	专科 Short-cycle Courses	普通高中 Regular Senior Secondary Schools	中等职业教育 Secondary Vocational Education	初中阶段 Junior Secondary Education	小学阶段 Primary Education	特殊教育 Special Education	学前教育 Pre-school Education
1978	1.1	40.2	12.4	692.9	44.7	2006.0	3315.4	0.6	
1980	0.4	28.1	7.7	383.4	58.3	1557.6	2942.3	0.6	
1985	4.7	61.9	30.2	257.5	234.2	1367.0	2298.2	0.9	
1990	3.0	60.9	29.2	249.8	286.1	1389.3	2064.0	1.6	
1995	5.1	92.6	47.8	273.6	498.6	1781.1	2531.8	5.6	1972.4
2000	12.8	220.6	46.8	472.7	408.3	2295.6	1946.5	5.3	1531.1
2001	16.5	268.3	66.6	558.0	399.9	2287.9	1944.2	5.6	1398.2
2002	20.3	320.5	89.1	676.7	473.6	2281.8	1952.8	5.3	1373.6
2003	26.9	382.2	199.6	752.1	515.8	2220.1	1829.4	4.9	1316.8
2004	32.6	447.3	237.4	821.5	566.2	2094.6	1747.0	5.1	1350.3
2005	36.5	504.5	268.1	877.7	655.7	1987.6	1671.7	4.9	1356.2
2006	39.8	546.1	293.0	871.2	747.8	1929.5	1729.4	5.5	1391.3
2007	41.9	565.9	283.8	840.2	810.0	1868.5	1736.1	6.3	1433.6
2008	44.6	607.7	310.6	837.0	812.1	1859.6	1695.7	6.2	1482.7
2009	51.1	639.5	313.4	830.3	868.2	1788.5	1637.8	6.4	1546.9
2010	53.8	661.8	310.5	836.2	870.4	1716.6	1691.7	6.5	1700.4
2011	56.0	681.5	324.9	850.8	813.9	1634.7	1736.8	6.4	1827.3
2012	59.0	688.8	314.8	844.6	754.1	1570.8	1714.7	6.6	1911.9
2013	61.1	699.8	318.4	822.7	674.8	1496.1	1695.4	6.6	1970.0
2014	62.1	721.4	338.0	796.6	619.8	1447.8	1658.4	7.1	1987.8
2015	64.5	737.8	348.4	796.6	601.2	1411.0	1729.0	8.3	2008.8
2016	66.7	748.6	343.2	802.9	593.3	1487.2	1752.5	9.2	1922.1
2017	80.6	761.5	350.7	800.1	582.4	1547.2	1766.6	11.1	1938.0
2018	85.8	791.0	368.8	792.7	557.0	1602.6	1867.3	12.4	1863.9
2019	91.7	914.9	483.6	839.5	600.4	1638.8	1869.0	14.4	1688.2
2020	110.7	967.5	524.3	876.4	644.7	1632.1	1808.1	14.9	1791.4
2021	117.7	1001.3	552.6	905.0	489.0	1705.4	1782.6	14.9	1526.2

图 12-20　招生情况（四）

资料来源：中国经济社会大数据研究平台. 2023-01-26. 各级各类教育招生情况. https://data.cnki.
net/yearBook/single?id=N2022110021

图 12-21　中国研究生招生信息网主页

资料来源：中国研究生招生信息网. 2023-01-26. https://yz.chsi.com.cn/

在该网站中，大家可以通过查询招生简章找到各个学校的招生数据信息，如图 12-22 所示。

首页 政策 资讯 院校库 专业库 硕士目录 网报公告 统考网报 成绩查询 网上调剂 推免服务 信息公开 在线咨询 专业学位

研招网　首页 · 招生简章

内蒙古工业大学2023年硕士研究生招生章程	2022-10-24
汕头大学2023年硕士研究生招生简章	2022-10-14
大连理工大学2023年硕士研究生招生章程	2022-10-08
天津财经大学2023年硕士研究生招生简章	2022-09-26
北京大学 2023 年硕士研究生招生简章（校本部）	2022-09-22
五邑大学2023年攻读硕士学位研究生招生简章	2022-09-22

图 12-22　招生情况（五）

资料来源：中国研究生招生信息网. 2023-01-26. 招生简章. https://yz.chsi.com.cn/kyzx/zsjz/

（六）阳光高考信息平台

阳光高考信息平台是教育部高校招生阳光工程指定平台，也是自主招生报名平台。平台主页如图 12-23 所示，我们可以看到有高考资讯、报考指南、在线咨询、招生动态、高职招生和试题评析六个板块的内容。通过该平台，我们可以查询到招生政策、院校、专业和招生章程等信息。

图 12-23　阳光高考信息平台主页

资料来源：阳光高考信息平台. 2023-01-26. https://gaokao.chsi.com.cn/

在阳光高考信息平台的网站中，通过选择招生章程可以找到高校招生数据信息，如图12-24所示，我们可以看到有院校所在地、主管部门类别、学历层次和院校特性等资料，也可以通过直接输入自己想要查询的院校名称进行搜索。

图 12-24　招生情况（六）

资料来源：阳光高考信息平台. 2023-01-26. 招生章程. https://gaokao.chsi.com.cn/zsgs/zhangcheng/listVerifedZszc--method-index,lb-1.dhtml

（七）各学校官方网站

这里主要以云南师范大学为例，在该校网站中，通过点击招生就业，可以找到云南师范大学本科生、研究生及留学生等的招生信息。图12-25为2023年艺术类专业招生简章，包括音乐学（师范）、舞蹈学（师范）、美术学（师范）、广播电视编导、播音与主持艺术等专业，每个专业的拟招生人数都能够在该简章中获得。

（八）统计年鉴分享平台

在统计年鉴分享平台的网站上，通过搜索中国统计年鉴，我们可以找到各级各类学校招生的数据资料，与图12-17所示的国家统计局公布的招生数量信息相同，这里就不再赘述。

◆ 国立西南联合大学在昆明唯一遗脉
◆ 教育部与云南省人民政府共建高校
◆ 国家中西部高校基础能力建设工程百所重点建设大学
◆ 云南省唯一的省属重点师范大学
◆ 教育部本科教学水平评估优秀高校
◆ 全国毕业生就业典型经验高校 50 强

2023 年艺术类专业招生简章

图 12-25　招生情况（七）

资料来源：云南师范大学. 2023-01-26. 2023 年艺术类专业招生简章. https://zsc.ynnu.edu.cn/info/1005/1911.htm

三、毕业生数据

（一）国家统计局

在国家统计局网站中，我们可以查询到各级各类学校的毕业生情况，如图 12-26 所示，包括普通本专科、普通高中和中等职业教育等不同学历的毕业生人数。其中职业初中从 1980 年开始出现，学前教育从 2001 年开始出现，且每年毕业生人数达 1000 多万人，普通小学及初中的毕业生人数也较多。

（二）国家数据

图 12-27 为国家数据网站中关于毕业生数据的信息。其中，普通高等学校毕业生数呈不断增长趋势，由此可以看出，高等教育毕业生人数越来越多。此外，特殊教育学校毕业生数也呈不断增长趋势，2020 年达到 12.1411 万人，比 2015 年增长了约 1.3 倍。

21-9　各级各类学校毕业生情况

单位：万人

年份	普通本专科	#专科	普通高中	中等职业教育	初中	#职业初中	普通小学	特殊教育	学前教育
1978	16.5	0.8	682.7	40.3	1692.6		2287.9	0.3	
1980	14.7		616.2	73.3	964.8	7.9	2053.3	0.4	
1985	31.6	14.4	196.6	92.5	1007.2	8.9	1999.9	0.4	
1990	61.4	30.6	233.0	240.6	1123.0	13.9	1863.1	0.5	
1995	80.5	48.0	201.6	348.4	1244.4	17.0	1961.5	1.9	
2000	95.0	17.9	301.5	476.7	1633.5	26.4	2419.2	4.3	
2001	103.6	19.3	340.5	430.6	1731.5	24.5	2396.9	4.6	1160.2
2002	133.7	27.7	383.8	380.1	1903.7	23.8	2351.9	4.4	1152.7
2003	187.7	94.8	458.1	346.4	2018.5	22.9	2267.9	4.5	1072.0
2004	239.1	119.5	546.9	359.2	2087.3	16.9	2135.2	4.7	1059.7
2005	306.8	160.2	661.6	418.2	2123.4	16.9	2019.5	4.3	1025.4
2015	680.9	322.3	797.7	567.9	1417.6	0.2	1437.3	5.3	1590.3
2016	704.2	329.8	792.4	533.6	1423.9	0.2	1507.4	5.9	1623.2
2017	735.8	351.6	775.7	496.9	1397.5	0.1	1565.9	6.9	1652.7
2018	753.3	366.5	779.2	487.3	1367.8	0.1	1616.5	8.1	1790.6
2019	758.5	363.8	789.2	493.5	1454.1	0.1	1647.9	9.8	1765.2
2020	797.2	376.7	786.5	484.9	1535.3	0.1	1640.3	12.1	1779.4

图 12-26　毕业生情况（一）

资料来源：国家统计局. 2023-01-26. 各级各类学校毕业生情况. http://www.stats.gov.cn/sj/ndsj/2021/indexch.htm

图 12-27　毕业生情况（二）

资料来源：国家数据. 2023-01-26. 各级各类学校毕业生数. https://data.stats.gov.cn/easyquery.htm?cn=C01

（三）各省（自治区、直辖市）统计局

一般来说，各省（自治区、直辖市）都有统计局，这里以云南省统计局为例进行介绍。在云南省统计局平台上，我们可以通过统计数据找到各级各类学校毕业生数，如图 12-28 所示。近年来，云南省普通高等教育学校毕业生数逐年增多，在 2021 年达到 25.93 万人。

13-5　各级各类学校毕业生数（1978-2021年）
Number of Graduates by Level and Type of School （1978-2021）

单位：万人 　　　　　　　　　　　　　　　　　　　　　　　　　　　　　　　（10 000 persons）

年 份 Year	普通高等教育学校 Regular Institutions of Higher Education	中等教育学校　Secondary Schools					普通小学 Primary Schools
		普通中等职业学校 Regular Secondary Vocational Schools	普通中学 Regular Secondary Schools	高 中 Senior Secondary Schools	初 中 Junior Secondary Schools	职业教育中学 Vocational Secondary Schools	
1978	0.33	0.99	44.60	9.19	35.41	0.11	56.76
1980	0.53	1.59	27.90	8.12	19.78	0.09	48.27
2016	15.24	9.33	84.91	24.90	60.01	5.39	65.11
2017	17.53	9.14	85.75	25.22	60.53	5.19	64.55
2018	18.81	9.13	87.09	25.70	61.39	5.00	61.92
2019	19.65	9.12	89.10	27.24	61.86	5.66	61.06
2020	23.52	9.54	90.88	28.37	62.51	5.35	60.80
2021	25.93	17.55	92.17	28.99	63.18	—	63.18

备注：2021年起，普通中等职业学校（原普通中等专业学校）数据包含职业教育中学数据。

图 12-28　毕业生情况（三）

资料来源：云南省统计局.2023-01-26.各级各类学校毕业生数（1978—2021 年）. http://stats.yn.gov.cn/tjsj/nj2022/index.htm

（四）麦可思平台

2006 年以来，麦可思公司对中国高等教育的现状、发展与改革进行了深入研究，积累了丰富的经验。麦可思平台主页如图 12-29 所示，包括关于麦可思、产品与服务、新闻中心、加入麦可思和联系我们等方面的内容。在产品与服务一栏，我们可以查询到麦可思解决方案、麦可思传媒和麦可思出版物等数据。

《中国大学生就业报告》（就业蓝皮书）的唯一编著者是麦可思研究院，这是我国第一本也是唯一一本以就业为主题词的蓝皮书，是中国大学生就业研究的权威著作。《中国大学生就业报告》除了总报告之外，还包含应届大学生就业报告、大学毕业生中期职业发展和专题研究三个部分，可以让人们较为全面地了解到毕业生方面的信息。

图 12-29　麦可思平台主页

资料来源：麦可思. 2023-01-26. http://www.mycos.com.cn/

（五）统计年鉴分享平台

在该平台上，我们可以通过中国统计年鉴查询到毕业生信息。其数据和图 12-30 的毕业生数据相同，这里就不再赘述。

四、学历教育学生数据

（一）国家统计局

要想了解各级各类学历教育学生情况，我们可以在国家统计局网站的统计数据模块下的年度数据中查询到。图 12-30 为 2020 年各级各类学历教育学生情况，包括研究生、普通本专科、成人本专科和网络本专科生的毕业生数、招生数及在校生数，其中普通本专科学生的毕业生数、招生数和在校生数均最多。

（二）国家数据

在国家数据平台上，通过年度数据，我们可以找到关于不同学历教育的学生情况。图 12-31 为不同学历教育（包括研究生、普通本专科、成人本专科、在职人员及网络本专科）的招生数。整体而言，不同学历教育的招生数呈增长趋势。除此之外，我们还可以找到不同学历教育的在校学生数及毕业生数等信息，在此就不一一列举了。

21-2 各级各类学历教育学生情况（2020年）

单位：人

项 目	毕业生数	招生数	在校生数
高等教育			
研究生	728627	1106551	3139598
博士	66176	116047	466549
硕士	662451	990504	2673049
普通本专科	7971991	9674518	32852948
本科	4205097	4431154	18257460
专科	3766894	5243364	14595488
成人本专科	2469562	3637630	7772942
本科	1226385	1896292	4051025
专科	1243177	1741338	3721917
网络本专科生	2722497	2779128	8464464
本科	866120	1072248	3111899
专科	1856377	1706880	5352565

图 12-30　各级各类学历教育学生情况（一）

资料来源：国家统计局.2023-01-26. 各级各类学历教育学生情况（2020 年）. http://www.stats.gov.cn/sj/ndsj/2021/indexch.htm

指标	2021年	2020年	2019年	2018年	2017年	2016年
研究生招生数(万人)	117.6526	110.6551	91.6503	85.7966	80.6103	66.70
博士招生数(万人)		11.6047	10.5169	9.5502	8.3878	7.72
硕士招生数(万人)		99.0504	81.1334	76.2464	72.2225	58.98
普通本专科招生数(万人)	1001.3151	967.4518	914.9026	790.9931	761.5000	748.60
普通本科招生数(万人)		443.1154	431.2880	422.1590	410.7534	405.40
普通专科招生数(万人)		524.3364	483.6146	368.8341	350.7000	343.20
成人本专科招生数(万人)		363.7630	302.2088	273.3119	217.5302	211.22
成人本科招生数(万人)		189.6292	150.5520	140.0380	102.3981	96.93
成人专科招生数(万人)		174.1338	151.6568	133.2739	115.1321	114.29
在职人员攻读博士、硕士学位招生数(万人)						
网络本专科招生数(万人)		277.9128	288.5458	320.9064	286.1143	229.60
网络本科招生数(万人)		107.2248	100.6897	104.4360	99.3253	84.75
网络专科招生数(万人)		170.6880	187.8561	216.4704	186.7890	144.85

图 12-31　各级各类学历教育学生情况（二）

资料来源：国家数据.2023-01-26. 各级各类学历教育招生数. https://data.stats.gov.cn/easyquery.htm?cn=C01

（三）教育部

在该网站上，通过查询文献中的教育统计数据，我们可以得到不同学历教育的学生情况。图 12-32 为 2020 年各级各类学历教育学生情况，其中成人本科和专科的毕业生数基本持平，而网络本专科学生的毕业生数略高于成人本专科。

各级各类学历教育学生情况

Number of Students of Formal Education by Type and Level

单位：人

unit:person

	毕业生数 Graduates	招生数 Entrants	在校生数 Enrolment
一、高等教育 Higher Education			
（一）研究生 Postgraduates	728627	1106551	3139598
博　士 Doctor's Degree	66176	116047	466549
硕　士 Master's Degree	662451	990504	2673049
（二）普通本专科 Undergraduate in Regular HEIs	7971991	9674518	32852948
本　科 Normal Courses	4205097	4431154	18257460
专　科 Short-cycle Courses	3766894	5243364	14595488
（三）成人本专科 Undergraduate in Adult HEIs	2469562	3637630	7772942
本　科 Normal Courses	1226385	1896292	4051025
专　科 Short-cycle Courses	1243177	1741338	3721917
（四）网络本专科生 Web-based Undergraduates	2722497	2779128	8464464
本　科 Normal Courses	866120	1072248	3111899
专　科 Short-cycle Courses	1856377	1706880	5352565
二、中等教育 Secondary Education	28159684	31532006	90820113

图 12-32　各级各类学历教育学生情况（三）

资料来源：教育部. 2023-01-26. 各级各类学历教育学生情况. http://www.moe.gov.cn/jyb_sjzl/moe_560/2020/quanguo/202108/t20210831_556364.html

（四）中国经济社会大数据研究平台

在该平台的网站上，通过年度数据中的中国统计年鉴，我们可以了解到不同学历的学生情况。图 12-33 为 2021 年各级各类学历教育学生情况。

21-2　各级各类学历教育学生情况（2021年）
Number of Students of Formal Education by Type and Level (2021)

单位：人 (person)

项目	Item	毕业生数 Graduates	招生数 Entrants	在校生数 Enrolment
高等教育	**Higher Education**			
研究生	Postgraduates	772761	1176526	3332373
博士	Doctor's Degree	72019	125823	509453
硕士	Master's Degree	700742	1050703	2822920
普通本科	Undergraduates	4280970	4445969	18931044
职业本专科	Vocational Undergraduates	3984094	5567182	16030263
本科	Bachelor Degree		41381	129297
专科	Short-cycle Courses	3984094	5525801	15900966
成人本专科	Undergraduates in Adult HEIs	2779485	3785288	8326521
本科	Bachelor Degree	1420887	2042982	4591098
专科	Short-cycle Courses	1358598	1742306	3735423
网络本专科生	Web-based Undergraduates	2590593	2839192	8739006
本科	Bachelor Degree	898773	1186772	3328548
专科	Short-cycle Courses	1691820	1652420	5410458
高中阶段教育	**High School Level Education**	11957266	14552751	39764220
普通高中	Regular Senior Secondary Schools	7802267	9049538	26050291
完全中学	Combined Secondary Schools	2397452	2749108	7965364
高级中学	Regular High Schools	4998715	5689530	16464641
十二年一贯制学校	12-Year Schools	382330	578148	1532731
附设普通高中班	Subsidiary Regular Senior Secondary School Class	23770	32752	87555
中等职业教育	Secondary Vocational Education	3753709	4889890	13118146
中等职业学校	Secondary Vocational Schools	3407194	4543445	12111730
附设中职班	Subsidiary Secondary Vocational Class	346515	346445	1006416
义务教育阶段教育	**Compulsory Education**	33051790	34880187	157983722
初中阶段	Junior Secondary Schools	15871485	17054376	50184373
初级中学	Regular Junior Secondary Schools	10807177	11277586	33434886
九年一贯制学校	9-Year Schools	2624001	3100495	8869279
十二年一贯制学校	12-Year Schools	499971	578829	1695322
完全中学	Combined Secondary Schools	1895733	2062584	6071342
职业初中	Junior Secondary Vocational Schools	770	238	724
附设普通初中班	Junior Secondary Classes Attached	43767	34625	112724
附设职业初中班	Vocational Junior Secondary Classes Attached	66	19	96
小学阶段	Primary Education	17180305	17825811	107799349
小学	Primary Schools	14377087	14743480	89820477
九年一贯制学校	9-Year Schools	2119817	2147139	13028261
十二年一贯制学校	12-Year Schools	281751	273160	1712099
小学教学点	External Teaching Sites	311632	642486	3034528
附设小学班	Subsidiary Primary School Classes	90018	19546	203984
特殊教育	**Special Education**	145899	149062	919767
特殊教育学校	Special Education Schools	47799	48509	330375
学前教育	**Pre-school Education**	17147905	15262381	48052063
幼儿园	Kindergartens	15617234	14176978	45391336
附设幼儿班	Subsidiary Toddler Class	1530671	1085403	2660727
专门学校	**Specialized Schools**	4244	5746	7160

图 12-33　各级各类学历教育学生情况（四）

资料来源：中国经济社会大数据研究平台. 2023-01-26. 各级各类学历教育学生情况（2021 年）. https://data.cnki.net/yearBook/single?id=N2022110021

（五）统计年鉴分享平台

在该平台的网站上，通过在搜索栏中输入中国统计年鉴，我们就可以得到各级各类学历教育学生情况数据。图 12-34 为 2020 年的相关数据，包括高等教育、中等教育和初等教育等的毕业生数、招生数及在校生数等信息。

21-2各级各类学历教育学生情况(2020年)

【条目包含内容】：21-2各级各类学历教育学生情况(2020年)，各级各类学历教育学生情况(年)，单位人，项目，毕业生数，招生数，在校生数，高等教育，研究生，博士，硕士，普通本专科，本科，专科，成人本专科，本科，专科，网络本专科生，本科，专科，中等教育，高中阶段教育，高中，普通高中，完全中学，高级中学，十二年一贯制学校，成人高中，中等职业教育，普通中专，成人中专，职业高中，技工学校，初中阶段教育，初中，初级中学，九年一贯制学校，十二年一贯制学校，完全中学，职业初中，成人初中，初等教育，普通小学，小学，九年一贯制学校，十二年一贯制学校，成人小学，扫盲班，工读学校，特殊教育，学前教育，注完全中学、九年一贯制学校和十二年一贯制学校的学生数按教育层次分别计入对应教育阶段的学生数中(以下相关表同)。特殊教育涵盖特殊教育学校、附设特教班、随班就读和送教上门等各类形式(以下相关表同)。起，学前教育招生数仅包括首次入园的适龄儿童，不再包括复学、转入等情况(以下相关表同)。起，研究生招生数包含全日制和非全日制研究生，在校生数包含全日制、非全日制研究生和在职人员攻读硕士学位，学生(以下相关表同)。，

【条目出处】：2021中国统计年鉴 >>21-2各级各类学历教育学生情况(2020年)

【主编单位】：中国统计年鉴委员会

图 12-34 各级各类学历教育学生情况（五）

资料来源：统计年鉴分享平台. 2023-01-26. 21-2 各级各类学历教育学生情况（2020 年）. https://www.yearbookchina.com/navipage-n3021103101000532.html

五、少数民族学生数据

在教育部网站的文献栏的教育统计数据的全国基本情况中，我们可以查询到不同年份各级各类学校的少数民族学生情况。图 12-35 展现的是各级各类学校少数民族学生数，其中少数民族研究生有 17 多万人，占到学生总数的 5.57%，且博士占比大于硕士占比。

各级各类学校少数民族学生数
Number of Minority Students of Schools by Type and Level

单位:人

unit:person

	总计 Total	少数民族学生 Minority Students	
		人数 Number	占学生总数的 比重（%） Percentage
一、高等教育 Higher Education			
（一）研究生 Postgraduates	3139598	175001	5.57
博　士 Doctor's Degree	466549	28218	6.05
硕　士 Master's Degree	2673049	146783	5.49
（二）普通本专科 Undergraduate in Regular HEIs	32852948	3289489	10.01
本　科 Normal Courses	18257460	1768698	9.69
专　科 Short-cycle Courses	14595488	1520791	10.42
（三）成人本专科 Undergraduate in Adult HEIs	7772942	607246	7.81
本　科 Normal Courses	4051025	326329	8.06
专　科 Short-cycle Courses	3721917	280917	7.55

图 12-35　各级各类学校少数民族学生数

资料来源：教育部. 2023-01-26. 各级各类学校少数民族学生数. http://www.moe.gov.cn/jyb_sjzl/moe_560/
2020/quanguo/202108/t20210831_556358.html

第三节　教　师　数　据

　　在学校中，教师是知识的传授者，也是与学生关系比较密切的人群，很多教师问题也是教育学者关心的话题。了解教师数据信息，有助于我们更好地了解这一群体。本节主要包括专任教师情况和教职工情况两个方面的教师数据。

一、专任教师情况

（一）国家统计局

在国家统计局网站上，我们可以找到专任教师数量方面的数据信息，如图12-36所示，其中普通小学和初中的专任教师数量较多，由此可见国家对基础教育的重视。另外，2000年设立高职（专科）院校并配备专任教师后，专任教师数量呈持续增长趋势。

21-6　各级各类学校专任教师情况

单位：万人

年份	普通高等学校	=高职(专科)院校	普通高中	中等职业教育	初中	=职业初中	普通小学	特殊教育	学前教育
1978	20.6		74.1	9.9	244.1		522.6	0.4	27.7
1980	24.7		57.1	13.3	244.9		549.9	0.5	41.1
1985	34.4		49.2	35.5	216.0		537.7	0.7	55.0
1990	39.5		56.2	66.3	249.9	2.9	558.2	1.4	75.0
1995	40.1		55.1	74.0	282.1	3.7	566.4	2.5	87.5
2000	46.3	8.7	75.7	79.7	328.7	3.8	586.0	3.2	85.6
2001	53.2	12.4	84.0	73.8	338.6	3.7	579.8	2.9	54.6
2002	61.8	15.6	94.6	69.1	346.8	3.7	577.9	3.0	57.1
2003	72.5	19.7	107.1	71.3	349.8	3.1	570.3	3.0	61.3
2004	85.8	23.8	119.1	73.6	350.0	2.4	562.9	3.1	65.6
2005	96.6	26.8	129.9	75.0	349.2	2.0	559.2	3.2	72.2
2015	157.3	45.5	169.5	84.4	347.6	0.1	568.5	5.0	205.1
2016	160.2	46.7	173.3	84.0	348.8	0.0	578.9	5.3	223.2
2017	163.3	48.2	177.4	83.9	354.9	0.0	594.5	5.6	243.2
2018	167.3	49.8	181.3	83.4	363.9	0.0	609.2	5.9	258.1
2019	174.0	51.4	185.9	84.3	374.7	0.0	626.9	6.2	276.3
2020	183.3	55.6	193.3	85.7	386.1	0.0	643.4	6.6	291.3

图 12-36　专任教师情况（一）

资料来源：国家统计局. 2023-01-26. 各级各类学校专任教师情况. http://www.stats.gov.cn/sj/ndsj/2021/indexch.htm

（二）国家数据

在国家数据平台上，我们可以找到各级各类学校专任教师情况，如图12-37所示，其中普通高等学校专任教师数略多于普通高中专任教师数，初中专任教师数呈稳步增长态势，2021 年达到 390 多万人，其余学校的专任教师数也在不断增多。

指标	2021年	2020年	2019年	2018年	2017年	2016年	2015年
普通高等学校专任教师数(万人)	186.5450	183.2982	174.0145	167.3000	163.3000	160.2000	157.3000
普通中学专任教师数(万人)							
普通高中专任教师数(万人)	202.8341	193.3228	185.9242	181.3000	177.4000	173.3000	169.5000
初中专任教师数(万人)	397.1121	386.0741	374.7429	363.9000	354.9000	348.8000	347.6000
普通小学专任教师数(万人)	660.0799	643.4178	626.9084	609.2000	594.5000	578.9000	568.5000
特殊教育学校专任教师数(万人)	6.9353	6.6169	6.2358	5.9000	5.6000	5.3000	5.0000
学前教育专任教师数(万人)	319.0989	291.3426	276.3104	258.1000	243.2000	223.2000	205.1000

图 12-37　专任教师情况（二）

资料来源：国家数据. 2023-01-26. 各级各类学校专任教师数. https://data.stats.gov.cn/easyquery.htm?cn=C01

（三）各省（自治区、直辖市）统计局

这里主要以云南省统计局为例，在该统计局网站中，我们可以通过统计年鉴查询到专任教师方面的数据信息。图 12-38 为云南省 1978—2021 年各级各类学校专任教师数，其中中等教育学校和普通小学专任教师数占多数。

13-2　各级各类学校专任教师数（1978-2021年）
Number of Full-time Teachers by Level and Type of School （1978-2021）

单位：万人　　　　　　　　　　　　　　　　　　　　　　　　　（10 000 persons）

年　份 Year	普通高等教育学校 Regular Institutions of Higher Education	中等教育学校　Secondary Schools					普通小学 Primary Schools	幼儿园 Kindergartens
		普通中等职业学校 Regular Secondary Vocational Schools	普通中学 Regular Secondary Schools	高　中 Senior Secondary Schools	初　中 Junior Secondary Schools	职业教育中学 Vocational Secondary Schools		
1978	0.37	0.22	5.90	1.16	4.74	0.02	16.41	0.25
1979	0.44		5.35				16.54	
1980	0.44	0.33	5.27	0.89	4.37	0.03	17.54	0.35
2015	3.69	0.76	17.53	5.15	12.38	1.08	22.48	4.90
2016	3.89	0.76	18.04	5.39	12.65	1.08	22.70	5.37
2017	3.93	0.78	18.56	5.66	12.90	1.08	22.73	5.89
2018	4.01	0.82	19.14	5.91	13.23	1.05	22.84	6.56
2019	4.15	0.76	19.63	6.25	13.38	1.04	23.08	7.29
2020	5.81	0.95	24.20	11.20	13.00	1.21	23.57	13.50
2021	4.42	2.16	21.41	7.50	13.91	—	23.63	8.72

备注：2021年起，普通中等职业学校（原普通中等专业学校）数据包含职业教育中学数据。

图 12-38　专任教师情况（三）

资料来源：云南省统计局. 2023-01-26. 各级各类学校专任教师数（1978—2021 年）. http://stats.yn.gov.cn//tjsj/nj2022/index.htm

（四）中国经济社会大数据研究平台

在该平台网站上，我们可以通过统计资料查询到专任教师方面的数据资料。图 12-39 为主要年份各级各类学校专任教师情况，其中普通高等学校和学前教育的专任教师数增长迅速，而职业初中和特殊教育的专任教师数较少，同时这两类学校的专任教师数相对比较稳定。

21-6 各级各类学校专任教师情况
Number of Full-time Teachers of Schools by Type and Level
单位：万人
(10 000 persons)

年份 Year	普通高等学校 Regular HEIs	#高职(专科)院校 Specialized Courses	普通高中 Regular Senior Secondary Schools	中等职业教育 Secondary Vocational Education	初中 Junior Secondary Schools	#职业初中 Vocational Junior Secondary Schools	普通小学 Regular Primary Schools	特殊教育 Special Education Schools	学前教育 Pre-school Education Institutions
1978	20.6		74.1	9.9	244.1		522.6	0.4	27.8
1980	24.7		57.1	13.3	244.9		549.9	0.5	41.1
1985	34.4		49.2	35.5	216.0		537.7	0.7	55.0
1990	39.5		56.2	66.3	249.9	2.9	558.2	1.4	75.0
1995	40.1		55.1	74.0	282.1	3.7	566.4	2.5	87.5
2000	46.3	8.7	75.7	79.7	328.7	3.8	586.0	3.2	85.6
2001	53.2	12.4	84.0	73.8	338.6	3.7	579.8	2.9	54.6
2002	61.8	15.6	94.6	69.1	346.8	3.7	577.9	3.0	57.1
2003	72.5	19.7	107.1	71.3	349.8	3.1	570.3	3.0	61.3
2004	85.8	23.8	119.1	73.6	350.0	2.4	562.9	3.1	65.6
2005	96.6	26.8	129.9	75.0	349.2	2.0	559.2	3.2	72.2

图 12-39　专任教师情况（四）

资料来源：中国经济社会大数据研究平台. 2023-01-26. 各级各类学校专任教师情况. https://data.cnki.net/yearBook/single?id=N2022110021

（五）教育部

在教育部网站上，我们可以通过文献中的教育统计数据，查询到不同年份各级各类学校的专任教师情况。从图 12-40 可以看到，在 2021 年教育统计数据中，普通本科院校专任教师数约为 127 万人，是同期高职（专科）院校的 2 倍左右。

（六）统计年鉴分享平台

在该平台网站上，通过搜索中国统计年鉴，我们可以找到各级各类专任教师方面的统计资料，和图 12-36 所示的国家统计局公布的专任教师数量信息相同，此处不再赘述。

各级各类学校校数、教职工、专任教师情况
Number of Schools, Educational Personnel and Full-time Teachers by Type and Level

	学校数(所) Schools	教职工数(人) Educational Personnel	专任教师数(人) Full-time Teachers
总计 Total	529324	23373371	18443728
一. 高等教育学校 Higher Education Schools	3012	2785592	1913817
1.普通本科院校 Academic HEIs	1238	1931463	1272996
#独立学院 of Which:Independent Institutions	164	82566	59874
2.本科层次职业学校 Professional HEIs	32	32202	25743
3.高职(专科)院校 Vocational HEIs	1486	787355	595014
4.成人高等学校 Adult HEIs	256	34363	19973
5.其他普通高教机构(不计校数) Other Institutions	(21)	209	91
二. 高中阶段学校 Senior Secondary Schools	21879	3947581	3380405
1.普通高中 Regular Senior Secondary Schools	14585	3119854	2709469
完全中学 Combined Secondary Schools	5384	1163066	1038107
高级中学 Regular High Schools	7407	1483279	1318430
十二年一贯制学校 12-Year Schools	1794	473509	352932
2.中等职业教育(不含技工学校) Secondary Vocational Education	7294	827727	670936
中等职业学校 Secondary Vocational Education	7294	816327	662487
其他中职机构(不计校数) Other Secondary Vocational Education Institutions	(297)	11400	8449

图 12-40　专任教师情况（五）

资料来源：教育部. 2023-01-26. 各级各类学校校数、教职工、专任教师情况. http://www.moe.gov.cn/jyb_sjzl/moe_560/2021/quanguo/202301/t20230104_1038068.html

二、教职工情况

（一）国家统计局

在国家统计局的中国统计年鉴中，我们可以查询到教职工方面的数据信息。图 12-41 为 2020 年各级各类学校、教职工和专任教师情况，其中普通高等学校的教职工数最多，达到 260 多万人。

（二）国家数据

在国家数据网站上，我们可以查询到不同年份的教职工情况，如图 12-42 所示，其中独立学院和成人高等学校的教职工数较为稳定，普通高等学校、本科院校和专科院校的教职工数较多。

21-1   各级各类学校、教职工和专任教师情况（2020年）

项　目	学校数(所)	教职工数(人)	专任教师(人)
高等教育			
研究生培养机构	(827)		
普通高校	(594)		
科研机构	(233)		
普通高等学校	2738	2668708	1832982
本科院校	1270	1923487	1276101
=独立学院	241	151993	117154
高职(专科)院校	1468	744478	556424
其他普通高教机构	(21)	743	457
成人高等学校	265	32475	18951
民办的其他高等教育机构	(788)	17911	8116
中等教育	77455	8538842	6654481
高中阶段教育	24457	4034097	2792398
高中	14561	2951055	1934997

图 12-41   教职工情况（一）

资料来源：国家统计局. 2023-01-26. 各级各类学校、教职工和专任教师情况（2020 年）. http://www.stats.gov.cn/sj/ndsj/2021/indexch.htm

指标	2020年	2019年	2018年	2017年	2016年	2015年	2014
普通高等学校教职工数(万人)	267	257	249	244	240	237	
本科院校教职工数(万人)	192	187	180	177	175	173	
专科院校教职工数(万人)	74	70	69	67	65	64	
其他机构(教学点)教职工数(万人)	0	0	0	0	0	0	
独立学院教职工数(万人)	15	16	16	16	16	18	
成人高等学校教职工数(万人)	3	4	4	4	4	5	
民办的其他高等教育机构教职工数(万人)	2	2	2	2	2	2	
中等教育教职工数(万人)	854	826	801	783	768	763	
高中阶段教育教职工数(万人)	403	391	381	375	368	365	
高中教职工数(万人)	295	284	275	267	260	255	
普通高中教职工数(万人)	295	283	274	267	259	254	
普通高中完全中学教职工数(万人)	111	108	107	106	104	104	
高级中学教职工数(万人)	142	138	135	133	131	129	

图 12-42   教职工情况（二）

资料来源：国家数据. 2023-01-26. 各级各类学校教职工数. https://data.stats.gov.cn/easyquery.htm?cn=C01

（三）教育部

在教育部的网站上，我们可以查询到各级各类学校的教职工情况，如图 12-43 所示，其中普通高等学校教职工有 260 多万人，本科院校的教职工占了其中的绝大多数。

各级各类学校校数、教职工、专任教师情况

Number of Schools, Educational Personnel and Full-time Teachers by Type and Level

	学校数 （所） Schools	教职工数 （人） Educational Personnel	专任教师 数（人） Full-time Teachers
一、高等教育 Higher Education			
（一）研究生培养机构（不计校数）Institutions Providing Postgraduate Programs	（827）	—	—
1. 普通高校 Regular HEIs	（594）	—	—
2. 科研机构 Research Institutes	（233）	—	—
（二）普通高等学校 Regular HEIs	2738	2668708	1832982
1. 本科院校 HEIs Offering Degree Programs	1270	1923487	1276101
其中：独立学院 of Which:Independent Institutions	241	151993	117154
2. 高职（专科）院校 Higher Vocational Colleges	1468	744478	556424
3. 其他普通高教机构（不计校数）Other Institutions	（21）	743	457
（三）成人高等学校 Adult HEIs	265	32475	18951
（四）民办的其他高等教育机构 Other Non-government HEIs	（788）	17911	8116

图 12-43　教职工情况（三）

资料来源：教育部. 2023-01-26. 各级各类学校校数、教职工、专任教师情况. http://www.moe.gov.cn/jyb_sjzl/moe_560/2020/quanguo/202108/t20210831_556365.html

（四）中国经济社会大数据研究平台

在该平台网站上，我们也可以查询到教职工情况的数据资料。其统计数据和国家统计局公布的教职工数据相同，此处不再赘述。

（五）统计年鉴分享平台

在该平台网站上，我们通过查询中国统计年鉴，可以了解到教职工情况信息，也和国家统计局的教职工数据一致，此处不再赘述。

第四节　其他类数据

除了上述所说的教育机构、学生及教师数据外，还有其他的数据信息，主要包括教育经费、教育文件、论文数据情况和分地区的教育情况等，这些也都是教育数据的组成部分，下面一一进行介绍。

一、教育经费

（一）国家统计局

在国家统计局网站上，我们可以查询到国家财政性教育经费、民办学校中举办者投入和事业收入等教育经费方面的数据资料，其中占主要地位的为国家财政性教育经费，且教育经费合计呈不断增长趋势，由此可见国家对教育的大力投入（图 12-44）。

21-23　教育经费情况

单位：万元

年份 地区	合计	国家财政性 教育经费	#一般公共 预算教育经费	民办学校中 举办者投入	社会捐赠 经费	事业收入	#学杂费	其他教育 经费
1992	8670491	7287506	5649364		696285		439319	
1995	18779501	14115233	10929473	203672	1628414		2012423	
2000	38490806	25626056	21917652	858537	1139557	9382717	5948304	1483939
2005	84188391	51610759	49460379	4522185	931613	23399991	15530545	3723842
2006	98153087	63483648	61353481	5490583	899078	24073042	15523301	4206736
2007	121480663	82802142	80943369	809337	930584	31772357	21309082	5166242
2008	145007374	104496296	102129675	698479	1026663	33670711	23492983	5115225
2009	165027065	122310935	119749753	749829	1254991	35275939	25155983	5435371
2010	195618471	146700670	141639029	1054254	1078839	41060664	30155593	5724045

图 12-44　教育经费情况（一）

资料来源：国家统计局. 2023-01-26. 教育经费情况. http://www.stats.gov.cn/sj/ndsj/2021/indexch.htm

（二）国家数据

在国家数据网站上，我们可以查询到教育经费的数据资料。图 12-45 展示的是 2014—2020 年的教育经费情况，我们可以看到教育经费呈逐年增多趋势，表明国家对教育的重视程度也在不断增加。

图 12-45　教育经费情况（二）

资料来源：国家数据. 2023-01-26. 教育经费. https://data.stats.gov.cn/easyquery.htm?cn=C01

（三）各省（自治区、直辖市）教育部门

各省（自治区、直辖市）教育部门一般都会公布本地区教育方面的数据，这里主要以云南省教育厅为例。云南省教育厅的主要职责为拟订教育改革与发展的规划和政策、负责各级各类教育的统筹规划和协调管理，以及负责推进义务教育均衡发展和促进教育公平等。云南省教育厅官网的主页如图 12-46 所示，其中有机构职能、新闻信息和政府信息公开等六方面的内容。在新闻信息的教育信息中，我们可以找到关于教育的新闻数据；在政府信息公开的政策文件中，我们可以查询到教育相关的法律规定。

图 12-46　云南省教育厅主页

资料来源：云南省教育厅. 2023-01-26. https://jyt.yn.gov.cn/

在云南省教育厅的网站中，我们可以通过政府信息公开查询到云南省教育经费的相关信息。图 12-47 展示的是 2020 年云南省的教育经费执行情况，其中全省教育经费总收入为 1661.97 亿元，比上年增长 11.62%。

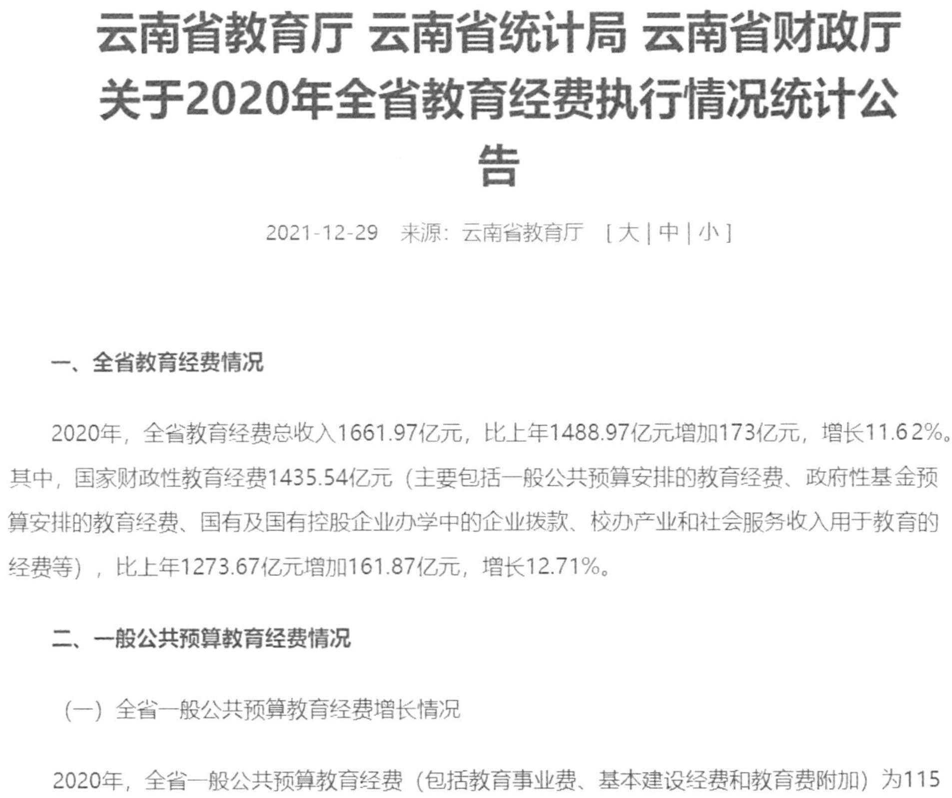

云南省教育厅 云南省统计局 云南省财政厅 关于2020年全省教育经费执行情况统计公告

2021-12-29　来源：云南省教育厅　[大 | 中 | 小]

一、全省教育经费情况

2020年，全省教育经费总收入1661.97亿元，比上年1488.97亿元增加173亿元，增长11.62%。其中，国家财政性教育经费1435.54亿元（主要包括一般公共预算安排的教育经费、政府性基金预算安排的教育经费、国有及国有控股企业办学中的企业拨款、校办产业和社会服务收入用于教育的经费等），比上年1273.67亿元增加161.87亿元，增长12.71%。

二、一般公共预算教育经费情况

（一）全省一般公共预算教育经费增长情况

2020年，全省一般公共预算教育经费（包括教育事业费、基本建设经费和教育费附加）为115

图 12-47　教育经费情况（三）

资料来源：云南省教育厅.2023-01-26. 云南省教育厅 云南省统计局 云南省财政厅关于 2020 年全省教育经费执行情况统计公告. https://jyt.yn.gov.cn/web/4a4b6eea2e394b9fb0ab9e5d469e909b/d480996057bf410e88c070a28044c397.html

（四）教育部

在教育部网站上，我们可以通过文献中的教育经费执行公告查询到相关内容。图 12-48 为 2020 年全国教育经费执行情况统计公告，其中全国教育经费总投入为 53 033.87 亿元，比上年增长 5.69%。

信息名称：2020年全国教育经费执行情况统计公告
信息索引：360A05-11-2021-0006-1　生成日期：2021-11-22　　　发文机构：教育部 国家统计局 财政部
发文字号：教财〔2021〕6号　　　信息类别：财务与审计
内容概述：教育部、国家统计局、财政部发布《关于2020年全国教育经费执行情况统计公告》。

教育部 国家统计局 财政部关于2020年
全国教育经费执行情况统计公告

教财〔2021〕6号

一、全国教育经费情况

2020年，全国教育经费总投入为53033.87亿元，比上年的50178.12亿元增长5.69%。其中，国家财政性教育经费（主要包括一般公共预算安排的教育经费，政府性基金预算安排的教育经费，国有及国有控股企业办学中的企业拨款，校办产业和社会服务收入用于教育的经费等）为42908.15亿元，比上年的40046.55亿元增长7.15%。

二、一般公共预算教育经费情况

（一）全国一般公共预算教育经费增长情况

2020年全国一般公共预算教育经费（包括教育事业费，基建经费和教育费附加）为36310.47亿元，比上年增长4.80%。其中，中央财政教育经费5413.71亿元，比上年增长1.7 %。

图 12-48　教育经费情况（四）

资料来源：教育部. 2023-01-26. 教育部 国家统计局 财政部关于 2020 年全国教育经费执行情况统计公告.
　　　http://www.moe.gov.cn/srcsite/A05/s3040/202111/t20211130_583343.html

（五）统计年鉴分享平台

在该平台网站上，我们可以通过中国教育经费统计年鉴找到相关信息。图12-49 展示的是 2019 年我国一般公共预算安排的教育经费，其中包括不同地区的教育经费数据。

（六）教育部财务司

教育部财务司主要参与拟订教育经费筹措、教育拨款、学生资助的方针、政策和承担统计全国教育经费投入情况等工作。在教育部网站上，我们可以查询到全国教育经费年度执行情况统计公告，图 12-50 展示的是 2007—2021 年全国教育经费执行情况统计公告。

2-3　一般公共预算安排的教育经费

【条目包含内容】：中国教育经费统计年，一般公共预算安排的教育经费，总计，教育部门和其他部门，国有及国有控股企业办学，民办学校，合计|，北京，河北，内蒙古，吉林，黑龙江，上海，江苏|，浙江，安徽|，福建，江西，山东|，河南，广东，广西|，海南，重庆，四川，贵云西陕甘青宁，南，|，新。，大连，宁波，厦门，|，青岛，深圳，

【条目出处】：2019中国教育经费统计年鉴　>>2-3　一般公共预算安排的教育经费

【主编单位】：中国教育经费统计年鉴委员会

图 12-49　教育经费情况（五）

资料来源：统计年鉴分享平台. 2023-01-26. 2-3　一般公共预算安排的教育经费. https://www.yearbookchina. com/navipage-n3020102108000150.html

教育经费执行公告

· 2021年全国教育经费执行情况统计公告	2022-12-30
· 2020年全国教育经费执行情况统计公告	2021-11-30
· 2019年全国教育经费执行情况统计公告	2020-11-03
· 2018年全国教育经费执行情况统计公告	2019-10-16
圖 2017年全国教育经费执行情况统计公告	2018-10-15
· 2016年全国教育经费执行情况统计公告	2017-10-25
· 2015年全国教育经费执行情况统计公告	2016-11-10
· 2014年全国教育经费执行情况统计公告	2015-10-15
· 2013年全国教育经费执行情况统计公告	2014-11-06
· 2012年全国教育经费执行情况统计公告	2013-12-27
· 2011年全国教育经费执行情况统计公告	2012-12-31
· 2010年全国教育经费执行情况统计公告	2011-12-30
· 2009年全国教育经费执行情况统计公告	2010-12-08
· 2008年全国教育经费执行情况统计公告	2009-11-30
· 2007年全国教育经费执行情况统计公告	2008-12-15

图 12-50　教育经费情况（六）

资料来源：教育部. 2023-01-26. 教育经费执行公告 [EB/OL]. http://www.moe.gov.cn/jyb_sjzl/sjzl_jfzxgg/

二、教育文件

（一）教育部

如图 12-51 所示，在教育部网站上，我们可以通过公开一栏的下拉菜单中的教育部文件查询相关信息，并进一步可以通过公文形式或信息拥有司局两种条件进行查询。

图 12-51　教育文件情况（一）

资料来源：教育部. 2023-01-26. 教育部文件. http://www.moe.gov.cn/was5/web/search?channelid=239993

（二）各省（自治区、直辖市）教育部门

各省（自治区、直辖市）教育部门都有自己的网站，这里以云南省教育厅为例进行介绍。在该网站上，我们可以通过查找政策法规中的政策文件找到相关信息，如行政规范性文件和其他文件，如图 12-52 所示。

图 12-52　教育文件情况（二）

资料来源：云南省教育厅. 2023-01-26. 政策文件. https://jyt.yn.gov.cn/article/category/
b99635e859f74b70b0d855812d7452fc

（三）各省（自治区、直辖市）人民政府

各省（自治区、直辖市）人民政府都会有自己的网站，这里以云南省为例进行介绍，其网站主页如图 12-53 所示，包括政务公开、政务服务和彩云之南等栏目，我们可以通过云南要闻、部门动态及州市动态等了解相关数据资料。

图 12-53　云南省人民政府主页

资料来源：云南省人民政府. 2023-01-26. http://www.yn.gov.cn/

在云南省人民政府网站中，我们可以通过政务公开找到政策文件，其中就包括教育相关文件，按公文种类分类，包括省政府令、云政发、云政规及云政函等。在省政府令中，每个教育文件是按照时间先后顺序排列的，查找起来较为方便、快捷，如图 12-54 所示。

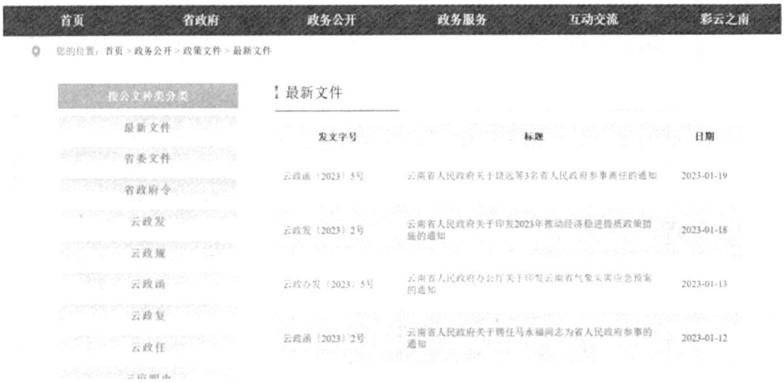

图 12-54　教育文件情况（三）

资料来源：云南省人民政府. 2023-01-26. 最新文件. https://www.yn.gov.cn/zwgk/zcwj/zxwj/

（四）教育部教师工作司

教育部教师工作司为教育部的一个部门，主要担负规划、指导各级各类学校教师队伍建设、拟订教师教育和教师管理政策法规、拟订各级各类教师资格标准并指导教师资格制度的实施、宏观指导教师教育和教师管理工作。在教育部网站上，我们可以通过选择信息拥有司局下的教师工作司来了解教育部教师工作司下发的教师教育和教师管理的相关文件，如图 12-55 所示。

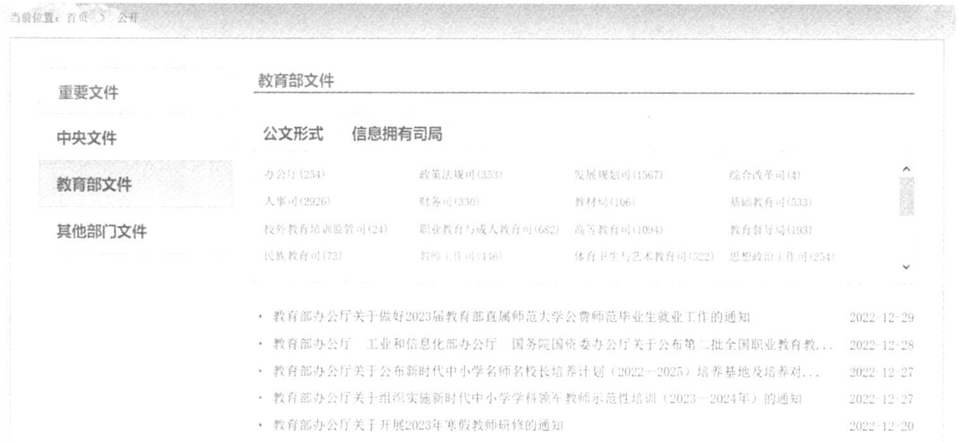

图 12-55　教育文件情况（四）

资料来源：教育部. 2023-01-26. 教育部文件. http://www.moe.gov.cn/was5/web/search?channelid=202456

（五）教育部民族教育司

教育部民族教育司同样为教育部的一个部门，职责为指导、推进学校铸牢中华民族共同体意识教育相关工作，统筹和指导少数民族和民族地区教育工作，协调民族地区教育对口支援工作。在教育部网站上，我们可以通过选择信息拥有司局下的民族教育司来了解教育部民族教育司下发的民族教育类文件，如图 12-56 所示。

（六）教育部高等教育司

教育部高等教育司主要承担高等教育教学的宏观管理工作，指导高等教育教学基本建设和改革工作，指导改进高等教育评估工作，拟订高等学校学科专业目录、教学指导文件等职能。在教育部网站上，我们可以通过选择信息拥有司局下的高等教育司来了解教育部高等教育司下发的关于高等教育工作开展的文件，如图 12-57 所示。

图 12-56　教育文件情况（五）

资料来源：教育部. 2023-01-26. 教育部文件. http://www.moe.gov.cn/was5/web/search?channelid=247956

图 12-57　教育文件情况（六）

资料来源：教育部. 2023-01-26. 教育部文件. http://www.moe.gov.cn/was5/web/search?channelid=289115

三、论文数据情况

（一）中国知网

中国学术期刊网络出版总库以学术、技术、政策指导、高等科普及教育类期刊为主，内容覆盖自然科学、工程技术、农业、哲学、医学、人文社会科学等各个领域，收录中文学术期刊 8000 余种，全文文献总量达 6000 多万篇。[①]在中国知网的网站上，我们可以查询到大量文献资料，同时其搭建的中国经济社会大数据研究平台中还包含统计年鉴，从中可以查询到关于教育的多方面信息，如学生、教师及学校方面的信息，非常实用。如图 12-58 所示，我们可以在搜索框中任意选择检索范围，同时可以选择跨库检索还是单库检索。

图 12-58　学术数据情况（一）

（二）维普期刊数据库

维普期刊数据库收录中文期刊总数达 15 000 余种[②]，并提供了多种类型的数据资料。在该数据库网站上，我们可以搜索教育方面的学术文献资料信息。如图

① 中国知网. 2023-01-26. 学术期刊库. https://kns.cnki.net/kns8?dbcode=CFLQ.

② 维普资讯中文期刊服务平台. 2023-01-26. 期刊导航. http://qikan.cqvip.com/Qikan/Journal/JournalGuid?from=index.

12-59 所示，在搜索栏中输入所要查询的资料类型，就可以得到相关资料。

图 12-59　学术数据情况（二）

（三）万方数据知识服务平台

万方数据知识服务平台是北京万方数据股份有限公司推出的学术资源发现平台，通过整合数亿条全球优质资源，可以实现对海量学术文献的统一探索。如图 12-60 所示，在该网站上，我们可以通过搜索栏找到不同类型的学术数据，如期刊、学位、会议及专利等学术资料。

图 12-60　学术数据情况（三）

（四）超星数据库

在超星发现网站上，我们在搜索栏中输入自己想要查询的学术主题或关键字等，就可以查询到期刊、图书和硕博士论文等方面的资料，如图 12-61 所示。

图 12-61 学术数据情况（四）

四、分地区的教育情况

（一）国家统计局

在国家统计局网站上，我们可以通过中国统计年鉴找到分地区的教育统计数据。图 12-62 为 2020 年分地区普通本专科学生情况，包括招生数、在校学生数、毕业生数、授予学位数和预计毕业生数等信息。另外，中国统计年鉴中还有分地区的普通高等学校情况、普通高中情况和中等职业学校情况等。

21-14 分地区普通本专科学生情况（2020年）

单位：人

地 区	招生数	本科	专科	在 校 学生数	本科	专科	毕业生数	本科	专科	授予 学位数	预 计 毕业生数	本科	专科
全 国	9674518	4431154	5243364	32852948	18257460	14595488	7971991	4205097	3766894	4169808	8540006	4442318	4097688
北 京	154652	134757	19895	608866	536068	72798	150569	124729	25840	124339	158765	130796	27969
天 津	163162	91443	71719	572152	368219	203933	142720	84316	58404	84781	149801	89243	60558
河 北	474328	218306	256022	1604798	874520	730278	385125	192224	192901	191459	416578	203191	213387
山 西	235652	125742	109910	841986	527382	314604	218806	129035	89771	127623	222680	134483	88197
内蒙古	134292	63462	70830	486647	271093	215554	130772	64977	65795	63870	136059	68243	67816
辽 宁	341587	175147	166440	1140799	712090	428709	255997	168423	87574	167767	267371	173908	93463
吉 林	189064	122096	66968	726957	500763	226194	176893	120607	56286	119495	187613	124354	63259
黑龙江	231344	138466	92878	825601	560129	265472	192631	127638	64993	127007	199831	133301	66530
上 海	142420	98211	44209	540693	399984	140709	135605	91637	43968	91041	148574	102253	46321
江 苏	593204	283020	310184	2014698	1174114	840584	512941	281438	231503	277017	560134	292853	257281
浙 江	308989	155873	153116	1148737	661251	487486	286558	152455	134103	151402	312903	166251	146652
安 徽	412458	169449	243009	1368465	710031	658434	326840	166654	160186	165197	333681	171295	162286
福 建	279875	130517	149358	947187	537206	409981	207706	124411	83295	123989	233055	130754	102301
江 西	375714	152986	222728	1241984	610232	631752	309211	134251	174960	133385	314016	137740	176276

图 12-62 分地区教育情况（一）

资料来源：国家统计局. 2023-01-26. 分地区普通本专科学生情况（2020 年）. http://www.stats.gov.cn/sj/ndsj/2021/indexch.htm。

（二）教育部

在教育部网站上，通过选择文献下的教育统计数据，再选择各地基本情况，我们可以了解到分地区的教育情况，如图 12-63 所示，包括不同地区的高等教育学校（机构）数、高等教育职业本专科学生数、高等教育学校（机构教职工情况等。

图 12-63　分地区教育情况（二）

资料来源：教育部. 2023-01-26. 各地基本情况. http://www.moe.gov.cn/jyb_sjzl/moe_560/2021/gedi/

（三）各省（自治区、直辖市）统计局

各省（自治区、直辖市）统计局一般都会统计自己地区的教育情况，这里以云南省为例进行介绍。在云南省统计局网站上，通过统计数据下的统计信息，我们可以查询到云南省的数据，包括各级各类学校的师生比、成人教育基本情况、培养研究生数和毛入学率等方面的数据信息。

思考与练习

请联系当前教育现实，选择一个你感兴趣的教育问题，运用本章所学的数据库知识，深入分析这一问题。

拓 展 阅 读

1. 方海光. 2016. 教育大数据：迈向共建、共享、开放、个性的未来教育. 北京：机械工业出版社.

2. 肖君. 2020. 教育大数据. 上海：上海科学技术出版社.

参 考 文 献

戴海崎，张锋，陈雪枫. 2007. 心理与教育测量（修订本）. 广州：暨南大学出版社.

邓铸，吴欣. 2012. 实验心理学导论. 北京：中国轻工业出版社.

风笑天. 2013. 社会研究方法（第 4 版）. 北京：中国人民大学出版社.

风笑天. 2022. 社会研究方法（第 6 版：数字教材版）. 北京：中国人民大学出版社.

吉尔伯特·萨克斯，詹姆斯·W. 牛顿. 2002. 教育和心理的测量与评价原理（第 4 版）. 王昌海等译. 南京：江苏教育出版社.

罗伯特·F. 德威利斯. 2016. 量表编制：理论与应用. 席仲恩，杜珏译. 重庆：重庆大学出版社.

吕筠. 2016. EpiData3.0 使用手册. https://www.epidata.dk/php/downloadc.php?file=epdhelp_cn.pdf, 2023-01-26.

邱皓政. 2013. 量化研究与统计分析——SPSS（PASW）数据分析范例解析. 重庆：重庆大学出版社.

荣泰生. 2009. AMOS 与研究方法. 重庆：重庆大学出版社.

辛自强. 2017. 心理学研究方法（第 2 版）. 北京：北京师范大学出版社.

徐云杰. 2011. 社会调查设计与数据分析——从立题到发表. 重庆：重庆大学出版社.

张厚粲，徐建平. 2021. 现代心理与教育统计学（第 5 版）. 北京：北京师范大学出版社.

Frederick J G，Lori-Ann B F. 2005. 行为科学研究方法. 邓铸等译. 西安：陕西师范大学出版社.

The EpiData Association. 2014. EpiData 简要说明. http://www.epidata.dk/php/downloadc.php?file=epdintro_cn.pdf，2023-01-26.

第三模块

教育质性研究

【内容概要】本模块主要讲解教育研究方法中的质性研究。作为教育研究方法中的一类，质性研究在当今社会科学研究方法中占有重要而又独特的地位。质性研究强调"质"的科学研究范式，强调通过亲身体验和深入探索了解研究对象的思维方式并进行意义挖掘。本章将详细介绍质性研究中每个阶段的主要特征和流程，教育研究者可以在了解质性研究的同时，按照章节介绍顺序，即从初步确定研究问题到最终形成研究报告进行教育研究实践，从而较为全面地掌握质性研究这一方法。

【学习目标】

通过本模块内容的学习，学生能够：

1. 了解教育质性研究的发展历程与理论基础。
2. 说出教育质性研究与量化研究的区别。
3. 掌握教育质性研究的主要方法及其在教育科学研究中的运用。
4. 掌握教育质性研究的数据收集与分析。
5. 领会教育质性研究的伦理道德问题。
6. 理解教育质性研究的信度与效度。
7. 学习撰写教育质性研究报告。

【学习重点】

1. 说出教育质性研究与量化研究的区别。
2. 掌握教育质性研究的主要方法及其在教育科学研究中的运用。
3. 掌握教育质性研究的数据收集与分析。
4. 学习撰写教育质性研究报告。

【学习难点】

1. 掌握教育质性研究的主要方法及其在教育科学研究中的运用。
2. 学习撰写教育质性研究报告。

第十三章

质性研究概述

学习导航

◆ 什么是质性研究

◆ 质性研究的发展历程

◆ 质性研究的理论基础

◆ 怎样开始质性研究

质性研究是众多研究方法当中的一种,在社会科学研究方法中,质性研究作为一种重要的研究方法,占有重要的地位。它强调"质"的科学研究范式,强调通过亲身体验和深入探索了解研究对象的思维方式并进行意义挖掘。本章将对质性研究进行总体概述,通过简述质性研究的发展历程和理论基础,解释什么是质性研究,以及怎样开展质性研究。通过本章的叙述,读者能够勾画出质性研究的一个整体轮廓,对什么是质性研究和怎样开展质性研究等能够有一种宏观上的认识。

第一节　什么是质性研究

科学客观的研究逻辑是一种线性逻辑,传统的研究方法要求从事科学研究的研究者及研究过程、研究数据、研究分析及研究结果都具有较高的严谨性和客观性。质性研究与传统的科学研究方法有很大的不同。Marshall 和 Rossman 认为，质性研究的过程是复杂的、周期性的、非逻辑性的、非线性的和非顺序性的。[1]质性研究是一种反馈过程和正向输送的过程，是一种同时收集数据和分析数据的活动。研究者在收集数据的同时就已经开始了分析数据的过程，而并不是收集完数据之后再开始分析的。[2]

　　质性研究以研究者本人作为研究工具，在自然情境下，采用多种资料收集方法，对研究现象进行深入的整体性研究；通过使用归纳法分析原始资料，从而形成结论和理论；通过与研究对象互动，对其行为和意义进行建构以获得解释性理解。[3]质性研究的发现通常通过文字形式来描述，研究者尝试从研究参与者（研究对象）的角度出发，深入参与者的社会文化生活情境中，通过与参与者的连续接触，全方位地了解他们的观念，使用他们的引文作为研究证据，从而分析与解释他们对意义的理解和定义。这类研究提供了详尽的描述性数据，能够解释人类在思想表达和感情表达中独特的品质，能够揭示量化研究所提供的数字无法确定的一些内容。质性研究包括探索性研究（如研究鲜为人知的事情、情境等）、描述性研究（如记录事件的背景、发生过程、影响等）、解释性研究（如解释事件发生的原因、特定情境等）和预测性研究（如事件对未来可能产生的影响等）。[4]质性研究的数据资料收集方法一般包括观察法、访谈法、问卷调查法、个案法、文献法等。

　　在质性研究中，三角测量（即从多角度、多层次分析数据）是至关重要的。为了证明研究过程、研究数据及研究结果是真实有效并具有说服力的，质性研究要求研究者从不同角度看待研究问题，使用数据三角测量（多个数据源）、调查员三角测量（多个调查人员）、理论三角测量（多个理论视角）、方法三角测量（多种分析方法、多种检验方法）来完成研究。[5]在收集数据的过程中，两种不同收集方法得到的数据有可能是有差异的，如果数据有差异，说明在数据收集过程当中的某个地方可能出现了偏差或遗漏，需要研究者再次进行检查和数据收集。而在数据分析的过程中，分析结果有可能与研究者初始的研究假设不一致，这说明在质性研究中，初始假设有可能随着研究过程发生了改变。

---

①　Marshall C, Rossman G. 1995. Designing Qualitative Research. London:Sage.

②　Spradley J P. 1980. Participant Observation. Chicago:Holt, Rinehart and Winston.

③　陈向明. 2000. 质的研究方法与社会科学研究. 北京：教育科学出版社.

④　黄希庭，张志杰. 2018. 心理学研究方法. 北京：高等教育出版社.

⑤　Denzin N K. 1978. The Research Act:A Theoretical Introduction to Sociological Methods (2nd ed.). New York:McGraw Hill; Creswell J W. 2011. Educational Research:Planning, Conducting, and Evaluating Quantitative and Qualitative Research. New York:Pearson.

质性研究是一种具有灵活性、探索性、描述性的研究方法，能够对某个问题或困境进行真实陈述，研究的过程复杂多变，强调研究对象的背景、环境、参考因素，在没有确定变量的情况下开展，并且不能通过实验来进行，在这一点上，其与量化研究（量化研究的过程是理性的、有逻辑的、客观的、严谨的、可检验的）的性质是不一样的。

第二节 质性研究的发展历程

一、西方的质性研究发展

质性研究产生至今大约有 150 年的历史，是一种从人类学基本研究方法——民族志研究方法中衍生出来的研究方法。民族志是对人类以及人类文化进行详细的、完整的、情景化的描述方法，用于研究人们在某种特定的社会文化背景中所持有的世界观、人生观、价值观及生活方式和行为模式等。[1]研究者需要长期地生活在被研究者的社会情境当中，融入当地人的日常生活当中，通过自己的切身体验和感受，对研究对象及其文化背景进行理解并以文字的方式呈现出来。人类学家最初运用此方法研究前工业社会，后延伸至对当代社会的研究。19 世纪 50 年代，受社会改革运动的影响，在当时社会快速变化的历史背景下，为解决切实存在的社会问题，质性研究方法开始快速发展起来。20 世纪初，美国芝加哥学派在学术研究中使用人类学方法作为研究城市的社会学方法，重点研究城市问题、社会整体问题、边缘地区居民的价值观念问题等，从理论和方法论的角度分析与研究社会问题。以 Park 为代表的芝加哥学派对美国城市中存在的少数民族、族群流动、贫困群体、种族矛盾、亚文化群体移民和同化、有组织犯罪等问题进行了广泛的研究和深入的探寻。Park 等认为社会学是一种研究人类行为的自然科学，并致力于探讨种族和城市问题。在种族研究中，Park 等深刻讨论了种族偏见和种族冲突的关系。他们认为基于当时美国社会的开放程度和进步速度，以及黑人不满意、不顺从的传统不平等秩序，当时社会较其他社会而言，种族偏见相对较

---

① Peacock C L. 1986. The Anthropological Leans:Harsh Lights, Soft Focus. Cambridge:Cambridge University Press.

小，但是冲突依然较多。Park 等于 1925 年出版的《城市社会学》(*The City*)认为社区的本质特征为有一群以地域为单位的人口，这些人口在这片地区生活并且相互依存。[①]Park 等的观点对社区研究产生了非常重大的影响，他们把研究社会实际问题的方法与风气带入美国大学的社会学教学研究当中，使科学理论创造与实际调查研究紧密地结合了起来。这为芝加哥学派的城市社会研究奠定了不可动摇的基础，同时也为芝加哥学派成为美国社会学史上最早形成的一个学派打下了坚实的根基。

1927 年，Thomas W 与 Znaniecki 通过研究居住在美国的波兰移民的个人往来书信，分析当事人关于"如何看待他们移居美国之后的日常生活"这一主观心理状态，完成了《身处欧美的波兰农民》(*The Polish Present in Europe and America*)这一著作，并提出只有结合个人价值观和社会客观文化背景，才能理解人的行为。[②]该研究首创了利用个人文献（居住在美国的波兰移民的个人书信）进行研究的新途径，也开辟了研究人类生活历史和现状的新领域。这本书是美国社会学发展史上的第一部专业性巨著，同时也为芝加哥学派的理论发展和研究发展奠定了坚实基础。Thomas W 作为美国芝加哥学派的代表人物，与 Thomas D 于 1928 年提出了著名的社会学理论——托马斯公理，指出如果人们把情景定义为真实的，那么它们的结果上也就是真实的。他们认为，所有对于一个情景的定义都会影响当下的环境、整体的生活和个人的性格。这样的主观印象和理解都会反射到具体生活当中，变成真实生活的影子，潜移默化地影响人们的认知和理解。[③]这一点就可以体现出，一个情景的定义或许是主观的，但从某种程度上说，它却有着客观的结果。

19 世纪末 20 世纪初，欧洲社会调查运动也快速发展起来。当时的社会研究聚焦于结合量化研究和质性研究的方法论探究城市问题，关注工人阶级和穷人，关注研究人员与被研究人员的差异。在此期间，欧洲很多著名的研究成果面世。英国社会学家 Mayhew 的研究著作《伦敦劳工与伦敦贫户》(*London Labour and the London Poor*)[④]，是一部以口头叙述方式记录 19 世纪中期伦敦贫民生活的著作，通过采访工人阶级（如工厂工人、码头工人）、街头艺人、流浪者、乞丐、妓女、小偷等，在大街上、办公室里、贫民家中等不同的地点，对当时伦敦的劳动群体做了深入的、方方面面的了解和关注，最后出版成书。Mayhew 用质性研究方法（访谈法）记录了当时伦敦贫民真实的声音和想法，让他们用自己的语言

① Park R, Burgess E, Mckenzie R. 1925. The City. Chicago:University of Chicago Press.
② Thomas W, Znaniecki F. 1927. The Polish Present in Europe and America. New York:Knopf.
③ Thomas W, Thomas D. 1928. The Child in America:Behavior Problems and Programs. New York:Knopf.
④ Mayhew H. 1985. London Labour and the London Poor. London:Penguin Classics.

发出自己的声音和读者进行直接对话，真实地体现了当时伦敦贫民的希望、习俗、不满和习惯等。

　　Booth 是英国著名的社会学家，在 1886—1903 年的近 20 年时间里创作了以《伦敦人民的生活与劳动》(*Life and Labour of the People in London*) 为题的社会调查研究报告，主要研究了英国伦敦穷苦人民的生活状况，这也是 19 世纪英国较著名的社会调查之一。Booth 综合运用量化研究和质性研究方法（访谈法、问卷法、观察法等），以地图、图表、叙述性文字、统计表等方式，对英国伦敦 4076 名生活在不同阶级、不同社会环境下的穷苦人民进行了研究，最终出版了 17 卷本之多的巨著，为人们对社会问题的认识做出了巨大贡献。在《伦敦人民的生活与劳动》中，他描述了各个社会阶层的生活条件，揭示了贫困、工业和宗教对当时社会的影响。同时，他把当时社会中各种家庭分成八个等级，区分每一个城区的特点，对每个街区的生活方式、问题和期望进行描述；他尝试确定贫穷的原因，揭露贫穷与堕落之间、收入情况与体面生活方式之间的关系。他指出，收入情况在确定贫困的经济状况方面发挥着重大作用。在 4076 名被调查对象中，62% 的人工资很低，23% 的人有家庭负担或生病，15% 的人浪费收入、酗酒或拒绝工作。[1]Booth 通过深入剖析这 4076 名被调查对象，探索贫困人民之所以贫困的原因，开创了城市社区的研究方法，促进了城市调查的开展，为当时的社会学研究和社会现象研究做出了重要贡献，这也使他成为社区调查研究的先驱者之一。Booth 的调查研究引起了当时社会对劳苦人民的关注和同情，英国于 1908 年出台了《老年抚恤金法》[2]，制定了最低工资，开始实行失业保险，并以国家的名义为伤残病人解决生活问题。

　　随着社会调查的发展和影响，美国匹兹堡调查（Pittsburgh Survey）于 1907 年开展，主要关注钢铁工业内的工人阶级。当时钢铁业的快速发展，给现代工业化进程带来了一系列问题，于是，匹兹堡调查针对当时钢铁工业内的女性劳工、工资分配、工人家庭生活、劳动立法等问题进行了详细研究，之后汇总成为六册调查报告，这成为美国历史上第一个系统的大型社会调查研究。20 世纪初，匹兹堡是一个典型的美国工业城市，很多从欧洲来的移民到这里务工，当时美国的钢铁企业在很大程度上控制着政府，匹兹堡大多数居民的生活环境和生活状况都不尽如人意。社会调查者在这样的背景下开展了对匹兹堡居民生活状况的深度调查，他们希望这次调查能够使公众意识并关注到当时美国社会的顽疾，并引起政府和企业的重视，从而制定合理的改革政策。匹兹堡调查是最早对城市进行深入

---

① 　Booth C. 1892. Life and Labour of the People in London. London:Macmillan.

② 　刘莹露. 2019. 略论英国《1908 年养老金法案》. 开封教育学院学报，39（6）：257-259.

调查的活动，无论是从调查范围的广度还是挖掘社会问题的深度，都是位于世界前列的活动。正因为匹兹堡调查的开展，在之后的几年里，社会调查活动在美国得到繁荣发展。

春田调查（Springfield Survey）就是在匹兹堡调查之后，在当地居民的强烈要求下开展起来的。春田调查的目的在于改善这个城市的公共服务。此次调查内容包括市政管理、公共卫生、娱乐场所、工商业、教育业、治安业等，针对每一项内容都展开了详细的调查研究，探究其产生的背景、原因、影响因素等，并对每一项调查结果都提出了具体的、可实施的整改建议和意见。此次调查研究不仅提高了城市公共服务质量，更使居民对这个城市有了新的了解，使他们更加积极地参与到自己所在城市的建设当中去。

质性研究不仅对社会学家的研究做出了巨大贡献，而且对人类学家的研究影响深远。许多著名的人类学家用质性研究探索不同人群的各种文化，撰写民族志，使用大量文字类描述性语言记叙生活，分享他们对意义的定义。以英国人类学家 Malinowski 的《西太平洋上的航海者》（*Argonauts of the Western Pacific*）为例，这是一本在长期的田野调查的基础上创作出的一部民族志著作，同时形成了一个新的理论观点。在这部作品中，作者通过长时间居住在新几内亚地区，观察当地人的日常生活，使用当地居民的语言去理解和记录，站在当地人的角度思考问题等方式，以一种特别的交换制度为主线索，对"库拉"进行了全面的剖析，从而对当地人独特的风俗、信仰、巫术、咒语、神话、科技、知识、社会关系、经济生活等进行了详细探究。[①]Malinowski 开创和实践了田野调查的研究方法，该方法成为人类学科学研究方法中的一种示例。《西太平洋上的航海者》作为人类学历史上的一个重要里程碑，在人类学著作中具有举足轻重的地位。

美国著名的人类学家 Mead 于 1925 年只身前往南太平洋岛萨摩亚群岛进行了一系列的田野调查，开展了青少年的心理状况研究，于 1928 年完成并出版了第一部作品《萨摩亚人的成年》（*Coming of Age in Samoa*）。由于当时的美国和大多数西方国家的青少年普遍存在着青春期的躁动、叛逆、困惑等问题，Mead 带着"青春期少年存在的类似现象是否为人类的共性"这一问题来到了萨摩亚群岛，开始了她的田野调查研究。Mead 在对萨摩亚群岛处于青春期的少年进行细致的观察研究时发现了"反例"，证实了并非所有青少年都会经历躁动、叛逆和困惑等情绪问题，得出了青春期的危机理论在很大程度上取决于社会文化的影响，因此并非所有青少年都会出现相同的心理问题和危机的结论。她表示，文化的力量是十分强大的，一些被定义为人类本性的行为，其实很多时候是受到特定

---

① Malinowski B. 1984. Argonauts of the Western Pacific. Long Grove: Waveland Press.

社会生活和文化因素的限制而做出的反应。通过敏锐的观察力，Mead 发现不同社会的文化价值观和传统文化理念对儿童成长具有强大的影响力。她相信，人格是具有强大的可塑性的，虽然在特定社会里，文化人格的可塑性是有限的，但是幼儿在成长过程中，有一段时期是可以接受并同化与长辈不同的文化价值观的。同时，研究不同社会文化中人类成长阶段之间的关系也是至关重要的。基于对萨摩亚群岛青少年心理的研究，Mead 提出了著名的"文化决定论"观点。①

20 世纪 30—50 年代，质性研究历经了时代的变迁，除了一些社会调查研究依然在继续开展外，其他方向的调查研究慢慢地消退流失。1959 年，美国社会学家 Goffman 作为符号互动论的代表者之一提出了拟剧论（dramaturgical theory），其著作《日常生活中的自我呈现》（*The Presentation of Self in Everyday Life*）深入探寻了人类在社会情境中的行为以及个人在他人面前的表现方式。Goffman 认为社会就是人们生活中的大舞台，每个人都是演员。因此，人们具有舞台前和舞台后两种行为模式，而这两种行为模式将会展现出完全不同的内容。人们将设计好的行为模式展现在大众眼前，用需要展现出的状态来要求自己的行为，从而控制自己留给他人的印象，做出符合社会规范和标准的行为，努力维护社会和谐并且尽力避免尴尬情况的发生，因为只有这样才能更好地达成自己的目标，并轻松愉快地与他人进行社会规范性互动。②Goffman 以戏剧表演的比喻为框架，对社会遭遇的结构进行了分析，展现了人们如何把房屋、衣服以及工作场合等作为道具，如何在秘密社交圈里组成团队，如何采用不同的角色进行沟通从而达到个人印象管理的目的。

20 世纪 60 年代，由于社会问题的发生和演变，质性研究再次兴起，学者重点研究社会阶层差异问题和性别问题，并找出可能性的解决方法。在这个时期，质性研究学者尝试为社会弱势群体发声，尝试聚焦于生活在边缘的人们，以引起主流社会的关注和重视。Rosenthal 和 Jacobson 在一所学校对 730 名学生和 30 名教师进行了一项研究，主要探寻教师的期望对学生学习动机和学习效果的影响。他们通过随机抽样的方法整理出一份学生名单，并将该名单提供给老师，告诉老师名单上的学生是经过调查研究后甄选出来的未来发展最有前途的学生，这些学生具有很高的天赋，同时请老师保密，照常对待每个学生。几个月之后，他们再次对研究对象进行调查，结果发现名单上学生的成绩有了非常明显的进步。据此，Rosenthal 和 Jacobson 认为教师的期待对学生的学习动机和效果具有决定性的影响，教师对学生的期待越高，学生学习成效越好且智力的发展空间越大。之后，

---

① Mead M. 1928. Coming of Age in Samoa. New York:Morrow Publications.

② Goffman E. 1959. The Presentation of Self in Everyday Life. New York:Anchor.

他们发表了著作《课堂中的皮格马利翁：教师期望与学生智力发展》（*Pygmalion in the Classroom：Teacher Expectation and Student Intellectual Development*）。[1]

　　20世纪80年代，以美国著名的教育学者Tobin为首的教育研究团队在对中国、日本、美国三个国家的幼儿园进行深入的对比研究后，于1989年出版了震撼世界的教育著作《三种文化中的幼儿园：日本、中国和美国》（*Preschool in Three Cultures：Japan，China，and the United States*）。[2]作者通过对中国云南、日本京都、美国夏威夷三个不同国家、不同文化、不同地区的幼儿园进行观察、录影、访谈、记录，采用对比的方式呈现出三个国家对学龄前儿童教育的特色，讨论三种不同社会对儿童早期教育所遵循的不同的哲学理念，同时反映每个社会的信仰和文化价值观。在日本的幼儿园教育中，幼儿的集体意识是教育的核心内容，而这也是日本文化传承的重要精髓。在日本的教育理念当中，传承日本文化，必须从幼儿园教育就开始。然而，在中国的幼儿园教育中，教师为主的教育模式非常明显，幼儿园教师的重要职责就是管教孩子，以纠正幼儿的不良习惯，而这样的教育方式也是在中国传统文化的影响和当时中国社会形态的影响下形成的，充分体现了中国传统的儒家思想以及社会主义、共产主义的思维方式。[3]相比日本和中国的儿童早期教育，美国教育模式的自主性更强，注重自我价值观的培育、个人喜好的选择和个性的培养等。该书引起了当时的教育界甚至社会界的非凡关注，影响了一大批教育工作者和社会实践工作者。20多年后，Tobin重组研究团队，于2002年再一次对中国、日本、美国的儿童早期教育进行对比研究，并出版著作《重访三种文化中的幼儿园：日本、中国和美国》（*Preschool in Three Cultures Revisited：Japan，China，and the United States*）。[4]在这次研究中，Tobin团队致力于观察在社会、文化、经济迅猛发展的背景下，中国、日本、美国幼儿教育领域的发展和改变状况。他们通过观察、访谈、录影等方式，对三个国家的幼儿园进行了第二次对比研究。该对比研究是一项跨领域、跨文化、跨时间的研究，目的是在1989年第一次研究结果的基础上，对比20多年后每个国家幼儿教育的发展状况。

　　随着后现代主义时期的到来，质性研究呈现出空前的丰富多元和兼容并包特

　　① Rosenthal R, Jacobson L. 1968. Pygmalion in the Classroom:Teacher Expectation and Student Intellectual Development. New York:Holt, Rinehart & Winston.

　　② Tobin J, Wu D, Davidson D. 1989. Preschool in Three Cultures:Japan, China, and the United States. New Haven:Yale University Press.

　　③ 张虹，薛烨. 2010. 三种文化中的幼儿园——对美国亚利桑那州立大学约瑟夫·托宾教授、美国孟菲斯大学薛烨教授的访谈. 幼儿教育，（30）：1-6.

　　④ Tobin J, Hsueh Y, Karasawa M. 2002. Preschool in Three Cultures Revisited:Japan, China, and the United States. Chicago:University of Chicago Press.

点。这个时期，质性研究聚焦于种族、性别、社会阶层等现实问题，大量研究著作由此产生。Davison 的《学校身份的塑造》(*Making and Molding Identity in Schools*) 运用访谈、课堂内外观察、收集学生笔记、文件分析等方法，对 6 名高中生进行了详细的案例研究。作者借鉴自己曾经作为一名边缘化学生的经历，探寻学生在学校中如何形成和塑造他们的身份，解释种族和族裔身份的学生是如何与受社会类别影响而形成的学校政策、论述和做法抗争的。该著作详尽展现了学生如何挑战社会类别的案例，包括抵制学校纪律、被隔离被跟踪、构建冷静的学校自我、塑造完美人格等，描述了在社会理论、社会身份、文化、政治、经济等因素的影响下，学生在不同学校环境中身份的变化和发展，其中一些身份也制约着学生成功地从事学校实践活动。[1]与此同时，关于种族的研究（如 *Blacked Out*[2]）、关于性别的研究（如 *Girls in the Middle*[3]）、关于社会阶层的研究（如 *Constructing School Success: The Consequences of Untracking Low Achieving Students*[4]）等都涌现了出来，成为后现代主义时期质性研究的代表作品。

二、中国的质性研究发展

中国对社会调查研究方法的运用，在 20 世纪初开始发展起来。1925 年，李景汉通过运用田野调查法、个案法、抽样法等研究方法在河北省定县（今定州市）进行了广泛而深入的乡村调查研究，历时 8 年，于 1933 年发表著作《定县社会概况调查》。[5]该调查从地理环境、政府机构、人口、教育、农村生活、风俗信仰等方面非常详细地对定县进行了整体解析和描述，深刻剖析了当时定县的社会、历史、经济、文化等现状。《定县社会概况调查》结合文字描述、图片说明和数字统计的方法，形象地展示了定县各村的现实概貌和典型村庄（如翟城村和六十二村）的明确特征。该书因研究范围之广、调查内容之详尽，成为当时社会罕见的社会调查著作，也奠定了李景汉在中国社会学界的重要地位。《定县社会概况调查》是中国首次以县为单位进行的田野调查研究，是中国乡村社会调查的典范，在国内外产生了深远的影响。

① Davison A L. 1996. Making and Molding Identity in School. New York:State University of New York Press.

② Signithia, F. 1996. Blacked Out. Chicago:University of Chicago Press

③ Cohen J. 1996. Girls in the Middle:Working to Succeed in School. Annapolis Junction:AAUW Sales Office.

④ Mehan H, Hubbard L, Villanueva I, et al. 1996. Constructing School Success:The Consequences of Untracking Low Achieving Students. Cambridge:Cambridge University Press.

⑤ 李景汉. 2005. 定县社会概况调查. 上海：上海人民出版社.

以费孝通为代表的学者开展了实地调查研究和理论发展研究，开创了中国质性研究方法系统性蓬勃发展的时代。1938 年，费孝通在英国伦敦大学攻读博士学位，在其导师马林诺夫斯基的指导下完成了博士论文，并于次年发表著作 *Peasant Life in China—A Field Study of Country Life in the Yangtze Valley*[①]，其中文版《江村经济——中国农民的生活》于 1986 年被戴可景翻译并出版[②]。该书以费孝通的家乡——中国江苏省吴江县开弦弓村（今为苏州市吴江区七都镇）为研究基地开展田野调查研究。费孝通在新婚妻子意外过世后，应姐姐邀请回到江村疗养居住了两个月，完成了他震撼世界的研究著作。在两个月的时间里，费孝通深入地调查研究了村庄农民生产、消费、分配和交换的农业经济发展现状，并以此为基础分析了中国当时社会变迁的过程和对策。完成学业后，费孝通回到中国，来到云南继续开展社会调查研究。在云南魁阁研究室调查期间，费孝通首先引进了西方先进学术风格"席明纳"（seminar），带领研究团队进行田野调查、学术讨论、再调查、再讨论。魁阁研究团队在费孝通的带领下创作出很多著名的人类学社会学巨著，如费孝通与张之毅的《云南三村》、许烺光的《中国西南新工业中的劳工与劳工关系》（*Labor and Labor Relations in the New Industries of Southwest China*）、史国衡的《昆厂劳工》、田汝康的《芒市边民的摆》、张之毅的《易村手工业》等。

第三节　质性研究的理论基础

一、符号互动论

符号互动论也叫象征互动论，是质性研究的重要理论基础，由美国社会学家 Blumer 基于 Cooley 等的研究成果和理论影响于 1937 年提出的。质性研究归其根本就是寻找意义，以及探寻人们如何在与他人的社会互动中建构意义的过程。符号互动论认为，意义并不在于物体当中，而是受社会过程的影响而定义的。符号则是在人们社会互动的基础上的产物。人能够对个体生活的物质环境赋予符号意

---

① Fei H T. 1939. Peasant Life in China—A Field Study of Country Life in the Yangtze Valley. London: Routledge.

② 费孝通. 1986. 江村经济——中国农民的生活. 戴可景译. 南京：江苏人民出版社.

义，这些意义能够帮助个体明确自我意识，明确事情对个人的作用和意义。聚焦于个人主动的、解释性的自我来构建现实意义是必不可少的，个体与社会互动的过程以及个人看问题的方式与角度都影响着其对意义的定义和对符号的解释。符号互动理论相信个体有能力控制自己的行为方式和生活状态，能够构建符合自身行为方式的社会观。个体能够通过与周围其他个体的互动构建出意义，通过这个意义又建立起特定的社会现实观。Blumer 认为，人类对事物的行为方式是基于事物对他们的意义做出的反应，而这些所谓的意义是通过社会互动产生的，是个人和他人互动创造出来的结果，社会行为是相同个体行为方式的总和。[①]

符号互动论重点强调个人的主动性解释和互动中行为的定义，聚焦于研究个体在与社会互动的过程中如何定义意义、个体之间如何彼此影响、在社会环境中如何互动，以及如何学习和演绎意义。[②]个体的行为会受到外部因素的影响，个体所有的行为中时刻发生着解释和沟通的过程。在社会互动过程当中，个人根据他人对自己行为的反应（与他人的互动）解释、判断自己的行为，并采取适合的行动，做出决策，通过解释来定义意义，并且在符号意义的基础上做出行动。[③]

符号互动论主张观察个体在与他人互动时的行为，而来自社会的结构性影响通常不被重视。符号互动论认为，由于个体对人类行为的解释和对意义的赋予，社会结构是个体在社会互动中各种行为相互适应而出现的产物。个体行为并不是恒久不变的，随着个体行为的改变，社会结构也会变动。个体与社会的互动是先于社会结构发生的，而不是先有社会结构才有个体与社会的互动。符号互动论认为，个体对其相对应的社会现实有绝对的掌控力，所以来自宏观社会的结构性影响通常被忽略不计。[④]

二、后现代主义理论

后现代主义理论也是质性研究的理论基础之一，影响着质性研究的发展和变迁。20 世纪 60 年代，受到后现代主义思潮的影响，质性研究的研究内容、方式、解释方法等表现出多元化的形态。后现代主义主张从不同的角度探寻问题的多样化，探究内容的丰富性，研究范式没有共同的框架，没有固定的结构，反对

---

① Blumer H. 1969. Symnolic Interactionism:Perspective and Method. Englewood Cliffs:Prentice Hall.

② Denzin N K. 1978. The Research Act:A Theoretical Introduction to Sociological Methods (2nd ed.). New York:McGraw Hill.

③ Blumer H. 1969. Symnolic Interactionism:Perspective and Method. Englewood Cliffs:Prentice Hall.

④ 黄晓京. 1984. 符号互动理论——库利、米德、布鲁默. 国外社会科学，（12）：56-59.

以特定的方式、固有的传统和既定的概念，鼓励大胆创造、大胆设想，以个人经验、感受、意愿为主，反对确定性解释和权威性定论。在这个时期，所有固有的观念和理论都被解构，对科学和其他理性线性思维的信仰被放弃，传统性、权威性的意义不复存在，一切意义仅限于特定关系之中。[①]

因为后现代主义思潮的影响，质性研究更加关注权利是如何分配的，包括不同种族、不同性别和不同社会阶层等的权利分配问题。在这个时期（20世纪60年代），不同种族、不同人群（特别是弱势群体、社会边缘人群和社会底层人群）的声音被高度关注，研究方法呈现出明显的多元化特点，调查内容的选择具有较大的包容性，研究的焦点也聚集到行为取向上，注重实际问题的探索和解决。这是一个承认大众文化和技术传播占统治地位的时期，语篇分析作为新的质性研究技术在这个时期迅速风靡起来。语篇分析，顾名思义就是分析言论、交谈的内容，如通过分析演讲内容来解析沟通交流的方法等。[②]

三、批判理论

批判理论谴责以牺牲他人为代价，而使某些人享受特权的社会取向。该理论特别关注社会正义、权利平等问题，认为人有选择的自由，可以制定自己的目标并且应被社会充分尊重和接纳，现实社会情境中不应该有任何形式的逼迫行为和霸权统治，也不应该出现服从或被迫顺从的现象，要做到真正的自由和解放。批判理论认为，研究者和被研究者是平等的，彼此应该相互尊重，研究过程是一个两者平等互动的过程，研究者不可以将研究作为控制被研究者的一种手段。若研究者自身存在主观偏见，那么当面对生活在社会边缘的人、充分享受社会资源和权力的人以及弱势人群等时，他们便不能够真正做到完全客观、公正，因此，从这个层面上来讲，质性研究并不是一种中立性研究。[③]

四、现象学理论

现象学理论是20世纪初开始在西方国家流行起来的思想潮流，主张明白和

---

① Spretnak C. 1991. States of Grace:The Recovery of Meaning in the Postmodern Age. New York:Harper Collins.

② Halliday M A K, Hasan R. 1976. Cohesion in English. London:Longman.

③ Horkheimer M. 1972. Critical Theory. New York:The Seabury Press.

理解研究对象的观点及研究对象的内在想法，挖掘事物深层的真实样貌和本质，站在研究对象的主观立场考虑问题、理解问题，而不是仅停留在表面认识上。[①]马克斯·韦伯作为现象学理论的奠基者，认为在社会行为研究中，人类的行为及其原因是非常复杂的，不能简单地用传统研究自然科学的方法进行研究，因此他主张以反实证主义理论研究模式进行社会人类行为研究，重点关注个人行为的主观原因、主观现象的内在影响因素，以及个体与社会的活动和关系等方面。质性研究应解释人类在互动过程中的行为，关注影响其行为的内部影响因素，探究个人内心的理念和观点。[②]在这个时期，质性研究受到现象学哲学思潮的影响，开始关注研究对象的个体本质因素，以及研究对象与客观世界及他人之间的内在互动和相互关系，聚焦于被研究者的主观体会和理解，以及这些体会和理解发生的可能性因素，同时还关注人们如何理解他人的观念和行为的过程，如何彼此互动。

五、常人方法学

常人方法学又称民族学方法论、本土方法论等，由美国社会学家 Garfinkel 在其著作《常人方法学研究》（*Studies in Ethnomethodology*）[③]中提出，主张通过分析人们在社会日常活动、日常互动、日常生活实践中的相互作用，研究人们如何创造、如何理解他们的日常生活。他通过裂变实验打破社会行为的正常顺序，来观察和研究日常生活中人们对行为的构建以及重建的过程。这些实验通过观察实验对象对日常行为的期待以及如何迅速地应对非常态化的行为，分析人们对社会现实的适应能力，体现了日常生活对人的影响，从而揭示了日常生活在研究当中的重要性。

常人方法学认为，社会的客观现实是基于人类的主观意念对其的理解和解释构成的，人首先对世界有主观认识，之后基于该主观认识设置一系列规则和策略，随着时间的流逝沉淀为所谓的客观事实，但很多时候人们忽略了这个部分。[④]常人方法学主张研究者摈弃客观理念，从实地观察出发，用主观的理解和体会分析不同人群在特定社会文化背景下的互动规律与行为因素，从被研究者的

① 埃德蒙德·胡塞尔. 1999. 现象学的观念. 彭润金译. 北京：中国社会出版社.

② 马克斯·韦伯. 1987. 新教伦理与资本主义精神. 于晓，陈维纲等译. 北京：生活·读书·新知三联书店.

③ Garfinkel H. 1967. Studies in Ethnomethodology. Englewood Cliffs:Prentice Hall.

④ Lofland J, Lofland L H. 1971. Analyzing Social Settings:A Guide to Qualitative Observation and Analysis. London:Wadsworth Publishing Company.

角度出发，理解他们的思想方式和哲学理论，理解他们的日常生活和行为方式，理解他们所生活的特定社会情境和特定文化背景，从而找寻他们自己对生活的意义和对意义的解释。①

第四节　怎样开始质性研究

一、提出研究问题

在质性研究当中，如何找到或者发现一个研究问题是研究者需要思考的首要问题。

研究问题指导着研究的方向，同时体现了研究本身的重要性。指定一个研究问题是非常重要的，因为它奠定了整个研究的基础。在不知道研究问题的情况下，读者并不清楚研究的重要性，即为什么要进行这个研究，以及这个研究能够给予读者什么信息。在寻找研究问题的时候，研究者可以从自己想要了解或解决的问题出发，想一想这个问题和相关的争议是什么，以及如果开展这个研究，之后可以解决什么问题。②研究问题既可以来源于对真实世界的观察，也可以来源于真实社会情境中的困境，还可以来源于对现实情境的问题或疑惑等。例如，在对大学本科高质量课堂的多种影响因素的分析中，问题可以来源于生活实践中，来源于身边的现象或行为（发现身边的现象从而归纳现象的本质），包括高危学生在课堂教学中的干扰，也可以来源于文献记录或参考资料，或者来源于假设性的陈述或者敏感概念的求实，包括新时代大学本科金课课堂建设研究。但随着研究过程的开展，研究问题也会随之改变。我们可以在研究开始的时候提出几个问题，如我需要了解的问题是什么？为什么这个问题很重要？我的研究将如何补充现有答案？谁会从我对这个问题的研究中受益？这样我们就能够对自己研究的问题有一个基础的规划，并且能够将研究问题陈述出来。

---

① Holstein J A, Cubrium J F. 1994. Phenomenology, ethnomethodology, and interpretive practice//Denzin N K, Lincoln Y S. (Eds.). Handbook of Qualitative Research. Thousand Oaks:Sage.

② Creswell J W. 2011. Educational Research:Planning, Conducting, and Evaluating Quantitative and Qualitative Research. New York:Pearson.

从问题选择的角度看，研究者可以选择自己感兴趣的以及具有适当范围和管理性的问题开展研究，研究问题奠定了整个研究设计的基础。问题中所包含的对象群体（即研究参与者）的规模、研究视角的广阔程度等，决定了整体研究的规模和研究过程的可操作性。当对象群体越复杂（如群体单元人数越多）、研究视角越宏观（如研究的视角越抽象、越广阔）时，整个研究的可操作性就会越弱，研究过程也会越漫长；相反，当对象群体越单一（如小单元内的参与者）、研究视角越微观（如可控制的研究角度）时，整个研究的可操作性就会越强，研究过程也会越简短。

在确定问题之前，研究者需要考虑这个问题能够给读者带来的价值，应选择具有现实意义的问题进行研究。研究者在选择研究问题时可考虑是否需要根据自身学术背景选择自己熟悉、了解的领域进行研究。例如，大学教师可以对师生课堂互动进行研究，校长或学校领导者可以对学校政策的合理与否进行研究。在对自己熟悉的领域进行研究时，受个人背景知识的铺垫和影响，研究者不可避免地带有一定程度的主观偏见，在研究过程中也许不能够做到完全客观公正。因此，为了避免自身背景知识的影响，研究者也可以选择自己不熟悉的领域进行研究，但这也将导致研究者在研究过程中无法利用自己熟悉或精通的相关信息辅助调查。

二、文献综述

文献综述能够引导研究者陈述问题，设定假设或主要概念。然而，也有研究者认为并不是在所有的资料收集过程中都需要文献综述，如扎根理论就坚持在研究过程中，文献综述的方式始终不适用，关于扎根理论的内容将会在之后的章节中进行具体说明。

文献综述的目的是论证研究问题的相关背景和基本假设范围，将现有理论与现实问题联系起来，帮助研究者对其将要进行的研究有一定的了解，明确研究假设，并将假设放到更多的实践中来分析，以重新定义假设，帮助研究者选择具体的研究问题。同时，文献综述也可帮助研究者了解之前研究的不足，使其在现有研究的基础上建构新的研究意义和内容。

在文献综述的基础上提出的研究问题，既可以是探索性问题、说明性问题、描述性问题，也可以是预测性问题。问题提出之后，研究者根据问题选择研究场景，这个场景既可以是开放性场景（如公众场所），也可以是闭合性场景（如私人场所），还可以是多个研究场景的综合。同时，研究者需要确定自己的角色，如已知观察者或未知观察者、参与型观察者或非参与型观察者。在确定了以上内容之后，研究者便可以开始收集研究数据。

通过以上学习，我们对西方的质性研究发展过程和中国的质性研究发展过程有了一个大致的了解。本节中提到的质性研究案例并非详尽，旨在给读者提供几个案例，从而了解质性研究发展的方向，通过探究质性研究的理论基础，带领读者初步了解什么是质性研究和怎样开始一项质性研究等，从而使读者对质性研究构建初步的、宏观的认识。

思考与练习

请结合自己的研究兴趣和研究方向，选择一篇质性研究报告，分析其研究框架和理论基础。

拓 展 阅 读

1. 陈向明. 2000. 质的研究方法与社会科学研究. 北京：教育科学出版社.

2. Creswell J W. 2011. Educational Research:Planning, Conducting, and Evaluating Quantitative and Qualitative Research. New York:Pearson.

第十四章

质性研究方法的介绍

学习导航

◆ 质性研究的方法论和研究方法

◆ 质性研究方法和量化研究方法的区别

◆ 多维数据源的结合

◆ 扎根理论

◆ 田野调查方法

◆ 行动研究

◆ 案例分析

　　上一章介绍了质性研究的发展历史，简述了质性研究的基础理论以及怎样开始一项质性研究。在此基础上，本章将着重介绍以下七部分内容：①质性研究的方法论和研究方法；②质性研究方法和量化研究方法的区别；③多维数据源的结合；④扎根理论；⑤田野调查方法；⑥行动研究；⑦案例分析。本章内容可以使读者了解不同研究方法的内容及发展，知道如何使用这些研究方法，并能根据自己的需要选择适合的方法进行研究。

第一节　质性研究的方法论和研究方法

在科学研究领域当中，"方法论"和"方法"两个术语经常交换使用，但实际上它们所指的概念是不同的。方法论指的是如何进行科学研究，如何分析研究数据的理论，也是质性研究方法的类别，如案例分析、行动研究、扎根理论、田野调查等。方法指的是研究者用来收集数据的工具、程序、仪器或者技术，如观察法、访谈法、文本分析法、问卷调查法等。在调查研究中，一种方法论可以支持研究者使用一系列相关的研究方法进行数据分析。[①]例如，案例分析是一种方法论，研究者可以采用观察法、访谈法、文本分析法收集相关数据信息。例如，当研究者想了解考试成绩不理想的学生参与课堂教学的积极性以及对教学理解内容的掌握度时，可以将案例分析作为研究方法，而收集数据的方式可以是观察学生的课堂表现、与之进行访谈、分析其平时作业完成情况等。行动研究也是一种方法论，研究者可以通过观察、计划、行动、反思等方式展开调查。

确定研究的方法论和方法是开始研究时较重要的步骤之一，方法论指导着整个研究的总体结构框架，方法决定了研究者通过什么方式收集和传播研究信息。[②]了解每一种方法的优势和不足，可以帮助研究者确定用什么方法收集数据是最合适、最有效的。不同的研究方法论可以选择不同的数据收集方法，在一种方法论的指导下，研究者可以同时采用多种数据收集方式。例如，研究者使用语篇分析作为一项研究的方法论，将文本分析法作为数据收集方法，能够深层挖掘文本表面之下的潜在信息，从而探究研究对象的内在想法和事件的影响因素。研究者可以聚焦于文本内容（包括书面语言及情景语言，如对话、谈话等），分析和解构其潜在信息。语篇分析作为解释特定真理或概念如何被世界所接受并认定为事实的方法论，尝试把语义分离出来，观察它是如何运作并且如何影响社会的。再如，研究者使用调查作为一项研究的方法论，将访谈法、文本分析法、问卷调查法等作为收集数据的方法，通过收集参与者的各种信息，从而描述、解释、探

---

① Schram T H. 2006. Conceptualizing and Proposing Qualitative Research (2nd ed.). Upper Saddle River:Pearson Education.

② Mutch C. 2005. Doing Educational Research:A Practitioner's Guide to Getting Started. Wellington:NZCER Press.

索、预测以及评估研究问题。①当研究者想要了解校园暴力与媒体传播之间存在的关系时，可以使用问卷调查法和访谈法了解参与者使用媒体的情况，运用文本分析法解释参与者的答案，最后形成研究结论。

第二节　质性研究方法和量化研究方法的区别

质性研究和量化研究是两种不同的研究形式，它们所对应的具体研究应用也有所不同。不同的应用程序决定了一个研究是质性研究还是量化研究。在量化研究中，研究者运用统计学方法检验研究假设，使用多个变量对研究对象进行测试；研究者为测试理论，通过相关的变量预测结果，测量两个或两个以上群体之间的差异和这些差异的大小，或者测量个体随着时间的推移而发生的变化。量化研究采用坚定的研究立场，在研究开始之前就确定好变量并选择好收集数据的工具，研究问题和假设在研究过程当中不会发生变化。量化研究更具有演绎性，即根据一般的原理从上而下推演结论。②

质性研究中没有研究假设，"变量"一词也不适用，研究者旨在收集关于研究对象的信息（如对概念、现象、意义等的理解），并做出解释。在质性研究中，理论通常不被测试，研究者邀请参与者分享他们的想法，根据这些想法建立研究主题，不比较群体或相关变量，而是寻求对一个群体或单一个体的观点的深刻理解。质性研究要求研究者秉承开放的研究立场，允许随着过程的推进而改变研究对象，研究问题也可能会根据参与者的回答而做出调整与改变。③质性研究更具有归纳性，即将通过观察、调查收集到的数据和信息进行分类，以此为基础从下而上建构抽象概念，概括出原理或结论。④

量化研究与质性研究的具体差异如表 14-1 所示。

---

① Jenkins P. 1999. Surveys and Questionnaires. Wellington:NZCER Press.

② Creswell J W, Clark V L. 2011. Designing and Conducting Mixed Methods Research (2nd ed.). Thousand Oaks:Sage.

③ Creswell J W, Clark V L. 2011. Designing and Conducting Mixed Methods Research (2nd ed.). Thousand Oaks:Sage.

④ Bogdan R C, Biklen S K. 2006. Qualitative Research for Education:An Introduction to Theory and Methods. Boston:Allyn & Bacon.

表 14-1　量化研究与质性研究的具体差异

项目	量化研究	质性研究
研究目标	预测或控制	对意义的理解、现状的描述
研究对象	强调事实的客观性	强调主观性
研究方法	统计学检验	描述性解释
研究数据	现实数据	观察材料、田野数据
推理方式	统计分析、检验	逻辑推理
结论表述	数据、图表	文字性描述

第三节　多维数据源的结合

　　多维数据源的结合在质性研究中是非常重要的。在研究中，研究者可以结合质性研究方法和量化研究方法，运用多个数据源证明事实，使其对研究现象的理解和研究意义的解释呈现出多角度、多元化的特征，从而使研究过程更加严谨，使研究结论更加有效。

　　研究者在确定多维数据源时可以选择多个参与者，从不同的角度和不同的标准选择参与者，从而使参与者的代表性更强，使研究本身的信效度更高。准确地了解参与者，并选择适合的参与者非常重要，研究者在选择参与者时可以结合理论需要，在理论重点和关注点的基础上选择出合适的参与者的群体特征，选择理论上具有代表性的群体，同时可以使用探索性方法。例如，研究者使用系统的方法来评估潜在参与者的现实情况，这类群体中的参与者具有潜在属性，之后通过测量其可信度等进行再次选择，从而使研究者在选择参与者的整个过程中摒除个人偏见。[①]

　　邀请多个研究者共同参与研究，也是多维数据源的重要构成部分。研究团队的建立能够更大限度地从人文角度保障参与者的权能。在质性研究中，研究者通常会将自己的经验纳入整个过程中，采取反思和具有个人偏向性的方法[②]，这也

---

①　Johnson J C. 1990. Selecting Ethnographic Informants. London:Sage.

②　Creswell J W. 2011. Educational Research:Planning, Conducting, and Evaluating Quantitative and Qualitative Research. New York:Pearson.

是质性研究的特点之一。质性研究本身就是一种灵活的研究方法，体现了研究者对参与者做出的反应。[1]将对概念有不同程度认知、具有不同社会角色、属于不同文化群体的研究者结合起来[2]，组成研究团队，由于团队成员具有不同的文化背景和知识结构，不同的价值观念、生活方式和社会阅历，他们对意义和解释的理解难免不同，这可以使研究者在对比的视角下交汇创建出一个相对客观的研究观念结构，从而使研究结论更加多元、客观。

从多维理论视角出发解释研究内容，可使研究结论更严谨，更具说服性。研究者根据两个或两个以上的理论来解释研究问题，从多个角度分析问题、说明现象，可以增强研究结论的合理性和描述的客观性。理论作为一种指导性的视角或形态意识，也为研究者提供了一个框架结构。研究者应以理论为基础，在研究过程及结果中进行客观叙述。[3]多维理论视角支持研究者在研究过程中用不同框架、不同意识形态来解释同一个问题，从不同的视角建构概念、整合意义、概括结论，从而增强研究结论的多元化和客观性。

使用多种研究方法，可以提高研究的整体性，丰富数据的多样性，从而使研究结论更具有代表性和说明性。混合研究法是社会科学研究和教育方法研究中一种日渐兴起的研究方法，要求研究者从研究设计、数据收集到分析结论的整个过程中都综合运用质性研究和量化研究来理解与研究问题，是一种将技术性演变和全方位讨论相结合的先进方法。[4]研究者在研究过程中将量化研究方法和质性研究方法结合起来使用，能够更全面地理解研究问题。在使用混合研究法的时候，研究者需要充分掌握量化研究方法和质性研究方法，且需要广泛收集资料和分析数据，整个研究过程是相对耗时的，所以在使用该方法时建议组成研究团队。此外，混合研究法并不是简单地收集两种不同的研究数据，而是将两种数据相整合，从而形成一个整体的研究方法。

一般情况下，当量化数据和质性数据同时拥有，且两种类型的数据可以放在一起的时候，就可以使用混合研究法进行研究。相比任何一种研究方法，混合研究法能够更好地帮助研究者理解研究问题。如果研究者希望体现出量化数据和质性数据的优势，使用混合研究法就是一个很好的选择。量化数据，如分析得分、统计数字，可以产生评估趋势、频率、幅度等结果，为研究者提供了描述大量研

---

[1] Best J W, Kahn J V. 2003. Research in Education (9th ed.). Boston:Allyn & Bacon; Wiersma W, Jurs S G. 2005. Research Methods in Education. Boston:Pearson.

[2] Bartunek J M, Loius M R. 1996. Insider/Outsider Team Research. London:Sage.

[3] Creswell J W. 2011. Educational Research:Planning, Conducting, and Evaluating Quantitative and Qualitative Research. New York:Pearson.

[4] Teddlie C B, Tashakkori A. 2009. Foundations of Mixed Methods Research:Integrating Quantitative and Qualitative Approaches in the Social and Behavioral Sciences. Thousand Oaks:Sage.

究对象的趋势等有用的信息；而质性数据，如访谈言论、观察材料，可提供研究参与者的真实言语，为研究主体提供了多重视角。研究者把量化数据和质性数据结合起来，就形成了一个强大的联合[1]，通过这个联合，整个研究过程就具有多维度、多视角、多层次等特征，研究结论也因此更具有客观性和说服性。

当一种研究类型不足以解决或问答研究问题的时候，选择混合研究法也是一个较好的选择。当研究问题没有被充分解释，说明研究本身需要更多的数据来扩展其分析宽度，加大其讨论深度，进而详细说明或者解释之前所获得的数据。[2]例如，研究者可以用质性研究说明一项量化研究结果所产生的原因，也可以获得比量化研究结果更详细、更具体的信息，这些不同来源的信息既为研究者提供了不同视角，也为其提供了更多细节。

从实际角度出发，混合研究法在很多时候比单一研究法更容易让人接受。例如，质性研究缺乏统一性的、顺序性的、规范性的操作，并且参与者选择、数据收集、数据分析等过程都不可避免地受研究者主观因素的影响。正如之前所说，质性研究是以研究者本身作为研究工具的，基于这一点，科学研究的严谨性和客观性在质性研究中难免受到质疑。混合研究法包含了量化研究和质性研究，在一项研究中，当质性研究数据尚未被完全认可的时候，量化研究可凭借其规范的操作过程、严谨的数据事实、可检验的操作环节，使研究本身表现出严谨性和客观性。

混合研究法主要包括以下设计。

一、顺序混合设计

顺序混合设计是一种常被选择的混合研究设计方法，也是教育研究中最常用的一种混合方法。在顺序混合设计中，研究者分两个阶段依次收集数据信息，先进行量化调查研究再进行质性研究分析，或先进行质性研究分析再进行量化调查研究，最后将两种研究数据进行综合和总结，由此得出研究结论。[3]例如，研究者首先找到研究样本并对其进行观察或访谈，分析其感兴趣的问题或追求有哪

---

① Miles M B, Huberman A M. 1994. Qualitative Data Analysis:An Expanded Sourcebook (2nd ed.). Thousand Oaks:Sage.

② Creswell J W. 2011. Educational Research:Planning, Conducting, and Evaluating Quantitative and Qualitative Research. New York:Pearson.

③ Creswell J W, Clark V L. 2011. Designing and Conducting Mixed Methods Research (2nd ed.). Thousand Oaks:Sage.

些，之后根据观察或访谈的数据设计调查表并进行量化调查，检测有多少人与访谈对象持有相同的兴趣或目标，以及这些兴趣或目标的程度如何。表 14-2 便是利用利克特量表测量兴趣程度的示例。

表 14-2　兴趣程度测量表示例

题项	1 非常同意	2 同意	3 不一定	4 不同意	5 非常不同意
你很喜欢参与到大学调查研究当中					
你觉得在访谈中能够完整地表达自己的真实想法					

二、平行混合设计

平行混合设计是同时使用两种不同的研究方法，给予两组数据同等的解释权，即研究者在开展量化调查研究的同时，进行质性研究分析，同时收集数据、比较数据、合并数据，并使用整合后的数据来理解和研究问题。平行混合设计的基本原理为，利用一种数据收集形式具有的优势来弥补另一种形式的不足，从而为理解和分析研究问题提供更加全面的数据，如量化数据提供了研究的可概括性，而质性数据提供了背景相关信息。[1]例如，为研究学生对大学两门课程参与性不高的影响因素，研究者在与参与者（学习这门课程的学生）进行访谈的同时，分析他们的学习成绩。两种数据相互并不影响，不需要按顺序开展，可以同时收集数据，同时进行分析调查。研究者能够及时将从不同研究方法中得到的数据进行补充和验证，使研究结果相对丰富多元。然而，在平行混合设计中，两种研究方法获得的数据有可能不一致，这将导致最后的研究结论难以整合，在这样的情况下，研究者需要重点关注问题的分歧，对分歧进行深入的研究以解释两组数据相互矛盾的原因，在探究过程当中，有可能发现其中一组数据是符合事实的，而另一组数据与事实有一定出入。[2]

---

[1] Creswell J W. 2011. Educational Research:Planning, Conducting, and Evaluating Quantitative and Qualitative Research. New York:Pearson.

[2] Kaplan B, Duchon D. 1988. Combining qualitative and quantitative methods in information systems research:A case study. Management Information Systems Quarterly, 12:571-586.

三、分叉混合设计

分叉混合设计方式结合了顺序混合设计和平行混合设计，同时或按顺序地收集量化和质性数据，使其中一组数据支持另一组数据，之后收集另一组数据以增加或支持主要形式的数据。支持性数据既可以是质性的，也可以是量化的。在研究当中，研究者通过第二次收集的质性数据来分析或解释首次研究数据的结论。例如，在大学课堂参与度调查中，研究者通过量化数据分析课前预习是否会影响学生课堂表现的积极性，同时通过质性数据评估学生进行课前预习并参与课堂教学的过程，之后再用质性研究分析大学课堂学生参与度的现实情况（对比之前是否有改变）。

然而，到目前为止，在研究中是否应该将质性研究和量化研究结合起来，研究者依然存在争议。两种研究方法分别基于不同的哲学假设，各有优势，保持两种方法之间的重要区别也是保证研究多元化的关键要素之一。[1]量化研究属于一种世界观，如客观地衡量学生的成绩（客观数字）；而质性研究属于另一种世界观，如研究者从自己的主观视角评价事件或现实（主观评价）。正因为这些持有不同观点的研究者坚持立场、相互辩论、积极互动，才给知识带来增长的动力和方向。[2]质性研究和量化研究从基础的理论范式上就存在根本差异，在结合两种研究方法的时候难免产生认知和理论上的冲突，加之两种研究方法的信效度的衡量标准也完全不同，对于两者相结合的研究，很难使用统一标准对其质量进行评估，所以采用混合研究方法时，研究者需要对研究所包含的不同研究范式逐一进行说明并报告研究过程。

第四节　扎　根　理　论

扎根理论研究以符号互动论为基础，是一个系统的、定性的研究过程。扎根

---

① Kidder L H, Fine M. 1987. Qualitative and quantitative methods:When stories converge//Mark M M, Shotland R L (Eds.). Multiple Methods in Program Evaluation:New Directions in Program Education. San Francisco:Jossey Bass.

② Feyerabend P. 1970. Consolations for the specialist//Lakatos L, Musgrave A E (Eds.). Criticism and the Growth of Knowledge. Cambridge:Cambridge University Press.

理论研究根据研究过程中的数据收集和分析，产生一个在概念上解释研究对象行动过程和行为主题的理论。扎根理论并未仅停留在理论层面，其还具有现实意义，是解释具体问题、行为或现象的概括性理论。这是一个自下而上基于研究过程而产生的理论，目的是解释随着时间的推移所发生的事件、现象、活动等的过程。扎根理论研究是研究者通过搜集数据、确定主题、建立联系、形成解释，最终构建出新的理论的一种研究方法，作为一个系统性的理论研究方法，它具有可自我修正的特征。扎根理论研究是按顺序系统进行的，在分析数据时，研究者从一组数据到另一组数据（研究者从一组数据中寻找下一组数据的采集方向）[1]，从一个事件到另一个事件，从一个类别到另一个类别，在研究过程中将始终与数据保持密切的联系。Glaser 和 Strauss 认为，在数据收集过程中产生的理论要比在研究开始之前就预设好的理论更能说明研究的过程，更适用于具体研究，因此不能一味地追求科学可证性和纯粹的理论性研究。他们认为，在研究资料收集的过程中产生的理论更为真实可信。[2]

同时，当现有的理论不足以解决一个研究问题，需要一个更为广阔的理论解释的时候，也可以使用扎根理论。也就是说，研究者不做任何的理论假设，直接开展数据收集，从数据信息中概括出结论，最后提升成研究理论。例如，在对某一类人群（如唐氏综合征儿童）的教育进行研究时，现有的教育理论对这一类人群的适用性很小，考虑到这类个体体验的敏感性和复杂性，研究者这时就可以使用扎根理论进行研究。

扎根理论有三种设计方法：系统程序性设计、显现性设计和建构主义方法设计。系统程序性设计类似于一种分析归纳法，在教育研究中被广泛运用。这种设计方法强调以开放编码（根据收集到的数据进行分类，如访谈、观察记录等）、轴线编码（根据开放编码类别选择中心数据，并将其他类别与之联系起来；可绘制相互关系图表）、选择性编码（根据轴线编码的相互关系图表总结理论）的数据分析为基础步骤，建构逻辑性范式理论。在研究过程当中，通过三种编码，总结出一个重新定义和整合的抽象理论。学者 Glaser 认为，系统程序性设计过分强调规则感和程序感，抑制了扎根理论研究本身的灵活性，扎根理论应该存在于最抽象的概念层次，而不是在数据分析中发现的抽象层次。显现性设计理论的产生建立在所有收集到的数据的基础上，随着研究数据的收集而开始，其间不进行数据分类，直到数据收集快完成的时候才开始数据分析并形成研究理论，产生的研

① Charmaz K. 2000. Grounded theory:Objectivist and constructivist methods//Denzin N K, Lincoln Y S (Eds.). Handbook of Qualitative Research (2nd ed.). Thousand Oaks:Sage.

② Glaser B G, Strauss A L. 1967. The Discovery of Grounded Theory:Strategies for Qualitative Research. New York:Aldine de Gruyter.

究理论也可以随着新数据的增加而变化和修改。①建构主义方法设计作为一种哲学立场，关注研究参与者本身赋予的意义，比起收集事实信息和描述个人行为，更加注重理解和体会参与者的个人价值观、理念、信仰与意识形态等。Charmaz提出，理论应该建立在参与者个人观念之上，需要研究者在研究中体会过程，从意识形态和价值观的角度去理解意义和构建结论。②建构研究理论应该经历数据收集、数据分析、建构理论，再进行数据收集、数据分析、修改理论的过程，如此往复，直到研究结束。

扎根理论使用持续比较的方法进行调查研究，在研究之前不对任何文献进行回顾，而是从数据收集开始直接进入研究过程；在收集数据中寻找可以成为关注类别的问题、重复发生的事件或者特别的活动；注意收集可以提供不同类别重点的数据，探寻数据的多样性和多维性；在收集数据的过程当中，找到主要问题，同时进行数据分析③，在数据收集和数据分析的过程中，建构和修改研究理论。研究者也可以扩展研究视角，寻找其他类似环境并进行调查研究。在研究过程中，研究者写下正在探索的对象类别，描述和解释收集到的数据中的所有信息，同时不断搜索新的信息，使用数据和显现性模型来发现基本的社会过程与关系。当数据分析重点集中在核心类别的时候，研究者可以加入抽样、编码和写作过程；当收集到的数据表现出较高的重复性的时候，其可以停止数据收集。

扎根理论对理论形成的信效度检测有自己独特的标准。首先，理论的概念必须是从数据收集中提取出来的，理论能够得到所收集数据的强力支撑；其次，理论需要具备多层次信息和丰富的内容；再次，理论中的主要观点之间相互联系、相互支持；最后，理论需具有实用性，能够被大范围认可并使用，具有广泛的解释性。④当扎根理论中各个部分之间都相互关联、相互支持，彼此之间建立了充分紧密的联系时，我们可以认为这个理论是可成立的。然而，扎根理论的构建并不是永恒不变的，理论需要保有一种持续发展的状态，即不同的研究者在每次探索中都要对理论进行新的解释和改进，因此研究者在理论构建过程中要保持开放、变通的态度。

---

①　Glaser B G. 1992. Basics of Grounded Theory Analysis. Mill Valley:Sociology Press.

②　Charmaz K. 2006. Constructing Grounded Theory. London:Sage.

③　Glaser B G. 1992. Basics of Grounded Theory Analysis. Mill Valley:Sociology Press.

④　Strauss A, Corbin J. 1990. Basics of Qualitative Research:Grounded Theory Procedures and Techniques. Newbury Park:Sage.

第五节　田野调查方法

田野调查方法也叫实地调查方法，要求研究者切实来到参与者所生活的环境当中，进行实地取证和数据收集，即研究者到参与者所生活的环境中，与他们同吃同住，进行长期的实地调查，亲身体验当地的风土人情，了解当地人的观念信仰，体会其特定的文化背景，感受当地人的意识形态。田野调查的数据收集方法包括观察法、访谈法等。

田野调查方法能够使研究者与参与者在自然的状态下近距离接触，从而使其能够比较容易地获得真实可靠的研究数据和信息。在与参与者接触的过程中，研究者能够参与到他们的日常生活当中，从而直接分析参与者的思维方法和行为方式，并见证特别事件发生的具体经过和情景，通过自己的亲身经历和体会来理解参与者的内心世界，以自己的感受和反应作为参照，为研究结果提供一个多维度的参照体系，同时参与者也能够在与研究者的互动当中自然地展现自己，从而增加数据的真实性和可靠性。在接触过程当中，研究者和参与者彼此之间能够建立起信任关系，在这个基础上，研究者能够充分探究参与者内在的观念和信仰。

然而，到一个陌生的地方生活，与当地人互动交流，有可能出现研究者因为习惯不同而不适应当地的生活方式，或者由于长时间与参与者共同生活，与他们建立了亲密的联系，在研究过程当中难免带有主观偏好，或者被参与者同化的情况，从而影响研究过程和研究结论的客观性。在进行调查研究时，与参与者保持一定的距离可以保证研究的客观性和有效性，然而，与参与者建立密切的联系可使研究者真正接近参与者，真正做到站在他们的角度看问题，用他们的行为方式来行动。①

开展田野调查，研究者首先需要进行研究地点的选择，这个地点需要能够为研究者提供与研究问题相关的重要数据，以及支持回答研究问题或解释相关现象的信息。研究者需结合研究情况和研究地点的实际情况，充分考虑包括到达目的地的交通方式、在当地驻足的时间长短、可操作性、数据所代表的普遍性、研究成本等在内的问题，决定在一个地点还是多个地点收集数据信息，在哪里进行调查研究。选择好地点之后，研究者初步来到这个地点。在开展田野调查的过程中，研究者需充分考虑研究对象的社会文化背景，在对研究地点不熟悉的情况

---

① Ely M, et al. 1991. Doing Qualitative Research:Circles within Circles. London:The Falmer Press.

下，给予自己和当地人充足的接受及适应时间，积极了解当地的相关信息，同时友好地介绍自己，努力在与当地人刚接触时就建立良好的人际关系。在获得当地人的接纳之后，研究者开始准备研究说明。研究说明旨在向潜在参与者（当地人）真实简要地说明研究者的个人情况、研究信息、研究目的等。同时，研究者需要慎重考虑研究本身是否符合世界调查研究许可的范围。由于伦理问题，不同的国家和地区、不同的研究机构或研究委员会对学术研究范围有相应的规定，如美国的研究审查委员会（Institutional Review Board）就要求研究者在开始一项研究之前，充分考虑研究内容是否在允许开展调查研究的范围之内[1]，并且考虑研究对参与者的信息保护，如研究地点和参与者的个人信息是否会被泄露。[2]

做好充分准备之后，研究者来到研究地点，通过与当地人接触、沟通、交流，了解当地人的生活方式和社会文化背景，尝试以当地人的视角看待问题，以当地人的方式生活，从而做到真正融入当地人的社会生活环境中。[3]然而，在田野调查的过程中，研究者可能会面临一些困难或障碍，如研究信息泄露、抵触研究环境并渴望离开、在与参与者的接触过程中产生过分的同情感或强烈的帮助愿望、与参与者培养出过于亲密的人际关系、以专家的身份出现等，都可能会影响研究进程。研究者需要全面考虑以上因素，以保证研究过程的顺利开展，以及研究数据收集的真实有效，尽量避免以上因素产生消极影响。

第六节　行　动　研　究

行动研究是一种比较实用的研究设计，是应用研究的核心。行动研究可以解决一个具体、实际的问题。行动研究的问题与已知的某一个具体内容、挑战或主题相关，并寻求解决问题或改善现状的方法。例如，当有一个特定的教育问题需要解决时，可以选择使用行动研究方法。行动研究是对教学实践中的有效内容的重复性测试，有助于专业发展，鼓励反思性实践活动。行动研究设计是由教师（或教育者）设计的系统程序，旨在收集有关环节的运行方式、教学过程、学生

---

①　Lofland J, Lofland L H. 1984. Analyzing Social Settings:A Guide to Qualitative Observation and Analysis (2nd ed.). Belmont:Wadsworth Publishing Company.

②　Wax R H. 1971. Doing Fieldwork:Warnings and Advice. Chicago:University of Chicago Press.

③　Borzak L. 1981. Field Study:A Sourcebook for Experiential Learning. Beverley Hills:Sage.

学习方法等信息，对其进行分析并加以行为干扰，以达到改进的目的。①行动研究对教师成为更有效的实践研究者具有积极的促进作用，为教育者提供了一种改进教学实践、参与研究过程的方式，能够有效改善学生的学习成绩，克服学习困难，提高学习质量，优化学习环境。②行动研究一般遵循周期性的过程，通过反思与提出问题、问题分析、设计行动步骤、实施步骤、数据收集、评价效果、修改研究问题、反思与评价等过程来改变可能采取的行动。这个过程可以重复多次，直到研究效果达到最佳。行动研究流程图如图 14-1 所示。

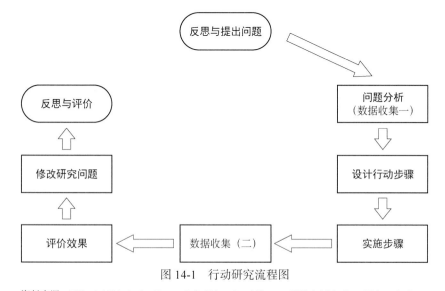

图 14-1　行动研究流程图

资料来源：Elliot J. 1991. Action Research for Educational Change. Philadelphia:Open University Press

行动研究的发展经历了三个阶段：第一阶段是确定和解决社会问题阶段；第二阶段是实践参与阶段，要求研究者通过参与研究来解决自身问题；第三阶段是改革阶段，代表了参与性和解放性，通过实践引发有利目标的变革，同时由自己、群体或者社区承担变革责任。如今的行动研究鼓励学校改革和个人参与，强调通过项目合作赋予个体独特的权利，缩小研究者和参与者之间的差距，鼓励教育工作者反思自己的教育实践活动，支持新理念的产生。③

① Mills G E. 2011. Action Research:A Guide for the Teacher Researcher (with MyEducationLab) (4th ed.). Upper Saddle River:Pearson/Allyn & Bacon.

② Borgia E T, Schuler D. 1996. Action research in early childhood education. ERIC digest. Action Research, 3.

③ Mills G E. 2011. Action Research:A Guide for the Teacher Researcher (with MyEducationLab) (4th ed.). Upper Saddle River:Pearson/Allyn & Bacon.

　　尽管行动研究在教育领域获得了较多的支持，但依然有一些研究者不认可行动研究，这些研究者不愿意将行动研究视为合理的调查形式，认为这是一个非正式的研究过程。[①]在行动研究中，研究者根据特定的行为目标进行调整和改变，以解决实际问题，而这种设计方法从研究过程的角度来说不够严谨和客观。尽管这些争论依旧存在，但行动研究在教师教育和学校研究等领域依然发挥着极其重要的作用。它提供了一种鼓励研究者与参与者之间进行合作的方法，以解决教育实践中切实存在的具体问题。

　　通常行动研究有两种设计方法，即实践行动研究和参与性行动研究。实践行动研究是研究者通过对一个具体问题的系统性研究来加强或改善实践的效力。例如，教师通过对大学课堂高质量教学的多因素探究，通过改变授课模式、互动频率等，来提高学生在大学课堂中的参与度和积极性，以改进教育教学实践的效力。教师通过反思性评价来改进教育实践活动的效力，在问题聚焦、数据收集、数据分析、设计行为计划之间重复循环。[②]反思性评价的过程包括定义问题、描述反思、文献回顾、设计行为指导，通过多个数据源收集数据，对前因后果进行分析，最后展示结果。[③]实践行动研究是一个以研究特定问题为中心展开的研究，同时注重教师的个人发展和个人教学实践的改善。

　　参与性行动研究在社会调查中有漫长的历史，涉及社区、工业、企业等组织，它的设计符合社会和社区的取向，强调研究要有助于解放或改变社会，帮助人们摆脱不公正结构的束缚，是一种注重行动、倡导调查的研究方法。参与性行动研究既包括质性研究数据的收集，也涉及量化研究数据的收集，目的是提高社区、家庭的生活质量[④]，改善并增强个人或组织的能力，促进社会平等和民主发展。研究者和参与者在此类研究设计中坚持平等互助原则，以参与式（即个体对自己进行研究）、协作式（即与他人合作完成调查）审视自己在研究当中对数据的理解及对研究范式和研究方法的选择等。研究者与参与者共同参与决策，公开研究过程，广泛接纳参与者的想法和观点。研究者通过观察、思考和行动，探索个体与他人之间的社会关系，了解社会互动及个体形成过程。[③]行动研究的步骤是：确定研究问题—思考行动研究是否为最合适的设计方法—找到有助于解决问题的资源（如文献或现有数据）—确定需要的信息并制定数据收集策略—进行数

---

①　Stringer E T. 2007. Action Research (3rd ed.). Thousand Oaks:Sage.

②　Mills G E. 2011. Action Research:A Guide for the Teacher Researcher (with MyEducationLab). (4th ed.). Upper Saddle River:Pearson/Allyn & Bacon.

③　Creswell J W. 2011. Educational Research:Planning, Conducting, and Evaluating Quantitative and Qualitative Research. New York:Pearson.

④　Stringer E T. 2007. Action Research (3rd ed.). Thousand Oaks:Sage.

据收集—分析数据—制订行动计划—实施计划—评估反思。行动研究能够解决教育中的实际问题，研究者在行动研究过程中会更多地关注自己的实践活动，从而进行自我反思。这是一种自我发展、自我提升、自我改进的形式，也是一种具有极大现实意义的研究方法。

第七节 案 例 分 析

案例分析是民族志的一种重要类型，经常被用于民族志研究中。[1]案例分析是对某案例的深入调查研究，可以研究特定时间、项目、组织结构的变化，以及学校系统、课程结构、个人问题等[2]，也可以对一个单独的事件或现象的独特性、复杂性及关联性进行全方位的探索（包括背景、情境、社会影响、文化特色等各类影响因素）[3]。案例分析是在广泛收集数据的基础上，对活动、时间、过程、个人等进行的深入探索，并在深入探索的过程中确定具体的研究主题，但主题可能会随着对案例的具体分析而改变。[4]在案例分析研究中，研究者可采取观察法、访谈法、文本分析、口述记录等方式收集多种形式的数据，如文字性描述、图片、电子邮件、录像等，通过对比分析的方法了解案例，从案例本身的视角来展示和说明问题。

案例分析既可以提供生动准确的问题描述（如对某个特定的人或某件特定的事情做深入的具体描述，提供个人的相关信息，而这些信息在较大的群体中可能容易被忽视），也可以提供具体问题的详尽解释（如描述问题的特定背景或特定情境，解释某种行为模式），还可以提供对具体事件或现象的内容评估（如评估一个事件或项目的优势和不足，从而提出改进意见或方法）。[5]例如，通过案例分析研究大学教师的教育理念及其理念是如何影响教师的课堂教学的。研究者对课

① LeCompte M D, Schensul J J. 1999. Designing and Conducting Ethnographic Research. Walnut Creek:AltaMira.

② Wiersma W, Jurs S G. 2005. Research Methods in Education. Boston:Pearson.

③ Schram T H. 2006. Conceptualizing and Proposing Qualitative Research (2nd ed.). Upper Saddle River:Pearson Education.

④ Creswell J W. 2011. Educational Research:Planning, Conducting, and Evaluating Quantitative and Qualitative Research. New York:Pearson.

⑤ Charles C M, Mertler C A. 2002. Introduction to Educational Research (4th ed.). Boston:Allyn & Bacon.

堂进行观察，对教师及参与课程的学生进行访谈并收集相关资料，之后对观察情况和访谈内容进行详细分析与整理，从而总结归纳出重要的属性和主题（如教师的教育理念、教学方式、课堂控制、师生互动等），并通过数据分析，回顾和对比文献资料，最终形成研究结论。与此同时，研究者可将研究结论与参与者共同分享，邀请参与者对研究中的数据分析及数据引用进行评论，从而检验研究结果的准确性。

案例分析既可以是对个案的分析，如一名教师或一个教学程序，也可以是对群体案例的分析，如几名教师或几个研究项目。群体案例分析是由多个单独案例分析组成的，通过对多个案例的描述、分析和对比，提供对特定问题的解释，如调查一种现象、人口问题或一些特别状况。[1]群体案例分析能够使研究者更深层次地探索研究问题，使研究问题易于理解，从而更加精准地将研究结论理论化[2]；通过描述群体中的各种活动（不是群体表现出的共同行为），并对其进行组合分析，从而使研究结论更加真实可信；通过多个案例分析得出的结论，证明在每个单独案例分析中所存在的事件并不是特殊的，而是具有一定的代表性及普遍性，从而增强研究结论的真实可信性。多个案例研究可以通过展现事件发生的过程并对其进行归纳与总结，以细致的描述与丰富的解释加深研究者对研究问题的解释和理解。

思考与练习

根据本章所学内容，分析不同质性研究方法的适用范围。

拓 展 阅 读

伍威·弗里克.2011.质性研究导引.孙进译.重庆：重庆大学出版社.

---

[1]　Stake R E. 2000. Case studies//Denzin N K, Lincoln Y S (Eds.). Handbook of Qualitative Research (2nd ed.). Thousand Oaks:Sage.

[2]　Brantlinger E, Jimenez R, Klingner J, et al. 2005. Qualitative studies in special education. Exceptional Children, 71:195-207.

第十五章

质性研究的数据收集

学习导航
◆ 观察法
◆ 访谈法
◆ 文本法

　　质性研究数据的主要收集方法包括观察法、访谈法、问卷法、文本法等。数据收集是解决研究问题的重要依据，因此，在确定需要收集的数据类型之前，回顾研究问题是非常必要的。在收集数据的多种方法中，观察法是最基础的一种。作为一种常用的数据收集方法，观察法能够使研究者通过观察得到数据信息，并作为有力证据支持并证明研究结论。研究者使用观察法不仅可以直接接触具体情景活动和社会环境，而且能够直观地观察甚至参与实际发生的事情，而不是依赖于参与者的叙述。①本章将介绍三种主要的质性研究数据的收集方法。

---

① Muijs D. 2004. Doing Quantitative Research in Education with SPSS. London:Sage.

第一节 观 察 法

一、观察分类

观察是人们认识世界的一种最基本的方法，也是科学研究中的一种重要手段。观察是指一种有目的、有计划的认知活动，通过观看、倾听等方式分析和思考研究对象的一系列思维活动。观察法是通过对目标对象的观看、倾听，以及记录目标对象的行为活动等来分析研究问题的科学研究方法，既是一个观看和思考的过程[①]，也是一个对实际情况进行真实检查的过程[②]。在观察的过程中，研究者以高度的感知能力和广阔的视觉空间来看待社会生活，获取广泛的数据信息。通过观察，研究者可以熟悉研究主题，有机会看到之前未曾注意或忽略的部分。对于研究问题的分析，从研究对象的真实行为出发比只听口头陈述更具可靠性和真实性。同时，观察法相对而言没那么引人注目，从而使信息收集更加有效。[③]当研究集中于描述一种情况或者一种变化的影响时，使用观察法是最合适的。

观察法是很主观的，它在很大程度上受观察者的主观视角和知识背景的影响，且观察者与被观察者之间的关系也会直接或间接影响观察过程和观察结果。观察者容易受目击效应的影响，即当人们观察同一种行为的时候，不同的人看到的事件和内容是不同的。[④]为避免类似问题的出现，研究中拥有多个观察者和进行重复观察是非常有必要的。将多个观察者和重复观察收集的数据进行对比分析，当同一观察结果受到多个观察者认同的时候，评估者之间的可靠性就越高，观察结果就越准确。

根据研究者在观察过程中的参与程度，可将观察分为两种形式：非参与性观察和参与性观察。

---

① Wittgenstein L. 1953. Philosophical Investigations. New York:Macmillian Company.

② Robinson V, Lai M K. 2006. Practitioner Research for Educators:A Guide to Improving Classrooms and Schools. Thousand Oaks:Corwin Press.

③ Kellehear A. 1993. The Unobtrusive Researcher:A Guide to Methods. St. Leonards:Allyn & Unwin.

④ Robinson V, Lai M K. 2006. Practitioner Research for Educators:A Guide to Improving Classrooms and Schools. Thousand Oaks:Corwin Press.

（一）非参与性观察

非参与性观察是指研究者在观察的过程中不直接参与互动，而是站在旁观者的角度倾听和观看。非参与性观察发生在计划好的时间和地点，其特征是：观察范围广，观察内容多，在获得参与者许可的前提下，可以对观察过程进行录像或者录音。非参与性观察能够使研究者与参与者保持一定的观察距离，有利于研究者在观察过程中保持客观。人们在自己越不熟悉的社会环境中所能看到的隐性文化和潜在规则就越清晰。[①]非参与性观察发生在预定的时间和预定的观察地点，且观察结束就离开，从操作性上来说是相对简单的。不足的地方是，参与者在知道自己在被观察的情况下容易扮演自己的行为，从而很难保证研究者在观察过程中记录的数据内容是真实有效的，观察者也不能够区分所谓真实可靠的信息是哪些。此外，由于研究者与参与者保持着一定的距离，研究者容易听不清楚或听不完整参与者的对话内容，也容易看不清事件发生场景的细节。

示例 1：非参与性观察

今天是 2010 年 11 月 7 日，Diwali（排灯节），印度教秋季的传统节日。所有的老师和孩子们一起利用早加餐的时间庆祝这个节日。早加餐的时候（10 点左右），老师和孩子们都盛装打扮，穿着不同的印度服饰坐在教室里，分享各自的早茶。10 点 7 分，在印度音乐的伴奏下，老师 L 给大家跳了一段印度舞蹈，孩子们专心地看着老师，当旋律进入快节奏的时候，穿着印度裙子、佩戴着印度头饰的幼儿 K 和幼儿 C，自发地站起来加入到舞蹈当中，和老师一起随着音乐自由摆动。老师 C 也加入到舞蹈当中，并邀请大家一起加入到愉快的舞蹈中。老师 R 站起来，加入到舞蹈当中，随后，学生 Z、学生 H、学生 B、学生 S 也加入到舞蹈当中。老师们和孩子们一起欢乐地自由舞动着，脸上都露出了快乐的笑容。

进行非参与性观察需要选择一个主题，选择并介绍研究状况、时间、背景、环境等内容，使用叙述性文字或图文并茂地描述和记录场景内发生的所有活动及内容，包括语言、对话、行为、活动等。记录内容尽量详尽，过程尽量完整，不做总结性描述或记录，可使用连续性记录方式，顺序记录每个瞬间发生的事情。值得特别注意的是，研究者在进行观察和记录时不做个人主观评价，只需记录场景内的客观情况。在记录过程中可简短记录，观察活动完成之后再整理成完整的观察笔记。

---

① Spradley J P. 1980. Participant Observation. Chicago:Holt, Rinehart and Winston.

（二）参与性观察

参与性观察是指研究者参与到观察情境当中，与参与者建立多方面的联系，研究者会参与到研究对象所处的社会情境当中，从事与该情境相适应的活动，成为情境的一部分，同时观察情境中的人物、事件、活动等。研究者为了更加充分地理解研究对象的行为而观察他们在做什么、怎样做，进而意识到研究对象的思维方式和认知。[①]参与性观察者通常和参与者做同样的事情，以同样的行为方式活动，在观察参与者行为的同时，也观察自己的行为，并且观察自己在这个社会环境中所能看到和感受到的一切事物。观察者既是"局内人"，又是"局外人"；既是社会活动的行为参与者，又是情境的观察者。在这个过程当中，观察者有可能突然感觉到自己更像是一个参与者，而不是一个观察者来进行研究的；也有可能感受到参与者与观察者两种身份的交替和碰撞，这些都是观察者在观察过程当中需要注意的问题。

参与性观察需要投入相对较长的时间，研究者可根据实际情况随时向参与者提出自己的问题，或可根据观察行为发问。在参与性观察中，研究者具有双重身份（参与者与观察者），观察时间和地点相对开放、灵活，研究者可根据实际情况随时调整观察目标、观察内容及观察范围。在参与性观察中，研究者同样可以采取录音或录像的方式进行数据收集（需要征求参与者的同意和许可），在整个观察过程中，研究者需要时刻自省，在更加充分理解自己行为的同时，保持观察过程和数据收集的相对客观性。

在参与性观察过程中，研究者可以自然地观察周边的情境和发生的事情，从而深入参与者的世界，了解参与者内在行为的原因和意义，同时能够与参与者建立良好的互动关系，得到参与者的信任，进而更加容易地获得真实、可靠的数据信息。然而，研究者在参与性观察过程中因与参与者长时间接触，与其建立了良好的互动关系，难免在研究过程中带入自己主观的认知和情感因素，从而使研究难以保持高度的客观性。同时，在研究者具有双重身份的情况下，适时地转换身份对研究者自身而言，也是一个有难度的挑战。

示例 2：参与性观察

2010 年 11 月 3 日，上午 11：00，闪亮之星幼儿中心（Bright Sparks Childcare Center），奥克兰，新西兰。

这是一个阳光明媚的日子。早上，我和孩子们在外面进行玩水游戏。当老师们搭建水槽的时候，孩子们非常兴奋。当老师 L 把水放进充气水池里

---

① Spradley J P. 1980. Participant Observation. Chicago:Holt, Rinehart and Winston.

时，幼儿 E、幼儿 T、幼儿 M 和幼儿 L 走到水池旁边，用小手尝试去捧住水花，他们都笑得非常开心。幼儿 E 对幼儿 T 说"看看我们谁能捧起更多的水"，幼儿 T 说"好的，我捧得一定更多"。然后两人各自捧了一些水在掌心，向对方洒去。之后，幼儿 M、幼儿 L 帮助老师 L 从教室里拿出来一些玩具并放进水池里，有大勺子、小杯子和水桶，提供给孩子们玩。幼儿 E 拿起大勺子，幼儿 T 拿着一个小水桶。我用幼儿 E 的大勺子舀水出来以装满水桶，幼儿 T 抬着水桶和幼儿 E 玩起泼水游戏，幼儿 E 没有盛水的容器，我转身递给他一个装满水的小杯子。我站在他们身边，看着他们玩了一会儿。我告诉幼儿 E 和幼儿 T："你们可以尝试把水桶放在地上，幼儿 T 再去拿一个小杯子，然后你们可以一起把水桶装满水。"他们回答："好啊!"幼儿 T 把水桶放在地上，再去水池旁边拿了一个小杯子，与幼儿 E 互相合作，把水桶装满了水。20 分钟过去了，大部分孩子身上都湿了，老师提醒大家游戏结束并立即帮孩子们换上了干净衣服。

基于 Spradley[1]的参与性观察程度变化类型，可将观察者参与程度分为完全参与型、积极参与型、中度参与型、被动参与型和不参与型五类，如图 15-1 所示。

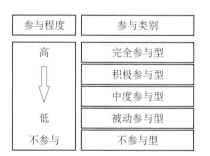

图 15-1　参与性观察参与程度变化类型

当研究者在观察过程中与参与者及环境没有互动或者回避参与，完全站在旁观者的角度观察情境并收集数据时，这类观察称为非参与性观察（即不参与型）。例如，研究者性格内向，想要进行田野调查，却又想避免参与到社会活动中，或者特定的社会环境不允许任何参与性行为，却依然有研究价值时，可以使用非参与性观察进行研究调查。

被动参与型观察者在观察过程中表现出较低的参与度，他们出席活动现场，但不参与或非常有限地参与和参与者的互动。他们在观察时更多地扮演观众的角色，主要的活动是观察和记录场景中所发生的事情。在被动参与型观察者的角

① Spradley J P. 1980. Participant Observation. Chicago:Holt, Rinehart and Winston.

度，很多当地人所遵循的文化规则都可以通过观察推断出来，而被动参与型观察者通过逐渐与研究参与者和当地社会增加互动，可以转变为更高参与程度的观察者。

中度参与型是一种以中度参与程度参与到观察过程当中的研究方式，是一种平衡"局内人"和"局外人"的研究形式，也是"局内人"和"局外人"的折中选择，研究者在观察者和参与者两个角色之间自由变换。

积极参与型指以高参与度参与到观察过程当中，观察者寻求做其他人正在做的事情，目的不仅是获得认可，还包括能更充分地学习当地的行为文化规则。他们从观察参与者出发，随着对参与者行为的了解和熟悉，尝试以参与者的行为方式活动，尝试去理解参与者的文化信仰和生活方式，尝试去适应环境。虽然这一切并不总是能够做到，但是研究者尽力地尝试去做，并努力地参与其中。积极参与型观察在参与观察法中是非常有用的，但并不是所有的社会环境和研究情境都能提供让观察者积极参与的机会。

当研究者以参与者的生活方式生活，以参与者的行为方式活动，完全生活在设定的角色当中，以"局内人"的角色参与观察过程时，这类观察称为完全参与型观察。完全参与型是所有参与性观察中参与度最高的一种类型，但通常情况下，研究者很难成为完全参与型观察者，因为完全参与型要求观察者既是观察者又是参与者，而很多时候研究者在观察的过程中不能时刻参与参与者的行为活动，研究者有时需要暂时离开目前的场景去观察和记录其他信息。当研究者暂停对当下场景的记录的时候，其就失去了这段时间内的情景数据。

值得注意的是，在每一个观察过程当中，观察者的角色是可以变化的。在观察的初始阶段，研究者可能会因为对环境和参与者的不熟悉而采用非参与性观察。但随着对环境的了解及对参与者的熟悉，研究者在观察过程中的角色可能会变成被动参与型、中度参与型、积极参与型或完全参与型。在观察过程中，并没有要求研究者必须以哪种角色进行观察，或者必须做到什么程度，研究者可自行决定自己所要扮演的角色。同时，在研究者选择一种社会环境进行观察时，其活动参与度和参与可能性也需要考虑其中。参与性观察需要观察者从一种广泛的视角进行观察并参与情景互动，同时留意每一个细节，并选择需要记录的内容进行记录，每一个小细节都是极其重要且不可忽视的，而所有信息在源源不断地涌现，这一点对观察者而言是极具挑战性的，需要观察者在参与互动的同时留意每一个小细节，记录每一个小细节，这对观察者的要求是非常高的。

参与性观察需要研究者处理好自身的双重角色，根据需要做好角色转换，在参与观察的过程中记录下客观事实和过程，避免评判性描述、个人评论，以及从自己的文化视角评判参与者的行为等。由于所有的观察场景细节和人物对话都是观察者通过个人的感官系统收集起来的，所以从某种程度上来说，观察法是主观的。尽管研究数据的收集过程要求研究者保持客观的状态，然而在细节处理过程（如信息记录）中，观察者依然不可避免地、或多或少地带有一些主观色彩。为了尽量减少个人主观因素对研究的影响，研究者在使用观察法进行信息收集时可以选择两种方式来提高数据的真实可靠性：第一种是邀请多名观察者共同观察和记录，并分析所有记录下来的信息。在多种不同视角的审视下观察记录到的数据信息相对客观，研究数据也更加具体丰富。第二种是观察者在不同的时间段对同一场景或人物进行多次观察，综合所有的观察数据进行分析，这样也可以使观察数据更加具有代表性。

值得注意的是，人们在意识到自己正在被关注或者被观察的时候，会具有刻意去改变一些行为或语言表达的倾向，这就是"霍桑效应"。霍桑效应是 20 世纪二三十年代美国心理学家 Mayo 在人群关系实验中提出的概念。他在工厂对影响工人工作效率的因素进行了研究，研究团队通过改变工作环境，如灯光照明等方式，发现受到额外关注的工人的工作成果明显更好。[①]在观察法中，当参与者意识到或者知道自己正在被观察时，他们有可能会改变或隐藏自己的真实表现而做出"伪装性"行为。那么，质性研究者如何应对霍桑效应带来的影响，下文将进行详细说明。

（三）观察笔记

研究者在观察过程当中的笔记记录是数据收集中非常重要的部分。怎样尽量完整地记录下观察情景当中的所有信息，对研究者而言是一个非常大的挑战。要想写好观察笔记，观察者需要在观察之前明确此次观察的基本信息，包括时间、地点、人物、观察目的或主题等；在观察过程中，活动情景中的人物、外观、事件、过程、对话、行为、活动等所有信息都需要尽可能地记录下来，包括观察者在哪里进行观察，参与者看到了什么、听到了什么、说了什么、有哪些动作、情景中有什么变化等。这确实是一项复杂、困难的工作，观察者很难把情景中每一秒发生的事情全部记录下来，而情景中的活动又是不断连续发生的。这个时候，研究者可在观察过程中使用简短笔记记录重点词汇或内容，如衣着、表情、神态、环境、对话内容等，以尽可能记录下所有信息，内容越详细越好，避免进行任何概括性描述。简短笔记不要求进行完整性描述，主要目的是把事情发生的过程尽量完整地记录下来。在记录的过程当中，观察者客观地记录情景中发生的人

---

① Allen R L, Davis A S. 2011. Hawthorne effect//Goldstein S, Naglieri J A (Eds.). Encyclopedia of Child Behavior and Development. Boston:Springer.

物、事件、对话、内容等事实信息，不做任何主观描述，也不做任何评价和解释。等观察过程结束之后，研究者可根据观察过程中记录的简短笔记尽快地整理出有顺序、有逻辑、完整的观察笔记，在观察笔记的整理过程当中，观察者可将自己的感受和评论记录下来。观察笔记要求信息尽量详尽，对情景当中的完整性对话、完整性情景、完整性活动过程等都要详细地描述出来，尽可能地还原观察情景中的所有信息。在完成观察记录后，保存所有的原始数据，包括简短笔记和完整记录等。

在记录过程当中，观察者可以使用录音或录像的方式进行记录。观察数据既可以是文本数据（如表格、文件等），也可以是图片（如照片、画册等）。但观察记录依然是以研究者的观察笔记为主，观察记录包括两个部分，即观察笔记和观察评论。

然而，如果人们一直试图积极地记住和记录所有对象的所有活动、所有可以感知到的信息，那么他们会出现超负荷的状态，这时，自身系统将无法处理所有来自环境的输入信息，因为有太多的信息需要处理。因此，研究者需要意识到这些通常被人们为避免超负荷状态而屏蔽的事物，以高度的专注力和敏锐的感知力发觉、观察场景中的所有细节和信息，甚至强迫自己去关注那些平时可能被自动排除在外的信息。[1]所以，研究者在进行观察研究时，需要先进行筛选和判断，且单次持续观察的时间不宜过长，同时选择观察场景和环境，减少观察记录与研究不相关的信息和情景，从而减小信息关注所带来的适应性超负荷的潜在威胁。

二、观察评论

在观察结束之后，随着时间的推移，研究者对场景的记忆和感受会逐渐淡化，所以在可能的情况下，研究者应该在观察结束后的第一时间整理出完整的观察笔记，并写出观察评论。观察评论可以包括研究者的个人反思（如反思记录方法、反思研究心境、反思观察过程、反思观察方法等），对研究中出现的道德窘境的思考，对数据的分析、观点的说明，自己在观察过程当中的感受，自己的主观意见和反应，对下一步的计划和建议，以及在观察期间存在或展现出来的冲突和矛盾等。观察笔记和观察评论需要在文本展示时区别开来，观察笔记为客观事件发生过程的记录；观察评论包括研究者的主观感受、主观建议等内容，既可用单独的段落展示，也可用不同字体或颜色、不同字号、段落缩进、标记"O.C"

---

① Spradley J P. 1980. Participant Observation. Chicago:Holt, Rinehart and Winston.

（observation comments）等区分出来。观察评论可以帮助研究者在数据收集的时候就着手进行数据分析，从而在处理数据的时候摒除个人偏见，保持观点的客观性。

示例3：观察笔记

今天是2010年11月7日，Diwali（排灯节），印度教秋季的传统节日。所有的老师和孩子们一起利用早加餐的时间庆祝这个节日。早加餐的时候（10点左右），老师和孩子们都盛装打扮，穿着不同的印度服饰坐在教室里，分享各自的早茶。10点7分，在印度音乐的伴奏下，老师L给大家跳了一段印度舞蹈，孩子们专心地看着老师，旋律进入快节奏的时候，穿着印度裙子、佩戴着印度头饰的幼儿K和幼儿C，自发地站起来加入到舞蹈当中，和老师一起随着音乐自由摆动。老师C也加入到舞蹈当中，并邀请大家一起加入到愉快的舞蹈中。老师R站起来，加入到舞蹈当中，随后，幼儿Z、幼儿H、幼儿B、幼儿S随后也加入到舞蹈当中。老师们和孩子们一起欢乐地自由舞动着，脸上都露出了愉快的笑容。

O.C

幼儿园开展多文化活动体验，通过穿着民族特色服装和参与民族舞蹈活动，让孩子体验不同的文化习俗和节日庆典（社会情感发展），既促进了孩子大运动技能（体能发展）的发展，又促进了师生互动、生生互动。这是一种愉快的、创造性的、相互交流体验的学习过程，同时大家作为多元文化社会的一部分，真正感受到了参与感和归属感。

在以后的教学实践当中，教师可以在教学中开展融入更多不同文化元素的活动，让孩子们拥有一种更广阔的世界感，从而在尊重人与人之间的差异的同时，接受不同人群的不同。这是一个很棒的排灯节活动！

三、隐身观察

观察研究是主观的、非实验性的，因此很难用因果关系进行推论。在研究者使用观察法进行数据收集时，霍桑效应是十分值得研究者注意并进行考虑的问题。在观察的过程中，参与者在意识到自己正在被关注或者被观察时，可能会刻意改变自己的行为或语言表达，从而隐藏自己的真实表现或真实想法。但在实际研究情境当中，特别是观察的初始阶段，观察者很难注意并发现参与者的掩饰性行为。当对参与者个人行为习惯不了解，或对观察环境不熟悉时，观察者是很难分辨出参与者的真实行为和隐藏行为或伪装行为的。同时，对于被观察的参与者来说，观察过程可能是具有侵入性的。观察者来到参与者的生活场景中，会时刻关注参与者的言行，虽然观察者主观上并不愿意让参与者在观察过程中感到不舒适，但客观上，参与者在被观察的整个过程当中非常有可能感觉到不适应或不舒适，从而隐藏或改变自己的真实言行，表现出大众所期待的行为方式。如何避免霍桑效应给研究带来的影响是研究者在观察过程当中需要考虑的问题，而隐身观察就是其中一种处理方式。

当研究者与参与者之间存在客观差异，如不是来自同一种生活环境或外表有明显差异，且这种差异是无法在研究过程当中被克服或抹去的，这时就很难使研究做到真正的隐身调查。一个"局外人"来到特定社会生活群体当中是非常显眼的，不管这个人再怎么改变或掩饰自己的特性，也能够被群体轻易识别出来。在研究过程当中，研究者希望尽可能地做到隐身调查。虽然隐身调查具有非常大的挑战性，但是为了研究数据的真实可靠，研究者通过采用各种不同的方式致力于将隐身调查做到最好。如何做到隐身观察，同时又不会在任何时候、任何方面、以任何方式伤害到参与者，是值得研究者谨慎思考的一个问题。

积极的隐身观察方法可以帮助研究者在完全不熟悉研究环境和参与者的情况下有效地融入环境，让参与者积极接纳、配合研究。积极的隐身观察方法首先要求研究者利用较长的时间在研究地点体验生活，使自己更好地融入研究群体当中，更多地与当地居民互动，从而加深彼此的了解。在这个阶段，研究者置身于参与者所生活的社会情境当中，初步了解当地的风俗习惯和生活方式，初步融入当地的社会生活。其次要求研究者以积极热情的态度与参与者相处交流，表现出高度的个人亲和力，努力融入当地社会情景和社会背景当中。在这个阶段，研究者与参与者以相同的生活方式生活，并通过用与其相同的行为方式交流互动、以当地的社会风俗作为个人行为标准、穿着当地人的服饰、食用当地人的食物等，来表示自己适应并在某种程度上属于这个社会群体，从而初步达到隐身观察的目的。同时，研究者也可以通过发展本地研究协助者，即"线人"（与研究者亲近并且愿意参与研究项目、愿意合作的参与者），真正做到打开参与者的心门，让参与者从内心接受整个研究过程。在这个阶段，研究者通过"线人"可以了解当地的更多信息，与当地居民更亲近。"线人"可以帮助研究者打开当地社会文化生活的大门，让研究者更近距离地接触和了解特定群体的真实行为信息与生活状态，从而增强信息收集的真实性和有效性，大大加深隐身调查的程度并增强其效力。

相反，消极隐身观察方法或许能够帮助研究者收集到真实可靠的数据信息，但在道德层面或人文层面来讲，这一方式并不可取，例如，隐藏自己真实的研究目的和自己的研究者身份等。使用消极隐身观察法，研究者可以借由其他研究目的，如假装自己来此地旅游、探亲、访友等来隐藏自己的真实身份等，从而掩饰自己真实的研究目的。在研究过程中，研究者需要尽量避免使用消极隐身法，其涉及的具体道德问题将会在相关章节进行具体说明。

值得讨论的是，质性研究者需要从参与者身上获取相关信息，并将其作为支持研究的有力证据。因此，研究者需要以恰当的态度和方式对待参与者，在任何过程当中都应给予参与者充分的尊重和配合。然而，研究目的和研究过程真的可以做到完全隐蔽吗？在公共环境，如公园、操场、街道等采集数据的时候，这一点是可以做到的；然而，在私人环境或者封闭的环境，如教室、寝室、家中等采集数据的时候，这一点是不可能做到的。因为在私人环境或封闭环境中做调查研究，研究者需要获得参与者的同意和许可，在参与者同意并且签署研究同意书之后，方可进行观察和数据收集。

第二节 访 谈 法

一、什么是访谈法

访谈法，又称访问法，"访"为探望、寻求之意，"问"为巡查、追究之意。访谈法就是通过口头交谈的方式向参与者了解有关问题的方法。在访谈过程中，研究者可以向参与者提出开放式问题，让参与者在不被研究者，以及过去的研究结果或其他任何观点的干扰下自由地表达他们的想法和感受，而研究者在访谈过程中应以倾听为主，不添加个人意见和评价。另外，参与者给出的回答可能超出研究者的考虑范围，这也可以帮助研究者扩展思维的广度。[1]参与者可以根据访谈问题做出充分的自由回应，研究者将参与者的回答记录下来，并将其转换成文字内容进行研究分析。在访谈过程中，研究者能够更加深入地与参与者讨论研究问题，这有助于丰富研究数据的整体性和多样性；研究者在访谈过程中根据拟好的访谈提纲（访谈问题）发问，并能及时得到参与者的回应，对参与者的回答有

---

① Creswell J W. 2011. Educational Research:Planning, Conducting, and Evaluating Quantitative and Qualitative Research. New York:Pearson.

任何疑问或不解时，也能够及时地追问或请参与者及时解释说明，这个过程能够大大增加数据的效力。同时，在访谈过程中，参与者能够分享自己的想法，研究者可以从这些信息中加深对研究问题或相关内容的领悟。

访谈法既有其特有的优势，也有不足。其优势表现在，当研究者不能直接观察参与者，或不能通过其他方式获取有效信息时，参与者可以直接向研究者提供有效信息。与观察法相比，访谈法收集到的信息类型更加客观、精准和便于分析，因为研究者可以通过提出特定问题来获取回答，从而更加精确地定位研究问题的核心部分。同时，访谈法也存在不足的地方，表现在只能获取参与者愿意与研究者分享的信息，因此，在某种程度上，访谈数据受到参与者（分享过滤）和研究者（分析过滤）的影响，由此得出的观点或结论的准确性与真实性难以控制。有时，参与者提供的数据只是他们希望研究者了解的，而并非事实的全部，从而不够完整，加之研究者对访谈问题的理解和参与者的理解可能有差异，这些因素都会影响最终的研究结论。[①]

二、访谈法的分类

从设计结构上来说，访谈法可以分为三种形式：结构化访谈、半结构化访谈、非结构化访谈。[②]

结构化访谈也叫"标准化访谈"或"正式访谈"，是严格根据一系列预先设定好的访谈提纲开展提问，引出相关问题的答案或信息。访谈提纲中的问题主要是询问参与者对相关研究问题的想法、观点和态度等。[③]结构化访谈一般适用于研究者对研究问题有一个假设，希望得到相关的信息来解答研究问题或研究困惑的情况。结构化访谈一般在正式的特定场地进行，如会议室、访谈室、研究室等，研究者与参与者事先约定好访谈的时间和地点，根据事先设计好的访谈问题，按照一定的顺序进行交谈。访谈过程中一般应尽量控制其他因素的干扰，如电话要关机或静音、中途不允许其他人员进入访谈场所等。

半结构化访谈也称"半标准化访谈"或"非正式访谈"，是质性研究中最为常见的一种访谈形式。该种形式的访谈可能发生在研究进行的场地或环境，如教

① Creswell J W. 2011. Educational Research:Planning, Conducting, and Evaluating Quantitative and Qualitative Research. New York:Pearson.

② Fontana A, Frey J H. 1994. Interviewing:The Art of Science//Denzin N K, Lincoln Y S (Eds.). Handbook of Qualitative Research. Thousand Oaks:Sage.

③ Berg B L. 1989. Qualitative Research Methods for the Social Science. Boston:Allyn & Bacon.

室、大厅等，而不是在特定的访谈场所，且在访谈过程当中，其他人员可以进出访谈场地。

非结构化访谈也叫"非标准化访谈"或"随意访谈"，即访谈就像两个人或几个人的对话，访谈的发起充满自发性、随意性、偶然性，有可能在任何时间、任何地点发生。非结构化访谈的弊端就是在访谈结束后，研究者凭借自己的回忆记录内容时难免会出现信息遗漏的情况。然而，在非结构化访谈当中，访谈环境轻松自然，参与者更愿意表达自己内心的真实想法。为了更好地记录随意访谈的内容，研究者可以锻炼自己的记忆力及信息提取能力。

表 15-1 列举了在三种访谈形式中，参与者可能出现的自发性陈述概率，以及访谈结束后，研究者可能出现的回忆信息不精准的概率。

表 15-1 访谈形式

访谈形式	出现自发性陈述的概率	回忆信息不准确的概率
正式访谈	低	低
非正式访谈	中	中
随意访谈	高	高

资料来源：Werner O，Schoepfle G M. 1987. Systematic fieldwork//Werner O，Schoepfle G M (Eds.). Foundations of Ethnography and in Interviewing. Newbury Park:Sage

开展访谈时，研究者可以准备一张访谈评价表，记录下参与者的各方面信息，如果参与者在回答问题时有需要进一步说明或解释的地方，也可以记录下来。

整理访谈内容时，研究者需要用参与者的言语进行记录，尽可能记录下参与者的原始表述，避免用概括性描述或替代性描述。尽管参与者在回答问题时可能描述得并不完整或措辞不准确，研究者也需要尽可能地把参与者的原话真实地呈现出来，而不是经过后续的整理和加工后呈现出完整的文字性描述。值得注意的是，在参与者回答访谈问题的过程中，没有涉及研究问题的部分也是非常重要的，研究者也需要记录下来，这一点是需要研究者始终留意的。例如，当进行"大学课堂教学质量的多因素探究"的访谈时，前半部分的问题一直没有涉及教师的影响因素，因为访谈者想测试参与者是否会在回答"为什么喜欢这门课或为什么不喜欢"等相关问题时主动涉及教师的影响因素。也就是说，研究者想测试对于参与者而言，教师这个影响因素在大学课堂教学质量影响因素中的重要性如何。如果参与者在被直接询问之前就主动涉及教师及其相关影响因素的内容，那就说明教师这个因素在参与者的想法中占有重要地位；反之，则表明教师因素没有那么重要。

　　除了从设计结构上对访谈进行分类外，还有其他的访谈分类标准，如访谈人数（个人访谈或群体访谈）、访谈次数（单次访谈或多次访谈）、访谈方式（电话访谈、邮件访谈或面对面访谈）等。①访谈的类型是多样的，研究者可根据自己的研究问题和主题选择适合自己的访谈类型。例如，个人访谈能够清晰明了地探寻每一个参与者的想法，而群体访谈则能够收集几个人或一群人对某一问题的共同理解。电话访谈或邮件访谈可在研究者由于地理位置限制、时间限制等无法与参与者进行面对面访谈时使用，但需要注意的是，在该类型访谈中，研究者看不到参与者的任何非语言交流（如肢体动作等），可能会影响研究者对参与者回应信息的理解精确度。②研究者在使用访谈法的同时，还可结合其他的数据收集方法，如观察法、问卷法、文本法等。每项研究都是不一样的，因此研究者在不同的阶段使用的研究方法也不尽相同，应根据自己的实际情况选择适合自己研究的数据收集方法。

三、访谈问题的设计

（一）设计访谈问题

　　设计访谈问题，需要研究者回顾研究问题，再次明确自己需要从访谈当中获取哪些相关信息，并根据研究问题制定访谈主题。因为研究问题可能不止一个，研究者在制定访谈问题时需要充分考虑所有的研究问题，在考虑的同时记录下自己的想法和观点，并分类列出访谈问题，再在每种分类下列出相关的一系列问题，包括重点问题，即与研究问题紧密相关的问题。在设计问题的时候，研究者可以设附加问题，附加问题是重点问题的另一种表述方式。研究者在访谈开始前测试参与者的态度和接受程度时，可以先提出一个附加问题，在之后的访谈中再直接提出重点问题，或者当研究者想要测试参与者的答案前后是否一致时，在结束重点问题的提问之后，可通过侧面提问进一步确认参与者的答案是否与重点问题的答案一致，从而进行验证。同时，研究者也需要设计一些无关紧要的问题，这些问题本身不具有任何研究性意义，甚至与研究主题毫无联系，其目的是缓和访谈气氛，使参与者始终能够在轻松愉悦的状态下进行交谈。因此，这些问题可

---

① Bernard H R. 1988. Unstructured and Semi-structured Interviewing:Research Methods in Cultural Anthropology. Newbury Park:Sage.

② Creswell J W. 2011. Educational Research:Planning, Conducting, and Evaluating Quantitative and Qualitative Research. New York:Pearson.

以出现在访谈开始时，旨在消除参与者的紧张感，达到暖场的效果；也可以出现在敏感性问题之后，因为有时候某些研究问题的提出确实会让参与者感到不适，但这些问题又非常重要，不能不提问，所以可以在问题提出之后跟上一两个无关问题，提供一个让参与者适当缓和情绪的机会，以使其保持状态稳定。

在问题设计时，研究者也需要预测访谈过程中可能出现的试探性问题，并把它们列入访谈问题中。试探性问题是研究者为了获取更多的信息，而基于每个问题提出的附加问题，可以帮助研究者获取更多的信息。试探性问题既可以是对参与者给出的回答的解释，也可以是上一个答案的具体原因，还可以是研究者与参与者的交谈远离研究主题时，拉回谈话的有效手段。

（二）访谈问题的排列

访谈问题一般包括一般性问题和指定性问题。一般性问题涉及参与者的个人信息（如名字、年龄、性别）、文化背景（如受教育背景、家庭背景）、个人观点等；指定性问题涉及与研究问题相关的一系列问题，并紧扣研究主题。

在问题设计中，研究者应从一般性、普遍性、无威胁倾向的问题开始提问，一般性问题可以作为访谈开始后的第一组问题，比较敏感的问题则比较适合放在访谈的中间或相对靠后的部分。在设计问题时，研究者需要充分考虑参与者的社会文化背景，避免询问对参与者而言具有攻击性或不礼貌的问题。例如，在某些地区，询问父母的收入状况或关系状况是非常不礼貌的，这就需要研究者在设计访谈问题时注意回避。同时，在访谈过程当中，研究者也需要考虑参与者的感受，结合他们特定的社会文化背景，理解他们对意义的不同理解。

访谈提纲中使用递进式问题设计，能够使问题得到详细解答或说明。在参与者回答问题前，研究者可以就问题进行解释；在参与者回答问题之后，如果需要的话，研究者也可以就之前参与者的答案进行继续提问。

研究者在访谈提纲的设计过程中可以根据问题进行分类和排序，一般遵循从简单到复杂、从浅显到深刻、从抽象到具体的原则。

通过提出抽象问题，研究者可以获得一些对重要特征和信息的概括性描述，为探究具体信息找到方向。[1]访谈可以从询问具体问题开始，如特定地点、时间、事件、人物等，通过参与者的概括性描述，研究者可以根据内容进行更加深入的信息探寻。当研究者与参与者在访谈过程中无法真正理解问题涉及的情境或背景时，研究者可以请参与者描述相关背景信息，让参与者可以详细介绍其特定的环境、具体的事件、涉及的人物等，从描述情境开始展开访谈。随着抽象问题

---

① Spradley J P. 1979. The Ethnographic Observation. New York:Holt, Rinehart & Winston.

的提出，研究者可以引导参与者对具体问题进行探讨。[①]具体问题是在抽象问题的基础上，更加具体、丰富、充实的问题，也可以是多个紧扣研究问题的典型性、具体性、引导性的小问题。例如，大学老师上课一般用什么方法（这是一个抽象问题）；你觉得大学老师应该使用哪些教学方法，你希望老师使用哪些方法进行教学（这是一系列的具体问题）。

（三）访谈问题的措辞方式

在设计访谈问题时，研究者应尽量使用开放式问题，并明确表述问题，从而使参与者清楚地明白问题所指并用自己的语言给出答案。每个单独的问题只问一项内容，且问题要简短易懂，避免使用封闭性问题（如是否问题）、引导性问题（如你觉得只有能够考虑到学生个体差异的老师才能实现高质量的课堂教学吗）、偏见性词语（如你觉得坏学生会影响课堂教学质量吗）、暗示性问题（如你觉得教师的个人素养是影响课堂教学质量的因素之一吗）和复杂笼统性问题（如你认为什么是高质量课堂教学），避免使用可能引起参与者情绪反应的词汇，避免假设参与者的已知信息，避免出现双重或多重否定句，避免使用专业术语。[②]

四、访谈前的准备工作

研究者确定选择访谈法收集研究数据后，就需要根据自己的研究主题和研究目标决定参与者的人数，即确定参与者的人数。参与者并不是越多越好，过多的参与者会加大访谈后的数据整理工作的难度，过少的参与者难免又会影响研究结论的信效度。选择适合的参与者是非常重要的一个环节，这将直接决定研究数据和信息的有效性和客观性。所以，在参与者选择这个部分，研究者需要尽可能地充分考虑所有的影响因素，尽量使参与者的整体信息能够对研究问题的解释具有客观性和普遍性，尽力避免出现单一性信息或特殊性数据。研究者可以根据自己的研究状况有目的地进行抽样（选择能提供丰富信息的参与者），以确定参与者的样本范围。[③]

在确定参与者之后，研究者需要确定访谈地点和访谈类型，根据实际情况，选择方便访谈顺利进行的地点，在可能的条件下尽量选择没有干扰的地方，同时

①　Spradley J P. 1979. The Ethnographic Observation. New York:Holt, Rinehart & Winston.

②　Opie C. 2006. Doing Educational Research. London:Sage.

③　Patton M Q. 1990. Qualitative Evaluation and Research Methods (2nd ed.). Newbury Park:Sage.

选择能够完整地了解参与者观点、使其更好地回答研究问题的访谈方式。研究者需要合理计划访谈时长，一般情况下，与成人的访谈不宜超过 1 小时，与孩子的访谈不宜超过 15—20 分钟。此外，研究者需要提前准备好访谈工具和设备，如麦克风、录音笔、录像机、笔记本等。

在访谈开始之前，研究者需要列出访谈提纲，包括研究者的名字、身份、研究背景、研究目的、研究话题、访谈主题、访谈时长、数据使用等信息；制作访谈问题表，展示访谈将会提出或涉及的所有问题，包括一般性问题和研究性问题等，同时罗列出在访谈中为探索更多信息而可能使用的试探性问题；制作访谈记录表，以记录访谈中参与者的非语言信息及访谈者的建议或感受等。在访谈开始前，访谈者必须获得参与者的许可，并让其签署研究同意书，必要情况下需对参与者做出相关信息保密承诺。在对未成年人进行访谈前，研究者只有得到学校的相关人员（如校长、班主任等）及监护人的许可后，方可进行访谈。

每一次访谈都需要记录下访谈的基本信息，如研究者的名字、时间、地点、参与者的名字、访谈序号等。值得注意的是，参与者的个人信息（如姓名）是需要始终保密的，一般情况下不在公开的研究数据中透漏此等信息；如有需要，研究者可以匿名、代号等方式在数据资料中呈现。

示例 1：

同　意　书

亲爱的朋友：

您好，本人于香港浸会大学就读教育硕士，现诚邀您参加一项道德心理学发展的研究，目的在于了解和分析人们的道德意识现状。本研究成果可作为研究当下道德心理学的重要资料，因此您的参与对本研究非常重要。

本研究不会带来任何危险，如果您同意参与本研究，请花费约 20 分钟时间完成本访谈问卷。在访谈过程中，我们会采取录音的方式记录您的观点，但您的名字及所有相关资料我们将绝对保密，且绝不做其他用途。

您参与本研究是自愿的，您有绝对的权利决定是否参与，您可以于研究期间内的任何时间退出本研究，我们将尊重并且不会影响您的决定。如果您对本研究有任何疑问，请联络本研究的研究员×××（电话：1234567，电邮：abcdefg@hkbu.edc.hk），研究人员将会为您说明并且回答相关问题，直到无任何疑问为止。

烦请您填写以下回条，以表明是否愿意参加本研究。谢谢您的考虑及帮忙。

祝好！

研究员：×××

....

同意书回条

本人已经了解此计划的相关资讯，经考虑后我愿意/不愿意接受访问

姓名 _____ 签名 _____ 日期 _____

* 请删去不适用者

示例 2：

访谈准备检查表

——研究参与者是谁？

——访谈类型是什么？

——访谈时间、地点、环境适宜吗？

——访谈设备测试完毕，一切正常吗？

——是否获取参与者的同意并签署研究同意书？

——研究提纲准备好了吗？

资料来源：Gay R, Mills G E, Airasian P. 2005. Educational Research:Competencies for Analysis and Application (8th ed.). New York:Merrill/Prentice Hall

　　开展访谈既要制订完整的计划，也要做好变通的准备。虽然研究者在访谈开始之前应把可能发生的情况和可能遇到的问题罗列出来，但是有很多突发情况是始料未及的。因此，对突发情况的从容应对也是研究者需要具备的重要研究素质。尽量在计划的时间内完成访谈，尊重并礼貌地对待每一名参与者。在访谈过程中，做一名好的研究者的关键是成为一个会倾听的人。[①]

五、访谈过程

　　在访谈过程当中，研究者可根据访谈提纲引导参与者回答相关问题，要用心倾听，避免出现质疑、评价、否定等主观言论，可以用录音笔记录下访谈过程，同时使用访谈记录表，记录下访谈过程中参与者的建议、反馈、动作、神态，以及自己的感受、观点、疑问等。研究者对访谈记录表进行排序标记，保证记录数据的一致性。值得注意的是，访谈提纲仅列出了访谈的整体结构和方向，访谈过

---

① Creswell J W. 2011. Educational Research:Planning, Conducting, and Evaluating Quantitative and Qualitative Research. New York:Pearson.

程可以是有弹性的，研究者可根据实际情况向参与者提出问题，也可在参与者分享完一个观点之后以继续提问的方式进行深入探究。访谈过程中有可能出现参与者情绪不稳定、处理参与者情绪爆发等突发事件，研究者需要在访谈开始之前做好充分的准备，以保持访谈的有效进行和数据收集的准确有效。同时，研究者可适当使用试探性问题，以扩展参与者的想法，从而获取更多的有效信息。参与者有权在访谈过程中随时结束访谈，因此研究者需要谨慎控制谈话时长，访谈结束后，可以通过访谈过程检查表反思此次访谈的过程，评估访谈的质量。

示例 3：

访谈过程检查表

——在访谈过程中，是否以倾听为主？
——使用了试探性问题来探究更多的信息吗？
——是否以开放式提问为主，避免了引导性问题的提出？
——参与者是否专注于此次访谈？
——是否做出个人评价或否定质疑参与者的回答？
——是否尊重参与者，并在结束的时候向其示以感谢？

资料来源：Gay R, Mills G E, Airasian P. 2005. Educational Research:Competencies for Analysis and Application (8th ed.). New York:Merrill/Prentice Hall

六、访谈资料整理

访谈结束后，研究者需要尽快着手整理所有访谈笔记，以及访谈录音、录像等相关数据，以描述性文字的形式呈现数据。这是一个非常费时的过程，一般情况下，一个小时的访谈需要研究者花费 15—20 个小时整理访谈信息，之后再进行整体的检查工作，如核对数据、修正描述、补充信息等。根据整理的信息内容，研究者可能会发现某些信息不足的方面，需要在下一步的研究中加以补充。在访谈资料整理过程中，研究者需要对每一份访谈进行编号，做出信息索引，并且归档。整个过程是一个复杂漫长的过程，需要研究者耐心、细心、认真、谨慎地进行。一份好的、完整的访谈提纲是非常重要的，能在访谈和数据整理的过程中起到导航和归类的作用。在设计访谈指南和访谈问题时，研究者需充分考虑各个方面，设计具有高度指导性和针对性的提纲，以使访谈有条不紊地围绕研究问题开展，避免人力、物力的过多浪费和额外消耗，从而提高访谈的效率和质量。研究者也可以考虑团队合作或寻求额外的帮助，在质性研究过程当中，组建研究团队是一个非常不错的选择，团队成员在冗长的数据收集和数据分析过程中分工合作，不仅能够减少耗时，也有助于提高研究的信效度（具体内容将会在第八章进行详细说明）。

作为质性研究方法中的一种重要的数据收集方法，访谈法对质性研究具有十分重要的意义。访谈法需要研究者在访谈之前做好充分的准备工作，在访谈过程当中以提问和倾听为主，在访谈结束后及时整理有效信息。访谈同时也是一种带有个人主观色彩的数据收集方法，需要研究者小心谨慎，尽可能避免自身的主观因素的影响。如何在轻松自在的访谈氛围中获取真实有效的研究数据，是每一位研究者需要慎重考虑的问题。

第三节　文　本　法

一、什么是质性研究中的文本数据资料

质性研究数据主要由两大部分数据组成：一部分为研究者在与参与者的互动交流中，通过不同的数据收集方法收集到的实时数据，如访谈数据、观察数据；另一部分是由已经存在的文献资料等构成的文本数据资料，如学术文献数据资料（论文、著作等）、个人文本数据资料（个人往来信件、个人日记等）、官方文本数据资料（教学大纲、教学笔记、规章制度等）、公共传媒资料（广告、电影、电视节目、报纸等）。[1]质性研究结合这两种数据进行综合分析，通过实时数据与文本数据的整合、对比、分类等，来解释研究问题或印证研究假设。[2]

二、文本数据资料的功能

（一）帮助研究者定位研究问题，形成研究假设

当研究者并不确定自己想要从事哪方面的研究时，文本数据资料是帮助研究者做出决定的依据之一。有时候研究者产生了探讨问题的意愿，但是并不明确，也没有形成具体的研究框架，这时通过参考相关的文本数据资料，其就能够明确

---

[1]　Glaser B G, Strauss A L. 1967. The Discovery of Grounded Theory:Strategies for Qualitative Research. New York:Aldine de Gruyter.

[2]　Schwandt T A. 1990. Defining "quality" in evaluation. Evaluation & Program Planning, 13 (2):177-188.

自己想要进行的研究方向和研究领域，从而确定研究方向和研究问题，进而构建出研究框架。研究者对一个问题感兴趣时，可能会有一个大致的研究方向，然后通过阅读和分析相关的文献资料，如在图书馆寻找大量的相关文献资料进行了解，从而明确具体的研究问题。参考文献为文本数据提供了良好的来源，能够使研究者了解更多相关的理论背景知识和已有的研究结论，从而丰富自己的内在知识结构，更加深刻和精准地对研究问题进行探讨。同时，研究者在做调查时，文本数据资料也能够成为支持其研究论述的重要参考资料。

（二）为研究项目提供描述性解释

在一个研究项目中，为了使读者能够明白和了解与研究相关的文化背景信息，研究者需要对一些特殊情景、文化、历史背景、专有词汇等进行描述和解释，这个时候，文本数据资料就能够为研究者提供相关支持。例如，在进行教师科研领导力问题研究时，以中国高等教育"双一流"建设为研究背景，国外学者可能并不清楚什么是"双一流"建设，这时研究者就需要结合相关文本材料对"双一流"建设的定义及具体要求等做简要说明。

（三）是研究者构建研究理论和解释研究问题的有力支柱

质性研究是一种以归纳为主的研究方法，在质性研究中，对研究问题的解释或研究结论的建构可以根据观察到的现象或观察实例归纳总结出来，是在研究过程中慢慢形成的。在研究数据分析和研究结论归纳的过程中，研究者通常将文本数据资料作为参考，将其作为解释研究数据的有效工具，同时这类资料也是其证实研究结论的有力依据。研究者通过大量阅读与研究相关的文献资料，来完善自身的知识结构，扩宽已有的知识容量，从而在熟悉研究问题的基础上，结合研究过程中采集的数据信息，有针对性地回答研究问题或构建研究理论。

三、文本数据资料的种类

根据性质的不同，文本数据资料可以分为档案资料和历史痕迹两类。

（一）档案资料

档案资料可以分为公共档案资料和私人档案资料。公共档案资料是提供给他人审查或分析的公开性资料，如公共文档资料（网站资料、政府文件、图书馆文献等）、商业媒体报告资料（报纸、杂志、地图等）、事实记录资料（出生记录、学业记录、健康记录等）、官方档案资料（法院传票、犯罪记录、银行流水记录等）。[1]在质性研究中，研究者可以在任何有需要的时候使用公共文档资料辅助研究分析。公共文档资料具有一定的格式和标准，不需要进行数据收集及数据整理等一系列工作，是一种已存在的、现成的数据资料，可以在不需要转录的情况下直接进行分析，使用起来简单便捷。然而，其存在的不足也是显而易见的。例如，某些文本很难轻易找到；有些文本有信息不完整、不准确的部分，而研究者也无法在短时间之内精确地搜寻到与之匹配的数据；文本中难免存在编辑者的个人主观偏见，这是研究者无法剖析或摒除的，因为研究者在使用这类数据的时候无法清晰地分辨事实数据和资料编辑者的主观想法。与此同时，使用公共文档资料时，研究者无法衡量或预估人们的反应，也无法参与到情景当中进行互动，且由于保密原则，很多资料研究者也无法轻易得到，如企业财务报表、财政拨款预算表等。

私人档案资料是一种为小众人群或特别个体创建的档案记录，这些资料在案例研究和生活史研究中是非常有用的，因为它们能帮助研究者理解研究主体（参与者）对特定情景或事件的定义和解释。私人档案资料包括个人传记、个人日记、往来信件、手稿笔记、私人照片、录影等。[2]研究者获取私人档案资料的途径有两种：一种是参与者主动提供或研究者意外获取的；另一种是研究者发出请求，经过参与者的同意获得的。私人档案资料能够真实地反映出个人的感情色彩、思想观念、价值观、世界观等。其不足之处在于，由于个人笔迹等问题，对于诸如日记、信件等内容，研究者阅读起来可能存在困难，可能会难以破译相关信息。

（二）历史痕迹

历史痕迹在一些情况下也能够为研究问题或现象提供一定的参考价值。历史痕迹包括历史侵蚀（有岁月的痕迹，具有不同程度的磨损和消耗）和历史堆积（随着时间的推移沉积下来的事物，一般是前人留下的反映他们生活状况的事物）。作为既定事实的存在，历史痕迹资料具有一定的客观性，研究者不需要对其进行叙述或描述，可以直接使用。而对于其被赋予的意义，有可能存在主观偏见，因为时光流逝至今，没有任何人可以证明其意义的真实性及其程度。

---

① 　Berg B L. 1989. Qualitative Research Methods for the Social Science. Boston:Allyn & Bacon.
② 　Berg B L. 1989. Qualitative Research Methods for the Social Science. Boston:Allyn & Bacon.

四、文本数据资料的收集

很多时候，田野调查数据收集和文本数据资料收集之间会出现一些惊人的相似之处，但通常会被研究者忽视。[①]在收集文本数据资料时，研究者需要先找到与研究主题或问题相关的位置（如在图书馆中找到相关书籍归类摆放的位置），然后需要找到具体的参考刊物或作者，通过追踪关键词找到具体内容，或者使用图书馆管理程序进行检索，也可以从其他地方寻找资料。

研究者可以从确定能够提供有用信息以回答研究问题的文本数据类型开始，系统地寻找与研究实质或研究领域有关的类别；关注所有与该领域相关的资料和信息，包括公开信息和私人信息；运用持续比较的方法，结合不同时期、不同地点、不同观察者的研究数据进行资料的综合整理；找到研究主题或研究关键词的同义词，充分探索与研究相关的各类相关信息，在这个阶段，研究者需要尽可能多地列出相关检索词汇，以寻找到更多的相关信息。在搜寻到众多的信息资料之后，研究者可以根据研究范围和研究性质进行内容的归纳和意义的定义，通过材料的比较来扩展对研究问题的思考，同时搜索更多的相关文献，为自己的研究问题做充分的理论准备和丰富的知识储存。研究者在这些过程当中能够对最初的研究问题产生新的思考和假设，并对这些思考和假设进行提取过滤，用不断比较分析的方法发展和构建自己的研究理论。

理论是不同学者对所看到的事物的思考并做出的归纳性陈述，而数据是对观察结果和分析的记录，有效融合理论资料和数据信息才能使研究结论具有丰富性和完整性。[②]值得注意的是，在需要的时候，使用文本数据需要征求材料负责人或相关人员的许可。研究者在得到文件使用许可之后，需要检查资料的准确性、完整性以及对研究问题的有用程度。如果需要参与者记日记，研究者需要提供有关的格式和具体说明，告知参与者记录的重要性等。在需要的时候，研究者可以对文本资料进行记录，也可以用拍照、扫描等方式进行资料收集。[③]

对于研究者而言，一般情况下在哪里可以找到可以支持研究论述或与研究背景相关的材料呢？下面将介绍一些常用的文献资料及其获取方式。

---

① Glaser B G, Strauss A L. 1967. The Discovery of Grounded Theory:Strategies for Qualitative Research. New York:Aldine de Gruyter.

② Glaser B G, Strauss A L. 1967. The Discovery of Grounded Theory:Strategies for Qualitative Research. New York:Aldine de Gruyter.

③ Creswell J W. 2011. Educational Research:Planning, Conducting, and Evaluating Quantitative and Qualitative Research. New York:Pearson.

（一）学术期刊

学术期刊是由学者撰写学术文章，与可能参与学术研究的对象（如大学生、教师、研究者等）讨论专业相关学术问题的载体。虽然学术期刊中的内容都是学术性非常强的文章，但它的根本意图是帮助大家更广泛地了解其他学科领域的信息。专业期刊来自特定行业的专门机构，由专业人士撰写，既可以是学者，也可以是其他行业内的专业人士。研究者可以通过多种方式获取学术期刊和专业期刊的内容，如图书馆、网站、数据库（万方、知网等）、书店等。①

（二）相关书籍

在研究过程当中，研究者需要参考的相关书籍通常是与研究主题相关的书目。每一个领域都有很多专业书籍，对这些书籍的选择应该建立在研究的具体问题或具体情境之上。具体某一本专业书籍并不足以提供给研究者全面的信息，也不可能为研究者提供一站式服务，研究者需要广泛地阅读相关领域的资料，以更全面、更深刻地理解和分析研究问题，从更高的层次上构建研究理论。研究者也可以从特定的学术代表书籍的参考文献中找到更多的阅读内容，这些内容可以扩展和加深研究者对正在研究的内容的理解。在阅读书籍时，研究者可以从目录开始，先整体了解一本书的大致内容和方向，然后阅读导言和结论，初步掌握作者的视角和观点，最后找到需要阅读的章节部分，通过仔细阅读、分析比较，找到可以支持研究理论的观点或信息，同时分析和探究不同研究得到的结论不同的原因，从而以多元化的视角进行研究结论的建构。

（三）政策性文件

对于某些研究，如研究国家新出政策的影响和作用等，研究者需要结合政府文件进行分析。例如，"中国高等教育'双一流'建设中大学教师科研领导力问题研究"就需要结合《统筹推进世界一流大学和一流学科建设实施办法（暂行）》进行分析和探讨。一般情况下，此类政策文件可以通过登录相关部门的网站（如教育部官方网站）进行查阅。

---

① Mutch C. 2005. Doing Educational Research:A Practitioner's Guide to Getting Started. Wellington: NZCER Press.

（四）报刊

有时，某些与研究内容相关的信息也会在报刊上摘录。值得注意的是，当谈论到某一篇学术文章时，一般情况下是指在学术期刊或专业期刊上发表的论文。然而，在某些情况下，研究者也需要参考报刊上的内容进行研究分析。报刊对研究的价值取决于研究者需要获取什么。研究者可能需要在报刊上获取有关的各种社会发展的结果、社会日常活动的概貌、最新的新闻焦点、新的挑战等资讯。例如，受新冠疫情的影响，教育部决定大学、中学、小学及幼儿园在 2020 年春季学期延期开学。报刊上的文章是根据特定的编辑程序来完成的，所报道的内容和反映出的信息，如对事件的评论或对影响的描述，可能会带有个人的主观性或社会的主观性。[1]需要注意的是，这类文献资料通常以轶事为主，反映的是特定情况下的例子，其内容是否具有普遍性和客观性有待探究。这些资料也可以在图书馆、报刊亭、媒体网络、特定载体（如某本杂志的 APP）上搜寻到。

（五）会议记录

会议记录是在会议上对当前情况或特定事情所做的介绍和探究。[1]会议论文选集是所有经过同行评审的论文的集合，通常在会议上分发，或以电子形式（主办机构的网站上）分享。会议记录通常能够为研究者提供关于正在讨论的主题的总体概论，使研究者从不同的角度发掘研究问题。在研究过程中，研究者可以结合会议记录讨论当下社会对相关问题的关注，分析相关情况的大致蓝图。

（六）网络资料

研究者可以通过特定的搜索引擎（如百度学术、谷歌学术等）找到与研究相关的资料和信息。研究者最好选择大众广泛知晓的搜索引擎进行信息搜寻，一些鲜为人知的引擎不一定能够提供有效、可靠的信息。值得注意的是，百度和百度学术是有不同的。百度是一个包罗万象的搜索引擎，一般情况下，其会根据浏览次数列出几乎所有可以列出的内容。而百度学术像一个电子学术图书馆，会将特定文章被引用过的次数显示出来，并且提供相关文章的链接，以供读者做更多的选择，同时，它还能提供文章不同的参考文献格式，如中文参考文献格式、英文参考文献格式等。网络搜索引擎的资讯价值取决于研究者需要搜索的内容的性质，如果研究者需要相关但非学术主题的资料，可以使用一般引擎；如果研究者

① Mutch C. 2005. Doing Educational Research:A Practitioner's Guide to Getting Started. Wellington: NZCER Press.

需要搜寻学术信息，则可通过学术网站或者数据库进行搜索。

值得注意的是，当使用互联网查询信息时，信息的可靠性是需要研究者谨慎审查的方面。在当下这个信息时代，任何人都可以在网络上发布信息，导致网络信息的质量和可靠性得不到保障。在网络上搜集一个主题的时候，各式各样的材料便会扑面而来。作为研究者，需要分辨哪些信息是相关的、可靠的，从而选取具有高可靠性的资料作为参考文献。如果对于文章的可靠性没有把握，可以参考学术引擎中的被引量。一般情况下，一篇文章的被引量越高，说明它的可靠性越高，同时也可以查看原始文章内容及其参考文献来综合考虑其可靠性。[①]

研究者可以通过收集相关书籍、学术期刊、政策文件、报刊、个人日记、个人信件等对研究进行多元化剖析，结合观察数据和访谈数据等信息，从多维度对研究问题进行探讨和解释，构建研究结论。这是质性研究方法中的重要步骤，也是增强研究结论有效性的重要方法之一。

思考与练习

结合实例，选择一个感兴趣的研究内容，选择合适的数据收集方法并设计具体实施计划。

拓 展 阅 读

1. 文军，蒋逸民. 2010. 质性研究概论. 北京：北京大学出版社.

2. Berg B L. 1989. Qualitative Research Methods for the Social Science. Boston:Allyn & Bacon.

3. Fontana A, Frey J H. 1994. Interviewing:The art of science//Denzin N K, Lincoln Y S (Eds.). Handbook of Qualitative Research. Thousand Oaks:Sage.

4. Spradley J P. 1980. Participant Observation. Chicago:Holt, Rinehart and Winston.

---

① Lodico M G, Spaulding D T, Voegtle K H. 2006. Methods in Educational Research:From Theory to Practice. San Francisco:Jossey-Bass.

第十六章

质性研究的数据分析

学习导航

◆ 什么是数据分析

◆ 数据分析的步骤

◆ 数据分析的注意事项

质性研究数据可分为两种：实时数据（也叫田野数据）和文本数据。实时数据是研究者在研究过程中通过不同的数据收集方法（如观察法、访谈法等）收集到的数据；文本数据为已存在的文本资料（如官方文件、个人信件或日记、大众广告或电影等）提供的信息。从形式上来说，质性研究的数据分析属于归纳型，结论来自特定的数据；研究者在和被研究对象（参与者）的互动过程中，对发生事件的意义进行解释，也叫数据分析。研究通过详细的数据分析总结出最终的研究结论，形成理论建构。[①]和量化研究不同，在质性研究中，研究者本身就是研究工具，无论是在研究选题、数据收集、数据分析、得出研究结论等其中任何一个步骤中，研究者本身都会对研究存在一定程度的主观影响，这一点是不可避免的。然而，在整个质性研究过程当中，研究者仍需要尽可能地保持客观分析。本章将重点介绍质性研究数据的分析方法，通过不同的步骤介绍数据分析的整个过程，包括内容分析、数据编码、主位视角、客位视角等，以及阐述研究者在质性研究中应该如何分析研究数据。

---

① Tesch R. 1990. Qualitative Research:Analysis Types and Software Tools. Bristol:Falmer Press.

第一节　什么是数据分析

Bogdan 和 Biklen 在《教育质性研究：理论与方法导论》（*Qualitative Research for Education：An Introduction to Theory and Methods*）一书中提到，数据分析是一个系统收集和整理访谈记录、实地记录、观察记录以及其他相关文献材料的过程，是一个在广泛吸收当下科学研究成果的同时，寻找实时材料，探讨实际问题，增强研究者对参与者或研究对象的了解和认识，并将自己发现的信息和内容同他人分享的过程。[①]数据分析在研究中并不是一个独立的阶段，而是从形成研究计划开始就贯穿于研究问题拟订、实地调查、收集数据、问题解释和说明等一系列过程中，并且在研究报告撰写中以正式的文本形式展现。数据分析的过程不仅会融入研究者个人的理念和认识中，而且会融入整个研究的过程中。研究人员通过重复阅读数据和重复分析，可以对研究对象有更深入的理解。[②]数据的收集是以相关理论为指导依据的。Glaser 和 Strauss 在《发现扎根理论：质性研究的策略》（*The Discovery of Grounded Theory：Strategies for Qualitative Research*）一书中提出的关于扎根理论的数据分析和归纳方法，可以为质性研究中的数据分析提供借鉴。[③]扎根理论基于对原始资料和经验事实的分析与归纳，形成新的研究结论，因此架起了原始资料和理论之间的桥梁。数据编码成为扎根理论中数据分析的主要方法。

在质性研究数据分析当中，田野数据的分析和文本数据的分析是形成研究结论的重要组成部分，也叫内容分析。内容分析是指研究者根据其在研究过程中采集到的数据材料，分析数据的具体内容及含义。数据材料可以是质性数据材料，也可以是量化数据材料。在对量化数据进行分析时，内容分析包括单位数量计数等；在对质性数据进行分析时，内容分析包括诠释数据、解释其代表意义等，研究者尝试尽可能地找到数据在研究中所代表或表达的含义，并对这些含义进行解释和分析。Schwandt 认为，内容分析可以被定义为各种类型文本分析方法的总

[①]　Bogdan R C, Biklen S K. 2006. Qualitative Research for Education:An Introduction to Theory and Methods. Boston:Allyn & Bacon.

[②]　Creswell J W. 2011. Educational Research:Planning, Conducting, and Evaluating Quantitative and Qualitative Research. New York:Pearson.

[③]　Glaser B G, Strauss A L. 1967. The Discovery of Grounded Theory:Strategies for Qualitative Research. New York:Aldine de Gruyter.

称，包括比较分析、对比分析、分类分析等。①

到目前为止，尽管有很多学者提供了一些数据分析的指导方针，但质性研究中并没有一种统一的数据分析方法。质性研究是一个解释性的研究过程，需要研究者区分信息类别，并通过描述、评估来解释其内在意义。个体对解释的理解和对意义的认知不同，因此在研究中某一研究者的解释和论述并不意味着是更好或更精准的，它仅代表研究者的个人观点。

第二节　数据分析的步骤

数据分析的步骤大致可以分为以下八步：创建数据样本；创建代码；系统地将代码应用于文本；建立编码的可靠性；根据文本和编码创建变量矩阵，展示数据信息；解释数据和信息；确定质量评价标准；构建研究结论，回答研究问题。

一、创建数据样本

介绍数据收集的章节强调了在收集数据的过程中，研究者应尽可能全面地记录下所有的信息，如观察时间、周边环境，以及参与者的行为、对话、互动等。在访谈过程中，除了使用一般的谈话设备（如录音笔、摄像机等）记录访谈过程外，参与者的身体动作、眼神等也需要尽可能地记录下来。在完成数据采集之后，研究者需要尽快地将收集到的信息用文字的方式记录下来，在记录的过程中如果出现信息不完整或数据遗漏等情况，可以再次进行数据收集。

一般情况下，一项质性研究采集到的信息量是巨大的，研究者不可能对所有采集到的信息进行逐字逐句的分析，这是一个耗时巨大的过程，效果也不一定是最理想的。面对庞大的数据库，研究者需要做的是创建数据样本，精简分析内容。在这个过程中，研究者需要对数据库的信息进行过滤筛选，选择出需要编码的信息并标注出来，最终形成数据样本，以做下一步的分析。选择出来的数据可以包括各种文字信息（如观察数据、访谈信息等）、文献数据、录音、广告、电

---

① Schwandt T A. 1990. Defining "quality" in evaluation. Evaluation & Program Planning, 13 (2):177-188.

视节目、照片、画作等。

在质性研究中，文献数据通常会与其他数据结合使用，共同构成多视角分析的基础。Galser 和 Strauss 认为，文献数据可以帮助研究者了解相关的研究背景，形成研究问题的假设性陈述，构成研究的意向性，解释研究相关信息和现有成果，以及构建研究理论。[①]虽然研究问题和假设性陈述有可能随着研究的进程有所调整和改变，但是文献数据依然是非常有价值的参考信息。它可以让研究者了解之前的研究成果和研究方法，在此基础上进行更深一步的研究和探索，也能够给研究者以重要启示，激发研究者对特定研究领域的想法和认识，还能够帮助研究者解释研究领域相关的内容，为参与者和其他人员了解研究的内容及意义提供依据。文献数据在形成研究理论方面也具有重大意义，能够提供重要参考信息，帮助研究者形成可靠的研究结论。在数据分析过程中，文献分析是研究者进行有效推理和准确定义的重要依据。

那么，怎样创建研究数据样本呢？

（一）确定分析内容的框架结构

从研究方式上来讲，数据分析的框架结构可以分为两种：第一种，从研究问题开始，根据研究问题在数据库中搜索相关信息，也就是根据问题找答案；第二种，从数据信息开始，根据可用的数据库找到重要信息，再找寻这些信息可以回答的可能性问题。一般情况下，大部分研究者采用的是第一种方法，聚焦在研究问题上，以寻找相关数据信息。

（二）搜寻可用的数据

确定了框架结构之后，研究者开始着手寻找适用的数据。所有与研究有关的，或者研究者感兴趣的数据都可以作为研究适用的数据。研究者结合多种信息、多种视角、多种语言、多种渠道搜寻数据，可以广泛思考研究主题，拓宽研究思路。数据信息包括文献资料、现有研究成果、实地考察数据、访谈信息、观察数据、人物传记、研究备忘录等信息。

（三）搜索相关信息和背景知识

数据本身与根据数据推论出来的内容之间的联系是非常大的，研究者需要

①　Glaser B G, Strauss A L. 1967. The Discovery of Grounded Theory:Strategies for Qualitative Research. New York:Aldine de Gruyter.

根据数据搜索相关的信息和背景知识，由此才能正确地理解和解释数据本身的意义，从而形成研究结论。在数据分析的过程中，只看数据本身是远远不足以支持形成研究结论的，研究者在解释和分析数据的同时还需要参考相关背景知识，包括社会环境的历史、文化、习俗，以及个人的信仰、经历、价值观等方面，应加以综合分析，最终得出结论。参考文献中所记录的是不同人的不同观点，可通过书本和阅读者进行对话。研究者在找到合适的切入点之后，可以选择了解哪些人的观点，与谁进行对话，根据研究内容对切入点进行进一步的了解。

例如，欧美国家教师的教育理念和亚洲国家教师的教育理念是存在差异的。相对而言，欧美国家的教师在对学生的教育过程中不太重视集体主义精神的培养，而亚洲国家教师在教学过程中对集体主义精神培养的渗透就会多一些。这就形成了亚洲国家学生的集体主义感总体而言比欧美国家的学生更强烈一些的结果。同样，由于文化传统的不同，不同国家的学生对孝道的定义是有所差异的。例如，相比一些西方国家的学生，中国学生对孝道的定义就更多渗透着中国儒家思想的精神。[1]因此，研究者在研究道德问题的时候，就需要参考中西方不同文化传统的影响，给出研究结论。

（四）找到适用数据和信息

研究者通过阅读相关信息了解了收集到的数据后，能够对整个研究形成一个大致的轮廓，并且可以开始着手选择焦点数据，筛选重要信息。并非全部数据信息都需要进行分析，在这个时候，研究者需要选择出适用的数据和信息进行下一步的分析与解释，在这个过程中，研究的数据库和分析样本基本上就成形了。

二、创建代码

编码是分割和标记文本以区分数据中广泛的主题、对文本进行分类的归纳性过程，并用代码标记类别。根据所创建的数据库信息，研究者需要创建一组代码，以表示、区分和归纳数据库中的信息内容，以便下一步的分析和说明。创建代码也能够帮助研究者明确需要从哪些角度进行数据分析。

---

① 叶光辉，杨国枢. 2009. 中国人的孝道：心理学的分析. 重庆：重庆大学出版社.

（一）精简数据库

编码的第一步是，研究者需要缩减数据信息，并且有意识地缩小研究范围，这能够帮助研究者确定研究类型，并提出有待分析的问题。研究者收集到的数据和相关参考文献的信息是庞大的，不可能将所有数据和相关信息都逐字进行分析，这对研究者来说工作量巨大，成效却甚微。这时，研究者可以参考已有的研究模型、理论等，搜索已完成的相似研究的编码分类，尝试建立自己研究的基础模型。这可以使自己的研究与已有研究既有相似，又有不同，同时还能够为已有理论的更新和发展做出贡献，使已有研究理论得到进一步延伸。研究者在参考已有成果的编码分类时，可以在不同编码集群下，制定适合自己研究的子编码。

例如，在《中国早期成人道德发展状况探析——孝道与利他主义》[1]的研究中，研究者采用了中国人感性认知方面的七阶段道德发展理论作为基础理论根据。此观点是由香港浸会大学马庆强教授根据科尔伯格关于道德发展的论述，再结合中国文化对孝道理论和利他主义的看法提出来的，是科尔伯格的道德发展理论和中国儒家思想及传统文化的本土化。[2]研究者将七阶段的分类方式应用到自身研究的数据分析中，根据每个阶段的论述分别编码不同参与者的访谈数据。事实上，在数据分析开始之前，研究者就已计划以七阶段的分类形式进行数据编码，从而开启数据分析的进程。

值得注意的是，研究编码的来源和方法也需要在研究报告中体现出来，以使阅读者了解研究者是怎样进行编码的、怎样分析数据的，这也是体现研究效度的关键因素之一。如果研究有多个编码人员，那么其他编码者的信息需要在研究报告当中体现出来，各个编码的定义、类别的描述、数据表的说明等，也需要在研究报告中做出说明。在数据精简的过程中，研究者有可能发现研究需要的数据和信息不够完整或数量不足，这个时候，研究者需要再次回到数据收集这一步，继续收集信息，直到获得满意的信息数量和质量为止。在数据整理的过程当中，研究者可以随时记录下自己的想法和感受，这是研究分析的笔记，是帮助研究者顺利完成数据分析的重要工具之一。

① 师萌. 2020. 中国早期成人道德发展状况探析——孝道与利他主义. 中国教工，（19）：38-40.

② 马庆强. 1997. 中国人之感性与认知方面的道德发展：一个七阶段发展理论. 本土心理学研究，（7）：166-212.

（二）进行编码

编码的方法有很多种，研究者可以根据自己的研究习惯及偏好进行。在分析数据之前，整理出适用的代码类别是数据分析过程中的重要活动。根据 Miles 和 Huberman 建议的"开始列表方法"（start list method），研究者可以从创建一个最初的代码类别着手（在这个过程中，研究者可以充分参考其他类似研究中的代码分类以进行整理和归纳）；之后，通过梳理代码来源（包括解释或阐述中心概念和重要词汇、审查研究问题、参考研究假设、找出研究中的关键变量等），整理出各个代码类别在研究中的适用性，并且删除或放弃无效的代码类别；最后，将代码类别系统地应用到文本当中。[①]Miles 和 Huberman 的"开始列表方法"是一种演绎法，因为它指导研究者从参考相关研究理论开始，找寻与理论相似或支持理论的数据和信息，从而扩展现有理论的内涵，这与归纳法是不同的。归纳法是由具体的事例或活动推导出原理或理论，由社会生活和行为活动衍生出代码类别，是一种从个别事物中总结一般性规律的研究方法。使用归纳法创建代码需要研究者在田野调查之后结合开放的思维和对背景高度的敏感进行。在这里，研究者可以根据不同的研究情况选择适合自己研究的代码创建方法。

质性研究的代码种类繁多，在创建代码的时候，研究者需要注意代码之间的相互联系，既要有所关联，又要有所区别。这就需要研究者在创建代码的时候清晰明了地定义各组代码的类别。Miles 和 Huberman 认为，在研究中创建的代码类别可以包括以下几种：①位置代码，即说明研究对象的地理位置；②情景定义代码，即定义特定情境、解释特定情境的代码，也包括研究参与者如何理解特定情境等；③流程代码，即用来区别时间先后顺序的代码，如学期始、学期中、学期末等；④事件代码，即用来说明不同事件的代码；⑤策略代码，即研究参与者如何解决问题或完成任务的代码，如教师怎样在课堂上引导学生积极参与谈论等；⑥关系代码，即人与人之间关系的说明，如朋友、家人、同事等；⑦叙事性代码，即人们如何表达他们的观点、叙述事件内容等，如参与者如何看待他们当地的文化特色；⑧研究方法代码，即表明研究方法或数据来源的代码，如文献资料、观察记录、访谈信息、网络内容等。[②]以上代码能够为研究者提供一些代码分类的参考，研究者可以根据研究需要和实际情况创建适合的数据代码，并且根据不同的数据内容来决定代码的分类。值得注意的是，在创建编码和配对代码到

---

① Miles M B, Huberman A M. 1994. Qualitative Data Analysis:An Expanded Sourcebook (2nd ed.). Thousand Oaks:Sage.

② Miles M B, Huberman A M. 1994. Qualitative Data Analysis:An Expanded Sourcebook (2nd ed.). Thousand Oaks:Sage.

研究数据的过程中，研究者应选择标注代码的名称而非数字，并且在必要的时候可以随时修改代码的种类。

三、系统地将代码应用于文本

在创建代码之后，研究者就可以将代码应用于数据样本的分析之中，根据数据信息进行对应代码的配对。在代码配对的过程中，根据具体的数据信息，研究者可能会临时创建出更多种类或更加细致的代码类别，这意味着代码类别并不是固定不变的，而是随着数据分析过程的深入不断修改或调整的。

在编码配对的过程中，比较常用的方法是以句子或者某个主题的小段落为单位进行编码。研究者需要清楚地知道什么内容是需要进行分析的，并与跟特定研究问题相关的编码进行配对。一般来说，数据中的每个句子或者每一个段落都可以进行编码和配对。然而，当每个句子都被编码后，研究者再次审查数据内容或者查找需要信息的时候将会产生信息过多的烦恼，特别是在手动编码的时候。所以，并不是每一个文本信息都需要编码，研究者可根据研究问题和需要进行精炼且全面的编码。

例如，在《中国早期成人道德发展状况探析——孝道理论与利他主义》一文的数据分析过程中，将访谈信息进行整理编码之后，可得到表 16-1。样本共 20 人，其中学生 10 人，员工 10 人。

表 16-1　访谈信息整理与编码

12. 国明是否应拒绝借钱给爸爸？为什么？

学生	员工
——拒绝：9 人 原因： 1. 钱是国明自己赚的（较重视） 2. 父亲之前承诺过国明，赚足钱就允许国明去露营 3. 钱是国明自己赚的，是国明的私有财产，可以由他自己决定分配	——拒绝：5 人 原因： 1. 钱是国明自己赚的 2. 父亲之前承诺过国明，赚足钱就允许国明去露营（较重视） 3. 钱是国明自己赚的，是国明的私有财产，可以由他自己决定分配（较重视）
——不拒绝：1 人 原因： 1. 因为他是国明爸爸，所以国明不应该拒绝	——不拒绝：5 人 原因： 1. 因为他是国明爸爸，所以国明不应该拒绝

续表

13. 在此情况下，钱是国明自己所赚的这个事实是否最为重要呢？为什么？

学生	员工
——重要：7 人 1. 国明的劳动所得 2. 父亲要求不合理 3. 国明自己赚钱证明了国明的能力 ——不重要：3 人 原因： 1. 父亲承诺才是最重要的 2. 家庭资源共有，他是国明的爸爸，他有需要，国明就应该把钱借给爸爸	——重要：6 人 1. 国明的劳动所得 2. 父亲承诺国明自己赚够了钱就去露营 3. 父亲的承诺在孩子的教育过程中很重要 ——不重要：4 人 原因： 1. 父亲承诺才是最重要的 2. 亲情比金钱更重要，父子关系，不要计较金钱

　　注：图表的内容和形式可以根据研究者的习惯或偏好进行设置，这个部分没有固定的格式，研究者可以根据实际研究内容和研究诉求整理编码

四、建立编码的可靠性

　　文本或数据的编码过程是复杂且冗长的，在这个过程中，可以邀请多个编码者（共同研究者或志愿者）进行编码和核对以及多次编码，以保证编码过程的有效性和可靠性，同时也能大大加强研究结果的可靠性。如果多个编码者对某组数据的编码是一致的，那么此组数据编码的可信度就得到了证实；如果编码不一致，则需重新细化代码类别或返回到前面的步骤检查核对。在质性研究的数据分析中，数据编码的可靠性可以用公式表示：数据编码可靠性=编码一致的数量/（编码一致的数量+编码不一致的数量）。同时，在实地观察或访谈活动结束之后，研究者应该尽可能快地组织观察数据或访谈内容的编码活动，这样有利于实时数据的分析和记录。从一定程度上来讲，这也能增强编码的可靠性。

五、根据文本和编码创建变量矩阵，展示数据信息

　　数据信息的展示，是研究者以一种可以直观检查数据并从数据中得出结论的方式组织陈列数据的过程。数据展示有众多类型，如叙述性文本、图表等。通常情况下，大部分研究者都会以多种数据类型相结合的方式展示。研究者可以根据编码的信息创建变量矩阵，将种类和每个细致的分类记录下来，也可以绘制成图表，展示数据信息。同时，在撰写研究报告、召开研究报告会、撰写书籍或论文

的过程中，研究者也需要将研究数据信息进行公布和展示。

例如，在《中国早期成人道德发展状况探析——孝道理论与利他主义》的研究中，研究数据的展示如表 16-2—表 16-5 所示。

表 16-2　研究参与者道德发展阶段

阶段	学生*	员工
阶段 3	3	4
阶段 3/4	6	5
阶段 4	0	1

注：*一个学生的回答涉及的范围太广，无法说明他的阶段

表 16-3　访谈内容数据统计

问题	学生		员工	
	是	否	是	否
12	8	2	6	4
13	7	3	6	4
14	9	1	9	1
16	10	0	10	0

注：问题 15 为开放性问题，而非是否问题，因此表中未列出

表 16-4　访谈内容的相关道德发展阶段

阶段	参与者 17		参与者 18		参与者 19	
	学生	员工	学生	员工	学生	员工
阶段 2			满足孩子的合理要求让他们的生活幸福一点儿			原因：1. 对父母尽孝是作为儿女的基本义务 2. 孝道是中华民族的传统美德 3. 孝道是生命存在的意义 4. 父母给予生命，照顾子女长大成人，子女要尽孝报恩 5. 履行孝道能影响下一代的素质教育
阶段 3		1. 遵从父亲，避免矛盾 2. 父母是孩子的第一任老师 3. 得到父亲的认同和赞许 4. 需要父亲指导 5. 应该做好榜样，履行承诺	1. 给儿子正面的影响 2. 保持父子良好的关系 3. 孩子应该有自己的主见		原因：孝道是中华民族的传统美德	
阶段 4	1. 中华民族传统美德 2. 互相包容	多年下来的文化沉淀		1. 良好的科学家庭教育体系 2. 子女是父母生命的延续 3. 社会的形态：民主有利于引导孩子的成长		

表 16-5　学生和员工访谈对比

学生：	员工：
国明应该给爸爸钱——3 人 国明不应该给爸爸钱——7 人 由一开始，从不给到给——2 人	国明应该给爸爸钱——4 人 国明不应该给爸爸钱——6 人 由一开始，从给到不给——1 人
原因：	
不给： 1. 与父亲沟通、说服父亲——14 人 2. 父亲许下了诺言——2 人 3. 与父亲协商——2 人 4. 父亲的要求不合理——2 人 给： 1. 把一半钱给父亲——1 人 2. 自己以后可以找机会——1 人 3. 把钱给爸爸，然后和爸爸一起去钓鱼——1 人	不给： 1. 与父亲沟通、说服父亲——1 人 2. 父亲许下了诺言——2 人 3. 钱是国明自己赚的，国明有自主权和支配权——3 人 给： 1. 把一点儿钱给父亲——1 人 2. 因为他是国明父亲，应该给——1 人 3. 基于孝道——2 人

六、解释数据和信息

研究者根据变量矩阵中的数据信息解释研究的内容和意义，需要结合背景信息以及相关数据进行分析、说明、推理等。在分析数据的时候，研究者要时刻保持对数据、信息、背景、环境等的敏感性，要阐明问题假设，并结合多重数据源（包括参考文献、研究数据等）进行深入分析，以在现有研究成果的基础上展开更进一步的探索。

例如，在《中国早期成人道德发展状况探析——孝道理论与利他主义》的研究中，根据矩阵数据的信息，分析其意义及相关内容，具体如下。

表 16-2 显示了参与者的阶段。从中可以看出，学生和员工的整体综合水平没有显著差异。他们中的大多数人接近第 3 或第 4 阶段。然而，在某些问题上，我们仍然可以找到一些不同之处。

根据研究问题，我们把访谈问题分为三类。根据马庆强的中国人之感性与认知方面的道德发展七阶段论[1]，问题 12—14 属于利他主义视角，问题 15 和 16 一般属于允诺视角，其余问题属于孝道视角。这是我们主题中的重要部分。

从表 16-2 中我们可以发现，大多数学生和员工都认为国明可以拒绝父

---

[1]　马庆强. 1997. 中国人之感性与认知方面的道德发展：一个七阶段发展理论. 本土心理学研究，（7）：166-212.

亲，他们认为尊重国明挣钱很重要，父亲应该遵守诺言。

在承诺部分，学生和员工也没有太大的区别。在问题 15 中，所有的答案可以分成两种：其中一种很重要，但不能说明具体原因；另一种与社会文化观念有关。在问题 16 中，除一个学生外，其他人都认为对陌生人信守诺言很重要。研究者认为这表明参与者的思想深受中国传统价值观的影响，所以他们有类似的决定。

表 16-3 中，在问题 19 中，参与者都认为孝道很重要。当问到参与者是如何考虑践行孝道的时候，数据结果表明，无论参与者处于什么阶段，他们的行为仍然属于传统孝道的 15 种。讨论部分清楚地解释了这一部分内容。当研究者比较这三个问题的答案时，问题的关键都是在问参与者做选择的原因。在这类回答中也可以找到两个特别的点。

首先，学生的回答过于笼统。在问题 17 中，虽然研究者认为答案是第 4 阶段，但学生没有员工回答得那么具体，问题 18 和 19 也清楚地显示了这种现象，原因可能是学生很少接触社会，他们的道德观念更多地受到学校和家庭教育的影响，所以他们的答案并不深刻。员工有更丰富的社会经历，因此他们的想法也更加切合实际。

更重要的是，在问题 17 中，员工给出了更多的理由来解释为什么儿子应该为父亲做更多的事情，他们似乎认为儿子应该承担更多的责任来改变父子关系；而在问题 18 中，当谈到父亲的责任时，学生给出的解释更多。可能是因为员工经济独立，所以他们更倾向于认为儿子可以承担更多的责任，而学生在经济上仍然需要父母的支持，所以他们倾向于把责任推给父亲一方。

在表 16-4 中，有 3 个人改变了他们的决定。他们都指出，解决这个问题的最好办法是给父亲一半的钱或给父亲剩余的钱。这表明，中国人的思想深受中庸之道的影响。

七、确定质量评价标准

在整个数据分析过程中，研究者需要设置检查研究信效度的标准，通过采用邀请多个编码员、重复编码、编码核对、统一标准范围等方式最大限度地提高研究的信效度。需要注意的是，高信度的研究数据或结论并不能完全确保研究的效度，关于质性研究的信效度的具体内容，我们将会在后面的章节单独进行讨论。

八、构建研究结论，回答研究问题

在完成以上七个步骤之后，研究者根据整理完成的数据构建研究结论。研究者通过记录并总结研究数据中的规律性、解释数据中的重要信息、分析其中的因果关系和可能的形态组织、进行推理或说明、提出建议或办法，从而回答研究问题。研究者如果在这个时候发现研究数据不足以支持研究结论的建构，或研究结论无法回答或不能完全回答研究问题，则需要重新调整研究计划，再次进行数据采集和分析。

完成研究结论的构建和研究问题的回答，就意味着整个研究接近尾声，研究者就可以开始准备撰写研究报告了。关于研究报告的撰写步骤和注意事项，后面的章节将会系统讲述。

第三节　数据分析的注意事项

一、时间管理和资源分配

数据分析中的预算和资源分配，如人力、物力、财力、时间、技能等，需要研究者在数据分析开始之前就计划好。研究者也可以在数据分析开始之前制作流程图，确定关键步骤，以及每个阶段的时间计划和进程，这将有利于整个研究按时开展和有效进行。

二、数据的收集和现有理论的联系

数据分析的过程能够帮助研究者在分析和思考现有数据的同时，持续收集实时的、更新的、高质量的数据，为将来的研究打下基础。质性研究理论可以是根据数据建构的，也可以是在现有理论的基础上建构的，或在现有研究成果的基础上进行更深一步的研究和探究。现有理论和数据收集是辩证地、紧密地、相互依存地联系在一起的，两者不可分割。数据分析在质性研究当中是一个持续不断、保持创新的活动，与研究整体和实地工作积极紧密地联系在一起。[①]

三、研究中的可能性限制因素

在质性研究中，研究者作为研究工具，由于自身经历、学识、认知、文化背景等因素的影响，不可避免地存在研究"盲点"，也叫个人偏好或个体限制。作为个体的研究者不可能成为完美无瑕的研究工具，所以在质性研究持续不断的数据分析过程中，从某种程度上来讲，允许研究者寻找这些偏好或"盲点"，并克服或解决它们。

由于质性研究的大多数观察和数据是以文字形式进行记录和表达的，不同研究者和不同读者受视角、认知、文化背景等的影响，对文字的意义和解释也会有所差异，这使得研究容易产生歧义。虽然文字比数字更难懂，其所表达的意义也更不容易稳定和统一，但正因为如此，文字本身就提供了更多的含义和可能性。在质性研究当中，语言能够提供厚重的、有力量的、多角度的、立体的描述，更有利于突出研究对象的本质属性或重要特征。因此，质性研究者在整个数据分析过程中可以坚持用文字表述的形式进行表达。[②]

研究者通过数据缩减（包括将数据信息简化为易于管理的分析单位、信息分类等，即步骤一、二、三、四）、数据展示（包括将研究数据和文献资料相结合，形成数据的可视化表达，以书面文本的形式展现出来，即步骤五）、构建研究结论并检验（基于收集的数据交叉检查数据的一致性，以此作为研究结论的依据，并回应研究问题，即步骤六、七）、撰写研究报告（即步骤八），完成质性研究数据分析的整个过程。

思考与练习

请结合之前的观察数据、访谈数据、文本数据，运用本章所学内容对其进行数据分析，并构建初步的研究结论。

[①]　Miles M B, Huberman A M. 1994. Qualitative Data Analysis:A Sourcebook for New Methods (2nd ed.). Thousand Oaks:Sage.

[②]　Miles M B, Huberman A M. 1994. Qualitative Data Analysis:A Sourcebook for New Methods (2nd ed.). Thousand Oaks:Sage.

拓 展 阅 读

1. Tesch R. 1990. Qualitative Research:Analysis Types And Software Tools. Bristol:Falmer Press.

2. Miles M B, Huberman A M. 1994. Qualitative Data Analysis (2nd ed.). Thousand Oaks:Sage.

第十七章

质性研究的伦理道德问题

学习导航

◆ 尊重人权

◆ 研究方法的合理性

◆ 尊重参与者的隐私权及知情权

◆ 社会文化的敏感性和包容性

◆ 研究透明性及避免利益冲突

◆ 负面影响最小化

◆ 研究过程中的伦理道德问题

　　质性研究中的道德问题是与研究者和参与者相关的重要方面，同时也涉及研究者在研究当中采取的行为活动的伦理问题。学术研究要求研究者在研究中遵守相关的道德标准，如要求研究者在尊重自己、尊重研究本身的同时，也充分尊重研究对象及参与者。研究中的伦理道德与研究理论的发展始终是相辅相成、正向发展的。[①]本章将对质性研究中的道德问题、标准、要求等进行详细介绍，详细探究研究者在开展质性研究时应该怎样考虑伦理道德问题。

　　什么是研究中的伦理道德问题？研究中的道德问题包括参与者的自愿参与和被操纵、身份公开与秘密研究、知情同意与默认同意、保密与匿名、数据保护

---

① Sieber J E. 1992. Planning Ethically Responsive Research:A Guide for Researchers in Education and the Social Sciences. New York:Teachers College.

等。不可否认的是，一些研究者在研究实践中确实会面临关于伦理道德的困境。[①]例如，并非所有的研究都可以实现研究者和参与者的价值观统一，在社会学研究中，很多研究对象是生活在社会边缘的居民，而且很多意向研究对象不愿意参与到研究当中。但是，如果研究只针对愿意参与研究的人员进行，研究本身的质量将难以得到保障。[②]在这个时候，研究者需要说服研究对象参与到研究中，如给予回报、分享研究成果等，让他们真正愿意参与到研究当中，成为自愿参与者，而不是假装参与者。作为一名研究者，其研究的目的也应该是为研究对象谋取福利，深入了解和分析他们面临的问题与困境，并帮助他们解决这些问题。

由于不同文化背景和价值观的影响，不同国家对伦理道德的定义也不尽相同。因此，很多国家建立了属于自己国家关于科学研究的伦理道德标准，且建立了一些专业协会，如美国审查机构委员会（Institutional Review Boards，IRB）、新西兰研究伦理道德委员会（Research Ethics Committee，REC）等。这些委员会负责审查每项研究计划的内容是否适合开展，有权利同意或拒绝研究申请，旨在保护参与者的隐私、安全、健康、个人权益、社会敏感性、社会福利等。一般来说，国际公认的伦理道德标准包括以下几个方面。

第一节　尊　重　人　权

很多大学要求研究者在做研究的时候要遵守国际公认的伦理道德规范和标准，这些道德规范和标准能够提供研究选题方面的指导与建议。REC 等机构在批准或拒绝研究计划时，坚持以积极实践为开展研究的前提，并且根据不同的情况具体决定研究的范围。[③]尊重人权在不同国家的科学研究领域中都是首要标准。新西兰梅西大学要求尊重人的尊严，尊重参与者个人及其所在群体的权利、信

---

① Guo K L. 2007. Maintaining ethical standards in intercultural research. Paper Presented at the 9th Early Childhood Convention, Rotorua, New Zealand.

② Berg B, Lune H. 2011. Qualitative Research Methods for the Social Sciences (8th ed.). New York: Pearson.

③ Dahlberg G, Moss P. 2005. Ethics and Politics in Early Childhood Education. New York:Routledge.

仰、观念、价值、习俗、文化等。①研究者需始终追求正直的价值观，保持对知识的探索欲，在研究、传播、结果交流过程中坚持诚实原则，贯彻道德伦理标准；将参与者的利益作为首要考虑因素，对参与者的需求、感受、经验等给予足够的重视和尊重，并且证明所进行的研究具有现实意义和价值。新西兰维多利亚大学也要求研究人员在研究过程当中，通过安全、尊重、负责和高质量的方式保护参与者的尊严。②

第二节　研究方法的合理性

各国明确要求研究者所选择的研究方法要具有合理性。新西兰梅西大学要求研究人员要确保在研究过程中使用的方法能够充分支持研究目的、问题和假设，充分尊重参与者和整个社会的价值。研究人员需制订合理的研究方案，选择适当的方法和程序进行研究。②澳大利亚教育研究协会（Australian Association for Research in Education）也明确说明，研究报告应准确、真实地反映研究结果，并就其对实践和政策的影响得出谨慎的结论。研究人员应尽可能采取合理措施以减少研究中可能出现的局限性，并且在研究报告中明确指出这些局限性。在进行研究和撰写研究报告的过程中，必须如实陈述发现的事实，不得有任何形式的夸大和伪造。所有重要的理论、数据、过程、方法、结果都需详尽报告，尽量避免遗漏和个人偏见。③英国社会研究协会（Social Research Association）认为，为了满足伦理道德要求，研究项目必须遵守国家和国际公认的研究标准，且研究人员有义务遵循规定的道德准则和专业标准。④虽然每个项目都有其独特的设计，但研究者在做研究计划时必须阐明适当的和相关的研究目标，并确认其所选择的研究方法与研究目标相适应，符合课程性质、目的和研究评估标准。在开展研究活动的过程当中，研究者应尽可能地保持客观。

---

① Massey University. 2006. Human ethics. http://humanethics.massey.ac.nz/massey/research/ethics/human-ethics/code/, 2020-04-15.

② Victoria University. 2005. Human research ethics. http://research.vu.edu.au/hrec.php, 2020-04-15.

③ Australian Association for Research in Education. 2005. Code of ethics. http://www.aare.edu.au/ethics/ethcfull.htm, 2020-04-15.

④ Social Research Association. 2003. Ethical guidelines. http://www.the-sra.org.uk/documents/pdfs/ethics03.pdf, 2020-04-15.

第三节　尊重参与者的隐私权及知情权

尊重参与者的隐私权及知情权，同样是世界各地科学研究协会共同倡导的内容。所有参与研究的人员的隐私都应受到尊重和保护，研究人员在研究之前，需充分考虑到研究可能对参与者造成的影响及风险系数，参与者同意参与研究的前提是，已充分了解研究可能存在的风险。研究者有义务将所有信息告知参与者，征求参与者的同意并让其签署研究同意书，此为参与者知情并同意参与到研究活动当中。或者，研究者在进行研究之前没有告知和征求参与者的同意，参与者在意识到自己被观察后，也允许研究者继续进行，此为参与者默认同意。然而，默认同意的参与者对研究的目的和方法不一定了解，这有可能会对其造成一些身体或心理上的伤害。因此，研究者需要在开始研究之前告知参与者并获得参与者的同意，方可进行研究调查。

为了保护参与者的隐私和意愿，参与者和"线人"始终有权利保持匿名，研究者应在公布的数据中删除所有具有辨识度的信息。如果研究者无法保证参与者和潜在参与者的隐私，需要在开始调查之前就明确告知他们，并充分尊重他们参与研究的意愿。英国社会研究协会指出，研究难免存在一些被披露的风险，在这样的情况下，研究者依然需要始终保证尽可能采取一切正常合理的措施，防止参与者的身份泄露。[1]研究人员需要安全地保存研究中收集到的数据，包括问卷表、录音、录像、电子文件、照片等。有时 REC 会建议在研究项目完成后或相关论文发表后就销毁所有的原始数据，确保参与者数据的安全性和隐私性。需要注意的是，研究者所采取的所有预防措施都需要获得参与者的同意，并且可以在REC 的指导下操作。[2]所有照片的拍摄、录音、录像等，需要事先得到参与者或其监护人的同意和许可，方可进行。同时，研究者的研究意图需要在参与同意书中明确进行概述和解释。

在研究开展之前，研究者需要向参与者提供参与同意书（或知情同意书），其中包括研究人员的身份及其所属机构或组织信息、赞助机构信息、研究目的、

---

[1]　Social Research Association. 2003. Ethical guidelines. http://www.the-sra.org.uk/documents/pdfs/ethics03. pdf, 2020-04-15.

[2]　Creswell J W. 2011. Educational Research:Planning, Conducting, and Evaluating Quantitative and Qualitative Research. New York:Pearson.

研究方法和程序、选择参与者的原因、研究可能存在的潜在的危害和利益、隐私和保密、研究信息的使用、不参与和退出的权利、反馈时效及参与研究的回馈等。

参与同意书

　　这封信是为了请求您参加一项行动研究，并概述正在进行的这项研究的性质。您被选为本研究的参与者是因为＿＿＿＿＿＿（被选中参与本研究的原因说明）。我是＿＿＿＿＿＿（个人情况、研究意向的介绍），我正在进行这项研究。我研究的目的是＿＿＿＿＿＿。这将通过（具体介绍研究方法，说明在研究当中的数据收集过程及类型，如【数据 1 和数据 2】，以及在数据收集阶段将会进行的行动/干预内容）完成研究。

　　研究伦理委员会（Research Ethics Committee）已经批准了这项研究。如果您对本研究的伦理道德有任何疑问，请拨打电话与负责人联系。您对调查有任何问题，可以随时提出。

　　作为本研究的参与者，请您确认：

　　1. 参与本研究是自愿的。

　　2. 您有权在不给出理由的情况下退出本研究。您可以通过＿＿＿＿＿＿（参与者退出过程的详细信息）退出。

　　3. 本研究将始终使用匿名信息，您提供的任何具有个体辨识度的信息都将被删除，以保护您的身份。

　　4. 您可以选择不回答特定问题。

　　5. 保密性将通过仅由我本人和＿＿＿＿＿＿（可能接触数据的人）安全地存储原始数据来确保。

　　6. 研究总结报告的副本将根据要求提供给您。

　　7. 填写所附同意书并将其返还给研究人员，即表示同意参与本研究。

　　如果您需要更多关于本研究性质的详细信息，请随时与我联系。请保存这封信，以备将来参考。如果您愿意参与本研究，请填写同意书并于＿＿＿＿（截止日期）前将其寄回（或其他方式）。

　　感谢您抽出时间参与本研究。感谢你的支持和理解。

（研究者署名）

　　在研究报告中，研究者需要尽量降低数据被曲解或误解的可能。研究者在进行数据分析时要慎重，要保持与参与者建立的良好关系，以使参与者感受到对研究项目的所有权。新西兰梅西大学认为，应在研究过程中及研究报告中都体现出为参与者和更广泛的社会带来共同利益①，从而保护研究内容的所有权。

第四节　社会文化的敏感性和包容性

　　社会文化的敏感性和包容性要求研究者必须时刻确保研究的目的和方法对参与者及其所属族群、社区、机构等的社会文化信仰、价值观、知识和财产的敏感性。研究者需要考虑到参与者可能认为的价值观、宗教信仰、行为的不适应或不恰当性，避免冒犯任何个人或群体。在适当的情况下，研究者应以参与者的母语（地方性语言）形式提供信息，以包容的、接受的态度提供研究框架，并在研究框架中确保参与者受到平等的对待和尊重。②在涉及特定文化或社会群体的研究中，研究者有责任采用适当的渠道与参与者沟通合作。

第五节　研究透明性及避免利益冲突

　　在研究中，研究者需要保持批判性思维和反思，尽量减少研究过程中可能出现的潜在利益冲突。一般情况下，研究目的、方法、评价、传播方式都不应该与相关的职业行为准则相冲突。研究者也需要对参与者之间可能存在的利益冲突保持敏感，任何潜在的利益冲突都需要在研究计划中明确表达出来，并详细说明减少或应对冲突的方法和策略。不可避免的是，研究人员有时候会对敏感问题进行研究，面对这些研究的时候，研究者需要意识到他们处于特殊地位③，所以关于研究者本身的人身安全、参与者个人信息的保密性等问题都需要着重考虑。研究

---

　　①　Massey University. 2006. Human ethics. http://humanethics.massey.ac.nz/massey/research/ethics/human-ethics/, 2020-04-15.

　　②　Cook T. 2004. Starting where we can:Using action research to develop inclusive practice. International Journal of Early Years Education, 12:3-16.

　　③　Koocher G P, Keith-Spiegel P C. 1990. Children, Ethics, and the Law:Professional Issues and Cases. Lincoln:University of Nebraska Press.

者必须告知参与者研究可能产生的任何影响，涉及研究信息的转变时，也需要提前获得参与者的同意。

第六节　负面影响最小化

研究者有责任确保将研究有可能对参与者产生的不良影响或造成的心理、身体、情感伤害的风险降至最低。研究者可以通过提供一份研究可能存在风险的详细报告、一份清晰明了的研究计划、仔细考虑可能替代的方案和道德伦理标准、在活动期间和之后提供支持等方法降低伤害的风险系数。有时候，参与者在研究过程中可能会感受到痛苦或不适，这个时候，研究者必须采取适合的措施来缓解参与者的焦虑、困扰、不安、侵入感等情绪，帮助他们放松下来，并立刻停止研究过程中任何可能对他们造成伤害的其他活动。

由于世界各地的文化背景、价值观、哲学观等不同，质性研究中的伦理道德问题很难以一个统一的标准来衡量或界定。然而，以上六个方面几乎是世界范围内都认同的质性研究需要遵守的原则性内容。在研究实践中，伦理道德是研究者需要始终考虑到的因素，研究者应注重并持续提高自己对伦理道德问题的敏锐度，并且有意培养解决相应问题的能力，充分重视研究中的伦理道德问题。

第七节　研究过程中的伦理道德问题

在质性研究的计划、设计、准备、开展、分享的整个过程中，研究者对研究所涉及的伦理道德问题都应当充分考虑并时刻反思。研究者需要对研究承担相应的道德责任，遵守研究规定，充分考虑研究过程当中可能涉及的伦理道德问题并及时处理。研究者应考虑政府和相关机构指定的研究政策、研究准则、道德规范等，以确保参与者的相关权益得到充分的尊重和保障。例如，参与者需要了解研究的目的和研究结果将如何使用，以及研究可能对他们的生活和工作产生的影响及后果。同时，参与者对自己个人观点、理念等的版权归属，被剽窃的可能性，参与者是否同意参与研究以及同意以何种方式和程度参与研究，参与者的隐私保护，数据采集的过程是否符合道德规范，参与者有权利拒绝参加研究或在研究过程中随时退出等内容都应该充分考虑和知晓。在邀请研究参与者的过程中，研究者不得向参与者提供过多参与项目的物质诱因，而应该采用不同的方式回馈参与者，如分享图书版权、作为志愿者与研究者共同承担工作等。研究者还应将研究中的特殊元素纳入考虑范围，包括研究对象的特殊性（如果参与者是未成年人，研究者需要征求其监护人的同意）、研究地点的特殊性、研究时间的特殊性、数据收集方法的特殊性（使用仪器等设备的时候是否获得了原始设计者的许可）等。

除了上述在研究中需要考虑到的相关问题外，研究者还需要预料到可能出现的伦理困境，并采用积极的应对办法。例如，研究者是否向参与者说明了研究目的，以及如何尽量避免研究过程中对作为信息提供者的参与者可能造成的伤害；当研究设计涉及敏感问题和挑衅性问题时如何处理；访谈是否会侵犯访谈对象的隐私，访谈对象可能面临的益处和风险是什么，是否有补偿措施；在深度访谈中是否存在不可预知的长期影响；是否能够准确把握访谈的进程，在受访者受到攻击或伤害的时候是否能正确处理；观察是否在没有被观察对象意识到的情况下进行；文本分析应当包括的内容是什么；研究报告的撰写是否考虑到了伦理道德问题及参与者的身份信息；等等。

研究者需要在整个研究过程中及研究结束后充分保护参与者，与参与者建立足够的信任，以促进研究的完整性，防范可能影响参与者或参与群体的所有不当行为，时刻为可能发生的问题和挑战做好充分的准备。在研究中，切实开展伦理道德的审查是一项持续且复杂的工作，它所涉及的不仅仅是研究者简单地遵守伦理道德指南或者规则（如研究审查委员会的要求等），而是在整个研究开展之前、开展过程中，以及研究完成之后都需要遵守相关规则。研究伦理道德因素应该在研究设计阶段就开始考虑，它是研究初始阶段的重要环节之一，并且贯穿整个研究环节直至研究结束。①研究计划提交阶段也可以使用研究道德伦理审查表进行检查，以确保研究设计中的重要环节都充分考虑了伦理道德因素，检查可包括以下几项内容。

1）是否有单独章节讨论本研究伦理道德问题。

2）是否简要说明了数据收集的机构、个人同意参与研究的过程（如果有未

---

① Creswell J W. 2011. Educational Research:Planning, Conducting, and Evaluating Quantitative and Qualitative Research. New York:Pearson.

成年人，应同时获得其监护人的同意）。

3）附录中是否包含了研究同意书的样本。

4）是否明确说明了参与者可以在任何时候退出研究。

5）研究参与机构、个人是否匿名处理。

6）是否说明了为确保参与者隐私而采取的措施。

7）是否在研究计划中引用了真实、可靠的资料。

8）是否说明了在线数据收集的相关道德规范（如果涉及在线数据收集）。

9）是否进行了研究道德诚信检查并说明了检查步骤。

10）是否说明了研究数据的保存方法和步骤。

11）是否获得了仪器使用许可（如果涉及）。

在研究过程中，伦理道德因素与数据收集和研究报告内容密切相关，在研究数据收集阶段，研究者应在收集数据之前获得参与者个人、机构的同意（包括电子访谈或调查），应尊重弱势群体、预判参与者的需求、保护参与者的隐私，尽量避免在数据收集过程中可能发生的伤害。参与者可能会被询问一些比较私人的经历或细节，在这个过程中，研究者需要慎重考虑相关的伦理道德问题。研究者可以首先核查研究道德实践指南，审查可能会出现的敏感问题，在收集数据之前提醒参与者，让参与者提前准备好；在数据采集的过程中，根据实际情况，如参与者的状态和感受等，阶段性地收集数据。在数据收集的过程，如在观察过程中，研究者需要了解自己扮演的角色（如参与者、非参与者），并向参与者明确说明。研究者可以使用漏斗法进行观察，即先形成一个总体印象，然后有目的地缩小观察范围，在观察的过程中记录相关信息并在观察结束后尽快整理笔记，以免忘记重要细节。如果需要拍摄观察场景，研究者应提前做出合理安排，尽量避免拍摄场地受到干扰，如可以将摄像机放在最不显眼的地方，并与参与者公开讨论他们是否愿意被拍摄。如果需要收集照片，研究者应该明确向参与者说明他们需要拍摄什么以及收集照片的目的及用途。如果数据收集过程中涉及人工制品、图纸或文物，研究者还需要检查其真实性。在访谈过程中，研究者应该提前准备好访谈设备，并在访谈开始前检查设备的功能是否正常，在访谈过程中以倾听为主，访谈的问题的难度应循序渐进。同时，研究者应该尊重研究场地的相关制度和规定，尽量避免打扰现场活动的开展，数据收集过程不应该占用参与者的大量时间，准备好相关的研究物资及设备，尽可能减少对现场的干预，使研究场地在数据采集结束之后不会受到影响。数据收集的时间段也应该充分考虑，避免在活动的初始阶段和结束阶段收集数据，也要避免时间段过早或者过晚，以免影响到数据的充分审查和数据的再次收集。在访谈的过程中，参与者有可能感受到压力或紧张，此时，研究者应该采取合理科学的方式缓解其紧张情绪，确保访谈顺利进行。①在收集文件数据时，研究者应尽可能地检查文件的可信度和准确性。在日记的采集过程中，研究者可以请参与者提供关于日记中包含的主题并明确说明其内容。

在数据分析和数据解释的过程中，研究者需要通过匿名的方式充分保护参与者的相关信息，包括人物、事件等，在编码和记录的过程中将人名与事件合理分离，对人物、地点等具有特殊辨别性信息的内容使用假名，以保护参与者的个人身份及信息。所有的数据（包括原始数据和分析过的数据）在保留一段时间之后，应该谨慎处理，避免数据信息泄露和数据丢失。同时，数据的归属权也需要讨论确认，以防止未参与项目的人员共享数据。研究者具有对数据和解释提供准确说明或证明的责任，数据分析结果的最终解释权和归属权也应确认和说明。②

在研究报告的写作过程中，研究者应遵守写作规则，并尊重阅读和使用研究信息的读者，不应使用具有偏见性的词语或句子，不可为了达到研究目的而伪造数据、改变数据或使用虚假数据。此外，研究者应向出版社提供所有对研究做出重大贡献的个人身份信息；不因其他原因随意将研究人员或工作人员从作者名单中删除；所有数据在保存一段时间后应妥善处理，避免数据丢失或数据滥用；在研究报告中清楚阐明研究设计的相关细节，以便读者自行判定研究的可变性；研究论文的发表应与实际日期、讨论、结论相一致①；不应该在研究未正式发表之前就对外公开研究发现或结论。研究者应将研究结果通过出版物等方式公开发表和传播，即使这些结果可能与大众观点不一致。

思考与练习

请阅读以下关于研究伦理困境的材料，结合本章学习的内容，谈谈自己的看法。

以下材料改编自 Berg 和 Lune 的《社会科学的质性研究方法》（*Qualitative Research Methods for the Social Sciences*）。

米尔格拉姆实验

在 20 世纪 60 年代，许多行为科学家参与了潜在的伦理上不合理的研究——米尔格拉姆实验。这是一个服从和控制的实验。米尔格拉姆对人类服从权威人物的倾向很感兴趣。为了观察这种现象，他邀请参与者进行教师角色扮演，要求

---

① Creswell J W. 2011. Educational Research:Planning, Conducting, and Evaluating Quantitative and Qualitative Research. New York:Pearson.

② Creswell J W. 2011. Educational Research:Planning, Conducting, and Evaluating Quantitative and Qualitative Research. New York:Pearson.

"教师"根据指令对"学生"（学生是由研究人员扮演的，参与者并不知情）实施电击体罚。

"教师"被告知，电击的目的是促进"学生"学习，当"学生"犯错时，应逐步增加电击强度以加强记忆。"学生"每犯一个错误，"老师"顺从地（事实上是高兴地）将电击强度提高到潜在的致命水平。

事实上，假设的学习者根本没有受到任何电击。由研究人员扮演的"学生"携带录音机，录音机会在电机运作时发出相应的尖叫声。随着伏特数的增加，"学生"亦会假装做出相应的反应。这个实验引起了人们对于研究伦理的争议，这种欺骗引起了参与者极大的情感痛苦和罪恶感。

拓 展 阅 读

1. 梅拉尼·莫特纳，玛克辛·伯奇，朱莉·杰索普等. 2008. 质性研究的伦理. 丁三东，王岫庐译. 重庆：重庆大学出版社.

2. Dahlberg G, Moss P. 2005. Ethics and Politics in Early Childhood Education. London:Routledge.

质性研究的可信度和准确性

学习导航

◆ 什么是可信度，什么是准确性

◆ 质性研究中的可信度和准确性

◆ 如何建立与提高质性研究中的可信度和准确性

◆ 主位视角和客位视角

一项高质量的研究，无论是质性研究还是量化研究，必然包括高度的客观性，而研究的客观性可以根据其信度和效度来进行评估。[①]质性研究以研究者为工具进行调查，数据分析也多以文字而非数字形式呈现，那么质性研究中的信度和效度应该怎么样进行检验呢？我们都知道，在量化研究中，研究的信度和效度可以根据不同的检验标准来评估，然而这并不适用于质性研究。

第一节　什么是可信度，什么是准确性

与量化研究不同，在质性研究中，研究者用不同的术语来表达研究的信效

———————————

① Kirk J, Miller M. 1986. Reliability and Validity in Qualitative Research. Newbury Park:Sage.

度，如可信度和准确性。

可信度指研究的可信度。与量化研究的信度相似，根据 Miles 和 Huberman 的理解，研究的信度（可信度）是无论何时进行测量，无论测量多少次，测量的结果都会给出相同的答案。[①]

准确性指研究结论的正确性或真实性，即在研究过程中给出真实、正确结论的程度，也是收集的数据与数据所代表的基本概念之间的契合度。

第二节　质性研究中的可信度和准确性

在质性研究中，一个有信度的研究结论并不一定具备很高的准确性，但是一项高准确性的研究可以在一定程度上确保其可信度。在质性研究中，研究者作为测量工具，在某种程度上具有一定的主观性。研究者除了受到自己的文化价值观、历史背景、社会生长环境等因素的影响外，还具有个人的感受、情绪等，这些都难免在一定程度上影响研究的客观性。如何确保研究本身的客观性，使其最小限度地受到主观因素或其他因素的影响是研究者共同追寻的目标。在研究者不了解研究对象时，首先，研究者可以向参与者寻求帮助，发展自己在研究对象环境中的"线人"。"线人"一般情况下都是当地人，是研究对象之一，他们了解研究对象的一切活动和文化价值，能够给参与者提供有效信息。其次，研究者需要进行长时间的观察。有时研究者需要长时间生活在研究环境中，参与到参与者的每日生活里，与他们同吃同住，了解他们最自然的生活状态，感受他们的人文气氛和文化价值观。然而，与参与者近距离接触，从某方面来说，也会影响研究的客观性。研究者在长时间与参与者接触之后，难免会潜移默化地、不自觉地受到他们的影响，甚至成为研究对象中的一员，这难免会影响到研究者对问题判断的客观性。这是一个两难问题，如果研究者与参与者保持一定的距离，相对来说，研究者可能能够保持一定的客观性，但在这种情况下，研究者将不能深入地了解参与者及研究环境的内部情况，只能了解到一些表面现象，这样也会影响研究结论的客观性。所以，既能保持研究的客观性，又能够深入观察参与者和研究环境

---

① Miles M B, Huberman A M. 1994. Qualitative Data Analysis:An Expanded Sourcebook (2nd ed.). Thousand Oaks:Sage.

并融入其中，是每一个质性研究者一直在努力追求的目标。

客观性是质性研究追求的目标，可以从分析研究的可信度和准确性来判断。一个客观的研究既具有较高的可信度，也具有较高的准确性。值得注意的是，和量化研究不同，质性研究不可能达到完全客观。研究者必须承认并正视自己的偏好，学会通过不同的方法，如使用多源数据源、与他人讨论对事物的理解和对问题的感受、记录观察评论等，来尽量避免个人偏好对研究的影响。

第三节　如何建立与提高质性研究中的可信度和准确性

一、建立多维视角

在质性研究当中，研究者可以使用不同标准来检验并提高研究的可信度和准确性，这就是在前面章节中介绍过的多维视角理论。研究者使用多维视角可以有效地提高研究的准确性，从而促进研究的客观性。使用多维视角理论的方法有很多种，如使用不同的数据收集方法（如观察法、访谈法、问卷法、文本法等），使用多维数据库（如访谈信息、参与者的自传、相关量化数据等），邀请多维研究者（邀请其他研究者共同参与研究过程），参考多维理论（了解不同学者对一个理论的理解），构建多维数据分析（对收集数据的不同解释），从而帮助研究者撰写一份具有可信度和准确性的研究报告。

二、避免偏见

在研究过程中，研究者应该有意识地避免个人主观认识对研究的影响，在选择、记录、解释等过程中都应尽力保持客观。同时，研究者也需要注意研究过程中参与者所产生的观众偏见。观众偏见是指，在研究对象参与到访谈活动或观察活动中时，他们给出的回答或表现出的行为是他们认为适合表现出来的答案（所谓的"正确答案"或"适合的行为"），而并非真实答案或行为。研究者需要注意参与者的自发性行为和非自发性行为，区分问题陈述和非问题陈述①，并留意不同时间和情景中，参与者的行为和回答是否有所改变。例如，在访谈中，当参与者回答问题时有可能给出的是"正确答案"（即人们所希望的答案，但并非参与者的真实想法），而在非问题陈述中，参与者表达自己真实想法的可能性会大大增加。再如，参与者在被观察的时候有可能会受到霍桑效应的影响，而刻意改变自己的行为方式或语言表达，但在平时活动中，他们表现出真实行为的概率会比被观察的时候高。

三、选择研究时间和研究参与者

在研究人类行为等问题时，研究者可以在不同的时间段收集数据，观察行为随着时间的推移所发生的变化，并综合不同时间段的数据构建研究结论，这也是提高研究结论有效性的方法之一。同时，参与者不同的社会身份也是研究者需要考虑的因素之一。不同的社会角色影响着人们所接收到的信息及其类型，在不同的社会情境和文化背景下，人们看待事物的方式和方法也有所不同。要避免这些客观因素对研究产生不必要的影响，研究者可以通过慎重选择"线人"的方式提高研究的准确性。

四、检查研究数据

研究者可以通过检查研究数据判断研究结果是否准确。检查过程可以是一名或者多名人员参与其中，包括其他研究人员、参与者、非研究人员（与研究无关的人员）等。检查内容包括文本分析、访谈内容、观察结论等数据。研究者也可以邀请参与者开展检查，以确定研究描述是否完整和内容表述是否准确、主题是否准确、相关解释是否公平且具有代表性等。研究者还可以邀请非研究人员参与检查过程，被邀请人可以客观地提出相应的建议或意见，包括调查结果是否基于研究采集数据，推理是否符合逻辑，主题是否合适，研究方法是否合理，研究人员的数据分析和结论的偏见程度如何，是否可以采用其他策略来提高研究可信度等。

---

① Hammersley M, Atkinson P. 1983. Ethnography:Principles and Practice. London:Tavistock Publications.

五、三种信度

Kirk 和 Miller 在《质性研究的信度与效度》(*Reliability and Validity in Qualitative Research*)中提出了研究中可能出现的三种信度：狂想信度、历史信度和同步信度。[①]

狂想信度是指在研究中使用单一测量方法，持续产生不变的测量数据或观察结果。这种信度的问题是，它所产生的是片面的数据，很多时候不能代表数据的准确性，容易引起误解。为确保这种信度，研究者多次收集数据并且数据的重复率很高，但准确性不能保证。例如，在访谈中，当受访者预先准备好了答案，或者大众都回答默认的"正确答案"，狂想信度就会产生。

历史信度具有历时性，表现为研究数据随着时间的推移显示出较大的稳定性，即无论在什么时候进行研究，研究者所收集到的数据都几乎一致。这在质性研究中并不常见，仅适用于在不断变化的世界中保持稳定不变的少数测量特征。

同步信度具有同时性，表现为研究在同一时间段内收集到的数据具有较大相似性。同步信度是三种信度中最有效、最常见的一种。其研究数据呈现出较大相似性，但很少完全相同。

一般情况下，在质性研究中，研究者都期待出现同步信度，也就是研究数据在一段时间或一个周期内呈现出相对稳定性。而当研究数据在同一时间或同一周期内出现大比例不同的情况时，研究者也可以重新收集数据，再看之后的研究数据和结论。

六、四种检验

Yin 在评定质性研究的质量时，常常会涉及建构效度、内在效度、外在效度、信度这四种检验标准。[②]研究者可以采用不同的方法在研究中提高这四种检验标准。

建构效度是指通过研究概念形成的指标，衡量研究的可操作性，通常被应用于研究的数据收集阶段和写作阶段，研究者需要用到一些具体的概念或理论将研究目的联系起来，然后制定相应的操作性措施。例如，通过多种数据源形成一系列的证据链，并请提供关键资料的参与者检查研究报告初稿，以确认内容阐述的

① Kirk J, Miller M. 1986. Reliability and Validity in Qualitative Research. Newbury Park:Sage.

② Yin R K. 2013. Case Study Research:Design and Methods (5th ed.). New York:Sage.

准确性和真实性。

内在效度是指找出数据中的因果关系，证明由特定条件引起的特定结果的程度。内在效度只针对解释性研究，在实验和准实验研究中非常重要，常被应用于数据分析阶段。

外在效度是指检查研究结论是否具有可归纳性，是否可以被归纳为哲学理论并推广到其他的研究当中。

信度是指，由于研究的每个步骤都具有可重复性，如果研究按照相同的设计重复开展，研究者能够得到相同的研究结果和研究结论的程度。提高信度的方法是尽可能详细地记录研究当中的每一个步骤，通过记录研究的过程，尽可能确保研究中的所有数据都具有可信度和准确性，并给之后的研究者和读者提供详细的研究信息，从而使将来重复这一研究的研究者能够得到相同的结论。

七、其他方法

为提高质性研究的准确性，研究者还可以从以下几个方面着手：①在研究报告中详细描述研究方法和具体实施步骤；②详细描述研究数据的收集过程和背景环境；③双重/多重编码。

研究者通过在研究报告中详细展示研究的整个过程，不仅能为后续的研究提供方法和数据方面的参考，成为同类型研究的示例和基础，也能通过对比与后续研究数据的相似性，检验研究的准确性。

第四节　主位视角和客位视角

纵观历史，质性研究理论是一代又一代研究者经过不断更新和发现新的内容发展至今的，特别是在跨文化研究领域中，为从收集到的数据中推论出一个有效的结论，需要研究者首先建立一个主位视角的观点。所谓主位视角，也可称为内部观点，即从研究对象的观点和角度来看待问题和解释问题，而不是根据研究者自己的主观认知。客位视角与主位视角相对立，也叫外部观点，即从其他人员（研究对象以外的人）的角度来看待和分析问题，并非从本质上体现研究对象的理念、价值、思想等。从某种程度上来说，质性研究的发展也是从客位视角向主位视角发展的过程。随着研究的不断深入，研究者建立从外部观点到内部观点的主观认知和了解，通过分享研究成果，向外界传递研究对象内在的价值观和意义解释；在展现研究对象内在文化价值观的同时，构建外部世界对研究对象进一步的了解。同时，已有研究也将成为未来研究者对相同研究对象继续进行探索的基础，未来研究者通过借鉴、参考、解析、批判已有的研究内容，在此基础上展开进一步的调查，从而加强对跨文化研究对象的了解和解释，不断完善研究理论。伴随着研究的不断深入，质性研究发展的历程亦将逐渐成形。

建立主位视角，研究者可选择的方法是多样的。例如，与其他研究者合作进行研究，合理使用"线人"及其提供的信息和情报，开放式、多元化的数据收集，文献资料的参考借鉴，成为参与型观察者，等等。

质性研究中的信效度衡量标准和检测方法与量化研究是不同的。在量化研究中，信效度可以用数字来说明，而在质性研究中，并没有一个确切的标准。质性研究中的信效度是通过对整个研究过程的分析来体现的，并且可能需要经过时间的鉴别和后续的深入研究，方能确切地显现出来。

思考与练习

请结合自己的研究方向和兴趣，选择一篇相关的研究报告，运用本章所学内容分析其信效度。

拓 展 阅 读

1. 陈向明. 2000. 质的研究方法与社会科学研究. 北京：教育科学出版社.

2. Miles M B, Huberman A M. 1994. Qualitative Data Analysis:An Expanded Sourcebook (2nd ed.). Thousand Oaks:Sage.

第十九章

质性研究报告的撰写

学习导航

◆ 质性研究成果的类型及撰写

◆ 质性研究报告的质量评估

质性研究成果是关于质性研究的一份完整的书面材料，包括对研究问题进行的分析、对需要解决的问题提出的合理性建议，以及通过收集数据、数据分析对研究问题进行的解释和说明。一般情况下，质性研究随着不同形式的书面成果的产生而结束，研究成果的写作是研究过程中的最后一个环节。质性研究成果以公布研究内容、展示研究过程、回答研究问题、提出合理建议、明确解决方案为目的，同时包括研究者对问题和意义的理解与解释。研究者通过形式多样的研究成果让读者了解研究的内容和意义。质性研究和量化研究成果的撰写是有所差异的。

第一节　质性研究成果的类型及撰写

一、质性研究成果的类型

质性研究成果的类型有多种，当受众面不同时，报告的目的、长度、格式等也有所差异，通常情况下可以分为以下几类：研究报告、学术论文、期刊文章、会议论文、学位论文（硕士、博士等）、会议提案、书或书中章节。

二、质性研究成果的撰写

因为研究成果的类型不同，其内容形式也会有所差异。例如，通常意义上的学术论文和研究报告是有所区别的。结构科学合理的研究报告能方便读者阅读，也容易让读者理解报告的内容。质性研究报告就研究本身进行说明或总结，根据研究数据给出结论，并说明研究的不足之处，为之后的研究提供参考；而学术论文是结合一个或者多个研究报告，并参考其他相关文献资料对一个主题的多种不同观点提炼出的概括性论述。由于所包含的内容不一致，质性研究报告的篇幅要比量化研究报告的长一些。

（一）研究报告撰写结构

有些质性研究报告强调对研究内容的描述，有些注重研究者的个人理解和解释，因此质性研究报告的格式也相对灵活。概括来说，科学结构的质性研究报告主要包括引言、文献综述、研究方法、研究结论、讨论这五个部分；而故事结构的质性研究报告则没有固定格式，研究的意义主要通过研究者的描述和反思来体现，主要阐述研究者的个人观点。

科学结构的质性研究报告包括以下几个部分。①

---

① Creswell J W. 2011. Educational Research:Planning, Conducting, and Evaluating Qualitative and Qualitative Research. New York:Pearson.

1. 首页

首页包括标题、前言、目录、研究摘要等。

2. 正文

正文主要包括如下几方面内容。

1）研究介绍包括研究问题陈述、研究目的声明、研究问题或假设介绍、理论或概念解释等。

2）文献综述包括现有研究综述、研究问题摘要、相关扩展文献概述等。

3）研究方法包括研究取样和场地、相关权限、研究工具及其信效度、研究干预措施（如使用）、数据收集过程、数据分析方法等。

4）研究结论包括研究数据的描述性分析、研究问题的分析、研究数据的展示（图表展示）等。

5）讨论包括主要成果展示、结论与现有研究结论的比较、研究的局限性、对未来研究的启示、研究意义等。

3. 尾页

尾页包括参考文献、附录（包括访问提纲、研究问卷、观察记录表等）。

故事结构的质性研究报告包括以下几个部分。[①]

1. 首页

首页包括标题、前言、目录、图表、研究摘要等。

2. 正文

正文主要包括如下几方面内容。

1）对研究中感兴趣的人或事的具体描述。

2）研究者与参与者的相互关系或联系。

3）研究收集到的数据。

4）理解研究对象的具体事件。

5）事件的意义。

6）对研究对象或群体有更深入的了解。

7）结论与已发表研究的比较。

8）研究者对研究对象或事件的个人理解。

3. 尾页

尾页一般包括参考文献等。

---

① Creswell J W. 2011. Educational Research:Planning, Conducting, and Evaluating Quantitative and Qualitative Research. New York:Pearson.

（二）撰写建议

1. 标题

设定标题的时候，研究者需要将最想告诉读者的内容、研究的重点等通过标题体现出来，同时在后续写作中聚焦于这些内容，将研究重点贯穿整个写作过程。

2. 引言或摘要

英文论文写作的方式和中文论文写作的方式也是不同的。英文摘要需要概括研究背景、研究结论和研究意义等，所以一般在英文的学术论文写作中，研究摘要或引言可以在完成其他内容之后，作为最后一个步骤来写。引言可以从一个简单的故事开始，简明扼要地阐述研究的本质；摘要则需概括说明研究背景、研究意义、研究方法、研究结论以及对现有研究的贡献。在论文写作中，文献综述可以作为第一部分进行，接下来的顺序可以是研究方法、理论视角/框架、数据采集、数据分析、研究结论和引言或摘要。

3. 研究方法

在研究报告中，研究方法的写作需要尽量详细，以便读者判断数据收集过程的可靠性，同时它也是决定研究信效度的关键因素。研究报告中需要具体介绍研究方法、研究对象、研究工具和研究程序，包括研究对象的来源、抽样方法的选择、数据采集的形式等。

4. 研究结论

研究结论是通过采用某种数据分析方法对研究数据进行分析后得出的结论，是对研究主题的分析和说明。结论的形式可以是概括性描述，也可以是具体的数据展示，以充分分析和呈现研究结果，并具体说明研究问题。

5. 讨论

讨论部分要重申论点进行总结，并且为下一步的研究指出方向，同时还要明示研究的局限性及需要改进的地方。作为一个重要的部分，研究中涉及的道德伦理问题也需要在讨论部分进行简要分析。

在这个部分，研究者可以从主观的视角来讨论问题，探究具体情境中的意义。因为在质性研究中，研究者通常是现身说法，这个时候使用第一人称代词可以体现作者的个人经历，解释关于经历的事件或意义。所以，在报告的写作中，作者可以表明自己的观点和想法。值得注意的是，在整个写作过程当中，作者需要明确文章写作的角度（研究者还是参与者）和格式，并尽可能保持前后一致。作者可以描述当下的处境（听到或看到的信息），对基本情况做具体的介绍，从而使读者明了在特定情境中所发生的事件、现象和意义。

6. 其他建议

1）在研究报告的写作中，尽量使用不带偏见的语言。

2）在研究成果的写作中，需要考虑到受众面的接受范围，如在学术论文或学位论文的写作中，写作内容及表述需要保持高度的专业性。作者需要将学术术语运用到研究报告中，这些学术术语能够更好地表达作者对研究的理解，解释研究的内容。但在书或故事的写作中，作者需要考虑的是内容的可读性，尽量使用读者能够理解的语言进行表述，在这个时候，学术术语的使用就不是必要的了。

3）在研究报告中，被访者的观点或表述可用不同的字体或格式（如悬挂缩进）来区分。

4）保留附录的详细信息，减少使用脚注的次数。

5）研究报告写作的时间管理非常重要。制订写作计划，规定完成日期，把写作过程分成不同的部分来进行，给每一个部分制定截止日期，同时可以将已经完成的每一个步骤标注出来。

6）阅读优质的质性研究报告，寻找一个自己愿意学习和效仿的作者。

7）寻找质性研究和写作的价值，可以选择自己感兴趣或有意义的研究来写作，培养自我鼓励的习惯。

第二节　质性研究报告的质量评估

无论是在研究过程中还是在报告撰写过程中，对质量的评估都是非常重要的。量化研究和质性研究的方法是有所不同的，因此研究报告质量评估标准也有所差异。总的来说，是否符合出版标准、对现有研究是否有用、报告是否能推动某一主题研究的发展、研究是否会丰富对某一主题或研究问题的学术知识、研究是否有助于解决一些紧迫的教育问题等，是研究报告质量评估标准的重要内容。

质性研究因其报告形式各不相同，质量标准也无法完全统一。总的来说，哲学理论、研究程序、作用及价值的结合形成了质性研究报告质量评估标准的基础，据此可以从学术理论构成、数据收集的严密性和重要性、研究者和参与者的合作性、研究报告的说服力来进行评估。

以下质性研究报告质量评估标准可供参考。

一、哲学理论标准①

1）出版要求，是否符合各类出版社关于出版物的相关具体要求。

2）客观性，是否客观地体现出参与者的立场以及作者自己的立场。

3）地域性，是否明确开展研究的地区或社区。

4）参与者的真实想法是否被压制、脱离、边缘化。

5）主观批判性，研究者在研究过程中是否具有较高的自我意识。

6）互惠性，研究者与参与者之间是否建立互惠关系。

7）充分尊重，研究者是否充分尊重参与者，是否与参与者平等合作。

8）分享成果，研究者是否同参与者共同分享研究成果。

二、研究程序标准②

1）是否采用科学的数据收集方法，包括数据形式、数据量、数据采集时间等。

2）是否符合实施研究方法的哲学假设和特点，包括持续性发展设计、多视角呈现、研究者作为数据收集的工具、对参与者的关注等。

3）是否采用科学合理的调查工具，如案例研究、田野调查等。

4）是否关注并聚焦于一个中心现象。

5）报告是否具有说服力。

6）分析是否包含多个层面，以描绘中心现象的复杂性。

7）是否具有可信的数据信息。

8）研究方法是否准确。

---

① Lincoln Y S. 1995. Emerging criteria for quality in qualitative and interpretive research. Qualitative Inquiry, 1 (3):275-289.

② Creswell J W. 2007. Qualitative Inquiry and Research Design:Choosing Among Five Aprroaches (2nd ed.). Thousand Oaks:Sage.

三、作用及价值标准①

1）研究实质性，报告是否有助于理解研究对象或社会生活。

2）艺术性，报告是否运用文本做出解释性回答，是否具有吸引力且不枯燥。

3）反馈性，作者撰写报告是否有足够的自我意识和自我反馈。

4）影响性，是否对读者具有积极影响。

5）现实性，是否真实地体现了一种生活经验。

与此同时，如果评估内容忽略了研究步骤和研究过程，那么整个研究报告的评价就不能算得上完整。在质性研究报告中，研究步骤的评估还可以包括以下内容。

1）研究标题是否反映了研究问题。

2）问题陈述是否清晰明确，是否反映作者曾查阅过的相关文献资料，研究问题是否符合质性研究方法，研究假设是否与质性研究方法一致。

3）文献综述是否与研究问题密切相关。

4）研究目的是否明确。

5）数据收集是否科学合理。

6）数据分析和研究结论中是否已有足够的证据支持研究主题，是否回答了研究问题，调查结果是否准确，是否从多维度进行了分析与评价。

7）报告写作是否具有说服力，描述形式是否与质性研究写作方式一致，写作方式是否适用于目标受众群体。

质性研究报告的质量评估标准因不同的评估者而不同，评估者可以包括教师、期刊编辑、审稿人、决策者、政策制定者等。质性研究虽没有恒定的质量评估标准，但研究者可以参照相关指南开展评估。研究者可以参照以上结构和标准进行质性研究报告的撰写，选择适用于自己研究的写作方式，这样不仅能让目标受众群体更加清晰地了解研究内容，更能体现研究本身的意义和价值。由于质性研究报告的种类不一，本节并未涵盖所有种类的质性研究报告的内容。目前全球对质性研究报告的评估标准还没有一个统一的范式，读者可以结合自己的研究选择适用的内容进行参考和借鉴。

---

① Richaedson L. 2000. Writing：A method of inquiry//Denzin N K，Lincoln Y S (Eds.). Handbook of Qualitative Research (2nd ed.). Thousand Oaks:Sage; Creswell J W. 2011. Educational Research:Planning, Conducting, and Evaluating Quantitative and Qualitative Research. New York:Pearson

思考与练习

1. 请结合自己的研究兴趣和研究方向，选择一篇已有的质性研究报告，对文章的内容进行分析和评价。

2. 结合自己的研究方向和已有数据，联系当前教育现实，尝试草拟一份研究报告。

拓 展 阅 读

1. 陈向明. 2000. 质的研究方法与社会科学研究. 北京：教育科学出版社.

2. Creswell J W. 2011. Educational Research:Planning, Conducting, and Evaluating Quantitative and Qualitative Research. New York:Pearson.

3. McMillan J H, Wergin J E. 2006. Understanding and Evaluating Educational Research (3rd ed.). Upper Saddle River:Merrill Prentice Hall.

参 考 文 献

埃德蒙德·胡塞尔. 1999. 现象学的观念. 彭润金译. 北京：中国社会出版社.

陈向明. 2000. 质的研究方法与社会科学研究. 北京：教育科学出版社.

费孝通. 2001. 江村经济——中国农民的生活. 北京：商务印书馆.

黄希庭，张志杰. 2018. 心理学研究方法. 北京：高等教育出版社.

黄晓京. 1984. 符号互动理论——库利、米德、布鲁默. 国外社会科学，（12）：56-59.

李景汉. 2005. 定县社会概况调查. 上海：上海人民出版社.

刘莹露. 2019. 略论英国《1908年养老金法案》. 开封教育学院学报，39（6）：257-259.

马克斯·韦伯. 1987. 新教伦理与资本主义精神. 于晓，陈维纲等译. 北京：生活·读书·新知
　　三联书店.

马庆强. 1997. 中国人之感性与认知方面的道德发展：一个七阶段发展理论. 本土心理学研究，
　　（7）：166-212.

师萌. 2020. 中国早期成人道德发展状况探析——孝道与利他主义. 中国教工，（19）：38-40.

叶光辉，杨国枢. 2009. 中国人的孝道：心理学的分析. 重庆：重庆大学出版社.

约瑟夫·托宾，薛烨，唐泽真弓. 2014. 重访三种文化中的幼儿园. 朱家雄，薛烨译. 上海：华
　　东师范大学出版社.

张虹，薛烨. 2010. 三种文化中的幼儿园——对美国亚利桑那州立大学约瑟夫·托宾教授、美国
　　孟菲斯大学薛烨教授的访谈. 幼儿教育，（30）：1-6.

Allen R L, Davis, A S. 2011. Hawthorne effect//Goldstein S, Naglieri J A (Eds.). Encyclopedia of Child
　　Behavior and Development. Boston: Springer.

Australian Association for Research in Education. 2005. Code of ethics. http://www.aare.edu.au/
　　ethics/ethcfull.htm, 2020-04-15.

Bartunek J M, Loius M R. 1996. Insider/Outsider Team Research. London: Sage.

Berg B L. 1989. Qualitative Research Methods for the Social Science. Boston: Allyn & Bacon.

Berg B, Lune H. 2011. Qualitative Research Methods for the Social Sciences (8th ed.). New York:

Pearson.

Bernard H R. 1988. Unstructured and Semi-Structured Interviewing: Research Methods in Cultural Anthropology. Newbury Park: Sage.

Best J W, Kahn J V. 2003. Research in Education (9th ed.). Boston: Allyn & Bacon.

Blumer H. 1969. Symnolic Interactionism: Perspective and Method. Englewood Cliffs: Prentice Hall.

Bogdan R C, Biklen S K. 2006. Qualitative Research for Education: An Introduction to Theory and Methods. Boston: Allyn & Bacon.

Booth C. 1892. Life and Labour of the People in London. London: Macmillan.

Borgia E T, Schuler D. 1996. Action research in early childhood education. ERIC Digest, 3: 1-7.

Borzak L. 1981. Field Study: A Sourcebook for Experiential Learning. Beverley Hills: Sage.

Brantlinger E, Jimenez R, Klingner J, et al. 2005. Qualitative studies in special education. Exceptional Children, 71: 195-207.

Brown B L, Hedges D. 2009. Use and misuse of quantitative methods//Mertens D M, Ginsberg P E (Eds.). The Handbook of Social Research Ethics.Thousand Oaks: Sage.

Charles C M, Mertler C A. 2002. Introduction to Educational Research (4th ed.). Boston: Allyn & Bacon.

Charmaz K. 2000. Grounded theory: Objectivist and constructivist methods//Denzin N K, Lincoln Y S (Eds.). Handbook of Qualitative Research (2nd ed.). Thousand Oaks: Sage.

Charmaz K. 2006. Constructing Grounded Theory. London: Sage.

Cohen J. 1996. Girls in the middle: Working to succeed in school. https://www.researchgate.net/ publication/234576622_Girls_in_the_Middle_Working_To_Succeed_in_School, 2023-07-20.

Cook T. 2004. Starting where we can: Using action research to develop inclusive practice. International Journal of Early Years Education, 12: 3-16.

Creswell J W, Clark V L. 2011. Designing and Conducting Mixed Methods Research (2nd ed.). Thousand Oaks: Sage.

Creswell J W. 2007. Qualitative Inquiry and Research Design: Choosing Among Five Approaches (2nd ed.). Thousand Oaks: Sage.

Creswell J W. 2011. Educational Research: Planning, Conducting, and Evaluating Quantitative and Qualitative Research. New York: Pearson.

Dahlberg G, Moss P. 2005. Ethics and Politics in Early Childhood Education. London: Routledge.

Davison A L. 1996. Making and Molding Identity in School. New York: State University of New York Press.

Denzin N K. 1978. The Research Act: A Theoretical Introduction to Sociological Methods (2nd ed.). New York: McGraw Hill.

Elliot J. 1991. Action Research for Educational Change. Philadelphia: Open University Press.

Ely M, et al. 1991. Doing Qualitative Research: Circles within Circles. London: The Falmer Press.

Fei H T. 1939. Peasant Life in China, A Field Study of Country Life in the Yangtze Valley. London: Routledge.

Feyerabend P. 1970. Consolations for the specialist//Lakatos L, Musgrave A E (Eds.). Criticism and the Growth of Knowledge. Cambridge: Cambridge University Press.

Fontana A, Frey J H. 1994. Interviewing: The art of science//Denzin N K, Lincoln Y S (Eds.). Handbook of Qualitative Research. Thousand Oaks: Sage.

Freire P. 1992. Pedagogy of the Oppressed. New York: The Continuum Publishing Company.

Garfinkel H. 1967. Studies in Ethnomethodology. Englewood Cliffs: Prentice Hall.

Gay L R, Mills G E, Airasian P. 2005. Educational Research: Competencies for Analysis and Application (8th ed.). New York: Merrill/Prentice Hall.

Glaser B G, Strauss A L. 1967. The Discovery of Grounded Theory: Strategies for Qualitative Research. New York: Aldine de Gruyter.

Glaser B G. 1992. Basics of Grounded Theory Analysis. Mill Valley: Sociology Press.

Goffman E. 1959. The Presentation of Self in Everyday Life. New York: Anchor.

Halliday M A K, Hasan R. 1976. Cohesion in English. London: Longman.

Hammersley M, Atkinson P. 1983. Ethnography: Principles and Practice. London: Tavistock Publications.

Holstein J A, Cubrium J F. 1994. Phenomenology, ethnomethodology, and interpretive practice//Denzin N K, Lincoln Y S (Eds.). Handbook of Qualitative Research. Thousand Oaks: Sage.

Horkheimer M. 1972. Critical Theory. New York: The Seabury Press.

Jenkins P. 1999. Surveys and Questionnaires. Wellington: NZCER Press.

Johnson J C. 1990. Selecting Ethnographic Informants. London: Sage.

Kaplan B, Duchon D. 1988. Combining qualitative and quantitative methods in information systems research: A case study. Management Information Systems Quarterly, 12: 571-586.

Kellehear A. 1993. The Unobtrusive Researcher: A Guide to Methods. England: Allyn & Unwin.

Kidder L H, Fine M. 1987. Qualitative and quantitative methods: When stories converge//Mark M M, Shotland R L (Eds.). Multiple Methods in Program Evaluation: New Directions in Program Education. San Francisco: Jossey Bass.

Kirk J, Miller M. 1986. Reliability and Validity in Qualitative Research. Newbury Park: Sage.

Koocher G P, Keith-Spiegel P C. 1990. Children, Ethics, and the Law: Professional Issues and Cases. Lincoln: University of Nebraska Press.

LeCompte M. D, Schensul J J. 1999. Designing and Conducting Ethnographic Research. Walnut

Creek: AltaMira.

Lincoln Y S. 1995. Emerging criteria for quality in qualitative and interpretive research. Qualitative Inquiry, 1(3), 275-289.

Lodico M G, Spaulding D T, Voegtle K H. 2006. Methods in Educational Research: From Theory to Practice. San Francisco: Jossey-Bass.

Lofland J, Lofland L H. 1971. Analyzing Social Settings: A Guide to Qualitative Observation and Analysis. Belmont: Wadsworth Publishing Company.

Lofland J, Lofland L H. 1984. Analyzing Social Settings: A Guide to Qualitative Observation and Analysis (2nd ed.). Belmont: Wadsworth Publishing Company.

Malinowski B. 1984. Argonauts of the Western Pacific. Long Grove: Waveland Press.

Marshall C, Rossman G. 1995. Designing Qualitative Research. London: Sage.

Massey University. 2006. Human ethics. http://humanethics.massey.ac.nz/massey/research/ethics/human-ethics/, 2020-08-15.

Mayhew H. 1985. London Labour and the London Poor. London: Penguin Classics.

Mead M. 1928. Coming of Age in Samoa. New York: Morrow Publications.

Mehan H, Hubbard L, Villanueva I, et al. 1996. Constructing School Success: The Consequences of Untracking Low Achieving Students. Cambridge: Cambridge University Press.

Miles M B, Huberman A M. 1994. Qualitative Data Analysis: A Sourcebook for New Methods (2nd ed.). Thousand Oaks: Sage.

Mills G E. 2011. Action Research: A Guide for the Teacher Researcher (with MyEducationLab) (4th ed.). Upper Saddle River: Pearson/Allyn & Bacon.

Muijs D. 2004. Doing Quantitative Research in Education with SPSS. London: Sage.

Mutch C. 2005. Doing Educational Research: A Practitioner's Guide to Getting Started. Wellington: NZCER Press.

Opie C. 2006. Doing Educational Research. London: Sage.

Park R, Burgess E. 1925. The City. Chicago: University of Chicago Press.

Patton M Q. 1990. Qualitative Evaluation and Research Methods (2nd ed.). Newbury Park: Sage.

Peacock C L. 1986. The Anthropological Leans: Harsh Lights, Soft Focus. Cambridge: Cambridge University Press.

Richardson L. 2000. Writing: A method of inquiry//Denzin N K, Lincoln Y S (Eds.). Handbook of Qualitative Research (2nd ed.). Thousand Oaks: Sage.

Robinson V, Lai M K. 2006. Practitioner Research for Educators: A Guide to Improving Classrooms and Schools. Thousand Oaks: Corwin Press.

Rosenthal R, Jacobson L. 1968. Pygmalion in the Classroom: Teacher Expectation and Student

Intellectual Development. New York: Holt, Rinehart and Winston.

Roubert K Y. 2013. Case Study Research: Design and Methods. Thousand Oaks: Sage.

Schram T H. 2006. Conceptualizing and Proposing Qualitative Research (2nd ed.). Upper Saddle River: Pearson Education.

Schwandt T A. 1990. Defining "quality" in evaluation. Evaluation & Program Planning, 13(2): 177-188.

Sieber J E. 1992. Planning Ethically Responsive Research: A Guide for Researchers in Education and the Social Sciences. New York: Teachers College.

Signithia F. 1996. Blacked Out. Chicago: University of Chicago Press.

Social Research Association. 2003. Ethical guidelines. http://www.the-sra.org.uk/documents/pdfs/ethics03.pdf, 2020-04-15.

Spradley J P. 1979. The Ethnographic Observation. New York: Holt, Rinehart and Winston.

Spradley J P. 1980. Participant Observation. Chicago: Holt, Rinehart and Winston.

Spretnak C. 1991. States of Grace: The Recovery of Meaning in the Postmodern Age. New York: Harper Collins.

Stake R E. 2000. Case studies//Denzin N K, Lincoln Y S (Eds.). Handbook of Qualitative Research (2nd ed.). Thousand Oaks: Sage.

Strauss A, Corbin J. 1990. Basics of Qualitative Research: Grounded Theory Procedures and Techniques. Newbury Park: Sage.

Stringer E T. 2007. Action Research (3rd ed.). Thousand Oaks: Sage.

Teddlie C B, Tashakkori A. 2009. Foundations of Mixed Methods Research: Integrating Quantitative and Qualitative Approaches in the Social and Behavioral Sciences. Thousand Oaks: Sage.

Tesch R. 1990. Qualitative Research: Analysis Types and Software Tools. Bristol: Falmer Press.

Thomas W, Thomas D. 1928. The Child in America: Behavior Problems and Programs. New York: Knopf.

Thomas W, Znaniecki F. 1927. The Polish Present in Europe and America. New York: Knopf.

Tobin J, Hsueh Y, Karasawa M. 2002. Preschool in Three Cultures Revisited: Japan, China, and the United States. Chicago: University of Chicago Press.

Tobin J, Wu Y H, Davidson H. 1989. Preschool in Three Cultures: Japan, China, and the United States. New Haven: Yale University Press.

Victoria University. 2005. Human research ethics. http://research.vu.edu.au/hrec.php, 2020-04-15.

Wax R H. 1971. Doing Fieldwork: Warnings and Advice. Chicago: University of Chicago Press.

Weis L. 1990. Working Class without Work: High School Students in a De-Industrializing Economy. London: Routledge.

Werner O, Schoepfle G M. 1987. Systematic Fieldwork: Vol. 1. Foundations of Ethnography and Interviewing. Newbury Park: Sage.

Wiersma W, Jurs S G. 2005. Research Methods in Education. Boston: Pearson.

Wittgenstein L. 1953. Philosophical Investigations. New York: Macmillian Company.

Yin R K. 2013. Case Study Research: Design and Methods (5th ed.). New York: Sage.

"教育研究方法"课程标准

一、课程概述

"教育研究方法"是学位研究生培养的基础课程。本课程开发的自编教材《教育研究与设计——实证研究方法实务》的最大特点就是内容系统、结构完整,既具备了教育研究理论的基础性,也体现了教育实证研究方法的必备性,还反映了教学要求的前沿性和层次性,以确保研究生培养相关要求的达成,满足差异化的学习需求。

本课程学习强调教育研究思维的逻辑性,侧重指导研究生从方法论层面深入理解各类研究方法;实践应用强调研究生通过发现问题、分析问题、解决问题的实际操作进行体悟与反思,掌握多种研究方法的操作原理、过程和技术,合乎规范、科学地开展教育科学研究,完成课程学习中的微型研究项目,以培养研究生独立从事教育科研的能力。

二、课程目标

在课程培养目标上,本课程通过建立知识学习、素质提升和能力训练为一体的塔形分层目标,以适应学生群体的多元目标学习需求。

1. 系统掌握常用教育研究方法的基本原理、一般流程和关键实践要点
2. 明确学术研究的基本规范,明辨学术道德操守,自觉遵守各项学术规范
3. 规范地进行量化与质性研究设计,建立科学合理的实证意识,借助各种分

析软件，处理质性与量化数据，完成分析工作

4. 具有跟踪研究前沿教育科学研究方法理论与技术的意识，为教育科学研究素养的发展奠定良好的基础

三、课程适用对象

本课程适用于教育类专业学位硕士与博士研究生。

四、课程内容

本课程在内容结构上，主要包括教育研究导论、教育量化研究与教育质性研究三部分。其中，教育研究导论课程模块包括认识教育科研、把握教育问题、申报教育课题、学做教育科研、教育研究基本方法、产出教育科研成果六个部分，简称"教育研究六步法"；教育量化研究课程模块包括主要的量化研究设计、量化研究的内容和程序、测量与操作化、量化研究中的抽样、量化研究数据分析、量化研究数据库来源介绍；教育质性研究课程模块包括质性研究概述、质性研究方法的介绍、质性研究的数据收集、质性研究的数据分析、质性研究的伦理道德问题、质性研究的可信度和准确性、质性研究报告的撰写。本课程开发的自编教材《教育研究与实证方法——实证研究方法实务》具体内容安排如下。

模块一　教育研究导论

（一）认识教育科研——教育科研的内涵与外延

1. 教育科学研究的相关概念

2. 教育科学研究的方法论

3. 教育科学研究的多样性

（二）把握教育问题——研究要素与分析范畴

1. 课题研究的四维要素

2. 分析问题的三组范畴

（三）申报教育课题——研究方案的设计与论证

1. 课题申报的一般知识

2. 教育课题申报书样例

3. 学位论文的开题论证

（四）学做教育科研——教育实证研究关键三步骤

1. 文献综述：提出问题及新的假说

2. 研究设计：构建分析框架与策略

3. 分析论证：得到研究结果与结论

（五）教育研究基本方法——文献法、调查法与比较法

1. 如何撰写文献综述

2. 教育调查研究法

3. 教育比较研究法

（六）产出教育科研成果——研究论文的撰写与发表

1. 我们为何要写论文

2. 论文长什么模样

3. 怎样才写得好论文

4. 论文投稿有何讲究

模块二　教育量化研究

（一）主要的量化研究设计

1. 调查法

2. 相关法

3. 实验法

4. 量化方法之比较

（二）量化研究的内容和程序

1. 量化研究的内容要素

2. 量化研究的程序

（三）测量与操作化

1. 测量的基本概念

2. 测量的尺度

3. 测量的格式

4. 概念的操作化与测量

5. 测量的信度与效度

（四）量化研究中的抽样

1. 抽样的意义

2. 常用的抽样方法

（五）量化研究数据分析

1. 量化研究数据分析的基本思路

2. 资料的整理与录入

3. 调查研究数据的统计分析

4. 相关研究数据的统计分析

5. 实验研究数据的统计分析

（六）教育研究数据来源介绍

1. 教育机构数据

2. 学生数据

3. 教师数据

4. 其他类数据

模块三　教育质性研究

（一）质性研究概述

1. 什么是质性研究

2. 质性研究的发展历程

3. 质性研究的理论基础

4. 怎样开始质性研究

（二）质性研究方法的介绍

1. 质性研究的方法论和研究方法

2. 质性研究方法和量化研究方法的区别

3. 多维数据源的结合

4. 扎根理论

5. 田野调查方法

6. 行动研究

7. 案例分析

（三）质性研究的数据收集

1. 观察法

2. 访谈法

3. 文本法

（四）质性研究的数据分析

1. 什么是数据分析

2. 数据分析的步骤

3. 数据分析的注意事项

（五）质性研究的伦理道德问题

1. 尊重人权

2. 研究方法的合理性

3. 尊重参与者的隐私权及知情权

4. 社会文化的敏感性和包容性

5. 研究透明性及避免利益冲突

6. 负面影响最小化

7. 研究过程中的伦理道德问题

（六）质性研究的可信度和准确性

1. 什么是可信度，什么是准确性

2. 质性研究中的可信度和准确性

3. 如何建立与提高质性研究中的可信度和准确性

4. 主位视角和客位视角

（七）质性研究报告的撰写

1. 质性研究成果的类型及撰写

2. 质性研究报告的质量评估

五、课程实施建议

在课程教学形式上，本课程将基础课程、模块课程和实践课程有机结合，构建学生的"系统知识-专业技能-实践能力"立体化课程教学形式，可采用的主要授课方式如下。

1. 教师讲授。该方式主要用于学术研究与论文写作的规范、流程与基本要求，以及各种研究方法的操作原理与流程等内容的教学，通过精选案例，为学生准确、深入地理解教学内容提供范例

2. 课堂讨论。该方式主要用于研究的设计与优化、研究方法的应用等内容的教学

3. 项目体验。该方式主要用于观察、访谈、调研等方法的教学。教师指导学生进入研究现场，体验相关研究方法的应用要点

4. 操作练习。该方式主要用于数据处理与分析的教学。教师带领学生对数据进行处理，帮助学生熟悉各类分析工具的应用

5. 小组展示。该方式主要用于学生研究成果的表达与分享

六、课程考核建议

本课程采取形成性评价和总结性评价相结合的方式，主要的考核内容和考核形式如下。

1. 学习过程考核：通过课堂参与、平时作业来体现

2. 操作技能考核：通过研究过程与工具设计、主流文献和数据分析软件进行

3. 理论知识考核：通过纸笔测验方式对方法、原理等方面的知识的掌握情况进行考核

4. 研究能力考核：通过对学生自主完成的微型研究设计质量进行评价来考核学生是否达到规定的课程学习要求

七、编写成员名单

刘六生、李鹏、师萌、刘胜兰、陈为峰、姚辉、许伊娜、赵佳丽、吴蔚、张月。

"教育研究方法"课程教学大纲

一、课程信息

课程名称：教育研究方法（educational research methods）

课程代码：M0401B103

课程类别：学位公共必修课

适用专业：教育学科相关专业

课程学时：36 学时

课程学分：2 学分

选用教材：刘六生等自编教材《教育研究与设计——实证研究方法实务》，科学出版社，2023 年

参考教材：

1. 叶澜. 1999. 教育研究方法论初探. 上海：上海教育出版社

2. 潘懋元. 2008. 高等教育研究方法. 北京：高等教育出版社

3. 刘良华. 2021. 教育研究方法（第三版）. 上海：华东师范大学出版社

二、课程目标

本课程的目标如下。

1. 课程培养目标上，建立以知识学习、素质提升和能力训练为一体的塔形分

层目标，以适应学生群体的多元目标学习需求

2. 系统掌握常用教育研究方法的基本原理、一般流程和关键实践要点

3. 明确学术研究的基本规范，明辨学术道德操守，自觉遵守各项学术规范

4. 规范地进行量化与质性研究设计，建立科学合理的实证意识，借助各种分析软件，处理质性与量化数据，完成数据分析工作

5. 具有跟踪前沿教育科学研究方法理论与技术的意识，为教育科学研究素养的发展奠定良好的基础

三、课程内容

本课程在内容结构上，主要包括教育研究导论、教育量化研究、教育质性研究三部分。其中，教育研究导论课程模块包括认识教育科研、把握教育问题、申报教育课题、开展教育研究、产出教育科研成果、评价教育研究水平六个部分，简称"教育研究六步法"；教育量化研究课程模块包括量化研究设计、量化研究的结构与内容、量化研究的程序、量化研究的测量与操作化、量化研究中的抽样、定量研究资料分析；教育质性研究课程模块包括质性研究的历史发展、质性研究设计、主要质性研究方法（观察法、访谈法、田野调查、文本法）及质性研究的伦理、质性研究资料分析、基于质性资料的写作。具体安排如下。

模块	教学主题	教学方法	课时
教育研究导论	认识教育科研——教育科研的内涵与外延	讲授、课堂讨论	2
	把握教育问题——研究要素与分析范畴	讲授、课堂讨论	
	申报教育课题——研究方案的设计与论证	讲授、课堂讨论	2
	学做教育科研——教育实证研究的关键三步骤	讲授、课堂讨论	2
	教育研究基本方法——文献法、调查法与比较法	讲授、课堂讨论	2
	产出教育科研成果——研究论文的撰写与发表	讲授、课堂讨论	2
教育量化研究	主要的量化研究设计	练习、讲授、讨论	2
	量化研究的内容和程序	讲授、课堂讨论	2
	测量与操作化	讲授、课堂讨论	
	量化研究中的抽样	练习、讲授、讨论	2
	量化研究数据分析	练习、讲授、讨论	2
	教育研究数据来源介绍	讲授、课堂讨论	2

续表

模块	教学主题	教学方法	课时
教育质性研究	质性研究概述	讲授、课堂讨论	2
	质性研究方法的介绍	讲授、课堂讨论	2
	质性研究的数据收集	练习、讲授、讨论	2
	质性研究的数据分析	练习、讲授、讨论	2
	质性研究的伦理道德问题	课堂讨论	2
	质性研究的可信度和准确性	练习、课堂讨论	2
	质性研究报告的撰写	练习、课堂讨论	2

第一模块　教育研究导论

【学习目标】

通过本模块内容的学习，学生能够：

1. 把握教育科学研究的基本概念、类型、特点、作用及原则

2. 概括性地阐述教育科学研究的基本过程及方法体系

3. 初步建立教育科研意识，树立科学研究的态度

4. 说出教育科学研究课题的主要类型

5. 结合实例阐述科研课题选择的基本原则和主要方法、论证的步骤及要求

6. 说出教育文献的主要类型及分布，熟悉运用查阅文献资料的基本方法

7. 利用文献研究法撰写文献综述

8. 了解教育科研成果的类型，掌握教育研究报告的写作要求

9. 自主撰写不同形式的教育研究报告，并能对他人的研究报告进行合理的评价

【重点】

1. 教育科研的含义、特点、类型及主要原则；教育科研的方法体系；教育科研的一般过程及步骤

2. 撰写教育研究报告的意义及作用，教育研究报告的基本格式及撰写要求，评价教育研究报告的一般标准

【难点】

1. 教育科学研究的方法体系；教育科学研究的一般过程及步骤

2. 教育研究报告的基本格式及撰写要求；评价教育研究报告的一般标准

【复习思考】

1. 课堂讨论选题

（1）学习教育科学研究方法有何意义？

（2）科学认识和非科学认识的区别是什么？

（3）选择和确立科研课题在一项科研活动中有何重要性？

（4）教育科研课题主要有哪些来源？

（5）一项好的研究课题应具备哪些基本条件？

（6）研究计划在科学活动中有什么作用？

（7）查阅文献在教育科学活动中的重要性如何？

（8）谈谈你对教育文献资料的类别及其分布的了解状况？

（9）交流一下同学们平时常采用的查阅文献资料的方法。

（10）与其他方法相比，调查法有何优势与局限？

（11）问卷调查法和访谈调查法有何异同？

（12）实施调查法的主要难点是什么？

（13）教育科研成果表述的意义及作用是什么？

（14）教育研究报告的主要形式有哪些？

2. 课外作业选题

（1）科学研究活动的本质特征是什么？

（2）教育科学研究活动的主要特点是什么？

（3）教育科学研究活动的基本过程可分为哪些步骤？

（4）如何认识教育科学研究的体系？

（5）课题论证应当包括哪些基本内容？

（6）结合有关知识选择一项研究课题，并撰写一份课题论证报告。

（7）教育科研设计的基本步骤有哪些？对每一个步骤的要求是什么？

（8）对自己所选择和确定的课题进行规范的研究设计，形成一份书面的研究计划。

（9）针对自己选择和确定的课题，检索相关文献资料。

（10）在检索并充分占有文献资料的基础上撰写文献综述。

（11）在相关知识学习的基础上，针对所选课题，编制一份调查问卷。

（12）在相关知识学习的基础上，针对所选课题，编制一份访谈提纲。

（13）一份完整的教育研究报告应当包括哪些方面的内容？

（14）我们应当从哪些方面对教育科研质量进行评价？

第二模块　教育量化研究

【学习目标】

通过本模块内容的学习，学生能够掌握如下技能。

1. 说出量化研究范式的要素与实践程序

2. 说出教育实验法的含义、基本要素、特点、主要类型及其在教育科学研究中的作用

3. 熟悉运用教育实验设计的一般步骤和几种主要的设计模式

4. 熟悉运用教育实验中各种变量的分析和处理方法

5. 掌握问卷调查和访谈调查两种调查手段的操作步骤与基本要领

6. 阐述调查法的含义、特点、分类、作用及其局限性和一般程序

【重点】

1. 问卷调查和访谈调查两种调查手段的操作步骤和基本要领

2. 教育实验设计的内容；教育实验设计的一般步骤

3. 教育调查设计的内容；教育调查设计的一般步骤

【难点】

1. 实验设计；实验自变量的选定与操纵、控制、观测

2. 调查设计；调查工具设计的学理考量与工具转化

【复习思考】

1. 课堂讨论选题

（1）结合具体的研究问题，分析相关法的适用条件。

（2）教育实验法的优势与局限有哪些？

（3）如何分析和处理实验变量？

（4）如何对研究的核心概念下操作性定义？

（5）什么是教育测量的信度与效度？

（6）常用的抽样方法有哪些？

（7）量化研究数据分析的基本思路是什么？

（8）什么是研究者的数据素养？

（9）研究数据挖掘的研究伦理是什么？要注意哪些问题？

2. 课外作业选题

（1）教育实验设计的内容和步骤是什么？

（2）在相关知识学习的基础上，针对所选课题，制定一份实验设计。

（3）结合自己研究选题中的核心概念，为其下一个可操作性定义。

（4）经典测量理论在教育测量中的运用前景如何？

（5）如何对量化数据分析与解释的理论框架进行构建？

（6）研究数据获取的渠道有哪些？研究数据的质态有哪些表现？

（7）从研究数据到研究报告，要经历哪些关键步骤？

第三模块　教育质性研究

【学习目标】

通过本模块内容的学习，学生能够：

1. 说出质性研究范式的要素与实践程序

2. 说出教育扎根理论的含义、特点、主要类型及其在教育科学研究中的作用

3. 说出行动研究的含义、特点、主要类型及其在教育科学研究中的作用

4. 说出案例研究的含义、特点、主要类型及其在教育科学研究中的作用

5. 熟悉并运用各类质性研究方法的一般步骤进行研究设计

6. 熟悉并运用观察法、访谈法和文本分析法收集数据

7. 阐述质性数据分析的伦理及其注意事项

8. 按照相关要素及要求撰写质性研究报告

9. 理清教育研究与反思的学理基础

【重点】

1. 问卷调查和访谈调查两种调查手段的操作步骤和基本要领

2. 案例研究法的特点；案例研究的一般步骤及要求

3. 行动研究法的含义及特点；行动研究的一般步骤；开展行动研究应注意的问题

【难点】

1. 行动研究迭代设计的技术路径；行动研究的实施

2. 案例研究法的实施与操作

3. 教育扎根理论的实施方式、常用研究手段

【复习思考】

1. 课堂讨论选题

（1）结合具体的研究问题，分析相关法的适用条件。

（2）案例研究法的优势与局限？

（3）扎根理论的构建过程与方式是什么？

（4）如何对研究的核心概念下操作性定义？

（5）什么是质性研究的可信度和准确性？

（6）常用的质性研究方法有哪些？

（7）质性研究数据分析的基本思路是什么？

（8）什么是研究伦理？

（9）质性研究数据挖掘的研究伦理是什么？要注意哪些问题？

（10）行动研究法有何特点？

（11）观察法实施的关键及难点是什么？

（12）文本分析法有哪些技术路径可遵循？

（13）好的质性研究报告应具备哪些特征？

2. 课外作业选题

（1）教育实验设计的内容和步骤是什么？

（2）在相关知识学习的基础上，针对所选课题，制定一份实验设计。

（3）结合自己研究选题中的核心概念，为其下一个可操作性定义。

（4）经典测量理论在教育测量中的运用前景如何？

（5）如何对量化数据分析与解释的理论框架进行构建？

（6）研究数据获取的渠道有哪些？研究数据的质态有哪些表现？

（7）从研究数据到研究报告，要经历哪些关键步骤？

（8）个案研究的步骤和要求是什么？

（9）在相关知识学习的基础上，针对所选课题，制定一份个案研究计划。

（10）行动研究法的一般步骤和结构框架是什么？

（11）开展行动研究对中小学教师有何重要意义？

四、考核方式

考核方式包括过程性考核（平时考核）和终结性考核（期末考核）两方面。其中，过程性考核（平时考核）方式包括出勤率、课堂参与、平时作业、文献阅读分享等；终结性考核（期末考核）通过让学生提交研究设计进行考核。

考核内容	占比/%	考核方式
科学研究及教育科学研究的界说	2	过程性评价+终结性评价
教育科学研究的特点	4	过程性评价+终结性评价
教育科学研究的意义及作用	4	过程性评价+终结性评价
教育研究伦理	3	过程性评价+终结性评价
研究方案的制定	5	过程性评价+终结性评价
文献研究综述	3	过程性评价+终结性评价
内容分析法的使用	2	过程性评价+终结性评价

续表

考核内容	占比/%	考核方式
观察设计与实施	6	过程性评价+终结性评价
调查设计与实施	6	过程性评价+终结性评价
教育实验设计与实施	8	过程性评价+终结性评价
案例研究设计与实施	10	过程性评价+终结性评价
行动研究设计与实施	8	过程性评价+终结性评价
教育研究报告的撰写	10	过程性评价+终结性评价
相关法与比较法的设计与实施	9	过程性评价+终结性评价
教育科研课题的选择与研究设计	10	过程性评价+终结性评价
教育研究报告的撰写	10	过程性评价+终结性评价

五、成绩评定

1. 总成绩评定

总成绩=平时成绩×60%+期末成绩×40%

2. 平时成绩评定

1）课堂参与（10分）：通过学生在课堂上的表现情况，如发言与回答问题等情况，来评价学生对相关知识及理论的理解掌握能力，以及思考问题、表达观点等方面的能力。

2）作业完成情况（40分）：包括文献阅读分享、各类设计（如观察设计、问卷设计、访谈设计等）、小组课题探讨等，从中可评价学生发现问题、提炼问题的能力；检索及研究文献的能力，自主利用文献资料拓展学习教材相关内容的能力；操作使用教育研究中一些基本方法的能力，尤其是发现问题、解决问题的意识和思维能力，以及探索问题的科学态度；分享表达以及沟通合作的能力。

3）课堂考勤（10分）。

3. 期末成绩评定（40分）

课终期末考核主要是综合性地考查学生对开展一项完整的教育科研工作的基本过程及其实施步骤的整体把握情况，方式为开卷考试，要求学生能清楚地理解研究工作的准备、实施、总结评价等基本过程及其具体实施步骤要求，并能根据相关知识原理，针对所要解决的问题设计出科学、合理的研究方案。

六、其他说明

1）网络资源：检索国内外同类网络课程（如北京师范大学、华东师范大学等高校精品课程，以及网易相关课程）进行学习，检索相关参考书的配套网站，感受多元化的教学方式和训练模式，同时也可拓展知识面。

2）研究资料：可配合课程学习的主题查阅相关最新研究资料进行拓展或补充，可关注相关主题的最新研究发现和进展，更重要的是可学习借鉴相关研究中所采用的研究方法和手段，训练发现问题、分析问题、探究问题的能力及批判性思维。

样例一："调查研究——问卷法"教学设计

教学班级：　　　　　　　所授课程：教育研究方法

开课学期：　　　　　　　授课学时：2 学时

授课时间：　　　　　　　授课地点：

教学目标：

本讲教学结束后，学生能够：

1. 在理论层面上，知道调查研究是由问卷法、测量法、访谈法、观察法等多种方法构成的

2. 分析对比不同版本或类型问卷，总结提炼出调查问卷的基本构成要素

3. 通过实作练习，掌握调查维度的划分方法和技巧

4. 聚焦本学科专业研究主题，自主编制出一份完整的调查问卷

教学要求：

1. 在"学习通"平台上完成课堂前置性学习任务——小组自主设计一份问卷

2. 准备好"课堂学习记录单"

3. 基础学习小组集中就座，方便研讨

教学重点：问卷基本结构和调查维度的划分。

教学难点：理解和掌握问卷调查维度的划分。

教学手段：多媒体演示文稿，课堂学习记录单辅助教学。

教学思路与过程：

教学环节	教师活动	学生活动	设计意图
导入：情境性任务	当前"双减"政策已施行一段时间，为了解政策实施效果，我们需要了解学生学业负担水平，你将采用什么方法进行调查研究	小组交流与汇报	让学生对调查研究法有初步感知，为本次教学内容，即问卷法的引出奠定基础
环节一	1. 引出主题：问卷调查法是调查法的核心构成方法之一，还包括测量法、访谈法、观察法等 2. 介绍问卷调查法的内涵、性质、特征等	倾听、交流与问答	从学术性角度解析问卷调查法实质，形成理性思考
环节二	1. 完成学习任务一：教师呈现前期所收集到的不同调查问卷，让学生对比分析找出这些问卷的异同点 2. 基于学生反馈，对调查问卷的基本结构进行讲解	学生分析总结不同调查问卷的特征	在比较分析中让学生多通道感知学习要点
环节三	1. 完成学习任务二：让学生汇报前期布置的问卷设计作业，讲清本小组问卷设计的过程和要点 2. 结合学生汇报情况，对问卷设计过程和各结构部分编制要点进行针对性讲解	学生小组汇报作业即所编制的问卷	践行"做中学"理念，结合前期实践和理论学习，实现针对性学习和纠偏
环节四	1. 完成学习任务三：提出问题，你是如何设计调查项目的？依据是什么 2. 讲解调查维度划分依据和方法	学生尝试提取出调查维度，即指标体系	回应教学重难点：维度设计
小结	1. 要点式总结本次课教学内容 2. 提问：对本节课的学习还有什么疑惑	呈现学习资源，进行归纳总结	锻炼学生归纳的思维品质
课后作业布置与思考题	1-课后任务：修改和完善课前所设计的调查问卷		
板书设计（提纲式）	**调查研究：问卷法** 一、问卷的基本结构 ✧　封面信 ✧　指导语 ✧　个人基本情况 ✧　调查项目 ✧　结束语 二、调查维度的划分 核心问题（调查主题） 一级维度/指标、二级维度、三级维度		

样例二："调查研究——访谈法"教学设计

教学班级：　　　　　　　所授课程：教育研究方法

开课学期：　　　　　　　授课学时：2 学时

授课时间：　　　　　　　授课地点：

教学目标：

本讲教学结束后，学生能够：

1. 知道访谈法的核心特征、基本类型和实施要点
2. 通过小组合作，编制出一份科学完整的访谈提纲
3. 掌握三种基本的编码方式，并能独立编码分析一段文本资料

教学要求：

1. 在"学习通"平台上完成课堂前置性学习任务
2. 准备好"课堂学习记录单"
3. 基础学习小组集中就座，方便研讨

教学重点： 访谈提纲的编制和访谈实施要点。

教学难点： 掌握访谈提纲编制和所得文本资料的编码分析。

教学手段： 多媒体演示文稿，课堂学习记录单辅助教学。

教学思路与过程：

教学环节	教师活动	学生活动	设计意图
导入	播放视频片段：涉及小组讨论、集体面谈、两人谈话、电话访谈等。出示问题：哪些访谈是教育研究中用的规范性方法	学生判断与回答	让学生对访谈法及其规范性、类型或形式有初步的感知
环节一	1. 提出问题：什么是访谈法？访谈法和问卷调查法有何区别或联系 2. 介绍访谈法的性质、类型、特征和访谈基本步骤	问题思考、比较分析与问题反馈	从学理层面对访谈法形成批判性认识和思考
环节二	完成学习任务：出示一些访谈提纲案例并进行讲解，让学习小组根据感兴趣的话题、现场自主设计一份访谈提纲	小组设计访谈提纲； 小组汇报所设计访谈提纲或要点； 小组互评和教师点评	践行"做中学"的理念，在完成学习任务的过程中深化知识理解
环节三	完成学习任务：给各小组发放一份访谈所得文本资料，指导学生进行现场编码分析（两轮）	两轮：学生自主编码；学生根据教师所介绍的编码方式重新编码	
小结	1. 总结访谈提纲设计要点、访谈实施和所得文本资料分析关键 2. 提问：对本节课的学习还有什么疑惑之处？（针对性答疑解惑）	呈现学习资源，进行归纳总结	锻炼学生归纳的思维品质
作业布置	2–课后任务：参照课堂中所设计的访谈提纲，实施访谈并将访谈资料转译成文本资料，形成编码文本		
板书设计 （提纲式）	<div style="text-align:center">调查研究：访谈法</div>一、访谈法类型 ◇　封闭型访谈 ◇　开放型访谈 ◇　半开放型访谈 二、访谈资料分析 编码：开放编码、轴线编码、选择性编码		

样例三："质性研究方法概述"教学设计

教学班级：　　　　　　　　　**所授课程：** 教育研究方法

开课学期：　　　　　　　　　**授课学时：** 2 学时

授课时间：　　　　　　　　　**授课地点：**

教学目标：

本讲教学结束后，学生能够：

1. 初步了解什么是质性研究

2. 了解质性研究发展的相关历程

3. 初步掌握质性研究的理论基础

4. 初步了解怎样开始质性研究

教学要求：

1. 在"学习通"平台完成课堂前置性学习任务

2. 初步形成一个质性研究的意向性课题

3. 基础学习小组集中就座，方便研讨

教学重点： 怎样开始一个质性研究。

教学难点： 综合理解什么是质性研究方法。

教学手段： 多媒体演示文稿，小组讨论和分享。

教学思路与过程：

教学环节	教师活动	学生活动	设计意图
开放性导入	组织学生课内交流预习作业"选择一个你感兴趣的研究问题"，并与同学分享自己的问题	同桌互相轻声交流	让学生交流分享自己的研究课题，进一步明确研究方向，为今天的课堂学习做铺垫
环节一：引出课题，了解学生的认知现状	1. 引出课题：质性研究是众多研究方法中的一种 2. 提出问题：请同学思考你了解的质性研究是什么	小组交流与分享	引入课题，明确当天学习的内容
环节二：交流指导，突破难点	1. 介绍什么是质性研究及其发展历程：通过多个著名研究案例介绍质性研究的实质和发展历程	记录并思考	让学生通过记录案例内容及思考，形成自己对质性研究的初步理解
	2. 完成学习任务一：学生思考，通过案例，你认为质性研究的特点有哪些	小组讨论及分享	让学生通过思考与讨论，了解什么是质性研究
	3. 介绍质性研究的理论基础：学生思考各理论的特点是什么	想一想、说一说	掌握质性研究方法的理论基础

续表

教学环节	教师活动	学生活动	设计意图
环节二： 交流指导，突破难点	4. 怎样开始质性研究：结合自己感兴趣的研究方向，初步确立一个研究问题	想一想	通过确立一个质性研究方向，体验如何开始一个质性研究
小结： 呼应教学重点，回顾总结，拓展延伸	1. 通过这讲内容的学习，请同学们初步确认研究问题，了解质性研究是什么及如何开始质性研究	呈现研究问题，归纳总结	锻炼学生归纳的思维品质，通过实践建立对质性研究的认识
	2. 对本节课的学习还有什么疑惑	记录在笔记本上	培养学生自我反思及评价的能力
课后作业布置与思考题	1. 什么是质性研究 2. 质性研究的特点 3. 初步确认自己的研究问题		
板书设计 （提纲式）	**质性研究方法概述：课堂提问** 一、你感兴趣的研究问题是什么？ 二、什么是质性研究方法 （一）什么是质性研究 （二）质性研究方法有什么特点 三、小组分享与讨论 分享研究问题并讨论其适宜性		

样例四："单选题数据的统计分析"教学设计

教学班级： 所授课程：教育研究方法

开课学期： 授课学时：1 学时

授课时间： 授课地点：

教学目标：

本讲教学结束后，学生能够：

1. 理解问卷调查研究设计中运用单选题收集数据时的问题类型及数据类型

2. 理解问卷调查研究设计中单选题设计的基本规则

3. 掌握问卷调查研究中通过单选题获得的数据的常用统计分析方法

教学要求：

1. 学生课前熟悉"大学生网络使用行为问卷"的文本内容

2. 在前置课时中已熟悉 SPSS 的基本数据操作界面及"频率分析"和"交叉表"两个程序模块的基本功能

教学重点：单选题的设计规则；离散变量的频率和交叉表分析。

教学难点：离散变量交叉表分析中的卡方检验。

教学手段：问卷研究案例分析，软件操作课堂演示。

教学思路与过程：

教学环节	教师活动	学生活动	设计意图
案例导入	投屏呈现"大学生网络使用行为问卷"	学生针对问卷中各题目的内容及设计思路自由提问	引入课题，明确本节课的学习要点
环节一：引出课题，明确学习任务	1. 呈现单选题题型设计的要点 2. 选择一道单选题，关联对应的演示数据记录	学生相互交流讨论；向教师提问	对应学习目标1和目标2
环节二：数据分析操作指导，突破难点	1. 学习任务一：演示单选题案例在SPSS中的频率分析描述统计操作过程，讲解输出结果	学生进行操作实践；相互交流讨论；向教师提问	目标3，通过案例让学生获得单选题数据的基本描述统计方法
	2. 学习任务二：演示单选题案例在SPSS中的交叉表分析描述统计操作过程和进行χ^2检验的操作过程，讲解输出结果	学生进行操作实践；相互交流讨论；向教师提问	目标3，通过案例让学生获得单选题的"交叉表"的描述和χ^2检验的统计方法
	3. 完成学习任务三：主持学生针对单选题，从"研究论题—测量指标选择—项目题型（格式）选择—测量数据类型—统计分析方法选择"这一路径的应用实践角度展开讨论	学生相互交流讨论；向教师提问	对应学习目标1、2、3设计的整合任务
小结：呼应教学重点，回顾总结，拓展延伸	1. 请同学选择问卷中的另一单选题数据进行操作演练	利用SPSS对例题进行操作演练	巩固本节课的知识和技能要点
	2. 对本节课的学习还有什么疑惑	学生记录在笔记本上	培养学生自我评价的学习习惯
课后作业布置与思考题	1. 问卷设计练习 2. 问卷试测数据分析，通过学习平台提交分析报告		
板书设计（提纲式）	**单选题数据的统计分析** 1. 单选题设计的例子 2. 单选题数据的频率分析 3. 单选题数据的交叉表分析		

后　　记

　　本书是刘六生团队完成云南省研究生优质课程"教育研究方法"暨云南师范大学首批研究生核心课程"教育研究方法"的建设项目成果，本成果既是刘六生领衔的课程团队从事研究生必修课程"教育研究方法"18年一线教学的实践总结，也是该团队先后两次主持国家社会科学基金教育学一般课题（项目编号：BIA120078与BDA210079）研究实践的方法总结与提炼。18年来，本团队在教学与科研工作中始终坚持"以教学促进科研，以科研反哺教学"的原则，虽有辛酸更感欣慰，这个过程中不仅产出了许多具有区域性特征的科研成果，同时也伴随着一批批研究生同学的来来往往，以及自身学术团队的成长。本书的阶段性成果《省域高等教育结构调整的理论与实证——以云南省为例》获得云南省人民政府第十七次（2014年）社会科学优秀成果奖三等奖，《省域高等教育结构合理性评价研究》获得第六届（2021年）全国教育科学研究优秀成果奖三等奖。本书正是基于如此的教育科研实践而取得的团队成果。

　　本书由刘六生提出整体框架和内容结构，编写规范，并负责撰写第一模块的主要内容，以及课程标准、教学大纲与相关教学设计的制定；李鹏负责撰写第二模块的主要内容及相关教学设计的制定；师萌负责撰写第三模块的主要内容及相关教学设计的制定。同时，参与本书编撰的同志还有：刘胜兰（第一模块第六章），陈为峰、张佳华（第二模块第六章），姚辉（第一模块第三章第一节），许伊娜（第一模块第五章第三节），王平平（第一模块第四章第二节、第二模块第五章第二至四节），赵佳丽（教学设计样例一和样例二）。本书在编撰过程中，直接或间接地引用了国内外很多学者经典的前期成果与学术观点，同时，云南师范大学研究生曹中汗、陈雯雯、时雨景、杨天翠等也做了大量的资料收集与校稿工作，在此一并表示真诚的感谢！

　　本书的出版得到了云南师范大学教育学一级学科博士点建设经费的资助，并得到了云南师范大学研究生院及"教育研究方法"课程团队的大力支持，得到了学校有关部门及科学出版社的大力支持，本书在撰写过程中也参考引用了大量学术前辈的相关成果，在此一并表示最诚挚的谢意！

几位作者为写好本书尽了最大的努力，但是由于我们的学识水平有限，书中难免有不足之处，敬请相关专家与读者批评指正。